자본주의 아바타
Homo Capitalisticus

자본주의 아바타
Homo Capitalisticus

초판발행   2024년 4월 30일

지은이   이영자
펴낸이   이호열
펴낸곳   오롬(주)
주 소   서울특별시 중구 서애로 23 (1층)
전 화   02-2273-7011
출판등록   제15-28호(1997년 10월 16일)

ISBN   978-89-85845-00-7(93300)

* 잘못된 책은 구입하신 서점에서 바꾸어 드립니다.
* 책값은 뒤표지에 있습니다.

자본주의 아바타
Homo Capitalisticus

이영자 지음

들어가는 말

'자본주의 아바타'는 자본주의 문명의 성공작이었다. 자본주의 아바타(avatar)는 자본주의와 한 몸(동일체)이 되어 자본주의를 작동시키고 확대재생산하면서 그 문명의 힘을 스스로 발현하는 인간이었다. 즉 자본주의 체제의 작동 메커니즘에 부응하는 생존전략을 습득하고 수행하면서 자본주의 문명의 영속을 위해 도구화되는 인생을 감내하는 인간이었다. 자본주의 문명이 안겨주는 유혹, 쾌락, 모험, 불안, 고통 등이 몸에 새겨질수록 자본주의의 히드라적 본성과 변신에 능숙한 존재로 거듭났다. 자본주의는 그 아바타들 덕분에 놀라운 생명력과 원동력을 발휘할 수 있었다.

이 아바타는 호모 카피탈리스티쿠스(라틴어로 Homo Capitalisticus, 자본주의적 인간)의 분신이다. 호모 카피탈리스티쿠스는 자본주의 문명 속에서 체화되고 내면화되어온 인간의 특질과 행위양식을 종합적으로 드러내는 전형(典型)으로 자본주의 문명이 어떠한 인간형을 배양하는지를 보여주는 것이다. 호모 카피탈리스티쿠스는 자본주의 역사 속에서 정착되어온 사회구조, 시스템, 문화적 환경 등의 복합적 산물로 탄생한 인간의 역사적 특수성을 드러내는 인간으로 자본주의 문명이 인간을 어떻게 변화, 변질시키는지를 가늠하게 해주는 바로미터라 할 수 있다. 호모 카피탈리스티쿠스는 또한 자본주의가 필요로 하는 인간의 요건과 행동방식에 걸맞는 인간의 전형으로 자본주의 체제에 의해 표준화되고 보편화되고 이상화되는 인간형이다. 그 대표적인 인간형은 자본주의에 가장 필수적인 '경제적 인간'이다.

호모 카피탈리스쿠스로부터 파생되는 분신인 아바타는 자본주의 체제로 조건이 지워진 현실과 시대적, 환경적 변화 속에서 다양한 개인적, 집단적 경험들을 통해 다양한 양태와 유형으로 생성된다. 자본주의 아바타는 자본주의 문명의 역사 속에서 주어진 생존조건에 어떻게 적응, 대응하며 살아왔는가에 따라 달라지는 모습과 특성을 보이는 호모 카피탈리스티쿠스의 아류다. 아바타는 호모 카피탈리스티쿠스의 전형적 특성들 중에서 어느 부분을 어떻게 특화시키고 새롭게 변화시키는가에 따라 저마다 색다른 모습을 드러낼 수 있다.

자본주의 아바타는 자본주의를 지지하고 열망하든, 아니면 불신하고 반대하든, 자본주의 체제에 포획당한 채 생존 자체가 자본주의와 운명을 같이 하는 인간이다. 자본주의 문명의 수혜자로 선택받은 인간도, 피해자의 인생을 감내하는 인간도, 자본주의 문명을 예찬하며 즐기는 인간도, 자본주의 문명을 숙명과 체념으로 받아들이는 인간도 다 같이 호모 카피탈리스티쿠스의 분신들이다.

이 글은 자본주의 아바타로 살아가는, 또한 살아가야 하는 인간의 운명에 관심을 집중시켜야 한다는 절박한 문제의식에서 시작된 것이다. 아바타의 운명은 인간의 위기, 인류의 위기를 호소하는 것이기 때문이다. 인간의 위기는 지구의 위기를 불러오고 지구의 위기는 인간의 위기를 가중시키는 것이기 때문이다. 그런데 자본주의 아바타들은 인간의 위기에 대해 아예 모르거나 알면서도 방치하거나 그 심각성을 깨닫지 못한다면, 이것이 바로 인간 위기의 위험수위를 드러내는 것이 아닌가? 이 글은 바로 이 물음을 던지고 그 실마리를 풀어가기 위한 것이다.

인간의 위기를 초래해온 자본주의 문명의 역사는 길고 복잡하며 다층적이고 누적적이다. 자본주의는 상업자본주의로부터 디지털 자본주의에 이르기까지 전 세계를 상대로 자본, 시장, 기술의 지배력을 확장시키면서 자연, 사회, 인간을 정복하고 변질시켜왔기 때문이다. 그 정복의 역사는, 미국의 페미니스트 철학자, 낸시 프레이저(Nancy Fraser)에 따르면, 지구의 모든 것을 수탈과 착취의 대상으로 삼아 집어삼키는 '식인 자본주의(Cannibal Capitalism)'의 폭식과 무차별 파괴로 치닫는 것이었다.[1]

노예무역으로부터 성장한 상업자본주의, 인류문명을 물질문명과 쓰레기문명으로 뒤덮은 산업자본주의와 소비자본주의, 자본주의 제국을 건설한 식민자본주의와 제국주의적 자본주의, 글로벌 자본과 글로벌 시스템으로 인류를 지배하는 전체주의적 세계자본주의, 시장의 신자유와 노동착취의 자유를 극대화시킨 신자유주의, 인간의 문화를 상품과 산업으로 변질시킨 문화자본주의, 인간을 자본과 돈의 노예로 만드는 투기자본주의와 금융자본주의, 전 인류를 기술에 굴복시키는 감시자본주의와 디지털 자본주의 등이 인간의 위기를 심화시켜온 자본주의 문명의 핵심이었다. 자본주의의 많은 이름만큼이나 호모 카피탈리스티쿠스의 유형들은 다채롭고 그 아바타들의 모습도 천태만상이었다.

자본주의 아바타는 자본주의를 추종하며 배우고 닮아가고 재생산하는 존재였다. 이 과정에서 자본의 탐욕은 아바타의 탐욕으로 전이되고 증폭되었다. 자본의 무도덕성은 도덕 불감증의 아바타를 배양했다. 자본의 인간착취 역사는 착취 생존법에 유능한 아바타를 육성했다. 시장의 상품가치가 인간의 가치를 결정하면서 오직 시장승리에만 매달리는 아바타들이 양산되었다. 시장은 인간을 마케팅의 대상으로 동원하고, 아바타는 마케팅을 생존방식으로 터득하고 실천하면서 자신마저도 마케팅 상품으로 거래하는 마케터로 변모했다. 시장의 문법과 용어

---

[1] Nancy Fraser, Cannibal Capitalism: How our System is Devouring Democracy, Care, and the Planet —and What We Can Do About It, 2022, Verso.

는 사회생활과 인간관계의 문법과 언어로 확산되고, 인간사회는 시장에 포섭되어 그 전유물로 전락했다. 자본은 기술과 합세하여 초권력으로 인간을 압도했다. 기계가 스스로 학습하고 똑똑해지는 만큼 아바타는 학습도 두뇌활동도 점점 기계에 외주화하는 습관에 길들여졌다. 기계의 전능은 아바타의 무능을 촉진시켰다. 아바타의 운명은 이처럼 속절없이 자본과 시장과 기술의 초권력에 맡겨졌다. 이는 호모 카피탈리스티쿠스를 인간의 표준형으로 보편화해온 자본주의 전체주의의 결실이었다.

뿐만 아니라 자본주의 아바타는 자본주의의 '히드라적 변신'과 그 괴물성을 따르고 모방하는 인간이었다. 자본주의 괴물성은 인간의 괴물성으로 확장하면서 그 동력을 배가했다. 자본주의 아바타는 자본주의의 카오스적 변신에 기여하는 자가 발전적 에너지를 발휘하는 생물체가 되었다. 그 히드라적 괴물성이 빚어내는 폐해들은 인류와 지구의 존재기반 자체를 위협하는 것이었다. 그 치명적 대가는 자본주의 문명의 전체주의를 의식하지도, 비판하지도, 거부하지도 못하는 아바타들의 몫으로 돌아왔다.

자본주의의 히드라적 괴물성에 포획되고, 매혹당하고, 도취되면서 그 괴물성을 자신의 것으로 주체화하는 아바타들이 늘어날수록 인간성 자체가 함몰되는 위험이 가중되었다. 자본주의 아바타들은 괴물성으로 무장한 변종들로 거듭나면서 더 강한 생존본능으로 치열한 생존싸움을 벌여야 했다. 인간성을 괴물성으로 도치시키는 자본주의 문명은 인간의 자기파괴를 불러오는 반인간적 괴력을 지닌 것이었다.

그렇다면 자본주의 문명의 전체주의 하에서 태어난 세대일수록 아바타의 숙명을 당연하게 받아들이지 않겠는가? 그들이 태어난 시점부터 지배해온 문명은 점점 더 불가항력으로 작용하지 않겠는가? 인간과 사회와 자연이 왜, 어떻게, 자본주의 전체주의 철창 속에 갇히게 되었는지 의문을 제기하는 대신, 그 철창까지도 문명의 불가피한 산물로 받아들이도록 종용당하고 훈육되지 않겠는가? 그 훈육과 희생의 강도가 높아질수록 인간의 자기 파괴는 심화되지 않겠는가? 게다가 자본주의의 카오스적 변신과 그 속도전에 따라 개인별, 집단별, 세대별 격차가 커질수록 카오스적 상황은 점점 더 강화되지 않겠는가? 인종, 지역, 국가 간 격차가 심해질수록 자본주의 아바타들은 극심한 난국에 처할 것이 아닌가?

특히 한국은 반세기 이상 경제전쟁의 열기로 고전 분투한 끝에 이른바 '선진국 클럽'에 가입했고, 그 유례없는 속도전과 그 압박으로 초래된 갈등적 환경 속에서 자본주의 아바타들이 양산되어왔다. 서구 자본주의 문명으로부터 물밀듯이 수입된 문물의 홍수와 함께 자본주의의 카오스적 변신은 선진국 '따라잡기' 경쟁을 가열시켰다. 자본주의 아바타들은 그 현란한 변신을 좇아가기에 숨가쁜 막장의 일상과 각박한 인생에서 헤어날 수가 없었다. 이들에게는 선진국의 아바타들이 누릴 수 있는 정신적 여유나 자기성찰은 사치와도 같았다. 한국인은 오로지 모범적 아바타로 거듭나기 위해 온갖 고통과 인내와 자기착취를 당연한 생존전략으로 받아들여야만 했다. 이 모든 것은 하루아침에 닥쳐온 이른바 '선진'문명의 '쓰나미' 덕분이었다.

서구 자본주의 문명을 국가와 개인의 이상적 모델로 삼아 한국적 자본주의 성장역사를 만들어온 지난한 여정은 바로 인간 자체의 재구성, 즉 아바타로의 재사회화와 자기변신의 과정이었다. 자본주의 후발국의 아바타들은 선진국과 비교할 수 없는 충격과 고행을 경험할 수밖에 없었다면, 한국의 아바타들은 바로 후발국의 도약으로 일구어낸 자본주의 성장과정의 카오스적 경험으로부터 생성된 호모 카피탈리스티쿠스의 한국적 분신들이었다. 이들은 '서구', '선진', '자본주의', '문명', 이

4가지의 생소하고 이질적인 요소들이 한국의 전통문화와 이념대립과 분단냉전의 역사적 특수성과 접목되면서 생성된 화학적 변이의 산물이었다. 한국의 아바타들은 자본주의의 히드라적 변신과 그 괴물성이 한층 더 큰 혼란과 불안, 모순과 갈등을 빚어내는 토양에서 물불 안 가리고 그 모든 것을 격렬하게 몸과 마음에 새겨온 자본주의 후발국 아바타의 특성과 한국적 특이성을 함께 보여주는 것이었다.

한 은퇴자의 목소리가 가슴에 울려온다. 〈"나는 거의 늘 나 아닌 것들이나 나 밖의 것들을 찾아다니며 살아오지 않았던가. 나는 거의 늘 그 어딘가로 묻혀서 가지 않았던가. 나는 거의 늘 스스로 결정하지 않는 그 어딘가로 묻어서 가거나 파묻혀 지내지 않았던가. 그러다가도 아주 가끔 나 자신에게 돌아온다 해도 스스로에게 너무 낯설어 쩔쩔매지 않았던가. 이게 나인가? 그래서 다시 급하게 자신 밖으로 나와 자신이 아닌 것에 침몰하지 않았던가." "이렇게 나를 찾는 순간의 나는 꿈꾸는 나도 아니고, 술 취한 나도 아니고, 속고 있는 나도 아니고, 속은 거 같아서 안달하는 나도 아니고, 사소한 일에 억울한 나도 아니고, 조금이라도 더 잘나고 싶고 더 있어 보이고 싶은 나도 아니고, 죽고 싶어 하는 나도 아니고 오래 살고 싶어 하는 나도 아니다."〉[2]

이 세상에 맞추어 숨가쁜 일상에 허덕이며 열심히 살아온 인간은 그 삶에 종지부를 찍고 자신에게 돌아오는 순산, 사신이 낯선 존재로 다가오고 자신이 추구해온 존재가 아님을 절감한다. 그런데 노을이 지고 밤이 다가오는 말년에 와서 오랜 시절 잃어버렸던 자아를 어디서 어떻게 찾아야 한다는 말인가? 그런데 그 '자아'의 실체가 어떤 것인지 본인조차도 알 수 없는 것이 아닐까?

---

2) 신창석, 대구카톨릭대학교 퇴임, 〈사학연금〉, 2022.11.

한국처럼 자본주의의 급성장에 따른 사회변동이 극심한 나라에서는 호모 카피탈리스티쿠스의 세대별, 개인별 격차가 날로 심해지는 현상을 목격할 수 있었다. 한국에서 세대론이 부상한 것도 세대간, 개인간 문화적 격차, 불통, 불화, 갈등이 깊어지는 현실 때문이었다. 이는 특히 한국에서 '비동시적인 것의 동시성', '동시적인 것의 비동시성'을 초래한 자본주의의 압축적 성장에서 연유된 것이었다.

자본주의의 급성장으로 농촌세대, 산업세대, 정보세대, 디지털 세대 등이 짧은 시간에 빠르게 형성되었고 그 특징들이 혼재하는 상황에서 세대내, 세대별 분열과 간극이 심화될 수밖에 없었다. 자본주의 문명에 가장 일찍부터 가장 강도 높게 또 변화무쌍하게 포섭되어온 신세대일수록 '신인류'에 버금가는 모습을 드러냈다. 그 모습은 자본주의 아바타의 운명이 어디로 향하고 있는지를 가늠하게 하는 바로미터였다.

20대 한 청년은 이렇게 항변한다. 〈"동방의 변두리에서 우리는 무엇을 할 것인가." "비트족과 히피족처럼 고대 사상에 심취할 것인가, 사이버 우주에서 새로운 지평을 열 것인가, 아니면 그냥 술이나 먹고 담배나 피울 것인가. 확실한 것은 우리 모두 제각각 발버둥 치고 있다는 점이다. 그리고 그 발길질이 모든 경계를 깨부수고 있다. 성정체성, 민족주체성, 종교 신앙 따위의 관념들이 허물어지고 있다." "우리는 '엔(N)포세대'가 아니"라 '부유세대'다. "부유세대는 침몰하지 않는 한 끊임없이 떠다닌다." "모든 것이 유동적이고 '하루하루 의미를 찾아가는 철저히 파편화된 개인주의적 존재'다. 정처 없는 유랑길에 목적지란 있을 수 없다. 민족중흥의 역사적 사명도 없고 천국이나 극락도 없다. 고양이의 표정에서, 잠깐의 산책에서, 맛있는 커피 한 잔에서 이유를 얻는다. 오늘 당장 심연으로 가라앉지 않는다면 그것만으로 대성공이다."〉[3]

---

3) 전범선, [삶의 창], "부유세대", 한겨레, 2019.8.3.

은퇴세대와 미래세대 간에는 이처럼 간극이 크다. 자아실종의 삶에 자신을 바친 은퇴세대와 달리, 미래세대에게는 아무 것도 확실한 것이 없는 세상에서 지금 이 순간의 자아에 온전히 맡기는 존재로 살아가는 것만이 축복이다. 반세기가 지나면서 '실종된 자아'의 세대는 '부유하는 자아'의 세대에게 미래를 넘겨주고 있다. 나침반도 없고 굳이 찾지도 않는 미래세대에게는 오직 나침반만 보며 살아온 삶 속에서 '잃어버린 자아'를 그리워하는 과거세대의 상실감조차 낯선 것일지도 모른다. 오늘의 '개인과잉시대'에서 나만의 고착된 자아에 집착할 필요가 없다고 생각할지도 모른다.

이 글은 인간의 위기의 실체가 무엇인지를 면밀히 파악하기 위해 호모 카피탈리스티쿠스의 전형들을 중심으로 그 분신 아바타들이 어떠한 현실 속에서 어떤 모습들로 변화되고 또 어떤 운명 속에서 체제와 문명을 추종하고 경험하며 지탱시켜주는 삶을 살아가는지, 그 여정을 자기성찰적 관점에서 살펴본다. 이 글에서 인간의 위기를 드러내보이는 호모 카피타리스티쿠스의 전형들로 다루고자 하는 사례들은 물질주의 인간, 속도인간, 수치인간, 제국적 생활양식의 전도사, 시스템 인간, 투자/투기 인간, 경제적 인간, 상품물신주의 인간, 초개인주의적 인간, 상품노동사, 소비주의적 인간, 문화소비대중, 디지털중독의 알고리즘 인류 등으로 집약된다.

이 글에서는 이러한 호모 카피탈리스티쿠스들의 분신 아바타들이 인간의 위기를 의식하지 않을 만큼 자연스럽게 동화, 훈육, 순치, 변질되는 배경과 과정을 살펴본다. 인간의 본능, 이성, 욕망, 쾌락, 감성, 취향, 정체성, 가치관 등에서부터 인간성, 사회성, 자연감수성, 생활양식, 생존방식, 습관, 문화에 이르기까지 그 고유한 본질이 훼손, 희생되면서 자기모순, 자기분열, 자기갈등, 무의식적 자기기만과 자기파괴를 초래하는 딜레마적, 위기적 상황을 살펴본다. 아울러 자본주의의 히드라적 변신을 숨가쁘게 따라가야 하는 카오스적 상황에서 출현하는 '신인류' 아바타로부터 야기되는 인간의 위기가 무엇인지도 분석한다.

이러한 작업들은 자본주의 신화와 독사(doxa)가 인간의 위기를 오히려 인간의 발전을 위한 기회이자 문명의 수혜의 불가피한 과정으로 받아들이고 예찬하게 만드는 '최면적, 기만적 권력'으로 작용하는 문제에 초점을 맞춘다. 그 권력이 자본주의 아바타를 객체화하고 주체화하면서 인간의 몸과 무의식을 움직이는 '자연'의 힘으로 작용하는 메커니즘을 밝혀보고자 한다.

이 글은 오늘의 상황에서 간절하게 요구되는 인간의 비판정신과 자기성찰적 고뇌로 자본주의 문명으로부터 배태되어온 인간에 대한 심도있는 통찰이 절대 필요하다는 점을 부각시키고자 한다. 그동안 자본주의 체제와 문명의 위기에 대한 논쟁과 담론은 끊이지 않았지만, 정작 그 체제를 살리고 떠받들며 그 피해와 고난에 시달려온 인간에 초점을 맞추는 문제인식과 심층연구는 찾아보기 힘들었다. 이 글은 오늘의 상황에서 인간의 위기의 실체가 무엇이며, '인간 살리기'가 왜 절박한 역사적 과제로 대두되고 있는지를 밝혀내기 위한 것이다.

차례

들어가는 말 · 5
총론 Homo Capitalisticus · 19

제1부 시스템 인간   37

1장 물질문명의 아바타   39
  I. 물질주의 인간   40
  II. 속도인간   44
  III. 도구적 이성의 수치인간   47
  IV. '현존재의 노예' : 이성의 위기   50

2장 노예화/문명화 시스템의 아바타   55
  I. 식민자본주의의 노예 vs '문명인'   56
  II. 제국적 생활양식의 전도사   60
  III. 글로벌 스탠더드의 '신문명인'   65
  IV. Homo Systematicus   71

3장 쓰레기문명의 볼모   75
  I. 문명의 업보: 지구/인간의 위기   75
  II. '재앙의 외주화' : 문명쓰레기 전쟁   79
  III. '그린 워싱(Green Washing)' vs '멸종반란' 81

제2부 투자/투기 인간   87

1장 자본의 아바타   89
  I. '자본교'의 신도   89
  II. 화폐의 신화 : 돈괴물의 아바타   93

2장 인간자본 100
    I. 인간 자본 경쟁 아바타 100
    II. 능력주의 성공신화와 그 '지체자'들 105

3장 투자/투기 인간 111
    I. 금융괴물의 아바타 111
    II. 투기/돈교육 열풍 114

4장 금수저 vs 흙수저 123
    I. 세습자본주의의 '루저'들 123
    II. '흙수저' 수난시대 131

제3부   탈사회화된 인간   143

1장 시장괴물의 아바타 145
    I. 시장경제 괴물 145
    II. 시장에 의해 식민화된 '사회적 동물' 147
    III. Homo Economicus : 'Homo Miserabilis' 151
    IV. 상품물신주의 인간 157

2장 초개인주의적 인간 161
    I. 신격화된 시장 : 시장숭배자들 161
    II. '우리가 없는 나' : Market Actor 164
    III. '초과개인' vs '결손개인' 167

3장 탈사회화된 인간 169
    I. 시장의 사회 폐기 169
    II. '파편 사회' : 각자도생의 인간 175
    III. 원자화된 인간 179

제4부 Homo laborans, 상품노동자   187

1장 상품노동자　　　　　　　　　　　　189
　Ⅰ. 소비노동자　　　　　　　　　　　　189
　Ⅱ. 상품노동자　　　　　　　　　　　　193

2장 기계노동자 vs 기술엘리트 vs 기술실업예비군　196
　Ⅰ. 기계노동자　　　　　　　　　　　　196
　Ⅱ. 신기술 엘리트 vs 기술실업예비군　　198

3장 기업가적 노동주체 vs 프레카리아트(precariat)　204
　Ⅰ. 기업가적 노동주체 vs 조용한 사직자　204
　Ⅱ. 프레카리아트(precariat)　　　　　　208

4장 노예노동자에서 '사회적 노동자'로　213
　Ⅰ. 노예노동자　　　　　　　　　　　　213
　Ⅱ. '사회적 노동자'　　　　　　　　　　217

5장 청년 호모 라보란스　　　　　　　222
　Ⅰ. '기업가형 명품' : '누구나 창업가'　　223
　Ⅱ. 워라밸 : '받은 만큼만 일하자'　　　226
　Ⅲ. 준실업노동자 : '고통올림픽'　　　　231
　Ⅳ. '캥거루족'과 'N포세대'　　　　　　237

제5부 Homo Consumericus   245

1장 소비괴물의 아바타　　　　　　　247
　Ⅰ. 소비사회 : '소비주의적 인간'의 산실　247
　Ⅱ. 소비주의 독사의 향연　　　　　　　252

2장 소비대중 : 욕망의 주체인가?　　261
　Ⅰ. 마케팅에 위임된 욕망　　　　　　　261
　Ⅱ. 생산/소비 회로에 갇힌 욕망　　　　267

3장 라이프스타일 소비의 달인들 — 272
- I. 라이프스타일 브랜드 소비대중 — 272
- II. 상품미학으로 포장된 '자아 기획' — 276
- III. 정체성의 놀이꾼 — 278
- IV. 유행의 '지체자'들 — 280

4장 블랙홀에 빠진 첨단 소비세대 — 284
- I. 디지털 마케팅의 타깃 — 284
- II. 소비부족 — 289

5장 '중독시대'의 Kids — 294
- I. 번연계 자본주의 : 중독괴물의 흑역사 — 295
- II. 중독괴물의 아바타 — 299

제6부 Cultural Robot/Creator? — 305

1장 문화 구매/소비 대중 — 307
- 1. 문화위조사업 : 문화구매자 — 307
- II. '일차원적 문화'의 소비대중 — 312

2장 유흥, 쾌락, 스펙터클의 광신도 — 318
- I. 문화축제 소비천국 — 318
- II. 유흥과 쾌락 : '탈사유'의 해방구 — 320
- III. 스크린 제국의 팬덤 — 323

3장 포스트모던/시뮬라크르 문화의 마니아 — 328
- I. '뭐든지 좋다'는 문화 — 328
- II. 시뮬라크르 문화 — 332

4장 '문화대중' — 335
- I. 문화포퓰리즘의 '에이전트' — 335
- II. '크리에이터 마케터(Creator Marketer)' — 338
- III. '세계문화' 신드롬('Global Culture' Syndrome) — 344

제7부 포스트 휴먼? ... 351

1장 기술독재괴물 ... 353
- I. 빅테크 전성시대 ... 353
- II. 인공지능 괴물과 AI 쓰나미 ... 359
- III. 초지능기계 vs 인간지능 ... 365

2장 '뉴 소셜' 시대 ... 372
- I. 사회성 함몰 시대 ... 372
- II. 탈진실시대 ... 378
- III. 양극화와 혐오의 시대 ... 383
- IV. '디지털 팬옵티콘' ... 388
- V. 초과실재의 시대 ... 390

3장 '뉴 노멀' 인류 ... 395
- I. 데이터 인간 ... 396
- II. 알고리즘 인류 ... 400
- III. 디지털 자아 : 개인과잉시대 ... 406
- IV. Homo Addictus, 디지털 중독인류 ... 410
- V. 디지털 휴먼 ... 419

마무리 글 • 424

참고문헌 • 441

찾아보기 • 447

자본주의 아바타
Homo Capitalisticus

총론
Homo Capitalisticus

자본주의는 물질생활과 정신세계를 지배하는 경제사회문화시스템으로 작동한다. 이 시스템을 재생산하고 정당화하는 문화와 이데올로기는 '자연의 힘'을 발휘하는 신화와 '습관적 몸과 무의식'을 형성하는 독사(doxa)로 작용한다. 자본주의의 신화와 독사는 호모 카피탈리스티쿠스와 그 아바타들의 생성 및 훈육 기제이자 자본주의의 히드라적 괴물성을 '자연화', '정상화'하는 기제로서 자본주의 문명을 숙명으로 오인하게 한다.

자본주의의 무한성장이 곧 인류문명의 발전이라는 등식이 과연 성립할 수 있는 것인가? 고도의 물질문명과 기술문명의 혜택으로 풍요롭고 자유로운 세상을 만들어주는 것이 자본주의 문명이 내세운 '발전'이 아닌가? 그런데 그 발전이 자연과 사회와 인간에게 안겨준 폐해는 이미 돌이킬 수 없는 치명적인 수준에 이르고 있지 않은가? 자본주의 물질문명은 쓰레기문명이라는 오명과 함께 자연파괴와 기후재난을 심화시키는 원천이 아닌가? 자본주의 문명에 대한 인류의 열망은 인간을 그 문명의 희생양으로 만드는 것이 아닌가? 그럼에도 '자본주의 살리기'가 곧 인간과 지구를 살리는 길이라고 맹신할 수 있는 것인가?

애초부터 식민주의적 침탈을 원동력으로 삼았던 서구 자본주의는 제국주의적 확장을 거듭해왔고, 그 지배에서 벗어나지 못하는 전 세계의 약자들은 지금까지 기후위기, 인종차별, 노예노동, 빈곤의 늪, 난민의 운명 등등으로 극도의 고통을 감내해왔다. 제국주의적 자본주의는 자본주의 문명의 원죄이자 흔들리지 않는 저력이었다. 그 역사는 세계 인류를 자본주의 문명의 지배자와 피지배자로 운명 짓는 대기획의 결실이었다.

계급차별과 노동착취와 인권유린을 일삼는 자본주의는 생존권, 노동권, 인권 등 인간의 기본 권리들을 가로막는 거대한 장벽이었다. 지금까지 점점 더 정교한 방식과 은밀한 양태로 통제력을 강화해온 그 장벽은 자본주의 성장궤도에 없어서는 안 될 전지전능한 방어막이었다. 자본주의는 오로지 무한한 자본 축적과 시장 확장을 위해 자연, 인간, 사회를 훼손, 파괴하는 일들을 마다하지 않았다. 그 지배력의 확장은 무자비한 파괴의 대가로 얻어지는 것이었다. 그럼에도 그 파괴를 '성공의 어머니'로 부른 것은 오로지 '자본주의의 성공'만을 추구하는 문명의 독선과 잔혹성을 드러내는 것이었다.

자본주의가 자랑삼아온 '자유경쟁'은 승자독식에 의한 독점과 불평등을 심화시키는 주범이었다. 승자에게만 경쟁의 자유와 결실이 보장되고 승자의 부와 권력은 무한히 축적될 수 있는 빈익빈 부익부가 자본주의 체제의 표준이었다. 자본주의가 약속하는 물질적 풍요의 세상은 빈곤과 결핍의 세상을 필요조건으로 삼는 것이었다. 지금도 세계자본주의는 1:99를 넘어 0.1:99.9의 사회로 질주하고 있지 않은가? 게다가 자본주의는 '자유민주주의'라는 이름으로 아주 당당하게 평등이 아닌 불평등을 정당화시키는 역사를 추동해오지 않았는가? 신분제를 타파했다고 하는 자본주의 계급사회가 이제는 아주 노골적으로 신분제를 복원시키는 세습자본주의로 귀착되고 있지 않은가?

산업자본주의는 인간노동을 돈벌이 상품으로 개발하고 착취한 덕분에 성장할 수 있었던 반면에 노동시장은 시시때때로 실업노동자를 양산해왔다. 경제위기를 모면하거나 자본의 보다 높은 수익성과 잉여가치를 위해 노동자는 언제든 무참하게 희생될 수 있는 존재였다. 또한 자본주의는 '신자유주의'라는 이름으로 노동시장을 자유자재로 교란하여 노동비용을 최소화하는 다양한 전략을 구사해왔다. 그 결과 노동빈곤층과 함께 유례없는 고용불안정과 열악한 노동조건에 시달리며 노동자와 실업자를 넘나드는 일회용 소모품으로 불안정한 노동자계급인 '프레카리아트(precariat)'가 양산되었다.

게다가 날로 개발되는 신기술은 노동력의 가치를 하락시키거나 무가치하게 만들어 노동권 자체를 위협했다. 자동화와 정보화에 매진하는 하이테크 산업은 산업자본주의의 일등공신이었던 노동시장을 축소시키고 무력화하는 자본의 야심찬 '탈노동자화' 전략이었다. 더 나아가 디지털 자본주의는 인간의 두뇌노동까지도 대체할 기술개발과 확산에 박차를 가하고 있지 않은가? 자본주의 노동시장은 인간의 노동력을 넘어 인간의 모든 능력을 박탈하고 통제하는 자본·기술 권력의 전체주의를 실험하는 장으로 변신하고 있다. 자본주의의 카오스적 변신은 마침내 인간과 인간세상 전체를 그 제물로 삼는 경지에 이른 것이다.

이처럼 서구 자본주의는 지난 500여 년 동안 불확실성, 불투명성, 불예측성을 무기로 삼아 영토 확장을 거듭해오면서 '고삐 풀린 자본주의'가 아니라 애초부터 '고삐 없는 자본주의'였음을 확인시켜주었다. '고삐 없는 자본주의'는 고삐가 무엇인지도, 왜 필요한지도, 알 필요가 없을뿐더러 그 자체가 그 생명력이자 영구적 자기혁명의 원동력이었다. 자기혁명을 위한 끊임없는 모험은 점점 더 통제 불가능한 위기를 불러왔다. 그러나 자본주의에게는 '위기가 곧 기회'였다. 즉 카오스적 변신의 기회였다.

자본주의는 그 위기들을 카오스적 변신의 기회로 포착하면서 놀라운 복원력과 번식력을 발휘해왔다. 카오스적 변신은 자본주의의 무궁무진한 최상의 전략으로 '도전', '혁신', '창의력', '혁명' 등의 이름으로 새로운 가면을 쓴 자본주의들을 탄생시켰다. 상업자본주의, 산업자본주의, 금융자본주의, 미디어자본주의, 디지털 자본주의, 인지자본주의, 감시자본주의, 재난자본주의, 생태자본주의 등등에 이르기까지 그 스펙트럼은 날로 확대되었다.

고삐 없는 자본주의의 카오스적 변신은 어디까지 갈지 상상할 수가 없었다. 자본주의는 믿을 수도 없고 투명하지도 않고 어디로 튈지 알 수도 없었다. 모험과 위험이 끊이지 않는 자본주의 세상은 늘 불안하고 의심스럽고 혼란스럽고 두려운 것이었다. 그럼에도 자본주의 아바타는 요동치는 파도 속에서 숨을 헐떡이며 위험천만한 인생에 목숨을 걸어야 했고, 그 상상할 수 없는 미래에 운명을 맡길 수밖에 없었다. 게다가 '위기는 곧 기회'라는 구호를 금과옥조로 삼으며 '자본주의 살리기'에 매진해야 했다. 자신의 몸을 살리는 것처럼 자본주의 살리기에 혼신을 다 하는 아바타들 덕분에 자본주의는 승승장구할 수 있었다.

수십 년 동안 서구 자본주의 역사를 연구했던 역사학자 페르낭 브로델(F. Braudel, 1902~1985)은 자본주의가 자기 자신의 실체도 모르는 채 히드라처럼 끊임없이 변신하고 어떤 위험도 불사하는 괴물이라고 고증했다. 괴물은 "서로 다른 종이 결합하여 부자연스러운 개체를 만들 때 탄생"한다면, 자본주의 괴물은 히드라적 본성을 닮은 괴물이었다. 괴물은 '비정상'의 존재로 인지된다면, 히드라적 괴물은 그 비정상성을 '자연'의 섭리로 타고난 생물이었다. 자본주의는 히드라처럼 그 괴물성을 자연으로 위장한 '거짓자연'의 힘으로 발휘하는 것이었고, 그 힘은 생리적으로 작용하는 것처럼 불가항력적인 것이었다.

또한 '괴물'이라는 이름은 인간사회에서 '정상'이 아닌 존재를 전제하는 것이지만, 자본주의에게 괴물성은 그 본성 자체를 드러내는 '정상적'인 것이었다. 자본주의 괴물은 곧 자본주의의 이름이며 이와 구별되는 '정상의 자본주의'가 따로 존재하는 것이 아니었다. 자본주의는 정체불명의 괴물로 인간을 현혹하고 공포스럽게 만드는 천태만상의 얼굴을 지닌 것이었다. 자본주의는 카오스적 변신으로 그 괴물성을 극대화하면서 자연, 인간, 사회 등 모든 것을 그 제물로 삼았다.

그런데도 인간은 그 괴물성에 기내어 인류문명의 발전을 꿈꾸어왔으며 전 세계를 그 괴물의 놀이터로 제공해왔다는 말인가? 더구나 그 놀이터가 바로 그 괴물성에 속절없이 놀아나는 아바타들의 놀이터가 되었다는 말인가? 인류역사의 주인은 분명 인간이건데, 인간이 자기 자신을 치명적인 위험에 빠뜨리는 자본주의 괴물을 살리는 데 올인하는 상황은 참으로 불가사의한 일이었다. 이 상황이 바로 인간의 위기를 역설해주는 것이었다.

그 배경에는 자본주의의 히드라적 괴물성을 우상화하고 자연화하는 자본주의 신화들이 자리잡고 있었다. 자본주의 신화들은 자본주의 문명을 불변의 자연으로 가장하여 영원한 것으로 수용하게 하는 것이었다. 자본주의 '불패' 신화는 자본주의 문명의 필연성을 설파하고 그로부터 파생되는 고통과 폐해를 불가피한 것으로 정당화하는 것이었다.

철학자 롤랑 바르트(R. Barthes, 1915~1980)는 자본주의 사회에서 파급되는 신화의 힘으로 현실의 거짓된 자연스러움이 참을 수 없을 정도에 이르고 자연과 역사가 혼동되는 상황을 적시했다. 그는 서구 자본주의 사회에서 부르주아 지배계급의 이데올로기들이 익명의 보편적 원리들로 탈계급화되어 신화들로 자리 잡게 된 상황을 비판했다. 그 비판은 부르주아 계급의 가치와 이득을 대변하는 이데올로기들로부터 파생된 자본주의 신화들 속에 숨겨진 기획을 탈기만화하기 위한 것이었다. 그 기획은 부르주아 지배계급의 정치적 목적을 담은 '세계의 영원한 제조행위'를 전 인류를 위한 비정치적 사업으로 위장하는 것이었다(바르트, 1997: 308~312). 자본주의 신화는 자연의 부동성을 빌려 자본주의 세계를 보존하고 영속화시키는 기획의 정치성을 은폐하는 기만이었다.

'이성', '진보', '행복', '자유', '평등' 등의 자본주의적 개념을 자연화하는 신화들은 서구 자본주의 문명을 인류문명의 원형으로 영구화하는 것이었다. 시장경제의 신화는 자유방임주의가 기회의 평등과 조화로운 사회질서를 실현시킨다는 망상을 갖게 했다. 자유경쟁의 신화는 부르주아 계급의 이해관계를 대변해주고 독점체제가 자리 잡는 현실을 은폐하는 것이었다. 풍요의 신화와 성공신화는 자본주의 체제의 희생자들에게 헛된 희망을 불어넣는 지배계급의 이데올로기적 기만이었다.

자본주의의 대량생산과 대량소비의 시스템은 신화적 기표들을 무한히 증식시키는 토양을 만들어왔다. 돈과 상품과 기술을 우상화하는 신화들은 자본주의 시스템을 이상화하면서 고통과 좌절의 현실을 부정하게 만드는 주술적 힘으로 작용해왔다. 마법의 세계를 담은 문화상품들과 '힐링'시장은 냉혹한 생존경쟁에 지친 대중에게 신화적 환상의 도피처를 제공했다. 이 모든 것은 '긍정 마인드'를 극대화함으로써 자본주의 문명에 대한 대중의 응집력을 강화하는 데 기여하는 것이었다.

이처럼 자본주의 시스템으로부터 파생된 이데올로기와 문화는 자본주의 신화들로부터 발현되는 '자연'의 힘으로 작용해왔다. 신화는 우연성을 필연성으로 바꾸고 문화적, 이데올로기적 임의성과 독단성을 '자연화'하는 것이었다. 신화는 역사적인 것을 '자연스러운 외관'으로 굴절시키는 속임수로 영원한 것처럼 기만하는 것이었다. 자본의 탐욕을 인간의 욕망으로 도치시킴으로써 인간본성의 '거짓자연'을 제조하는 신화를 통해 자본주의가 인간의 본성에 걸 맞는 체제라는 믿음을 갖게 하는 것이었다.

이는 자본주의가 경제와 더불어 이데올로기와 문화의 영역을 전유해온 역사의 덕분이었다. 자본주의는 물질생활을 교환가치가 지배하는 '경제시스템'의 자율적 영역으로 확립시키는 동시에 인간의 물질적 삶 전반을 재구조화하는 사회문화 시스템을 정착시켰다. 경제와 직결되는 물질생활은 일상적 관행과 습관들로 이루어지고 삶의 방식을 결정짓는 관념적, 규범적, 표현적 실천이며 그 경험들과 일상적 반복을 통해 특정한 문화가 형성된다. 문화는 특정한 가치와 관념체계를 담은 이데올로기들을 배양하는 포괄적인 개념이라는 점에서 이데올로기적 의미를 지닌 것이다.

또한 시스템은 그 자체가 하나의 '조직적인 사고체계'로서 사물을 바라보는 특정한 관점으로 현실을 인지하고 경험하게 하며 그 교리적 신념으로서 이데올로기를 작동시킨다. 문화와 이데올로기는 시스템의 재생산과 정당화에 필수적인 것이다. 자본주의 체제에서 문화와 이데올로기는 그 시스템이 필요로 하는 인간과 사회의 정신적, 규범적, 감성적, 사상적 기반을 제공하는 것이었다. 자본주의는 인간의 물질생활과 정신세계를 지배하는 시스템에 필수적인 문화와 이데올로기를 파생시키고, 이를 자연의 힘으로 작용하게 하는 신화들을 통해 자본주의의 괴물성을 정상성으로 둔갑시킬 수 있었다.

신화와 한 짝을 이루는 것이 독사(doxa)[1]였다. 독사는 신화가 조장하는 이데올로기의 속임수에 빠지게 하는 '오인(misrecognition)'과 설득과 무의식적 통제의 기제로 작용한다. 독사는 신화의 거짓자연에 숨겨진 이데올로기와 그로부터 생성된 지배적인 문화규범을 역사적 동기가 없는 자연적인 것으로 받아들이게 하고 인간의 의식이 작동하지 않는 문화적 습관으로 자리잡게 한다. 독사적 기능은 지배문화와 이데올로기를 유포하는 신화에 대한 믿음과 추종으로 자발적 순응과 예속을 이끌어내는 것이다. 이는 '제국의 체계'와 같은 강력한 메커니즘을 지닌다. 독사는 신화가 개인의 몸으로 체화되는 문화적 습관과 무의식을 통해 자연의 힘을 발휘하게 만드는 것이다.

사회학자 피에르 부르디외(P. Bourdieu, 2, 1977; 1992; 1994)에 따르면 "사회적 세계의 일차적 경험은 독사적 경험"이다. 독사적 경험

---

[1] 이영자, 『자본주의의 신화와 독사』(나남, 2015) 참조. 독사(doxa)는 고대 그리스 말에 어원을 둔 것으로 '공통의 신념', '대중적 견해', '종교적 신념', '당대의 상식' 등으로 풀이되고, 한국말로는 '공론'으로 번역되기도 한다. 독사에 담겨진 다층적 차원의 논제들을 집약시켜주는 한국말을 찾기 어렵고 외국어에서도 대체로 원어가 그대로 사용되는 경향을 참고하여 이 글에서도 원어를 그대로 사용한다. 독사는 일상생활에서 사실을 판단하는 일반적 기준으로 작용하고 의사소통을 가능하게 하며 의미를 구성하게 하는 것이지만, 어원상 사람들을 설득하기 위해 조작된 것으로, 자명한 것처럼 가정된 의견으로서 증명되지 않는 정당화의 논리가 개입되어 있다는 의미가 함축된 개념이다. 이 글에서는 피에르 부르디외(P. Bourdieu, 1930~2002)가 사회학적 관점에서 독사를 개념화하고 심화시킨 내용을 토대로, 독사가 신화와 한 짝을 이루어 '육체의 무의식'과 '습관적인 몸'으로 작용하는 기능에 초점을 맞추어 필자가 그 개념을 재구성하고 확장시킨 것이다.

은 비성찰적 상태의 일상적이고 즉각적인 경험으로서 경험적으로 터득한 사회구조에 대한 '친숙화'와 함께 자연스러운 동화를 유발한다. 독사적 경험 속에서 개인은 자신이 '현재 하고 있는 것'과 '해야만 하는 것을 하는 것' 외에는 다른 아무것도 할 것이 없다는 믿음을 갖게 된다. 판단과 비판이 없는 상태에서 기성질서를 승인하는 것이 '독사적 승인'이며, 이는 모르는 사이에 교활하고 강력하게 진행되는 지배권력의 '숨겨진 무자비한 설득'이다.

독사적 승인은 사회구조와 정신구조를 일치시킴으로써 지배질서를 의심의 여지가 없는 '자연스러운' 질서, 즉 독사적 질서(doxic order)로 인지하는 것이다. 지배질서의 정치적 의미 자체를 중립적이고 비정치적인 것으로 받아들이게 하는 독사의 정치적 기능은 지배의 효과로 나타난다. 독사적 질서는 이러한 지배질서가 정착시키는 기성 질서를 '사회적 본질'이자 '숙명적인 시스템'으로 받아들여지게 하는 것이다. 모든 기성 질서는 그 독단성을 '자연화'하는 독사적 질서로 유지된다.

지배계급과 피지배계급간에 공유된 독사적 질서는 기존 시스템과 공모관계를 형성하는 전제조건이다. 생존게임의 장에 들어오는 순간 행위자들은 게임의 룰과 상호경쟁/투쟁을 불가피한 것으로 받아들이면서 그 장의 구조들과 확실한 공모관계를 형성한다. 이처럼 생존게임의 장(field)은 독사의 장으로 작동한다. 독사의 장은 시스템과의 공모관계를 통해 '자발적 예속'을 불가피한 것으로 만든다. 이러한 공모관계는 생존게임이나 계급투쟁이 벌어지는 모든 영역에서 자본주의 시스템을 유지하고 재생산하게 된다.

자본주의 시스템이 견고성, 엄격성, 효율성, 정교함을 통해 인간의 삶을 점점 더 촘촘하게 조건 지을수록 현실은 있는 그대로가 지극히 정상적이고 자연적인 것으로 비추어진다. 자본주의 시스템 밖을 알지도 경험하지도 못하는 인간에게 그 현실은 운명과도 같은 불가항력적인 것으로 다가온다. 독사는 자본주의가 정착시켜온 사회제도와 사회질서를 자연적이고 필연적인 것으로 경험하는 공모관계를 통해 자본주의 체계에 대한 자발적 순응을 이끌어낸다. 바르트는 독사가 '권력의 축복'을 받는 '합법적이고 자연스러운 지배'를 관철시키는 것이라고 했다.

자본주의 문명은 인간의 모든 영역에 스며들어 '상식'이란 이름의 헤게모니로 작동한다. 독사의 개념에는 상식처럼 모두에게 일반적으로 받아들여지고 세상에서 널리 인정받는 '객관적 진리'를 담은 것을 수용한다는 전제가 있다. 상식처럼 굳이 말하지 않고도 공감될 수 있으며 의문을 제기할 필요도 없고 논쟁을 야기하지도 않는 침묵으로 그 자명함을 인정하는 것이다. 상식의 독사적 기능은 세상에 즉각적으로 편입하도록 만드는 것이다.

그러나 상식은 비객관적이고 비합리적이며 특정 시기와 대중적 환경에서 만연되는 단편적이고 비일관적이며 애매하고 모순적인 형태의 총괄적 사고방식이다. 이른바 '상식의 정치'는 확실한 이념이나 가치에 기반을 둔 정치가 아니라 대중의 상식과 정서를 가정한 여론몰이의 사이비 정치일 뿐이다. 하비(D. Harvey)의 지적처럼 문화적 사회화의 오랜 실천을 통해 구축되는 상식은 매우 보수적이며 기존의 시스템과 계급질서를 유지하는 보수적 토양을 형성하는 데 기여한다.

독사는 부르디외가 강조했듯이 개인의 육체와 행위를 통해 그 효과들을 발휘한다. 독사는 사회구조의 힘을 육체의 무의식으로 자리잡게 하며, 육체의 무의식은 개인의 몸으로 체화된 구조로서 독사적 질서를 따르는 타성과 무의식적 추종에 의한 비성찰적 행위의 지향성을 지닌다. 독사의 기능은 이데올로기나 제도적 규율에 대한 복속의 상태를 육체의 무의식으로 전환시키는 것이다.

독사는 자연적인 생활세계로 받아들여지는 관례, 의례, 관습, 가치, 규범, 분류 및 평가체계 등과 같이 비의식적으로 작용하는 정신구조와 육체적 성향을 자리잡게 한다. 독사적 질서는 사회적 관습의 습득과정에서 형성되는 습관적인 몸, 즉 '의식하지 않는 몸'을 통해 '육체적 질서'로 작용한다.

제도화되고 관료화된 의식들과 습관들은 지배질서의 조용한 명령들을 따르는 육체의 무의식 속에서 육체적 질서로 자리 잡는다. 독사는 피지배층이 지배 권력을 '알지도 못하는 상태'에서 '그들이 아는 것보다 훨씬 더 많은 것들'을 통해 '자발적으로', '자연스럽게' 받아들이도록 하는 것이다. 이는 무의식적 통제를 가능하게 하는 '지배의 육체'와 '육체의 정신화'를 의미한다. 독사는 사회적인 것의 육체적 생리화와 문화적 자의성의 자연화로 작용한다.

정신의학자 칼 구스타브 융(C. G. Jung, 1875~1961)에 따르면 육체의 무의식은 개인의 경험을 넘어선 일상의 관습과 정서를 통해 형성되는 집단무의식을 타고 나는 것이다. 그 집단무의식을 통한 지배의 육체화 즉 지배 권력에 의한 무의식적 통제와 지배관계를 자연스럽게 체화시키는 것이 육체적 무의식이다. 독사의 기능을 지닌 육체의 무의식은 바로 이데올로기의 무의식과 문화의 무의식이 번성하는 곳이다. 이데올로기와 문화는 공통적으로 사람들에게 의식되지 않는 '비의식'과 무의식의 영역에서 서로 자연스럽게 넘나들거나 하나로 작용할 가능성이 높기 때문이다.

이처럼 독사는 이데올로기의 훌륭한 도구로써 텔레비전이나 정치선전기구보다 훨씬 더 강력한 '숨겨진 설득'의 기제로 작용하여 신화적 기만을 개인의 무의식 속에서 관철시키는 것이다. 여기서 자신에게 내면화된 지배이데올로기를 자기 자신의 것으로 믿는 무의식적 자기기만이 발효되기도 한다. 시스템의 지배력이 독사를 통해 개인에게 감내하게 만드는 고통은 자기증오나 자기징벌과 같은 자학적 형태의 무의식적인 자기 파괴의 힘으로 분출되기도 한다.

신화는 '자연스러운 정신적 지배'를 이끌어내는 것이라면, 독사는 문화와 이데올로기가 상접하는 육체적 무의식 속에서 은밀하고 강력한 지배를 관철시키는 것이다. 여기서 지배는 인간 자신을 존재하게 해 주는 '자연'처럼 받아들여진다. 신화는 독사를 통해 개인의 몸과 마음을 움직이게 하고, 독사는 그 몸과 마음으로 신화를 떠받들게 하는 상호보강 관계가 형성된다.

신화로부터 파생되는 독사들은 이데올로기, 문화, 관습, 제도적 장치, 시장 메커니즘, 산업기술 등등 매우 다양한 차원에서 작동하며 신화 그 자체가 독사로 작용하는 경우들도 가능하다. 대표적으로 자본주의 체제에서 유포되는 성공신화는 능력주의 독사와, 소비사회의 신화는 소비주의 독사와, 자유주의 신화는 자유경쟁의 독사와, 발전의 신화는 발전주의 독사나 '글로벌 스탠더드' 독사와, 디지털 기술의 신화는 알고리즘의 독사와 한 짝으로 작용한다.

자본주의 신화들과 독사들은 인간을 자본주의의 전유물로 만들어왔다. 호모 카피탈리스티쿠스와 그 분신으로 생성되는 아바타들이 그 산물이었다. 자본주의 신화와 독사는 시대와 상황에 따라 바뀔 수 있고 그 영향력도 그 대상에 따라 달라지는 만큼 호모 카피탈리스티쿠스의 분신으로 변화무쌍한 아바타들을 생성하는 기제로 작용한다. 신화와 독사에 사로잡힌 아바타들은 적극적 맹신자에서부터 극단의 피해자에 이르기까지, 또한 자본주의 권력의 주인행세를 하는 사람부터 그 권력의 노예가 되는 사람까지, 자본주의 문명의 전체주의를 '자연스러운 지배'로 받아들이는 존재들이다.

자본주의의 거짓자연을 제조하는 사회제도적, 문화적 장치들이 날로 정교해지고 자본주의 신화와 독사가 보다 더 강력해진 '최면적 권력'으로 작용하면서 문명에 대한 맹신과 환상이 증폭되고 비판의식이 점점 더 퇴색하고 마비되는 상황이 벌어진다. 부르디외는 그 '최면적 권력'으로부터 벗어나기 위해 권력의 '자연스러움'을 추방하고 자연이 되어버린 문화에서 지워진 역사성을 회복해야 한다고 주장했다.

한편 자본주의 신화와 독사는 자본주의 시스템을 '습관적인 몸'으로 숙명처럼 받아들이게 하는 동시에 그 시스템을 자발적, 주체적으로 재생산하도록 설득하고 종용한다. 호모 카피탈리스티쿠스는 객체화(또는 노예화)와 주체화의 변증법적 이중주로 생성된다. 독사는 무의식적 수용에 의한 객체화를 능동성과 자발성을 발휘하는 주체화로 전환시킨다.

자본주의 체제의 문법과 지배력에 의해 개조된 호모 카피탈리스티쿠스는 '주체화된 객체'로 살아가는 존재이다. 자본주의 아바타는 부르디외가 분류한 '사회적 행위자(social actor)'와 '사회적 대행자(social agent)' 중 후자의 운명에 처한다. 사회적 대행자로 살아가는 자본주의 아바타는 온전한 주체성을 지닌 사회적 행위자로 살아가지 못하는 운명을 자연스러운 것으로 받아들이는 인간이다.

안토니오 그람시(A. Gramsci, 1891~1937)의 헤게모니론은 피지배계급의 자발적 동의를 이끌어내기 위한 계급투쟁과 타협의 과정을 중시한 것이었다면, 그 시대로부터 한 세기 이상이 지난 후기자본주의에서 부르디외는 그러한 과정 자체가 생략되어버리는 상황에 이른 것으로 파악했다. 즉 자본주의 독사들이 한층 더 위력을 발휘하는 상황에서 인간은 자본주의 시스템과 점점 더 분리되기 힘든 수준에 이르렀음을 간파한 것이다. 자본주의 시스템과 한 몸으로 움직이는 사회적 대행자는 주체화된 몸으로 자본주의 시스템을 더 적극적으로 재생산하는 동력으로 이용될 뿐, 그 시스템에 맞서는 투쟁이나 자율적 타협의 역학을 이끌어낼 수 있는 존재가 더 이상 아니라는 것이다.

게다가 자본주의 아바타는 '사회적 대행자'를 넘어 자본주의 괴물의 대행자로서 그 괴물성을 닮아가고 체화하고 주체화하는 단계로 진입하고 있다. 자본주의 괴물을 대행하는 아바타는 자본주의의 히드라적 본성, 즉 카오스적 변신을 서슴지 않는 존재로 거듭난다. 괴물성을 열심히 습득하고 실천하는 모범적 대행자가 늘어날수록 천태만상의 변화무쌍한 인간괴물들이 늘어난다.

자본주의 체제에서는 무한경쟁에 뛰어들어 그 어떤 변신도 불사하는 인간을 '괴물'로 배격하지 않는다. 서바이벌게임의 최후 승자가 되기 위해 인격도 저버리고 자신도 모르는 정체불명의 인간으로 변질되어도 자신을 괴물로 인지하지 못한다. 인간성 자체가 괴물성에 포획당하는 현실 자체가 자본주의 체제에서는 비정상이 아닌 '정상'으로 받아들여진다. 자기분열적, 자기착취적, 자기파괴적 모습의 아바타들은 '정상인'으로 살아간다.

자본주의가 끝없이 히드라처럼 변신하며 마구잡이로 그 동력을 확장시키는 것처럼, 그 수법을 그대로 따라하며 물불 안 가리는 막가파들도 있다. 포식자본주의를 모델 삼아 절제, 자기통제, 금기를 모르는 포식자의 생존습관을 몸에 익히는 괴물도 있다. 그 생존습관은 자본주의와 한 몸이 되어야만 살아남을 수 있다는 철저한 믿음과 학습으로 터득한 생존법이다. 이들은 인간성 자체를 포기, 훼손, 상실, 폐기시켜 버리는 탈인간화의 내성으로 무장된 괴물들이다. 이로부터 인간성 자체가 자본주의 괴물성으로 오염되고 변질되는 사회 풍토가 배양된다.

괴물 아바타는 자본주의의 모든 속성들을 타의적/자의적으로, 의식적/무의식적으로 가장 열심히 모방하고 습득하고 극대화함으로써 자본주의의 성공적인 아바타로 등극한 인간이다. 자본주의에 내재한 다양한 괴물성의 무정부적 조합과 결집으로 인해 자가발전적인 변태적 양상을 드러내는 인간괴물이다. 괴물 아바타는 자본주의의 생리와 본질을 가장 충실하게 터득한 존재로서 자본주의 체제를 가장 확실하게 확대 재생산할 수 있는 잠재력을 지닌 인간이다. 괴물 아바타의 생산은 자본주의 체제가 영구적 생명력을 발휘하기 위한 핵심과업인 것이다.

괴물 아바타는 자본주의의 성장에너지를 극대화하는 역동성을 발휘하고 끝없는 '창조적 파괴'와 변신을 거듭하는 슈퍼인간, '괴물신인'으로 칭송된다. 이들은 자본주의 괴물성을 앞장서서 실천한 덕분에 세계적 성공과 초권력을 걸머쥐게 된 괴물영웅들이다. 이들은 자본주의의 괴물성, 즉 천태만상의 카오스적 변신, 무작위적 일탈, 통제불능과 예측불능의 끝없는 실험과 온갖 위험을 불사하는 모험에 빠져든 인간괴물의 종결판이다. 자신도 잘 모르는 자아, 어디로 튈지 모르는 에고, 끝을 모르는 야망, 괴물성을 쉼없이 시험하는 자기도취와 승부욕의 포로가 된 이들은 자본주의 괴물의 이상형이다.

자본주의 괴물성은 국가적 차원에서도 활개를 치고 묵인되는 세상이 되었다. 미국에서는 총기휴대를 허용해온 덕분에 오랜 시절 온 국민이 무차별적 총기참사로 대규모 인명 피해와 공포에 시달려왔지만, 국가는 총기산업을 제어할 단호한 의지도 능력도 보여주지 않았다. 칠레는 녹재성부이래로 물을 사유회/상품화할 수 있도록 법제화하여 판매, 대여, 상속이 가능한 권리를 보장한 결과, 호수와 강물을 마음대로 끌어다 쓰는 대플랜테이션 농장들 때문에 17년 동안 가뭄에 시달리는 사태가 벌어졌다.

태국에서는 대마초를 합법화하여 묘목의 무료배급으로 재배를 촉진시키고 각종 대마초 상품을 개발·판매함으로써 전 세계 관광객을 끌어들이는 등 경제효과를 높인다는 명분으로 각종 사회적 피해들이 속출하는 상황을 조장, 방치했다. 미국의 일부 주정부, 캐나다, 우루과

이, 남아프리카공화국, 조지아, 룩셈부르크, 몰타도 대마초의 합법화로 괴물성을 드러냈다. 엘살바도르에서는 미국 달러에 대한 의존성을 줄인다는 명분으로 정부가 앞장서서 비트코인을 활성화하는 정책을 실시한 결과, 정부는 물론 국민도 비트코인 투기열풍과 위험한 도박놀음에 빠뜨리는 상황을 초래했다.

　이처럼 자본주의 괴물성은 개인도 국가도 괴물열풍에 빠져들게 만드는 강력한 전염성을 지닌 것이다. 그러나 그 모든 것은 '괴물'로 보이지도 불리지도 않고, 지탄받지도 배격당하지도 않는다. 자본주의의 괴물성을 닮아가는 세상은 바로 자본주의 문명의 역작이자 그 아바타들이 길들여지는 절대 유일한 세상이기 때문이다. 괴물성은 '창조적 파괴'의 자유를 극대화하는 자본주의의 생명력 그 자체이기 때문이다.

자본주의 아바타
Homo Capitalisticus

제1부
시스템 인간

제1장	물질문명의 아바타
제2장	노예화/문명화 시스템의 아바타
제3장	쓰레기문명의 볼모

자본주의 물질문명은 '물질주의 인간', 속도인간, 도구적 이성의 신봉자인 '수치(數値)인간'을 호모 카피탈리스티쿠스의 전형으로 배양하고 그 아바타들을 양산한다. 이들은 '근대문명인'의 이름으로 식민자본주의로부터 디지털 자본주의에 이르기까지 자본주의 물질문명의 세계화에 기여해온 제국적 생활양식의 추종자들이자 전도사들이다. 제국적 생활양식은 제국주의적 자본주의 역사 속에서 자본주의 문명을 열망하고 따라잡기 경쟁을 벌이는 아바타들을 세계적으로 양산하고 식민화하는 기제로 작용한다. 자본주의 문명의 세계화는 '글로벌 스탠더드'와 글로벌 시스템을 통해 호모 카피탈리스티쿠스를 '시스템 인간'으로 재조직함으로써 문명의 절대 권력을 시스템의 명령으로 관철시킨다. 시스템 인간 아바타들은 자본주의 물질문명과 한 짝을 이루는 쓰레기문명의 볼모가 되어 지구와 인간의 위기에 봉착하는 상황에서도 글로벌 시스템에 갇힌 운명을 감내한다.

물질문명의 아바타

'근대문명인'의 모델은 자본주의를 물질문명의 대명사로 떠받들며 믿고 따르는 물질주의 인간이자 도구적 이성을 절대적으로 신봉하는 인간이다. 진보의 신화는 물질적 진보와 풍요를 열망하는 유물론적 인간과 자본주의 경제성장의 속도전에 전념하는 '속도인간'을 탄생시킨다. 자본주의 물질문명은 또한 도구적 이성을 보편이성의 이상(理想)으로 삼아 사유를 수학적 장치로 환원시키고 수치와 계산과 양에 매달리는 '수치인간'을 호모 카피탈리스티쿠스의 전형으로 고안한다. 이로부터 물질주의와 속도와 수학의 언어로 무장한 다양한 양태의 아바타들이 생성된다. 도구적, 기술적 합리성을 절대시하는 자본주의 문명은 '이성의 무의식' 속에서 '현존재의 노예'로 살아가는 아바타들을 배양함으로써 '이성의 위기'를 불러온다.

I. 물질주의 인간

　이른바 '근(현)대문명'은 자본주의 문명이다. '근대'는 서구에서 16세기 말 봉건시대의 종말과 함께 시작된 새로운 역사적 국면을 지칭한다. 서구의 근대 역사는 18세기 말에 이르기까지 종교개혁, 계몽주의, 시민혁명, 산업혁명, 국민국가를 중심으로 전개되었다. 그 역사 속에서 꽃피운 서구의 '근대문명'은 상업자본주의의 성장에 따른 부르주아 계급의 부상과 시민사회의 형성을 배경으로 발흥되었다. 시장문명, 도시문명, 물질문명, 기술문명, 산업문명 등으로 총칭되는 근대문명은 자본주의 문명을 지칭하는 것이었다.
　서구의 근대화 역사는 자본주의적 근대성(capitalist modernity)의 기획을 실현시키는 것이었다. 근대성은 자본주의의 작동원리에 따라 구현되는 정치, 시장, 산업, 도시, 과학기술, 예술, 제도, 규범, 에토스 등을 포괄하는 것으로 자본주의 체제와 공동의 운명으로 결속된 것이었다. 특히 근대의 경제체제와 사회제도는 자본주의적 근대성 기획의 중추적인 토대였다.
　그런데 '근대문명', '현대문명'이라는 말은 자주 듣지만 '자본주의 문명'이란 말은 듣기 어렵다. 왜 그럴까? 자본주의 문명이 '근(현대)문명'으로 불리우기 때문이다. 그렇다면 이는 자본주의 문명의 역사적 특수성을 직시하지 못하게 하는 것이 아닌가? 서구에서 태동한 자본주의 문명을 보편적 인류문명의 시대적 진화의 산물로 받아들이게 하는 것이 아닌가? '근·현대 문명'이라는 이름은 자본주의 문명이 마치 전 지구를 포괄하는 인류문명으로 확장하는 운명을 타고난 것처럼 전제하거나 암시하는 것이 아닌가? 바로 그 이름처럼 근현대 세계사는 자본주의 문명이 전 지구적 보편성을 획득해온 역사였다.

자본주의 문명은 본질적으로 물질문명이며, '근대(문명)인'으로 거듭난 호모 카피탈리스티쿠스는 물질적 진보를 신봉하고 맹신하는 '물질주의 인간'이었다. '진보'는 유럽의 계몽주의 시대에서 '보편적 인간정신'으로 부상하였고, 진보를 불변의 가치로 고정시키고 자연화하는 신화가 생성되었다. 애덤 스미스(A. Smith, 1723~1790)가 진보의 신봉자였던 것처럼 사회다원주의자들은 진보가 자연 진화론의 확장이라고 주장했다. 사회과학이나 자연과학에서 진보는 이론적 토대가 되는 개념이었다. 진보에 대한 믿음은 합리적 근대인의 신념을 넘어 흔들리지 않는 종교적 신앙과도 같은 것이었다. 핵전쟁, 테러, 기후위기 등으로 인한 지구 황폐화의 우려에도 '진보의 종교'는 오늘도 정점에서 떨어지지 않았다.

서구에서 계몽주의와 산업혁명시기에 근대적 사고방식을 지배했던 진보의 신화는 역사의 주인으로 재탄생한 '계몽된 인간'의 무한한 능력에 대한 믿음을 심어주었다. 인간 이성의 진보, 문명의 진보, 과학의 진보가 진보의 대명사가 되었다. 서구의 계몽주의 시대는 부르주아 계급이 진보의 신화를 설파하고 진보의 역사를 주도하는 주인공으로 등장하기 시작한 시기였다. 진보의 신화는 부르주아 계급의 권력기반인 자본주의에 이데올로기적 동력을 제공하고 자본주의 성장에 날개를 달아주었다.

한편 진보의 신화는 진보의 자기파괴를 초래한다는 비판들이 제기되었다. 진보에 대한 맹목적인 숭배는 진보를 '퇴보'로 반전시키는 역사를 불러온다는 경고였다. 특히 독일의 프랑크푸르트 학파[1]는 '끊임

---

1) 프랑크푸르트 학파(Frankfurt School)는 1930년대 이후 프랑크푸르트암마인 대학교의 사회연구소를 중심으로 등장한 사회이론가 집단을 지칭한다. 헤겔과 마르크스의 유산인 변증법을 부정하는 '부정의 변증법'이라는 개념체계에 기반 한 서구 자본주의 문명과 이데올로기에 대한 비판에서부터 출발한 비판이론 학파였다.

없는 진보가 내리는 저주는 끊임없는 퇴행'이라는 통렬한 비판론을 제기했다(호르크하이머, 아도르노, 1995: 17~19). 즉 진보는 한계를 모르고 무작정 전진해야 한다는 전제를 담은 개념으로 그 본래의 의미를 훼손시키는 자기함정을 지닌 것임을 주지시켰다. 진보는 새로운 진보에 밀려 '퇴보'로 전락하는 자기부정적, 자기파괴적 본성을 담은 것임을 강조한 것이다. 그럼에도 자본주의는 진보의 자기 파괴적 본성을 무시하고 그 부정적, 퇴행적 결과들까지도 진보의 불가피한 부산물로 정당화하는 문명을 뿌리내리게 했다.

  자본주의 문명은 물질주의를 최상의 이념으로 떠받들게 만들어 물질적 가치가 삶을 지배하고 다른 가치들을 압도하는 유물론을 배양하는 것이었다. 서구 부르주아 계급이 추구하는 자본주의적 세계관에서 진보는 '물질적 진보'와 등치되는 것이며, 근대화는 물질적 진보의 역사를 성사시키는 것이었다.

  자본주의의 세례를 받은 근대인은 근대화를 향한 물질적 진보에 전념하는 인간이었다. 물질적 진보는 도덕적인 것이나 질적인 진보와는 거리가 먼 것임에도, 자본주의적 근대화는 도덕적 악이 빈곤에 있다는 등식으로 물질적 진보에 '도덕적 선'의 외피를 씌우는 기획으로 추진되었다. 진보의 신화를 열심히 추종하는 근대인에게 자본주의 성장은 물질적 진보의 시름길로 받아들여졌다. 자본주의는 인간생존에 필수적인 물적 토대는 물론 물질적 풍요를 실현시킬 수 있다는 믿음을 떠받들게 했다. 이 믿음과 함께 물질주의적 세계관은 근대인의 무의식 속에서 작동하는 독사로 자리 잡게 되었다. 자본주의적 물질생활은 곧 근대인의 몸이 무의식적으로 실천하는 일상생활 그 자체였다.

  자본주의가 탄생시킨 물질주의 인간은 그 물질문명을 '자연'으로 받아들이고 한 몸처럼 살아가는 인간이었다. 물질주의 인간은 서구적 모델의 '근대문명인'이자 자본주의의 '보편적' 인간형으로 자리잡아왔다. 자본주의 경제사로부터 뿌리내린 일상생활의 구조는 인간의 심층에 자리한 무의식을 통해 물질생활을 지탱해주는 것이었다(브로델, 2012: 14~17). 일상생활의 구조는 무의식적으로 이루어지는 습관이나 관행을 통해 재생산되는 것이며, 물질생활은 이를 통해 '몸속의 내장처럼' 아주 깊숙한 곳에 흡수되는 것이었다.

브로델은 물질생활을 통해 오랫동안 경험하고 중독되고 세뇌당한 것들이 너무나 당연하고 필수적인 것이 되어버리기 때문에 인간의 삶은 절반 이상이 충분히 의식하지 못하는 상태로 일상생활에 묻어서 굴러간다고 했다. 자본주의 물질생활이 점점 더 필수적이고 자연스러운 일상적 습관으로 자리잡아온 역사는 무의식중에 보다 더 나은 물질적 진보를 기대하고 추구하는 물질주의 아바타들이 생산되어온 역사였다.

자본주의 문명은 물질적 진보가 행복의 토대라는 전제를 담은 것이었다. 서구에서 물질주의 가치관을 보편화하는 작업은 '행복추구권'이 제도화되는 방식으로 이루어졌다. 행복추구권에 대한 사회적 합의와 법적 보호는 물질주의 문명에 날개를 달아주는 것이었다. 행복추구권은 개인의 행복을 자본주의 물질문명의 성공과 직결시키는 독사적 기능으로 인간을 자연스럽게 물질의 증식과 축적에 몰입하게 만드는 '강력한 설득' 기제였다. 행복추구권은 행복 쟁탈권으로 격화되면서 그 열쇠를 쥐고 있는 자본주의 체제에 대한 충성도를 높이는 기제로 작용했다. 이처럼 자본주의는 물질적 행복에 대한 믿음을 점점 더 강건하게 만들어 물질문명의 필연성을 못 박는 체제였다.

물질문명의 신화는 자본주의가 인간의 삶을 풍요롭게 만드는 최상의 문명이라는 허상을 심어주었다. 서구의 물질적 진보와 거리가 먼 이른바 '경제후진국'에게 자본주의는 물질문명의 이름으로 환영받았다. 한국은 선진국 17개국 중에서 물질적 풍요를 삶의 의미에서 1순위로 꼽은 유일한 나라였다.2) 자본주의 물질문명은 국가와 개인의 자기 존재감과 물질적 풍요의 만족감을 안겨주는 것이자 서구의 문물을 즐기려는 열망과 무한경쟁의 욕망을 자극하는 것이었다. 물질주의 아바타들의 배양은 자본주의 경제성장을 전 세계로 확장시키는 토양을 다지는 것이었다.

자본주의 물질문명의 엔진인 '성장 패러다임'을 바꾸지 않으면 전지구가 총체적인 위기에 봉착할 것이라는 경고는 새삼스러운 것이 아니다. 앨런 말라호(Alan Mallach)3)는 전 세계적 현상으로 나타나는 인구 감소의 '파도'가 지난 100년 동안 인류가 추구해온 '성장' 모델의 대가를 치르는 불가피한 것임을 환기시킨다. 인구뿐 아니라, 국가도, 도시도, 전체 파이도, 세계도, 모든 것이 축소되는 소멸 직전의 단계, 즉 '축소의 시대'에 접어들었다는 것이다. 그 축소의 시대는 성장의 가속시대와 맞물린 것이었다.

II. 속도인간

진보의 신화는 항상 변하지 않으면 안 된다는 강박과 변화의 속도에 대한 무한한 갈망을 불러오는 위험성을 내포한 것이있다. 자본주의의 성장은 자신의 능력과 삶 자체를 진보의 물결에 저당잡히는 '속도인간'을 요구했고, 이는 호모 카피탈리스티쿠스의 전형으로 추종되고 보편화되었다. 그 속도전은 개인의 과거 경험과 능력을 재빠르게 사장시켜버리는 새로운 적응력을 강요했다.4) 속도인간은 자신의 적응력의

---

2) 2021년 퓨리서치센터 조사결과.
3) 앨런 말라흐, 『축소되는 세계』, (인구도, 도시도, 경제도, 미래도, 세계는 모든 것이 축소되고 있다), 사이, 2023.

유효기간이 다가올수록 또 다른 적응력을 만들어내야 하는 중압감에 시달리고 진보를 뒤쫓아가면서도 동시에 끝없이 뒤쳐질 수밖에 없는 존재였다. 지나간 삶 자체가 빠른 시간에 장애물이나 폐기물로 취급되면서 삶의 역사가 무력화되는 인간은 물질생활이 진보의 속도전에 휩싸일수록 새로운 물질에 대한 열망과 강박에 빠져드는 운명에 처했다. 자본주의는 물질괴물과 속도괴물을 추종하는 아바타들에 힘입어 물질문명의 세계화에 박차를 가할 수 있었다.

미국의 '풍요사회'를 모델로 삼은 한국은 초고속 산업화에 기반한 수출국으로 도약하여 '한강의 기적'을 이룬 나라로 불리었다. 한국이 단 기간에 후진국을 탈피할 수 있었던 것은 물질적 풍요를 따라잡기 위한 최대의 속도전을 감행한 덕분이었다. '세계의 시간에서 10년, 1년이 한국에서는 1년, 1달'이라는 말이 회자될 정도로 그 속도전은 경제뿐 아니라 정치사회 문화 모든 분야에서 진행되어왔다. 한국 땅에 들어선 사람들은 이례적인 '빨리 빨리 문화'에 놀라고 신기해할 정도였다. 속도인간은 한국인 특유의 강점으로 보일지 모르지만, '순식간에 끓어 넘치는 냄비'와도 같은 고질병이었다.

한국에서 속도인간은 따라잡기 경쟁의 압박과 강박, 기회상실의 두려움, 낙오와 탈락의 불안에 늘 시달려야 했다. '지금 아니면 없다 (Now or Never)'는 생존법을 터득하게 한 한국의 각박하고 잔인한 현실이 그 주범이었다. '속전속결'의 문법이 새겨진 몸과 마음으로 무장한 아바타들은 자기 몫을 빼앗기지 않기 위해, 한 번뿐인 절호의 찬

---

4) 이 시대의 행동과학 전문가는 진보의 속도전에서 뒤처지지 않도록 조언하면서 그 속도전을 당연한 것처럼 정당화한다. "경험은 생각만큼 삶의 든든한 동반자"가 아니고, "빠르게 변화하는 시대에 강점이 아닌 걸림돌이 될 수 있"으며 "경험이 쌓일수록 자신만의 고정관념에 빠지거나 창의성을 발휘하기 어렵"기 때문에 새로운 아이디어와 기회를 포착하는 데 방해가 될 수 있다는 것이다(로빈 M. 호가스, 엠레 소이야, 『경험의 함정』, 사이, 2021).

스를 움켜쥐기 위해, 남보다 한 걸음 더 앞서기 위해, 생존경쟁에서부터 사회생활 전반에 이르기까지 무엇이든 가속도로 추진하는 습관과 체질을 무기로 삼아야 했다. 과정보다 성과물에 집착하고 성찰의 순간이 없는 속도전에 무작정 휩쓸리면서 삶 자체가 무작정 비상사태로 달려갔다. 그 덕분에 많은 것들이 무시되고 생략되고 희생되어야 했고, 소중하고 의미있는 것들까지도 놓쳐버리고 깨닫지 못한 채 소리없이 묻혀져야 했다. '한강의 기적'은 그 많은 상실과 아픔의 대가였다.

자본주의 성장괴물은 점점 더 가속인간을 필요로 하고 강제한다. '거대한 가속의 시대'는 분야를 가리지 않고 더 빠르게 질주한다. 오늘의 디지털 시대와 경험경제는 분초를 다투는 소비행태를 조장하고 강요한다. 볼 것, 할 것, 즐길 것이 너무 많아지는 소비시장은 시간을 분초로 쪼개가며 콘텐츠 소비에 여념이 없는 소비문화를 파급시킨다. 유튜브, OTT 영상의 1.2~1.5배속 시청, 노래를 빠르게 돌리는 '스페드업(sped up)' 버전,[5] 책을 10분 분량으로 요약한 모바일 독서앱 등이 유행하고 인기를 끌고 각광을 받는다. 이른바 '분초사회'에서 생활속도 전반이 점점 더 빨라지고 '시성비(시간 대비 성과(成果) 비율)', '타이파(타임 퍼포먼스)'를 중시하는 문화가 자리 잡는다. 지루함을 견디는 시간은 짧아지고 집중력도 떨어진다.[6]

자본주의 문명은 가속인간을 종용하는 분초사회와 가속의 시대를 발전의 증표로 삼았고 그 아바타들을 속도경쟁 열풍에 빠져들게 했다. 문명의 지속력은 가속에 있었고 가속은 모든 것을 무작정 빨아들이는 블랙홀이었다. 자본주의 아바타는 블랙홀에 빠질수록 문명의 수레바퀴를 점점 더 빨리 돌리는 삶에 전념해야 했다. 생산과 소비의 속도를

---

5) 노래의 원곡을 원곡에 비해 130~150%가량 배속해 만든 2차 창작물로, 짧은 길이의 영상이 주된 콘텐츠 소비방식으로 부상한 것을 말한다.
6) 〈양성희의 시시각각〉, 중앙일보, 2023.12.18.

배가시키고, 육체적, 정신적 활동도 가속화하고, 적응과 변신의 속도전도 가열시켜야 했다. 가속의 시대는 그 종착역도 모른채 무작정 달려가면서 앞으로 밀어닥칠 온갖 모험에 운명을 내맡기는 시대였다. 그 모든 것이 결국 누구를, 무엇을 위한 것인지 궁금해 하거나 의심할 겨를도 없었고 알 필요도 없었다. 가속 그 자체가 바로 삶이었다.

III. 도구적 이성의 수치인간

자본주의는 물질적 행복을 이상으로 삼는 영국의 철학자·법학자인 제러미 벤담(J. Bentham, 1748~1832)의 '공리주의'에 손을 들어주었다. 행복 전도사인 벤담의 '최대다수의 최대행복'론은 행복을 물질의 최대량을 지향하는 것으로 전제하고 행복을 계산하는 사람과 행복의 총량을 극대화하는 행태를 예찬하는 것이었다. 이는 양을 초월한 질적 우위성을 강조했던 영국의 경제학자인 존 스튜어트 밀(J. Stuart Mill, 1806~1873)이 '만족한 돼지'로 비유했던 인간의 모습이었다. '만족한 돼지'는 서구자본주의 지배계급인 부르주아의 물질주의적 가치관을 구현시키는 인간이었다. 오늘까지도 벤담의 행복계산이 각 나라의 행복수준을 나타내는 '행복지수'로 계승되고 있는 것은 바로 자본주의적 행복문화가 세계적으로 보편화되어온 것을 말해준다.

그 배경에는 자본주의가 추구하는 물질적 진보가 양적 계산을 중시하는 도구적 이성의 극대화라는 본질적 문제가 자리 잡고 있었다. 서구에서 계몽의 주체인 부르주아 계급의 이성은 도구적 이성을 보편이성의 원형이자 이상(理想)으로 삼는 것이었다. 도구적 이성은 목적의 타당성이나 가치를 생각하지 않고 오직 바라는 결과를 얻기 위한 효율성과 유용성의 수단으로 이용되는 이성이었다. 본질적으로 주체의 사고 능력과 연관되었던 이성이 기능적 수단으로 변질되면서 기능성을 절대시하고 질보다 양을 중시하는 세상이 된 것이다. 자본주의는 도구적 이성을 신화로 떠받들었고, 근대문명인은 도구적 이성의 신봉자로 훈련되었다.

도구적 이성은 자본주의 체제에서 인간이 자신의 능력과 가치를 평가받고 그 평가에 기대어 생존하고 성공하는 생활방식을 터득하고 실천하게 하는 독사로 작용했다. 숫자가 계몽의 경전이 되고, 모든 것을 수치로 계량하고 평가하고, 통계가 모든 것을 말해주는 세상에서 계량화된 인간, 즉 양과 수치에 매달리는 '수치(數值)인간'이 배양되었다. 그 아바타들은 도구적 이성을 극대화하는 자본주의 체제의 부역자로 살아가는 운명에 처했다.

자본주의 문명은 개인, 사회, 국가의 모든 활동과 가치의 척도를 숫자로 표기하는 수치문명이었다. 출산율, 경제성장률, 실업률, 국민총생산(GDP), 행복지수, 소득순위, 순자산 지니계수, 성적순위, 합격률 등등, 무엇이든 수치와 지표로 평가하고, 수치로 표준화된 모델을 제시하고, 질보다 양을 우선시하고, 모든 것의 목표를 수치로 설정하는 제도와 시스템으로 '수치인생'을 살도록 종용했다.

계산가능성의 도식과 등가원리가 지배하는 시대에서 질적으로 동일하지 않은 것이 '등가원칙'에 따라 비교 가능한 것이 되었다. 자연이 수학화되고 수학적인 세계가 진리와 동일시되었다. 수학적 방식은 필수적이고 객관적인 것으로 군림하면서 사유를 사물과 도구로 만들었다. 사유를 수학적 장치로 환원하는 것 속에 숨겨져 있는 것은 '있는 그대로의 세계'에 대한 승인, 즉 '독사적 승인'이었고, '바로 눈 앞에 보이는 것'에 이성을 굴복시키기 위한 것이었다. 수학을 모델로 삼는 인간의 정신은 철학적 언어를 몰아냈고, 지식은 수학적 상징을 통해 현존재를 도식적인 틀로 만들어 영속화하였다. 특히 주류 경제학은

'계산'이라는 이데올로기와 수학모델에 의거해 경제학에 내재한 정치의 논리를 탈정치화하고 '과학화'하는 것이었다.

목적달성을 위한 이성의 실용적 도구화는 사유의 자기성찰과 자기비판의 능력을 상실하게 하고 사유를 '물화'된 사유로 변질시킴으로써 사유의 획일화를 강요하는 것이었다. 이는 사유의 '탈인간화'가 근대문명의 가장 깊은 근간을 침범하게 된 것을 의미하며, '사유를 사유하라'는 명제를 거부하게 만들어 인간의 '인식'이라는 행위를 송두리째 포기하게 하는 것이었다(호르크하이머, 아도르노, 1995: 27~57). 도구적 이성이 지배하는 자본주의 세상은 이성의 본질인 '비판적 이성'이 사라지는 상황을 초래했다.

이처럼 인간의 이성을 오직 도구적이고 공리적인 기능으로 변질시키는 위험성에도 불구하고, 자본주의는 도구적 이성으로 고도의 효율성을 추구하는 체제였다. 도구적 이성이 근대적 생활방식을 지배하는 원리로 작용하면서 '근대의 시간'은 도구적 이성의 산물이 되었다. 미래에 대한 계산가능성을 중시하는 직선적 시간은 상업자본주의의 주역인 상인의 시간에서 나온 것이며, 지배계급으로 등극한 상인들의 '부르주아적 시간'은 자본주의의 성장 동력으로 작용했다. 상인의 계산가능한 시간은 시간을 '양적인 대상물로 추상화하여 계산하는 시간의식'으로부터 생성된 것이었다(히토시, 1999: 70).

상인의 시간은 불확정한 요소들을 앞질러 계산하고 위험을 선취하여 이윤을 계산하는 선취의식을 동반한 것이었다. '시간은 돈'이라는 상인의 선취의식은 호모 카피탈리스티쿠스에게 하나의 상식, 즉 자본주의의 독사적 상식으로 자리 잡았다. 이 상식은 시간을 교환가치의 법칙에 종속된 것으로 보고 돈과 같은 '소중한' 재화로 계산되어야 한다는 의미였다. 시간이 낭비되어서는 안된다는 계산적 합리성은 상인 활동에서부터 근대인의 생활문화로 파급되었다. 노동자의 시간낭비에 대한 엄격한 통제도 산업자본주의의 동력으로 작용했다. 상인이든 노동자든 시간의식은 도구적 이성이 지배하는 자본주의 문명의 산물로서 그 아바타들이 삶 전반에서 철저히 체화시키고 실천해야 하는 호모 카피탈리스티쿠스의 필수요건이었다.

IV. '현존재의 노예' : 이성의 위기

밀턴 프리드만(M. Friedman, 1987: 153)은 자본주의 역사가 보편화되면서 '이성의 무의식성'이 만연된 것에서 이성의 위기가 초래된 것으로 간파했다. 이성의 무의식성은 이성이 도구적 이성으로 변질된 것조차 의식하지 못한 채 도구적 이성의 명령을 자동적으로 따르는 상태를 말한다. 이는 이성의 거짓자연인 도구적 이성을 자연으로 오인하게 만드는 신화와 이를 인간의 무의식 속에서 작동시키는 독사가 함께 작용하는 것을 말해준다.

프리드만에 따르면 이성의 위기는 곧 계몽주의의 위기였으며 이로부터 문화의 전반적인 위기가 유래되었다. 인간의 이성이 '존재하는 것'은 무엇이든 긍정하는 '현존재의 노예'로 전락하면서 문화의 저항성과 정치성 자체가 훼손된 것을 말한다. 이는 '인간은 이성적 동물'이라는 대명제가 더 이상 성립할 수 없게 만든 자본주의 문명의 치명적인 인간훼손이었다.

호르크하이머가 말했듯이 "오늘날 '이성'이라고 불리는 것에 대한 고발은 이성이 수행할 수 있는 가장 커다란 공헌이 될 것"이다(호르크하이머, 2006: 230). 그렇다면 도구적 이성 또는 '의식하지 않는 이성'을 고발할 수 있는 인간은 누구인가? 도구적 이성을 '자연'처럼 맹종하는 자본주의 아바타에게 이성의 위기와 실종에 대한 문제의식과 성찰을 과연 기대할 수 있겠는가?

도구적 이성이 근대화의 강력한 독사로 작용해온 한국의 사례를 들어보자. 자본주의 물질문명을 열망하는 한국인들에게 '의식의 무의식성'은 근대화의 가속도만큼 빠르게 뿌리내릴 수 있었다. '성공국가'로 자부하는 한국은 선진국 등렬에 하루빨리 올라가야 한다는 강박으로 모든 수치를 최상위 수준으로 끌어올리는 것에 전념해왔다.

이로부터 사회문화 시스템 전반에서 평가기준을 등수로 매기는 토양이 자리 잡았다. 개인의 능력과 자질도, 승자를 다투는 경쟁문화도, 등급을 따지는 생활수준도 모두 수치에 달려 있었다. 수치가 모든 것을 말해주는 세상이 너무나 당연한 것처럼 받아들여졌다. 수치와 순위가 성공지표로 측정, 판단, 평가되는 '몇 점짜리 인간, 인생인가?'에 몰두하는 수치인간들이 양산되었다. 개인의 성공인생 기준은 월소득, 아파트, 자동차, 예금, 해외여행 등 형이하학적 수준의 계산과 수치에 집중될 뿐, 삶의 질에 대해서나 도구적 이성이 지배하는 삶에 대한 근본적인 성찰과 고민에 눈을 돌릴 겨를이 없었다.

대표적으로 학교교육이 수치인간 양성에 앞장섰다. 획일화된 성적수치에 따라 학생과 학교를 서열화하고, 서열화된 대학은 입시경쟁에 올인하는 교육으로 사교육시장의 번창과 공교육의 붕괴를 초래했다. 성적수치는 학교를 넘어 노동시장과 사회생활 전반에서 서열의 족쇄로 이어지고, 개인의 자존감, 성취감, 행복감마저도 그 서열에 비례하는 수치문화가 보편화되었다. 각종 경연대회나 음악 콩쿠르처럼 최우수상을 목표로 죽을 힘을 다 하는 한국인들은 수치인간의 최상급 모범생들이었다. 계량화된 수치의 횡포로 수치가 질적 가치를 결정하는 기이한 현상이 난무했다. 양이 질을 압도하는 세상은 수치인간에게 자연스러운 것이었다.

도구적 이성으로 무장하는 수치인간 아바타들은 도구적 이성을 이성의 모든 것으로 오인하면서 도구적 이성이 명령하고 지배하는 현실에만 전념하는 '현 존재의 노예'로 길들여진다. 도구적 이성의 극대화로 이룩한 자본주의 물질문명 속에서 그 아바타는 '이성적 동물'의 본질이 위협당하는 위기 상황에서도 이를 의식하지 못하는 존재로 살아간다.

도구적 이성은 기술적 합리성을 절대시하는 호모 카피탈리스티쿠스의 등장으로 그 절정을 맞이했다. 여기서 이성의 진보는 도구적 이성의 결정체인 기술의 진보를 의미했다. 기술적 합리성을 고도화하는 자본주의 성장전략은 '기계론'으로 대변되는 근대적 세계상을 통해 정당화되었다. 기계론은 세상을 수학의 언어로 이해하고 기술하는 것으로 기계를 닮아가는 수학적 자연상과 인간상이 자리 잡게 하는 것이었다.

자본주의가 정착시켜온 경제사회문화 시스템은 기술적 합리성을 극대화하는 것이었다. 이로부터 인간은 점점 더 엄격해지는 기술적 법칙들에 의해 계산되고 체계화되는 생활방식과 행동양식을 강요받게 되었다. 이는 기술적 합리성의 익명적 힘과 능률에 기반한 사회문화적 통제로 작용하였다.

허버트 마르쿠제(H. Marcuse, 2006)에 따르면 '산업사회'로 불리는 자본주의 사회는 기술적 합리성에 기초한 지배와 통합의 힘을 발휘하면서 개인의 자유를 억압하고 저항을 무력화하는 생활문화를 조장했다. 그는 기계화와 표준화의 기술적 과정이 개인의 육체적, 정신적 자유를 소실시켰고, 인간을 기계의 하인으로 만들었다고 비판했다. 기계처럼 다루어지는 인간은 인간성을 훼손당하면서도 기계가 인간을 먹여 살린다는 명분으로 그 희생을 감내해야 했다.

마르쿠제는 기술적 합리성의 전체주의가 이성을 긍정적 사유의 지배 논리로 변질시킨다고 보았다. 기술적 합리성은 모든 선택 가능성과 반대를 흡수하고 비판의 기반을 탈취하는 정치적 도구로 동원되는 한편, 인간정신의 자유를 억제하고 인간을 도구화하는 정치적 힘으로 작용한다는 것이었다. 자본주의 성장 속에서 '고삐 없는 기술'의 힘은 기술주의의 야만상태를 초래했고 '기술파시즘(techno-fascism)'을 우려하게 만들었다.

이러한 우려와 경고가 무색하게 21세기에 와서 디지털 자본주의는 기술파시즘을 비웃듯 기술괴물의 전성시대를 열었다. 이는 기술적 합리성을 기술주의 전체주의로 변질시키는 자본주의의 히드라적 변신이었다. 기계는 인간의 도구를 넘어 인간세계를 조종하고 지배하는 시대로 진입했다. 인간의 두뇌를 기계처럼 만들거나 기계로 대체시키는 작업들이 촉진되었다. 도구적 이성은 자연뿐 아니라 인간까지도 정복의 대상으로 삼는 기계괴물이 되었다.

디지털 시대는 수학을 모델로 삼는 수치인간과 수치문명을 떠받들어온 자본주의 기술문명의 쾌거로서 디지털 자본주의를 전지전능한 조물주로 만들어주었다. 현실과 가상세계를 자유자재로 넘나드는 디지털 괴물은 마르쿠제가 중시했던 인간의 비판의식을 점점 더 사라지게 하고 긍정적 사유가 압도하는 상황을 초래했다. 인간의 이성 자체가 기술괴물에 포획되고 기술의 마술이 그 아바타들의 일상을 지배하는 필수품으로 자리잡게 되었다. 그 실상은 이 글의 마지막 7부에서 잘 드러난다.

이처럼 자본주의는 '이성의 위기'를 넘어 인간의 존재론적 위기를 향해 달려간다. 20세기 초반부터 도구적 이성에 굴복당하는 이성의 위기를 경고했던 그 절박한 목소리들은 한 세기가 지나면서 영원히 허공으로 사라져버린 것만 같다. 비판적 이성의 굴복과 도구적 이성의 압승에 찬사를 보내는 자본주의 아바타들은 무엇이 왜 '이성의 위기'인지도 의아해 할 만큼 신기술의 개발을 인간 승리로 맞이하는 데 여념이 없다. 그 아바타들은 기술괴물의 마력에 홀려 기술유토피아를 꿈꾸며 기술파시즘의 함정에 빠져든다. 디지털 자본주의는 컴퓨터공학에 힘입어 도구적 이성을 극대화하는 기술유토피아 시대를 약속하면서 기술을 숭상하며 그 자발적 노예를 자처하는 아바타들의 열망을 고조시킨다.

노예화/문명화 시스템의 아바타

　자본주의 문명은 식민자본주의와 제국주의의 흑역사에 힘입어 그 성장 동력을 배가하는 한편, '문명화' 사업의 세계적 확장을 위해 문명 '발전'의 신화를 신봉하는 아바타들을 배양해왔다. 또한 서구의 '제국적 생활양식'을 보편화함으로써 물질문명의 추종자들을 세계적으로 확대시켜왔다. 제국적 생활양식은 제국주의에 기반한 자본주의적 생활양식으로 '문명인'의 이상적 모델로 제시되었고, 이를 추종하는 인간이 호모 카피탈리스티쿠스의 전형으로 자리잡았다. 물질문명의 아바타들은 제국적 생활양식을 전파하는 전도사들이 되었다. 한편 신자유주의 세계화는 '글로벌 스탠더드'로 표준화되는 호모 카피탈리스티쿠스를 세계인류의 전형으로 파급시키고, 글로벌 시스템에 포섭된 시스템 인간을 세계표준의 '신문명인'으로 보편화시키는 전략을 관철시켰다.

I. 식민자본주의의 노예 vs '문명인'

　수백 년 묵혀두었던 자본주의 문명의 흑역사가 환생하는 날이었다. 2023년 7월 유럽연합(EU)과 중남미 정상들이 15세기부터 19세기까지 이어진 아프리카 노예무역을 인류에 대한 범죄로 규정하고 배상 문제를 언급했다. 이 정상회의에서 채택된 공동선언문은 "대서양을 통해 이뤄진 노예무역이 수백만 명의 남성, 여성, 그리고 아동들에게 끼친, 말로 다할 수 없는 고통을 인정하고 이에 대해 심히 유감스럽게 생각 한다."고 표명했다. 또한 "노예제와 대서양 등에서의 노예무역은, 혐오스러운 야만 행위라는 점 때문만이 아니라 그 규모와 조직적 행위라는 성격 등 때문에도, 인류 역사상 끔찍한 비극이자 인류에 대한 범죄라는 점을 인정"한 것이다.

　피해 국가인 중남미 카리브해 지역 15개국이 결성한 '카리브 공동체'는 애초에 원주민 학살과 아프리카인 노예화에 대한 배상을 요구했으나 받아들여지지 않았다. 그들은 유럽 정부들이 아프리카 출신 노예들의 소유주이자 무역업자로서 카리브해 원주민 대량 학살을 지시했고, 아프리카인들을 노예로 부리는 데 필요한 법률, 금융, 재정적 지원을 했다는 역사적 사실에 입각해 배상을 요구했던 것이다.

　〈로이터〉 통신은 500여년에 걸쳐 유럽 각국이 아프리카에서 적어도 1,250만 명을 납치해 유럽과 아메리카 대륙 등에서 노예로 부렸던 역사를 환기시켰다. 이러한 역사가 수백 년이 지난 오늘에 와서야 간신히 국제협상 테이블에 오르게 된 것 자체가 또 다른 충격이었다. 세계인종차별철폐회의에서 채택된 '더반선언'(2001년)에서 "노예제와 노예무역은 인도주의에 반하는 범죄"이며 "식민주의는 비난받아야 하며 재발이 방지되어야 한다."고 명시했던 것이나, 네덜란드, 영국, 포르투갈의 국가원수가 직접 노예제와 노예무역의 과거사에 대해 처음으로 공식 사과를 한 것도 너무나 뒤늦은 일이었다. 16세기부터 20세기 중반까지 약 4세기에 걸쳐 지속되었던 식민자본주의 흑역사는 장구한 세월동안 땅 속에 묻혀 있었던 것이다. 자본주의 문명이 이미 전 세계를 재패하게 된 시점에 와서 그 흑역사의 거대한 폐허를 대체 어떻게 복원할 수 있다는 말인가?

노예제와 노예무역은 서구에서 상업자본주의 성장의 원동력으로 자본주의의 약탈적 제국주의를 뿌리내리게 한 것이었다. 식민주의 잔혹사는 제국주의 괴물들이 누려온 부와 권력의 원천이었다. 식민 자본주의(colonial capitalism)는 그 잔혹사의 연속선상에서 보다 정교하고 치밀한 시스템으로 신종 노예들을 착취해온 덕분에 승승장구할 수 있었다. 노예제가 강요했던 인간의 육체적, 정신적 고통은 오늘에 이르기까지 그 후예들을 옥죄는 것이었다. 인권, 노동권, 시민권을 너도나도 부르짖는 시대에도 세계 도처에서 벌어지는 수많은 노예노동, 원주민축출, 인종차별, 인신매매 등 반인류적 범죄들은 식민자본주의가 끝나지 않았다는 증표였다.

서구 식민자본주의는 18세기 말 브로델이 말하는 세계경제, 즉 '지구 전체의 시장'을 창출하였고, 19세기 말에는 제국주의 세계전쟁의 결실로 유럽의 식민제국이 확립되었다. '대영제국(Pax Britannica)' 건설이 그 대표적 성과였다. 문명은 특정한 지역, 언어, 인종, 종교의 역사로부터 배태된 것이라면, 서구의 근대문명은 제국주의적 확장을 통해 세계 역사를 '근대 역사'로 재구성해온 것이었다. 자본주의적 근대화의 기획은 인류역사가 유럽에서 시작하여 진화한다고 보는 자민족중심주의(ethnocentrism)에서 비롯된 것으로 서구 자본주의 문명이 세계문명으로 확장되는 미래를 지향하는 것이었다.

'근대문명'이라는 이름에는 서구 자본주의 문명이 세계 역사를 추동하는 문명의 대명사가 될 것이라는 예단과 의지가 담겨져 있었다. 자본주의 문명을 세계적 규범과 표준으로 만들려는 패권주의적 열망과 제국주의적 지향을 담은 것이었다. 근대문명으로 인류를 개화시킨다는 명분은 인종과 종교의 세계적 대립과 갈등을 유발하는 '문명 충돌'의 원천이 되었다. 제국주의가 착취자와 피착취자 사이의 격차를 극대화하는 전략이었다면, 자본주의 세계질서는 불평등의 세계화를 통해 확립될 수 있었다. 이는 바로 자본주의적 근대화가 동력으로 삼았던 제국주의적 야만성을 드러내는 것이었다.

자본주의적 근대화는 세계적 '문명화 사업'으로 추진되었다. 유럽의 식민지에서 '근대화'는 자본주의 문명을 확산시키는 역사였다. 그 역사는 유럽과 미국이 자본주의 열강으로서 자본주의 세계질서를 확립해온 역사였다. 자본주의 세계질서는 세계 역사를 서구 자본주의가 주도하기 위한 것이었다. 서구열강의 식민통치는 자본주의 문명을 전파하는 '계몽' 사업이었다. 근대와 전근대의 이분법은 서구문명의 잣대로 문명과 야만을 재단하는 이분법으로 식민지의 문화적 전통을 전근대적 '야만'으로 단죄하고 훼손시키는 것을 정당화하는 것이었다. 이는 유럽인들이 최상의 '문명인'이라는 자기 확신을 갖게 하는 서양우월주의를 동반한 것이었다.

서구의 상업자본주의가 세계의 다양한 인종들과 지역들을 약탈과 정복의 대상으로 삼은 야만성이 '문명화 사업'의 본질이자 동력이었다. 서구의 문명화 계몽사업은 전근대적 '야만'의 비서구세계를 정복했던 역사의 명분이 되었지만, 그 역사야말로 역설적으로 문명이 아닌 야만의 역사였다. 국가와 시장과 자본이 하나가 되어 식민적 무역과 세계시장을 확장하는 과정은 바로 약탈을 일삼는 것이었다. 발터 벤야민(W. Benjamin, 1892~1940)의 말처럼 '모든 문명의 기록은 곧 야만의 기록'이라면, 서구 자본주의는 그 야만의 기록을 위해 세계 인류를 그 볼모로 삼았던 것이다.

문명화 사업은 식민지에 '식민성(coloniality)'을 뿌리내리게 하는 것에서 그 성공을 거둘 수 있었다. 식민성은 식민지배자들과 피식민자들 사이에 공모관계를 형성함으로써 식민억압에 자연스럽게 순응하도록 만드는 독사로 작용했다. 또한 식민성은 자본주의적 근대문명의 세계화 기획을 달성시키는 식민적 근대성을 의미했다. 식민적 근대성은 서구의 근대화 기획이 세계적 사명을 달성시키기 위한 권력과 지식과 인성의 기반이었다.

식민적 근대성은 서구 백인을 '근대인'의 보편모델로 삼는 '인간의 근대화'를 요구하는 것이었다. 유색 인종에게 백인의 존재양식과 삶의 방식을 '문명화된 인간'의 표준으로 모방하게 만들어 백인 정복자에 대한 배타심과 동경심의 양가적 감정을 갖게 했다. 유럽의 기독교 문명과 원주민의 토속신앙이 결합한 종교적 믿음과 의례들은 '식민적 근대성'의 교화로 빚어진 이데올로기적, 문화적 유산을 담은 것이었다.

식민적 근대성은 자본주의적 근대성을 염원하고 추종하는 것이었다. 그 선두주자인 식민지의 토착 엘리트나 신생 독립국가의 부르주아 계급은 자본주의적 생활양식과 사유방식을 전파하는 문명화 사업의 대리인이자 문명화된 호모 카피탈리스키쿠스의 식민지 아바타들이었다. 이들은 자신도 인식하지 못하는 사이에 자본주의 문명을 확산시키는 전도사로 자리매김되었다. 이들은 서구의 식민권력에 대항할지라도 자본주의 근대문명을 국가적 발전모델이자 문화적 계몽의 혜택으로 받아들이고 그 모델을 토착화시켜야 한다는 사명감을 가진 사람들이었다. 이들은 또한 '근대문명인'으로의 도약을 꿈꾸는 사람들이었다.

식민통치가 종식된 이후에도 식민적 근대성은 자본주의 문명의 세계화에 유리한 사회구조와 이데올로기적, 문화적 토대 구축에 심오한 영향을 미치는 식민주의 독사로 작용해왔다. 이는 정신과 의식의 식민화, 이성과 감정의 식민화를 초래하는 것이었다. 이러한 상황에 대한 성찰을 요구하는 탈식민주의는 식민의 피억압자와 식민 권력의 공모관계, 그리고 그 유혹의 양가성을 폭로하기 위한 것이었다.

II. 제국적 생활양식의 전도사

서구의 제국주의적 지배는 자본주의적 생활양식을 전 세계로 확산시켜온 역사였으며 자본주의 아바타들은 그 역사의 산물이었다. 울리히 브란트(U. Brand)와 마르쿠스 바센(M. Wissen)은 자본주의적 생활양식을 '제국적 생활양식'으로 명명했다. 여기서 '제국적'이라는 것은 생활양식의 전 지구적이고 생태학적인 차원을 강조하는 것이었다. 즉 제국적 생활양식은 본질적으로 전지구적 차원에서 '외부'에 대한 과도한 접근가능성, 즉 자국의 환경에서 방출되는 것보다 외부로부터 더 많은 물질과 자원과 값싼 노동력을 공급받는 가능성을 전제한 것이다. 아울러 환경파괴와 같은 재앙을 외부에 전가한다는 점에서 제국적 생활양식은 사회적, 생태학적으로 본질적인 배타성에 의거한다(울리히 브란트, 마르쿠스 바센, 2020: 080).

제국적 생활양식은 사람들의 일상행위를 사회 구조와 결합시키는 것으로 지배관계가 작용하는 것이지만 지배로 자각되지 않는다. 그 지배관계는 제국주의에 기반한 국제적이고 사회적인 세력관계에 기반한 것임에도 인종, 계급, 젠더의 갈등이 은폐된 방식으로 작동한다. 제국적 생활양식은 외부에 대한 착취, 외부 자원과 그 결실의 전유와 독점, 그 책임과 피해의 외부전가 등의 속성을 지닌 것이다. 제국적 생활양식은 자본주의가 제국주의에 기반하여 성장해온 역사의 산물인 만큼 자본주의적 생활양식의 근간이었다.

제국적 생활양식은 자본주의 중심부인 서구에서 정치적 경제적 문화적 일상구조와 실천에 깊숙이 자리 잡아왔다. 제국적 생활양식은 많은 사람에게 물질적 복지와 함께 개인의 자유권과 '자결적 생활양식'을 가능하게 하거나 적어도 약속하는 것이었다. 즉 개인의 자유와 '행복한 삶'을 보장하는 '소비 시민권'과 물질생활뿐 아니라 욕망에 비례하는 더 큰 소비가능성의 약속이었다. 민주주의의 정당성도 점점 더 소비 가능성과 결부되었다.

제국적 생활양식의 구조적 강제는 불가피한 고통과 강박을 초래함에도 불구하고 자율적 삶과 그 가능성의 확대로 받아들여졌다. 요컨대 일상생활을 좀 더 살만한 가치가 있는 것으로 만들어주는 생필품, 여가, 관광 등을 통해 그 스펙트럼을 확대하는 것을 의미했다. 이로써 제국적 생활양식으로 이루어지는 '좋은', 또는 '올바른' 삶의 기준은 일상적 삶속에서 상식처럼 작용하게 되었다(앞의 글).

세계화로 인한 글로벌 엘리트와 기득권세력의 소비가능성은 초국적 확장으로 이어지고 이들은 글로벌 대중이 동경하는 롤 모델로 부상하게 되었다. 무한독점과 구조적 압제에 기반한 제국적 생활양식의 세계화는 무한한 가능성을 확보한 소수와 반대로 극도로 제한된 가능성으로 고통받는 다수의 격차를 극대화하는 것이었다. 오늘에 와서 유럽행 피난길에 목숨을 건 이주민과 난민들은 생명의 안전과 더불어 제국적 생활양식의 '좋은' 삶을 갈망하는 대가로 극단적인 고통의 늪에 빠진 것이 아니겠는가?

제국적 생활양식은 신흥 경제국에 유입되면서 선진국 따라잡기를 위한 대중의 동조와 지지를 이끌어내는 효과적인 기제로 작용할 수 있었다. 제국적 생활양식은 생산력 발전의 핵심인 물질적 진보관념과 결부된 것이었다. 중심부의 물질문명에 대한 동경과 열망은 물질적 진보를 추구하는 근대적 세계관을 동반한 것이었다. 저개발 국가들에서는 근대화를 향한 처절한 사투가 벌어지는 가운데 제국적 생활양식의 추종세력이 늘어갔다. 이는 선진 국가들에서 늘어나는 문명비판과 그 견제세력의 자리를 메꾸어주는 것이었다.

제국적 생활양식은 제국적 지배가 아닌 생활개선과 물질적 복지를 위한 필연적인 근대화의 모델로 받아들여질 수 있었다. 이 모델은 더 많이 소비하고 더 많은 자원을 사용하며, 교육, 사회보장, 문화적 참여를 증진시킬 수 있는 생활양식을 담은 것이었다. 그 주요 수혜자인 엘리트계급이나 중간계급뿐 아니라 노동계급까지도 물질적 복지 증대는 계급갈등을 유예시키는 매력적이고 효과적인 기제로 작용할 수 있었다.

이처럼 제국적 생활양식은 '피지배자들의 합의'에 기반한 헤게모니적 지배를 통해 사회적 보편화와 구조화로 그리고 세계화로 확장될 수 있었다. 제국적 생활양식의 세계화는 글로벌 대중의 경쟁적 편승과 글로벌 포퓰리즘을 유도함으로써 글로벌 독점세력의 지배와 전횡을 정당화하는 것이었다. 이는 글로벌 대중을 제국적 생활양식의 전도사로 양산하는 전략이었다.

제국적 생활양식의 세계화는 국민국가적이고 계급적인 소속성과 성정체성 그리고 인종에 따라 아주 다양한 양상으로 전개되어왔다. 중국 자본주의는 중간 및 상위계급의 소비수준 항상에 기반한 '하위 제국적' 생활양식이 보급되어온 경우로 분류되었다(앞의 글: 146~147). 단일 정당과 권위주의적 국가의 지원으로 지난 30년간 연평균 약 10%의 경제성장을 달성한 대가는 낮은 임금과 열악한 노동조건, 소득 불평등, 높은 에너지 소비, 높은 환경오염(특히 대기오염)이었다. 그럼에도 제국적 생활양식의 보급은 계급갈등을 완화하는 타협책으로 유효했다. 라틴아메리카에서도 각종 자원의 채굴 강화로 생산과 수출에 주력하는 신채굴주의의 발전모델과 함께 제국적 생활양식이 확산되었다.

한국에서 제국적 생활양식이 도입되어온 역사적 배경에는 일본의 식민통치로부터 형성된 식민적 근대성이 식민통치가 끝난 후 한반도의 분단과 전쟁을 계기로 전격 유입된 미국식 모델로 흡수되고 확대되는 과정이 전개되었다. 미국의 제국적 생활양식은 전쟁의 폐허가 된 한국에 구호물자와 원조를 제공하고, 미국화된 소비상품들은 '근대문명의 맛'과 욕망을 심어주는 독사로 작용하면서 그 맛에 길들여지는 습관적인 몸의 아바타들을 생성시키는 기제였다. 휴전 이후부터 70년 남짓 미국이 그 후견국가에게 수출해온 제국적 생활양식은 소비생활뿐 아니라 새로운 세대들을 사회화하는 서구 근대문명의 표준으로 작용해왔다. 미국은 또한 '아메리칸 드림'을 꿈꾸는 한국의 이민자들이 제국적 생활양식을 체화하고 한국화하는 제2의 고향이기도 했다.

한국은 '수출로 먹고 사는 나라'에서 '수출과 소비로 먹고 사는 나라'로 전환하면서 제국적 생활양식의 소비생활도 급진전될 수 있었다. 자본주의 물질문명의 모범적인 아바타들은 제국적 생활양식을 앞장서 따라가기 위해 외부의 자원과 인력이 필요했고, 난개발과 과소비의 쓰레기들을 떠넘길 이웃들을 찾아나서야 했다. 그 외부 공간과 대상이 존재하지 않는 한, 자원부족과 급성장궤도를 달리는 한국에서 제국적 생활양식은 꽃피우기 어려운 것이었다. 제국적 생활양식은 한국 사례처럼 후발 자본주의 국가에서 서구적 근대화를 열망하는 아바타들을 그 전도사로 육성할 수 있었다.

그러나 제국적 생활양식은 비용의 외부화에 의존할수록 그 존재 기반이 흔들릴 수밖에 없는 것이었다(앞의 글: 32~33). 제국적 생활양식의 세계적 보편화는 그 경쟁국들과 경쟁자들이 늘어날수록 경제적, 생태적으로 갈등과 분쟁과 위기가 발생할 소지가 많은 것이었다. 중국, 인도, 브라질 등 신흥 경제국들이 자본주의 성장으로 더 이상 중심국가들의 외부가 아닌 경쟁자로 부상했고, 제국적 생활양식의 파급으로 자원수요와 산업폐기물의 비용을 외부화할 필요성이 증대되었다. 제국적 생활양식은 그 세계화로 인해 자기위협의 대가를 치르는 상황에 이른 것이다. 이에 따라 신자유주의의 제국주의적 세계화로 위기를 넘긴 선진국은 차제에 세계화를 뒤집는 반세계화와 경제민족주의로 준선진국을 따돌리는 전략을 구사하면서 갈등을 유발했다. 갈등 해결 방편으로 폭력적 대응이 동원되고 난민의 행렬에 맞서는 군사화 및 안보화 전략이 강화되기도 했다.

    제국적 생활양식의 세계화가 불러온 재앙은 주변부 국가들에서 더 적나라하게 펼쳐졌다. 선진모델의 소비 패턴을 모방하는 저개발국에서는 강화된 노동력 착취에 따른 계급갈등과 사회적 혼란이 가중되었다. 이른바 남반구 메가시티의 빈민가, 과잉인구와 인구밀집, 실업노동자, 질병, 내분(內紛), 소년병사, 폭력, 난민, 자원결핍 등은 제국적 생활양식의 세계화에 바쳐진 제물과도 같았다. 제국적 생활양식은 시장에 의해 매개된 교환을 넘어 법적, 정치적, 폭력적 형식을 빌어 그 제물을 양산하는 것이었다.

    제국적 생활양식은 본질적인 불평등, 권력, 지배, 폭력에 기반한 것이다. 인권에 기초한 평등의 보편적 규범을 무시하고 수많은 사람들을 희생시키는 무책임성을 전제한 생활양식이다. 삶의 질에 대한 일방적 기준으로 위계질서를 만들어 차별화하고 그에 따른 불평등을 확대 재생산함으로써 제국적 생활양식의 권위와 위력을 불가항력적인 것으로 만드는 것이다. 이는 인류의 생활양식을 제국주의적 자본주의에 의해 식민화하고 분쟁을 야기하는 위험을 담은 것이다.

III. 글로벌 스탠더드의 '신문명인'

 2차 대전 이후 서구 자본주의가 '발전 패러다임'을 세계화하는 단계로 진입하면서 자본주의 패권주의는 발전주의로 표방되었다. 발전주의는 특히 미국의 범세계적 패권주의를 위장하는 명분으로 미국을 위시한 자본주의 문명국가들의 군사적 지배를 경제적 지배로 대체하고 글로벌 질서를 세계시장으로 통합시키는 것이 그 목적이었다. 미국은 식민주의 시대의 종언과 더불어 '발전의 시대'를 공언하면서 세계 20억 인구를 '저발전' 지역에 포함시켰다. '저발전'이라는 개념은 그 실제를 가정하고 현실로 만들어내는 '자기 예언적 실현'의 효과를 지닌 것이었다. 이는 계몽주의 '근대' 이래로 유럽인들이 '문명화'된 인간의 전형처럼 부상하면서 '문명'과 '야만'의 이분법에 기반한 문명화 사업을 추진해온 역사의 연장선상에 있었다.
 냉전체제하에서 미국은 소련 주도의 '공산 진영'에 맞서는 '자유세계'의 지도국가로서 '빈곤과의 전쟁'의 선언에 이어 '사회적 진보를 위한 동맹'의 필요성을 역설하고 자유세계에 대한 지원을 다짐했다. 여기서 '사회적 진보'를 달성하는 지름길은 바로 경제발전에 있었다. 강대국들의 대외원조는 자본주의적 경제발전을 이상적인 모델로 수용하게 하는 '강제된 합의'에 대한 보상이었다. 이로써 '저발전국'은 '발전국'의 경제지원과 민간자본의 투자에 매달리는 종속국이 되었다. 이처럼 미국 주도의 발전주의 패권다툼은 평화로 위장된 신식민주의적 정치기획으로 대영제국에 이어 대미제국(Pax Americana)을 확립시키는 경제전쟁이었다.
 세계자본주의에 편승하지 않고서는 살아남을 수 없는 '저발전국'은 선진모델을 따라 개발과 성장을 최상의 목표로 삼는 총격전을 벌려야 했다. 그 복잡한 여정은 '선진국'들도 경험해보지 못한 험준한 고행길과 난코스였지만, 다른 선택의 여지가 없었다. 저발전국은 발전국들이 벌려놓은 세계자본주의의 전쟁터에서 그들의 용병으로 싸우도록 운명지워진 것이다. 저발전국에서 개발은 저발전을 불도저로 밀어붙이고 산업폐기물의 하치장을 조성하듯이 발전의 폭력을 자행하는 것이었다. 이로부터 발전주의 독사로 무장된 자본주의 아바타들의 치열한 생존전투가 촉발되었다.

특히 한국은 분단체제와 세계냉전시대에서 사회주의체제와의 적대적 대결로 자본주의 전쟁에 목숨을 걸고 싸워야 했다. '추격국가'에서 이른바 '선도국가'로 등극하기까지 발전주의는 한국인들로 하여금 자본주의적 생존방식을 열심히 터득하고 실천하게 만드는 강력한 독사로 작용했다. 이는 자본주의 체제와 '발전'에 대한 믿음과 강박을 체화시키고 집단무의식으로 훈육하는 지난한 과정이었다.

발전 패러다임은 나라마다 발전의 등급을 책정하기 위해 경제규모를 나타내는 '국민총생산(GNP)', '국내총생산(GDP)' 같은 지표로 매겨졌고 그 하위 지표들도 연이어 등장했다. 이 지표들은 모든 나라를 한 줄로 세워서 앞자리를 차지하기 위해 또는 그 줄에서 이탈하지 않기 위해 고전분투하게 만드는 것이었다. 이러한 등급매기기는 삶의 중심을 인간이 아닌 물질적 진보에 두고 그 양적 성장을 측정하는 것이며 생산된 모든 것을 시장가치로 환산하는 것이었다. 이는 상업적 재화가 아닌 비영리 영역의 질적, 사회문화적 가치들과 화폐로 계산되지 않는 활동 등을 배제시키는 함정을 담고 있었다.

이반 일리치(Ivan Illich, 2010)는 '발전'이라는 미신이 사람의 본성을 바꾸어놓았다고 주장했다. 호모 카피탈리스티쿠스에게 '발전'은 곧 자기실현을 추구하는 인간의 본성처럼 각인되었기 때문이다. 발전의 신화를 맹신하는 아바타들이 늘어나면서 발전은 근대화와 문명화의 열쇠로 통할 뿐 아니라 개인, 사회, 국가가 모두 추구해야 하는 지받는 '자발적인 코드(voluntary codes)'가 되어 지역사회의 규범, 가치, 실천들로 이식되었다. 국제표준화기구들(International Organization for Standardization)은 사회적 책임, 투명성, 공정성, 가이드라인 등의 이름으로 글로벌 스탠더드의 강요를 정당화했다. 또한 등급을 매기는 방식으로 글로벌 스탠더드의 수행성을 증진시키는 경쟁도 부추겼다.

국제 통화 기금(IMF)과 세계은행은 외채위기를 계기로 개도국들에게 '표준적' 해결책으로 '구조조정'이나 '금융개혁'을 강요함으로써 채무국의 국민경제를 세계경제의 관리체계로 복속시켰다. 이 기구들은 또한 노동자의 희생을 담보로 한 수출 지향적 시장경제와 민영화 등을 강제한 결과, 한 나라의 경제위기를 재앙으로 만드는 '불 지르는 소방수', '사람 죽이는 응급차'라는 오명을 얻었다. 그럼에도 저개발국들은 글로벌 스탠더드를 '선진화 개혁'의 기법으로 수용해야만 했다.

글로벌 스탠더드는 기업의 생존과 세계적 성장을 위해 '선진화'된 경영기법의 필수불가결한 요건으로 도입되었다. 특히 앵글로 색슨 시스템의 미국식 경영방식이 기업의 국제적 경쟁력을 키우는 글로벌 스탠더드로 자리 잡았다. 이는 노동시장의 '유연성', 경영의 '투명성', '벤처 캐피털의 활성화'라는 이름으로 자본의 이익을 탄력적으로 극대화하는 경영을 이상적 모델로 삼는 것이었다. 노동시장의 유연성을 정착시키는 글로벌 스탠더드는 고용불안정을 정상화하는 표준들에 의거하여 조직문화와 노동제도의 개혁을 요구했다.

경영의 투명성은 시장이 모든 정보를 정확하게 처리할 수 있다고 가정하는 시장 근본주의에 기반한 것이었으며, 글로벌 스탠더드는 그 투명성을 약속한다는 명분으로 조세, 금융, 회계에 대한 단일한 세계 표준들을 강제하는 것이었다. 글로벌 스탠더드는 또한 IT 기술의 세계적 보급을 '신문명화 미션'의 중심축으로 삼았다. 세계적 표준화는 첨단기술과 정보를 이용한 시장거래와 고도화된 '시공간의 압축'을 통해 촉진될 수 있었다. 글로벌 시장은 선진기술로 생산되는 표준상품들과 IT 기술로 전 세계를 망라하는 정보망을 통해 글로벌 스탠더드를 확산시키는 본거지였다.

글로벌 스탠더드는 초국가적 지배력을 통해 국가 제도와 정책, 사회 분야, 개인의 건강 같은 미시적 수준에까지 가장 효율적이고 이상적인 것처럼 포괄적으로 적용되었다. 특히 교육의 '선진화'는 글로벌 스탠더드의 도입에 의한 국제화로 직결되었다. 국내외적인 인정과 경쟁력을 얻기 위해 교육활동은 글로벌 스탠더드에 의거한 평가 및 인증시스템, 그리고 국제공조의 네트워킹 및 해외마케팅 전략에 편입되어야만 했다. 지식과 학문의 역할과 그 변화의 흐름도 시장과 자본의 요구에 적극 응답하는 추세로 전환되어야 했다. 글로벌 스탠더드는 교육과 지식의 기능과 목적 자체를 시장의 논리로 포섭하고, 저개발국을 포함한 전 세계의 교육과 지식생산을 세계시장 확장의 도구로 동원하는 기제였다.

'문명의 축복'으로 제시된 글로벌 스탠더드는 '신문명사회'의 구성원을 창출하는 사회문화적 재공학화(social reengineering)를 의미했다. 그 명분은 구체제의 악습이나 비합리성을 제거하는 개혁적 사고방식과 글로벌 시대의 경쟁력을 갖춘 '신인간' 모델의 실현이었다. 세계적 수준을 따라가는 '선진화'의 열망과 '창조적'인 혁신을 추구하는 글로벌 감각은 신자유주의가 내세우는 '신자유'의 요건이었다.

그러나 여기서 신자유는 사유재산가, 다(초)국적 기업, 금융자본가 등의 특권을 극대화하는 자유이며 그 나머지 사람들의 자유는 이들에게 위탁된 것이었다. 글로벌 스탠더드는 소수의 특권계급이 독차지하는 신자유를 그 피해자들로 하여금 자연적이고 당위적인 것으로 승인하게 하는 독사였다. 이는 위로부터 또는 외부로부터 부과되는 강제를 자발적 동의와 공모관계로 가장하는 것이었다. '전 지구적 융합'을 위해 인류의 '보편적 가치'를 실현한다는 명분으로 자본주의 세계질서에 대한 그 어떤 도전도 무력하게 만드는 것이 글로벌 스탠더드의 전체주의적 기획이었다. 이 기획은 극도로 불평등하게 분배된 부와 권력에 힘입어 사회적 연대를 부정하는 새로운 계급질서를 정착시키는 것이었다. 자본주의 아바타는 이러한 계급질서를 재생산하고 합리화하는 글로벌 스탠더드로 표준화되고 선진화된 '신인간'으로 자본주의 전체주의에 복속되었다.

IV. Homo Systematicus

글로벌 스탠더드는 신자유주의 세계화를 촉진시키는 글로벌 시스템[1])을 통해 작동한다. 글로벌 시스템은 국제적인 유기적 결합체로서 국가, 다국적 기업, 국제 기관 및 비정부기구가 주도하며, 자본주의는 이를 통해 세계질서를 지배하는 제국으로 군림할 수 있다. 글로벌 시스템은 경제, 기술, 금융, 정치, 법률, 환경, 사회, 문화 시스템들을 포괄하는 것으로 전지구적 영향력을 행사한다. 글로벌 시스템은 인류의 삶을 세계적 차원에서 총체적으로 조건 짓는 것이다. IMF와 세계은행을 위시한 거대한 국제기구들은 글로벌 시스템의 이름으로 국가권력을 압도하는 막강한 강제력을 발휘한다. 글로벌 시스템은 국제적 경쟁력을 키우고 글로벌 인증을 받고 국제공조를 도모한다는 명분으로 자본주의 세계질서를 강제하고 정당화한다.

---

1) 시스템(system)이란 정해진 목적을 달성하기 위해 협력하는 구성요소들이 상호연관성과 상호의존성에 의해 하나로 통합되는 유기적 결합체로서 질서와 패턴을 나타내는 구조로 작용하는 것이다. '시스템'이란 개념은 서구 철학에서 데카르트(Descartes)에 의해 제시되기 이전에는 존재하지 않았으며, 자연과학에서는 19세기에 와서 처음으로 사용되었다. 시스템은 한국말로 체계 또는 체제로 번역되며, 사전적 의미로는 사회적 제도와 조직의 양식을 지칭하는 것으로 사용된다.

자본주의는 국가의 경제사회문화정치시스템과 글로벌 시스템을 통해 인류를 '시스템 인간(homo systematicus)'으로 육성한다. 시스템 인간은 거대한 글로벌 시스템을 통해 익명의 힘으로 군림하는 자본주의 세계체제에 복속된 인간이다. 발전주의를 신봉하고 글로벌 스탠더드로 조직화된 호모 카피탈리스티쿠스는 글로벌 시스템의 문법대로 움직이는 시스템 인간으로 거듭난다.

시스템은 합리성, 과학성, 효율성, 공정성 등으로 선진화된 구조로서 객관성과 신뢰성을 담보한 것으로 치부되지만, 그 설계에서 운영까지 특정한 의도와 목적과 지향성을 내포한 것이며 조작과 오류의 가능성을 배제할 수 없는 것이다. 그럼에도 국가적, 국제적 공인에 의해 공신력을 담보한 시스템은 사람을 대신하여 무소불위의 권력을 발휘하며 자연스러운 지배를 가능하게 한다. 자본주의 패권주의는 글로벌 시스템과 '시스템 인간'을 통해 제국주의적 형식을 벗어난 제도적, 기술적 위장술로 한층 더 큰 위력을 발휘하게 된 것이다.

자본주의의 글로벌 시스템과 국가 시스템에 복속된 인간은 시스템의 접속을 끊을 수도 없고 거부할 권한도 방법도 없다. 시스템은 인간의 생명을 쥐고 있기에 시스템의 실패와 위기는 곧 인간 생존의 실패와 위기로 치부된다. 시스템의 공학적 요건에 순응하는 인간은 무의식 중에 인간 자신보다 시스템을 더 신뢰한다. 시스템이 주문하는 생존법을 터득하여 실천하고 시스템의 명령과 권력을 대리 행사하는 자발적, 능동적 주체로 자가발전한다.

이는 세계자본주의가 '시스템 헤게모니(systemic hegemony)'를 구축하는 방식이다. 즉 시스템 전체주의의 구조적 강제에 대한 자발적 동조를 이끌어내고 인간의 주체적이고 적극적인 자기훈련을 촉진시킨다. 여기서 글로벌 시스템은 인간을 자본주의 체제와 완전한 공모관계로 포획한다. 시스템에 대한 적응력과 친숙함이 늘어날수록 시스템을 매개로 생각하고 생활하는 습관에 길들여진다. 여기서 시스템은 인간의 몸과 마음을 움직이는 차원의 강력한 독사로 작용한다.

글로벌 시스템의 지시와 명령은 자본주의 세계체제의 절대적 위력으로부터 나오는 것이며 그 위력을 관철시키기 위한 것이다. 글로벌 시스템 밖의 세상을 상상할 수 없는 시스템 인간에게 자본주의 세계문명은 절대 거부할 수 없는 불가항력으로 각인된다. 자본주의 글로벌 시스템이 정밀해지고 완성도가 높아질수록 그 아바타는 자신의 삶에 대한 자율성을 상실한 채 시스템에 밀착된 숙련공이 되어야 한다.

디지털 시대에서 시스템 인간은 하이테크로 무장한 초권력 글로벌 시스템의 기술전체주의에 자동적으로 포획된다. 여기서 '수치인간' 아바타들은 데이터 경제의 도구와 자원으로 물상화되고 계량화되는 '데이터'로 전락하는 한편, 인공지능이 작동시키는 시스템 속에서 기계 아바타로 퇴화해가는 운명에 빠져든다. IT 기술은 더 빠른 속도와 최대의 효율성과 수행성으로 시스템 인간의 확대재생산에 기여한다.

거대한 디지털 시스템에 순응하는 인간은 자의식이 없어도 살아갈 수 있는 존재로 단련된다. 자의식이 사라진 인간은 그 시스템을 의식하지도, 의심하지도 않으며 일상을 디지털 시스템에 위임한다. 이로써 정보, 통신, 교통, 고용, 유통, 금융, 여행, 미디어, 소비, 문화, 지식, 가치 등 모든 영역에서 시스템의 기획, 개발, 작동, 관리, 유지 등을 주도하는 시스템의 권력망에 포섭되고 통제되고 감시받는 존재로 길들여진다.

디지털 기술은 인간을 자본과 기술의 독점권력에 굴복시키고 시스템과 테크놀로지의 도구적 소모품으로 전락시키는 기제로 작용했다. 자본-시장-과학기술-국가권력이 서로 유착하고 야합하는 거대한 권력 네트워크와 가치사슬이 총동원되어 총공세를 펼치게 되었다. 인공지능 기술과 알고리즘에 기반한 글로벌 시스템은 '빅 브라더(Big Brother)'

의 보이지 않는 손으로 복잡하고 정교한 시스템의 노예들을 만들어내는 거대한 괴물이었다. 시스템 괴물이 통일된 문법과 신기술을 통해 세계 모든 영역을 조종하고 전횡하는 세상이 된 것이다.

이처럼 시스템 인간은 글로벌 시스템을 매개로 자동적으로 세계자본주의 체제에 포획되는 아바타로 육성된다. 자본주의 글로벌 시스템의 괴물은 그 절대 권력으로 '지상의 모든 인간의 공통된 현재'를 지배한다. 그 절대 권력은 세계자본주의를 움직이는 다국적 자본과 기술기업, 글로벌 엘리트, 마피아자본, 그 권력에 기생하는 전문가들의 담합의 결정체다. 글로벌 시스템에 충성하고 그 명령을 따르는 아바타들은 실체도 모르는 그 권력집단의 놀음에 인생을 내맡기는 존재들이다.

글로벌 시스템은 자본주의가 인간을 노예화하고 문명화해온 역사의 동력을 작동시키는 것이었다. 인간의 노예화와 문명화는 식민자본주의시대부터 디지털 시대에 이르기까지 인간을 자본주의 문명으로 포섭하는 변증법적 핵심전략이었다. 인간은 자본과 기술의 노예이자 그 수혜자인 '문명인'으로 주체화되는 존재였다. 자본과 기술의 노예로부터 시스템의 노예로 진화한 시스템 인간은 시스템의 불가항력에 순응하는 동시에 '글로벌 신문명인'으로 주체화된 아바타들로 양성되었다. 이 아바타들은 글로벌 시스템의 불가항력을 인간의 자발적이고 자가 발전적인 역량으로 전환시키는 주역이었다.

쓰레기문명의 볼모

I. 문명의 업보: 지구/인간의 위기

자본주의 물질문명은 쓰레기문명과 한 짝을 이루는 것으로 그 아바타들을 볼모로 삼았다. 물질문명이 가속화하는 '축소의 시대'는 거대한 쓰레기 '팽창시대'의 또 다른 얼굴이었다. 물질문명은 물질 생산의 양과 속도만큼 감당할 수 없는 쓰레기 폐기물을 생산하는 쓰레기문명이었다. 자본주의 물질문명의 토대인 대량생산과 대량소비 체제, 그리고 폐기의 가속화 시스템은 쓰레기문명의 주범이었다. 자본주의의 세례를 받고 물질문명에 도취되어온 아바타는 물질문명과 쓰레기문명을 숙명처럼 끌어안고 살아가는 인간이었다. 물질적 풍요에 매달리는 만큼 점점 더 많은 쓰레기와 공생해야 했다. 제국적 생활양식이 세계화되고 그 재앙이 주변부 국가들로 외부화되면서 생태적 황폐화가 지구를 위협하는 상황에 이르렀다.

생활용품의 쓰레기부터 섬유폐기물, 원전 쓰레기까지 사회생태계와 지구 전체를 위험에 빠뜨리는 상황이 벌어졌다. 지구는 한없이 늘어나는 각종 산업폐기물과 쓰레기하치장으로 신음하게 되었고, 그 오염 더미들을 훼집고 다녀야만 간신히 끼니를 때울 수 있는 아이들과 극빈자들이 그곳으로 몰려들었다. 이 비참한 모습은 자본주의 문명의 민낯을 드러내는 상징이 되었다. 그럼에도 자본주의는 물질문명의 가속 페달을 밟아온 덕분에 지난 반 세기이상 전 세계의 쓰레기양이 기하급수적으로 증가했다.

'세계의 공장'으로 불리는 중국은 세계 최대 규모의 쓰레기 소각장 건설로 엄청난 독성 화학물질과 온실가스를 배출했다. 홍콩, 대만, 한국 등에서는 폐기물 배출량과 쓰레기 매립이 임계수준을 넘어서는 상황에 이르렀다. 지구촌 쓰레기 절반가량을 수입하던 중국이 재활용 쓰레기 수입을 금지하면서 쓰레기 대란이 일어났다. 반면 수익성이 높은 폐기물 처리 사업으로 큰 돈을 벌어들이는 기업들[1]과 쓰레기를 돈벌이 수단으로 이용하는 환경마피아는 쓰레기문명의 수혜자들이었다. 쓰레기 배출, 수거, 처리 문제들은 한없이 누적되어왔고, 쓰레기 재활용 및 폐기의 거대산업은 막대한 이권을 노리는 시장을 키울 뿐 근본 해결책이 될 수 없었다.

쓰레기문명은 지구촌 해양에 거대한 쓰레기섬들을 만들어냈다. 1980년대 후반에 확인된 쓰레기섬은 플라스틱 제품과 일회용품 등이 상용화된 20세기 중반부터 해양쓰레기가 다량 배출된 결과였다. 육상에서 버려진 각종 플라스틱 쓰레기들이 인도양, 태평양, 대서양 등으로 떠내려오면서 바다 밑까지 쓰레기하치장이 되어버렸지만 그 규모는 알 수가 없었다.[2]

1988년부터 해양투기를 시작한 한국이 해양에 투기한 각종 폐기물은 최소 7,000만 톤에서 최대 1억 4,000~5,000만 톤에 이르는 수준이었

---

[1] 일례로 사모투자펀드 운용사 어펄마캐피탈은 2015년 1,200억 원에 인수한 폐기물처리업체의 덩치를 키워 5년 만에 1조 500억 원에 매각했다고 한다.
[2] 카트린 드 실기, 『쓰레기, 문명의 그림자』, 2014, 따비. 플라스틱 쓰레기들은 물고기와 새를 비롯해 각종 동식물에 투입되고 결국 인간의 몸속으로 들어온다.

다.3) 2011년 동일본대지진이 몰고 온 쓰나미의 여파로 약 5,000만 톤의 쓰레기가 바다로 흘러갔고, 그 중 3분의 2는 바닷속에 가라앉았으며, 나머지는 거대한 쓰레기섬으로 떠다니게 되었다. 해양 환경오염과 유해물질로 인한 피해는 가늠조차 할 수 없으며 해결할 수가 없다는 것이 환경전문가의 결론이었다.

기후악화로 폭염, 폭우, 가뭄, 산불, 대규모흉작, 지하수고갈 등 각종 자연재난이 속출하면서 기후 비상사태가 벌어지고 '기후 난민'이 늘어나는 재앙이 거듭되었다. 해수면의 급격한 상승으로 그 존립을 위협받는 군소도서 나라들이 늘어났다. 2023년 100년만의 역대급 가뭄으로 아마존 강과 호수들이 말라가고, 자연 생태계와 선주민의 생존이 위협받는 상황에 처했다. 자연의 감당할 수 없는 고통이 인간에게 되돌아온 가혹한 참상이었다.

자본주의 물질문명은 또한 기술공학과 혼연일체를 이루어 비약적 발전을 달성할 수 있었다. 자원 집약적이고 에너지 집약적인 생산기술의 끝없는 혁신은 생태계의 엄청난 희생을 강제하는 것이었다. 자본은 반생태적 기술의 힘을 빌려 자연의 한계를 무한정 확장시키는 위험한 도박을 감행했다. 이것이 생태계에 미치는 악영향과 파괴력은 당장에는 드러나지 않더라도 시간을 두고 다층적 공간에 걸쳐 파급되고 누적되어왔다.

디지털 자본주의는 자원고갈과 생태적 위기를 한층 더 촉진시키는 무서운 괴물이었다. 디지털 환경이 고도화되고 정보 과잉시대가 될수록 전력과 수자원의 소모가 급증하면서 지구 환경이 파괴되는 속도도 빨라질 수밖에 없었다. 전세계의 치열한 인공지능 개발경쟁으로 수자

---

3) 한국은 해양쓰레기뿐 아니라 인구당 쓰레기 배출량이 세계 1위로 가장 많다. 1인당 하루 음식물 쓰레기량은 0.52kg(독일은 0.27kg) 이고, 생활쓰레기와 공업쓰레기 등도 OECD 가입국과 세계에서 으뜸이며, 쓰레기 재활용율도 세계 최저수준이다.

원 고갈의 위험이 예고되었다. 전세계의 인공지능서비스 수요를 충족시키기 위해서는 2027년까지 한 해 영국 전체 취수량의 절반에 해당하는 42억~66억m³의 물이 필요할 것으로 분석되었다.[4] 또한 AI 시장 확대로 2050년까지 글로벌 전기 사용량이 2.5배로 불어날 것으로 예측되었다.

자본주의 물질문명은 인류의 공동자원을 무한정 사유화하고 황폐화시키는 한편 쓰레기문명으로 자연파괴와 함께 인류의 생존을 위협하는 것이었다. 환경오염, 기후변화, 자원고갈 등 다중적 위기는 자본주의 물질문명의 위기에 대한 엄중한 경고였다. 자본주의가 약속한 물질적 풍요는 자연의 정복과 수탈, 자원의 재생불능, 생태적 위기를 담보로 가능한 것이었다. 그러나 인간이 물질적 풍요를 열망하는 만큼 자본주의는 그 열망에 힘입어 쓰레기문명의 치명적 폐해들을 불가피한 것으로 정당화할 수 있었다.

환경문제를 경제성장과 불가분하게 결합된 '부정적 외부 효과'나 부수적 피해로 취급해온 경제학도 생태적 재앙을 불러온 공범이었다. 자본주의의 무한한 창조성을 찬양하는 슘페터주의자[5]들은 그 창조가 동반하는 파괴성을 경제성장의 불가피한 비용으로 취급했다. 이는 생태계 위기를 방치하는 낙관론을 조장하고 합리화하는 것이었다. 국내총생산(GDP)이란 지표에서도 환경문제로 인한 비용 지출과 소비가 유용한 재화의 생산으로 취급되었다. 자연재해, 대기오염, 수질오염, 의료지출 등등이 국내총생산의 수치를 올리는 축복이 된다는 것은 역설

---

[4] 미국 리버사이드 캘리포니아대학의 런사오레이 교수(컴퓨터공학) 연구팀의 분석. 한겨레, 2024.2.27.
[5] 경제학자 조지프 슘페터(Joseph A. Schumpeter, 1883~1950)는 자본주의 시스템이 모두를 잘 살고 풍요롭게 만드는 기적 같은 시스템으로 창조적 파괴(Creative Disruption)를 통해 혁신을 추구하는 소수의 엘리트 기업가들이 사회 전체를 끌고 간다고 보는 엘리트주의를 표방했다.

이 아닐 수 없었다. 자원의 고갈을 가속화하는 GDP 경쟁은 물질문명의 모순과 해악을 잘 보여주는 것이었다.

II. '재앙의 외주화' : 문명쓰레기 전쟁

제국적 생활양식은 산업생산과 소비에서 생겨나는 폐기물과 배출물들을 '외주화'하는 방식으로 환경파괴의 위험을 타국에게 전가시키는 것이었다. 부유한 나라들이 누릴 수 있는 제국적 생활양식의 특권은 생태적 황폐화를 유발하는 재앙을 외주화하는 덕분에 가능한 것이었다. 중국, 인도, 브라질 같은 신흥 경제국들도 자본주의 성장과 함께 파급된 제국적 생활양식으로 자원수요와 산업폐기물의 비용을 외부화할 필요성이 증대되었다. 이처럼 재앙의 외부화는 문명쓰레기 전쟁을 신흥 경제국들에게 연쇄적으로 확장시키는 시한폭탄이었다.

제국적 생활양식이 강요하는 과잉착취와 독점적인 세계시장의 확대는 생태학적 파괴와 인간의 고통을 증폭시키는 원천이었다. 2010년 ILO(국제노동기구)는 세계인구 약 19억 명을 이른바 '부유하는 집단(floating group)'에 포함시켰다(앞의 글: 140). 기후위기와 국제분쟁들이 첨예화된 작금의 상황은 제국적 생활양식과 밀접한 연관이 있는 것뿐 아니라 승리를 쟁취한 제국적 생활양식의 모순이 발현되는 사망 시점에 이른 것으로 진단되었다. 따라서 사회적, 생태학적 전환을 위한 전제로서 제국적 생활양식의 극복이 강력하게 요구되는 상황이었다.

2023년 말 유엔 식량농업기구(FAO)는 파리기후협정의 '1.5도 청사진' 목표를 달성하기 위해 부유한 국가의 육류 과소비를 줄이고 음식물 쓰레기와 비료남용을 억제하는 개선을 권고했다. 이는 부유국과 저소득국간에 식량 소비방식의 형평성을 도모하여 식량난과 기후위기를 동시에 해결하기 위한 최초의 농식품 분야 청사진이었다. 농식품 분야는 세계 온실가스 배출량의 3분의 1을 차지했고, 식품의 과소비와 과도한 식량낭비는 불필요한 온실가스 배출 증가에 기여했다.

세계인구 80억 5,000만 명의 9% 이상이 기아에 시달리고, 37%가 건강한 음식에 접근하기 어려운 반면, 인류의 절반 이상인 42억 명은 과체중과 비만을 유발하는 해로운 음식을 섭취하는 상태에 있었다.6) 제국적 생활양식이 파급되어온 오랜 세월동안 '배고픔의 절벽에 내몰리는 지구촌'의 고통은 그치지 않았다. 제국적 생활양식은 식량의 낭비와 결핍으로 기후위기와 함께 식량위기를 초래하는 주범이었다.

그럼에도 녹색자본주의 프로젝트는 제국적 생활양식 자체에 대한 근본적인 문제제기 대신에 제국적 생활양식을 생태학적으로 현대화하는 것이었다. 바이오 연료의 혼합, 전기 자동차 이동성의 촉진, 해양풍력 발전소 건설 등은 친환경의 이름으로 위기에 빠진 제국적 생활양식을 지속시키는 새로운 전략이었다. 제국적 생활양식을 현대화할수록 새로운 사회적, 생태학적 비용의 외부화가 늘어나는 것이었다.

중국과 아프리카 등에서 수많은 '녹색' 기술에 필수 불가결한 희토류나 기타 원료를 채굴하는 노동자들, 미국과 유럽 시장에 '바이오 연료'를 공급하는 브라질 농장의 사탕수수 노동자들, 땅 투기·투자로 인해 자기 땅에서 내쫓기는 소농들, 무임금 돌봄 활동과 열악한 임금의 서비스 노동자들은 한결같이 녹색자본주의가 제국적 생활양식을 쇄신시키기 위해 희생시키는 인간자원이었다.

제국적 생활양식에 따른 재앙의 외주화 그리고 외부 자원과 노동의 수탈은 수백 년 전 자본주의의 비약적 성장을 가능하게 했었던 식민자본주의를 포스트 식민시대에도 지속, 심화시키는 기제들로 작용해왔다.

---

6) 한겨레, 2023.12.12.

식민자본주의 흑역사의 유산은 결코 청산될 수 있는 것이 아니었다. 제국적 생활양식은 그 흑역사 덕분에 누리는 '문명'의 특권으로 전 세계에서 그 아바타들을 유인하고 양산하는 마력으로 작용하면서 문명쓰레기 전쟁을 가열시키는 주범이었다.

III. '그린 워싱(Green Washing)' vs '멸종반란'

생태적 부담이 경제성장을 저해하는 문제가 부각되기 시작하면서 지속가능한 모델을 모색하는 움직임이 대두되었다. '세계 환경 개발위원회'의 브룬틀란 보고서(1987)는 발전과 환경을 연계시키는 '지구의 관리'에 주목했다. '자연의 복수가 내일의 성장을 위협한다.'는 인식을 바탕으로 '천연자원의 효율적 관리'가 강조되었다. 이 보고서는 환경을 발전 패러다임으로 끌어들이는 '지속가능한 발전'의 길을 제시했다. '지속가능성 없이는 발전이 없고 발전 없이는 지속가능성도 없다'는 공식이 선언되었다. 이는 자연의 과부하와 피드백 기제를 조절하고 환경재앙을 제압하기 위해 지구의 개발이윤을 계산하고 기술적 발전을 지속하는 '약한 지속성'을 지향하는 개념이었다. 그러나 지속가능한 발전은 환경자원의 효율적 관리에 목적을 둔 국가 관료주의적 환경정책과 자본주의적 환경사업을 정당화하는 한편 생태적 위기의식을 잠재우는 효과를 겨냥한 것이었다.

1990년대에 들어 '지구의 생존'이 비상시국의 구호로 대두되는 상황에서 1992년 유엔 환경개발 세계회의에서는 환경과 개발의 '이중적 위기' 해결을 위한 국제적 수준의 '지구 환경 관리'가 강조되었다. 유엔의 주도로 고안된 생태학적 개념의 'Green GNP'는 환경파괴의 사회적 비용을 고려한 새로운 국민경제지표로 제시되었다. 그러나 환경

파괴와 자원고갈을 가속화하는 GDP 경쟁에는 제동이 걸리지 않았다.

생태적 위기 앞에서도 결코 물러서지 않는 것이 성장괴물의 본성이었다. 신자유주의자들은 지속적인 자본축적과 기술개발을 위한 세계화를 통해 환경문제의 해법을 찾아야 한다는 입장이었다. 첨단기술의 개발과 함께 친환경적인 신제품, 신공정, 신사업의 기획을 고안하는 경영전략으로 경제성장의 새로운 계기들을 포착하기 위해 지속가능한 발전모델을 창출하는 데 주력했다. 녹색기술은 큰 이윤을 만들어내는 사업으로 육성되었다. 기업들은 친환경적 사업들을 홍보하는 한편 지속적인 경제성장의 당위성을 주지시키는 전략을 구사했다. 친환경사업은 환경파괴로 부를 축적한 사람들에게는 친환경적 삶을 누릴 수 있는 여건을 증진시키는 반면에 그 피해자들에게는 오히려 고통을 가중시키는 것이었다.

이른바 '생태자본주의(Eco-capitalism)'는 과도한 성장과 개발주의에 기반한 지속적인 이익 창출이 불가능하다는 판단에서 친환경 산업으로 경제성장의 새로운 활력을 찾는 전략이었다. "환경은 발전을 고발하기 위해 끌어온 말이지만 새로운 발전의 시대를 알리는 깃발이 되었"고 "환경은 성장을 통해서만 지킬 수 있는 것이 되었다"(작스, 2010: 72). 생태적 위기는 자연의 한계를 끝없이 깨뜨리는 모험을 미화하고 정당화해온 자본주의적 발전 패러다임에서 초래된 것이었음에도 성장괴물은 생태주의를 발전주의로 흡수시키는 새로운 모험을 시도했다.

2010년대에 들어와서 OECD는 '경제의 녹색화'로 '혁신과 위기 예방의 이중 전략'을 구상하면서 실질적인 혁신은 '시장'에서 출발한다는 입장을 제시했다. '경제의 녹색화'는 원천적으로 성장 브레이크가 아니라 새로운 '성장 엔진'이었으며 '새로운 일자리를 만들어내는 발전기'였다. 시장이 초래한 위기의 해법을 여전히 시장에서 찾겠다는

2023년 유엔은 지구의 사막화가 더 빨리 진행되고 있다고 경고했다. UN 사무총장은 지구온난화를 넘어 '지구가 끓고 있다'면서 탄소배출의 80%를 차지하는 G20개국에 그 책임이 있다고 했다. '슈퍼리치'로 불리는 세계 소득 1%(7,700만 명)의 최상위 부유층이 배출하는 탄소가 세계 최빈곤층 50억 명(지구 인구의 66%)이 배출하는 탄소량과 맞먹는다는 국제구호개발기구 옥스팜(OXFAM)의 분석도 나왔다. 기후위기로 인한 피해가 극심한 아프리카의 탄소배출량은 전 세계 배출량의 4%에 불과했다. 스웨덴의 청년 환경운동가 그레타 툰베리(Greta Thunberg)는 유엔 기후회의에서 "화석연료를 줄이지 않는다는 건, 전 세계 수백만 명의 가난한 사람들에게 사형선고를 내리는 것과 같다."고 질타했다.

유엔환경계획(UNEP)이 발표한 보고서에 따르면 주요 20개국(G20) 가운데 탄소중립 목표대로 탄소 배출량을 줄이고 있는 국가는 단 한 곳도 없었다. 국제에너지기구(IEA) 보고서에 따르면 2023년 전세계 에너지 관련 이산화탄소배출량은 사상 최대치를 기록한 것으로 나타났다. 유럽은 전세계에 비하면 두 배 빠른 속도로 온난화가 진행되고 있다는 경고도 나왔다. 유럽환경청은 2024년 3월 첫 '유럽 기후 위험 평가' 보고서에서 산불, 폭염, 홍수 등 총 36개의 기후 위험을 평가하고 이 중 절반 이상은 즉각적 조치가 필요하다고 강조했다.

가장 낙관적인 시나리오에서도 파리협정의 목표대로 지구 온도 상승을 1.5도로 제한할 가능성은 14%에 불과한 것으로 밝혀졌다. 지구 온도는 2100년까지 4도 가량 올라갈 것으로 관측되었다. 1992년 브라질에서 열린 '지구정상회의'에서 처음으로 기후변화 대응에 나선 이후 달라진 것이 없는 실정이었다.

인류와 지구 종말의 '시간이 얼마 남지 않았다.'는 세기말 '대재앙'의 공포 속에서 자본주의 괴물 아바타들은 그들의 괴물성을 마음껏 펼칠 수 있는 새로운 신천지를 찾아 나선다. 인류의 대규모 이주가 불가피하다는 주장도 나온다. 유엔국제이주기구는 2050년까지 최대 15억 명이 자신이 태어난 나라를 떠나야 할 것으로 추정한다. 인류가 기후위기를 극복할 거의 유일한 해법은 '기후 이주'라고 한다.[10]

그러나 한편 죽을병에 걸린 지구를 끝까지 지키기 위해 앞장선 투사들은 세계 곳곳에서 인류의 살아있는 투지를 보여주었다. '멸종반란'을 외치는 세계과학자들의 '시체시위'는 '모든 게 사라질' 전 지구적 위기를 외면하는 세상에 대한 처절한 몸부림이었다. 생물다양성의 손실과 가속도의 대량멸종을 고발하는 전 세계 기후행동운동가들은 과도한 소비, 무차별적 자원낭비, 파괴적 성장만능주의, 그리고 이를 지원하는 해악적 글로벌 시스템을 대체할 '새로운 정치'의 필요성을 거듭거듭 주창했다. 자본주의 문명의 재앙들을 폭로하며 격렬한 투쟁을 벌이거나 탈자본주의와 탈문명의 대안적 삶을 탐색하는 도전들도 끊이지 않았다. 그레타 툰베리처럼 또는 툰베리의 분신들처럼 지구를 살리기 위해 온 몸으로 분노하는 선구자들은 희망의 등불이 되고자 혼신의 힘을 다 했다.

---

[10] 가이아 빈스, 『인류세, 엑소더스』, 곰출판, 2023.
기후위기의 책임을 묻는 '인류세' 도입의 시도는 2024년 국제지질과학연맹(IUGS)의 반대로 무산되었다. 한편 '화석 자본'에서 기후위기의 근원을 찾아야 한다는 관점에서 자본세를 주장하기도 한다. 산업혁명기 이래로 자본이 노동통제를 위해 완성시킨 자본주의 화석연료 생산시스템으로부터 구조적 위기가 발생한 것이므로 모든 인류에게 물리는 '인류세'가 아니라 자본축적에 그 책임을 묻는 '자본세'가 필요하다는 것이다(안드레이스 말름, 『화석 자본―증기력의 발흥과 지구온난화의 기원』, 두 번째 테제, 2023).

자본주의 아바타
Homo Capitalisticus

제 2 부
투자/투기 인간

제1장 자본의 아바타

제2장 인간자본

제3장 투자/투기 인간

제4장 금수저 vs 흙수저

자본주의 체제에서 자본은 '유일하게 살아있는 전지전능한 신'으로 군림하면서 자본괴물을 추종하는 아바타들을 양산한다. 이 아바타들은 호모 사피엔스(Homo Sapiens, 지혜로운 인간)의 지혜를 돈괴물에 항복시키고 돈을 만능무기로 삼는 생존전략에 뛰어들면서 화폐의 양에 따라 쾌락과 고통이 결정되는 삶을 감내한다. 인간 자체를 자본화하는 인간자본은 '인적 자본론'과 능력주의의 '성공신화'에 세뇌당하는 아바타들의 투자수단이다. 금융자본주의는 자본가의 꿈을 꾸게 하는 '대중 자본주의' 신화를 조장하면서 투자/투기 모험과 '돈교육'에 매달리는 아바타들을 육성한다. 그러나 자본주의는 부의 독점과 불평등의 양극화를 넘어 부와 권력과 신분이 대물림되는 세습자본주의로 귀착한다. 세습불평등은 금수저와 흙수저로 운명을 가르는 장벽으로 특히 청년세대에게 희망과 미래가 없는 삶을 강요한다. 독점자본주의는 삶의 기회마저 박탈해버리는 비인간성의 극치를 드러낸다.

자본의 아바타

I. '자본교'의 신도

폴 라파르그(Paul Lafargue, 1842~1911)[1]는 자본이 유일하게 살아있는 전지전능한 신이자 '무자비한 신'이며 '산 자와 죽은 자의 유일한 통치자'로 군림한다고 했다. 〈'인간을 잡아먹는 신'으로 작용하는 자본의 힘은 인간의 약함에서 나오고 노동자들의 생명력에서 나온다. 자본은 모든 것 속에서 살고 모든 것에 생명을 불어넣고 변형시킨다. 자본의 힘은 매일 새로운 나라를 정복한다. 그러나 자본은 무자비한 신이다. 불화와 고통의 한 가운데 있을 때 기분이 좋다. 나(자본)는 거짓, 질투, 탐욕, 기만, 살인을 경호원으로 거느리고 뽐내며 걷는다. 나는 가족 안에 분열을, 도시 안에 전쟁을 끌어들인다. 나는 지나가는 증오, 절망, 불행, 희망 없음의 씨앗을 뿌린다. 임금노동자는 나의 수인(囚人)이다. 지구는 그의 감옥이다.〉 라파르그의 말을 빌리면 자본은 '인간의 이성으로는 이유를 가늠할 수 없는 방식으로' '마음 내키는 대로' 무자비한 벌을 내리는 신이었다. 자본은 인간의 이성을 교란시

---

[1] 마르크스의 사위였던 폴 라파르그가 1887년 펴낸 책, 『자본이라는 종교』의 논지를 소개하는 이 단락들은 원문(46~85쪽)을 주제에 따라 축약하는 방식으로 인용한 것이다.

키고 무력화하는 것이었다.

자본주의는 그 무자비한 신을 섬기는 신도들 덕분에 성장해왔다. 라파르그는 자본가를 자본교의 신도 즉 자본의 선민이라고 했다. 자본가는 단지 자본의 선민으로 선택받았기 때문에만 대접받는 존재라는 것이다. 자본이 그 선민들에게 모든 것을 넘겨준 것은 자본가가 자본의 전지전능하고 무자비한 힘을 대변해주는 존재로 선택되었기 때문이다.

자본가의 힘이 곧 과학이자 지성이자 미덕이자 영광이자 명예라고 한 136년 전의 라파르그의 말은 오늘의 글로벌 자본가들이 전 세계를 독점하는 세상에 더 걸 맞는 것이었다. 오늘의 세상은 자본가들이 자본의 전지전능함과 무자비함을 극대화하는 사명을 받고 맹렬하게 수행해온 결실이 아니겠는가?

라파르그는 자본가의 부도덕성, 무원칙성, 무법성, 그리고 그 무자비함에 기생하는 인간의 나약함을 고발했다. 〈자본가의 온갖 멍청한 짓, 악행, 비열함, 몰락은 자본이 얼마나 권력을 멋대로 휘두르는지를 보여주는 무수한 증거다. 사업이 원하는 바에 따라 어떤 때는 보호무역주의였다가 또 어떤 때는 자유 무역주의자가 된다. 어떤 것이든 원칙에 대해서는 아무런 부담도 느끼지 않는다. 심지어 원칙 따위는 완전히 무시한다는 원칙자체에 대해서도 마찬가지다. 자본가는 말한다. "사회, 그것은 나다. 도덕(성), 그것은 나의 사적 이익이다." 자본가 한 명의 이익이라도 침해되면 사회 전체가 고통 받는다. 자본가는 법이다. 입법자들은 그의 필요에 따라 법을 편집한다. 철학자들은 도덕을 자본가의 버릇에 맞춘다. 시인들은 자본가에게 영감을 불어넣어 달라고 호소한다. 화가들은 무릎을 꿇고 그의 비평을 갈구한다. 철학자들은 머리를 굴려 그의 악덕을 미덕으로 바꿔치기한다. 정치경제학자들은 자본가의 무위도식이 세상이 돌아가는 원동력임을 발견한다. 자본은 그 선민들로 하여금 과학이 정복한 모든 것을 강력한 지렛대로 맘

껏 이용할 수 있도록 한다.〉

자본주의 문명은 이처럼 자본의 신과 그 신도들 덕분에 세계를 제패할 수 있었다. 인간의 이성과 도덕성을 짓밟고 인간사회를 사익의 전유물로 독차지하는 반인류적 악덕을 '인류문명'의 원동력으로 삼았다. 무자비한 신과 그 신도들이 무소불위의 힘으로 인간을 모욕하고 착취하며 인간을 그 도구로 전락시키는 역사를 수백 년 동안 지속시켜왔다.

자본가는 호모 카피탈리스티쿠스의 우상이자 그 아바타들이 추종하는 성공모델이었지만, 라파르그가 강조했듯이 자본조차도 경멸하는 대상이었다. 〈자본가들은 나(자본)의 도구들이다. 내 선민들을 사회에서 최고의 지위로 승격시키지만 (나 자본은) 그들을 경멸한다. 가족 간의 정(情)도 정의도 미덕도 없는 날이 올 것이다. 악을 치유할 방도가 없을 것이다.〉 오늘의 자본가들은 갈수록 치열해지는 글로벌 경제전쟁의 승자가 되기 위해 점점 더 비인간적, 비사회적 괴물성으로 무장하는 사람들이 아니겠는가?

라파르그는 돈이 '자본가의 영혼'이자 '행동의 동력원'이며, 돈은 '자본주의적 활동, 자본주의적 생각, 모든 자본주의적 감정의 시작이자 끝'이라고 했다. 돈은 호모 카피탈리스티쿠스의 몸과 마음을 온전히 지배하는 괴물이었다. 그 아바타들은 돈을 신처럼 떠받드는 '기복적인 자본주의'의 산물이었다. 자본가는 돈의 기복신앙을 전파하는 전도사라면, 그 아바타들은 돈의 기복신앙에 바친 영혼을 사회적 심성으로 파급시키는 주역이었다.

호모 카피탈리스티쿠스는 라파르그가 말했듯이 '인간의 지혜를 비웃는' 자본의 신을 떠받드는 인간이었고 그 아바타들은 '지혜로운 인간' 즉 호모 사피엔스를 돈괴물에 굴복시켰다. 호모 사피엔스는 결코 패배하지 않고 생존력을 확장해가는 인류의 원형이라고 한다면, 그 생존력을 포기하지 않는 대가로 자본 권력의 발밑을 '기는 자'로 전락하는 수모를 감내한 것이다. 그렇다면 인간의 위기는 바로 이로부터 싹 트기 시작한 것이 아니겠는가?

지난 수 세기동안 자본가의 위력은 상상초월의 거대 공룡으로 불어났다. 신자유주의 시대에는 전 세계를 투자 영역으로 삼는 대자본이 초국적 기업의 독점으로 국가권력을 압도하는 막강한 위세를 드러냈다. 초국적 기업은 1970년에 7,000개에서 1990년대 말까지 50만 8,000개의 계열회사를 거느린 6만 개로 늘어났다. 그 규모는 1980년대 말에 이미 전 세계무역에서 제조업의 절반 이상과 서비스 부문의 약 4분의 3을 차지하는 수준이었다.

1990년 미국의 경우 약 300개의 거대 기업이 초국적 사업의 4분의 3을 차지했고, 영국은 약 150개 대기업이 초국적 사업의 5분의 4를 점유하는 것으로 나타났다(Leys, 2003: 15~16). 자본의 규모가 최상급인 100대 다국적기업들 중 54개가 미국회사였고 27개가 유럽연합 소속이었다.

정보기술시대의 독점 현상은 훨씬 더 빠르게 나타났다. 마이크로소프트사는 엄청난 과다이윤을 남기는 대표적 독점 사례였다. 자본은 특허나 지적재산권으로 또는 라이선스 보호계약이나 '유명 브랜드화' 등을 통해 독점권을 획득하고 독점영역을 새롭게 확장했다. 이렇게 창출된 자본의 독점 권력은 생산과 마케팅을 통제하고 독점세력들 간에 상호의존성을 높이는 특권 구조를 형성했다.

한편 수익성 높은 투자처를 찾아다니는 갑부들은 '큰돈을 배팅하는 세계의 도박사들'이었다. 이들은 변호사, 회계사, 로비스트 등의 전문 브로커 집단들과 그들이 후원하는 싱크 탱크들을 거느리고 세계적으로 막강한 부와 권력을 독점하는 자본괴물들이었다. 사막 위에서 거대자본과 첨단 기술의 초대형 사업으로 건설되는 '녹색도시'나 신도시는 세계적 슈퍼 엘리트계급이 '그들만의 파라다이스'를 위한 아성을 쌓는 곳이었다. 수천만 달러의 연봉을 챙기는 '플루토크라트(plutocrat, 강도귀족들)'[2)]도 등장했다. 이들은 국가에 얽매일 필요가 없는 글로벌 유목민으로서 그들만의 왕국에서 중세시대의 특권계급처럼 모든 권력을 누리는 슈퍼 부자들이었다. 이들의 거주 지역이 새로운 궁전들로 채워질수록 빈자들이 숨어드는 게토들도 늘어났다.

하비(D. Harvey)의 표현대로 신자유주의는 자본주의의 야만적 본능을 해방시키는 약탈적이고 야만적인 글로벌 자본주의였다. 다국적 기업이 국민국가의 권력과 권위를 압도하는 위상과 힘을 갖게 되면서 국민도 국가도 그 절대적 힘에 의존해야 하는 가난한 존재들로 전락했다. 21세기에 이르면서 자본주의 국민국가는 점점 더 자기부정과 자기파괴를 재촉하는 운명에 처하게 되었다. 이처럼 인간의 위기, 지구의 위기뿐 아니라 국민국가의 위기도 피할 수 없는 운명이었다.

II. 화폐의 신화 : 돈괴물의 아바타

자본과 자본가들이 인간을 제멋대로 휘두르게 한 힘은 오로지 돈이었다. 돈은 무법자의 힘이자 인간 모두의 생존력이었다. 돈은 세상의 모든 것을 소유하고 지배하고 향유하게 하는 힘이었기에 살아남기 위해 돈에 전 인생을 걸어야 했다. 돈은 무엇이든 할 수 있고 무엇이든 못하게 강제할 수 있는 만능무기였으며, 그 전지전능한 힘은 완벽한 인간도 무력한 인간도 만들어낼 수 있었다. 돈은 인간과 만물의 척도

---

2) 19세기 미국의 경제학자이자 자유무역주의 신봉자였던 헨리 조지(Henry George)는 그 시대에 등장한 플루토크라트, 즉 강도귀족들을 '거대한 스핑크스'로 보았다. 그는 오로지 거대한 부를 축적하고 빈부의 격차를 강화시키는 진보는 진정한 발전이 아니며 영원하지 못할 것이라고 했다(프릴랜드, 2013: 17). 그러나 오늘의 세계적 상황은 부의 독점이 하늘을 찌르는 수준이 되었음에도 이를 여전히 '진보'의 증표로 삼는다.

로 작용했다. 가치나 미덕이나 명예도 돈으로 교란되고 위조될 수 있었다. 모든 것은 돈에서 시작하고 돈으로 귀착되었다. 그런데 그 돈을 자기 것으로 만드는 방법은 무궁무진했다. 정도(正道)는 없었다. 수단방법을 가리지 않고 돈만 소유하면 자본가처럼 행세할 수 있었다.

　자본에 대한 숭배는 부자에 대한 숭배로 이어지고, 돈에 대한 숭배로 귀결되었다. 프란치스코 교황은 '돈에 대한 우상숭배를 한탄했지만, 그 우상은 자본주의 역사만큼이나 오랜 세월동안 돈괴물을 추종하는 아바타들의 절대유일의 물적, 심적 지주였다. 그리고 그 지주는 한나 아렌트(H. Arendt, 1906~1975)가 말한 '악의 평범성', 즉 평범한 인간이 악에 대해 묵살하고 생각 없이 순종하는 악의 평범성이 만연하는 시대를 굳건히 받쳐주는 버팀목이었다.

　인류의 역사만큼이나 오랜 역사를 지닌 화폐는 자본주의 체제에서 가치의 핵심이자 유일한 부로 군림하게 되었다. 자본주의는 더 많은 화폐를 벌어들이기 위해 화폐를 이용하는 체제였다. '자본'은 브로델의 지적처럼 '이윤을 낳으면서 스스로 증식하는 화폐'였다. 이윤에 대한 숭배는 곧 화폐에 대한 숭배였다.

　화폐의 소유와 축적은 서구에서 부르주아 계급이 자본주의 체제의 새로운 지배계급으로 부상할 수 있었던 원천이었다. 부르주아 계급은 '화폐의 인간'으로 불릴 만큼 화폐 이데올로기를 떠받들었다. 화폐의 맹목적인 소유는 부르주아적 삶의 원동력이자 목표였다. 유효기간도 없이 무제한적 축적이 가능한 화폐는 부르주아 계급이 세상을 제압하는 절대적 무기가 되었다.

　부르주아 계급이 신성불가침으로 제도화한 소유권은 화폐경제에 기초한 자본주의 체제를 안착시켜준 동인이었다. 화폐경제는 소유의 개념을 '그 대상을 사용할 권리'에 머물지 않고 '그것을 통해 얻을 수 있는 화폐가치'로 변화시켰다(베블렌, 2011). 화폐는 부르주아 계급의 배타적 소유권을 강화시키고 미래로 확장시키는 것이었다.

자본주의 체제에서 모든 것이 화폐경제로 포섭되면서 환금성이 없는 것은 존재가치가 상실되었다. 모든 직업 활동은 화폐제도에 예속되었고, 직업적 능력은 화폐의 등가물로 평가되었다. 인간의 일은 돈을 벌어들이는 수단으로 전락했다. 돈벌이는 자본주의 경제법칙이 강제하는 절대적인 생존방식이 되었고, 화폐는 개인의 독립적이고 자율적인 자기발전의 수단으로 기능했다. 화폐의 소유와 증대를 목표로 삼는 삶은 인간을 평생 동안 화폐의 노예로 만들었다. 화폐의 결핍은 곧 존재의 결핍을 초래하기 때문이었다. 인간의 생존을 화폐의 권력에 복속시키는 것은 삶의 자율성 자체를 원천적으로 부정하는 것이었다.

화폐는 교환의 수단을 넘어 지배의 수단이 되었다. 화폐는 사회 전체를 움직이고 인간의 존엄성 위에 군림하는 권력이 되었다. 모든 것이 화폐가치를 높이는 '무형 자산'으로 옮겨가고, 화폐가 지배할 수 있는 대상의 범위가 끊임없이 늘어나는 상황에서 화폐의 위력은 점점 더 강화될 수밖에 없었다. 화폐의 양만큼이나 그것이 지배하는 권력도 늘어났다. 문화와 예술도 화폐의 특권을 과시하는 무기로 전락했다.

화폐는 모든 권력의 열쇠로 작용하면서 권력에 대한 열망은 화폐에 대한 열망을 고조시켰다. 슈퍼리치(super rich)가 누리는 극도의 호화로운 삶은 화폐의 유혹을 증폭시켰다. 개인의 삶에 대한 만족을 화폐의 소유수준과 직결시키는 풍조와 화폐의 획득과 축적을 인생의 목적으로 삼는 생활문화가 자리 잡았다. 화폐에 대한 강박적 욕구가 커질수록 그 권력은 점점 더 비대해졌다.

자본주의 문명에서 화폐는 경제적 기능을 넘어 이데올로기적, 문화적 영역을 정복하고 더 나아가서 자연의 불가항력을 발휘하는 단계로 진입했다. 부르주아 계급이 신봉한 화폐 이데올로기가 근대문명인의 보편적 믿음으로 파급되면서 신화로 자리 잡게 된 것이다. 화폐의 신화는 자본주의 화폐경제가 문화적 지형을 구조화하고 인간의 정신구조까지도 변형시키고 지배하는 기제로 작용하는 상황에서 생성된 것이었다. 이로부터 화폐에 대한 절대적 믿음, 숭배, 열망이 조장되었다.

짐멜(G. Simmel)에 따르면 화폐의 신화는 양적 가치를 지배하는 세상을 자연화하고 양이 질을 대신하는 전지전능함을 떠받들게 하는 것이다. 화폐는 전적으로 양에 의해 규정되는 것으로 모든 질적 차이를 양적인 차이로 표현하기 때문이다. 사물들을 똑같은 가치척도로 측정하는 양적 가치가 화폐의 의미와 힘을 결정한다. 화폐의 양적 가치는 질적 가치의 소거와 희생을 통해서만 획득된다. 즉 화폐는 사물의 본질, 고유한 특성, 특수한 가치, 비교할 수 없는 독특함 등을 남김없이 제거해버리고 획일화하는 가공할 측량기로 작용하는 것이다.

질로부터 해방된 화폐는 질을 무력화하는 힘을 지닌 것이며, 이는 세계를 하나의 거대한 산수문제로 접근하는 것과 같다. 게다가 화폐의 양적 가치가 질적 가치로 위장되면서 질의 개념 자체도 변질된다. 이는 양이 질을 대체하고 그 질의 본래 가치와 의미를 은폐, 오도하거나 가장할 위험성을 지닌 것이다.

화폐의 신화를 파급시키는 자본주의 화폐경제는 가치의 양적 개념에만 몰입하는 삶의 모델을 이상적인 것으로 구현시킨다. 화폐거래가 보편화된 생활양식으로 모든 질적 가치들(미적, 정치적, 도덕적 가치들)이 계산 가능한 체계로 환원된다. 쾌락과 고통이 화폐의 양적 계산으로 결정되고 비교되면서 개인의 주관적 특성과 자질이 제거된다. 화폐의 마술은 그 질적 공허함이 열어주는 무한한 가능성과 기회로부터 탄생한다(짐멜, 1983: 159). 그 질적 공허함 때문에 화폐는 어떤 요구에도 무조건 순응할 수 있는 속성을 지니며 인간이 지정하는 기능에 완전히 몰두할 수 있는 최대 강점을 지닌다.

화폐의 무성격성이라는 소극적 개념은 화폐가 무엇이든 만들어낼 수 있는 무한한 활동성의 적극적 개념과 짝을 이루는 것이다. 이 때문에 화폐는 자유로운 유통으로 참과 거짓, 선과 악의 모든 구별을 깨뜨린다. 화폐는 균등할 수 없는 것을 균등화하여 특수한 요소들을 평준화시키며, 상징적 의미와 효용가치를 상실하게 한다. 게다가 화폐의 양적 가치는 질적 가치로 위장되고 증폭된다. 화폐는 누구나 이용할 수 있다는 이유 때문에 개별적인 요구와 조건에 따라 양적 차이를 질적 차이로 변화시킬 수가 있다(앞의 글: 550). 천한 것을 귀한 것으로 둔갑시키는 것처럼 질의 '생성'은 질의 개념 자체를 변질시키는 위험성을 지닌 것이다.

화폐의 우상숭배는 화폐를 삶의 수단이 아닌 삶의 목적으로 전도시키고, 자연적, 인간적 요소들이 화폐로 교체되는 '전도된 세계'를 예찬하게 한다. 인간관계를 비인격적인 것으로 만들기도 하고 인격적으로 아무런 관계가 없는 것을 인격화하기도 한다. 화폐의 신화는 화폐가 인간의 정신을 지배하고 변질시키는 차원을 넘어 화폐의 정신이 인간의 정신을 대체하는 현상을 자연스러운 것처럼 위장한다.

화폐는 인간에게 정신적 통일성을 부여하면서 인간의 정신세계까지도 탈취하는 힘으로 작용한다. 화폐의 가치가 인간의 가치를 좌우하면서 화폐의 화신, 아바타는 오직 화폐의 힘에 기대어 자신의 존재감을 확인하고 자신의 인격을 부여받고 자신의 삶을 영위한다. 화폐의 마술에 홀린 아바타는 돈괴물의 힘으로 인간의 존엄성과 인격이 조롱, 말살당하는 것조차도 의식하지 못하거나 개의치 않는다.

돈괴물의 아바타는 자본가를 모델로 삼는 반인간적 생존문법과 그 기술을 추종하는 자본괴물의 아바타다. 화폐의 소유와 증대를 인생목표로 삼는 아바타는 화폐의 신화와 화폐권력을 믿고 따르도록 사회화된 인간이다. 자본가들의 금전만능주의는 돈의 전지전능함을 믿고 따르는 문화적 관습과 육체의 무의식을 자리 잡게 하는 독사로 작용하면서 그 아바타들을 육성한다. 금전만능주의는 화폐를 최상의 가치이자 권력으로 정당화하여 금전에 대한 집착과 중독을 조장하고 모든 것을 화폐로 계산하고 평가하고 해결하는 삶의 방식을 조장한다. 화폐를 만능의 무기로 삼는 금전만능주의는 인간의 삶을 화폐의 전유물로 만들고, 돈의 노예를 양산하는 독사로 작용한다.

한국에서 금전만능주의는 부자를 우상으로 만들고 부자가 되는 것이 마치 모두의 염원인 것처럼 치부되는 풍조를 조성한다. '아빠 돈 많이 벌어오세요'를 외치는 어린 아이들이나 '대박나세요'라고 인사말 하는 어른들은 너무나 친숙한 모습이다. 가족을 먹여 살리는 기계가 된 인간은 그 가족에게 '나는 돈'이라고 자조하거나 자부하기도 한다. 인간의 존재 자체가 돈과 일체화되는 형국이다.

돈을 주는 부모는 사랑보다 돈으로 평가되기 쉽고, 돈을 못 주는 부모는 사랑만으로는 '부족한' 존재가 되기 쉽다. 돈 때문에 연결되거나 차단되거나 변질되는 가족관계와 인간관계는 인간의 가치를 망각하게 한다. 돈은 삶의 가치를 획일화하고 인생에 대한 고민자체를 봉쇄해버린다. 돈이 인간의 모든 것, 즉 능력, 노력, 성의, 정성, 성취, 취향, 계급·지위, 삶의 질 등등을 대신해주는 세상은 배금주의에 중독된 아바타들이 연출하는 진풍경이었다.

한편 자본주의 제국으로 자리 잡은 미국에서는 아메리칸 드림의 물질주의 가치관이 삶을 지배하면서 돈괴물이 일상언어에서 은유적 표현으로 널리 쓰일 정도로 그 영향력을 드러낸다.[3] 돈의 은유표현들은 돈 중심으로 이루어지는 생활양식과 금전만능주의가 자연스럽게 미국

---

[3] 예컨대, cash in(득점한다), capitalize on(활용한다), my two cents(제 소견은), paid off(좋은 성과를 올리다), pay for(대가를 치르다), discount(다 믿으면 안 된다) 등을 들 수 있다(이창봉, 『미국이라는 나라 영어에 대하여』, 사람in, 2021).

인의 사고방식, 감정, 욕망, 사회문화적 정체성 속에 자리 잡고 있다는 것을 말해준다. 금권정치나 기부금 입학제 등 공공연하게 주저없이 돈을 만능 해결사로 떠받들어온 문화적 습관도 미국 영어 특유의 표현방식에 녹아들어 있다.

제2장

인간자본

I. 인적 자본 경쟁 아바타

자본의 아바타는 자기 자신을 자본화하는 생존전략을 습득한다. 인간 자체를 자본으로 삼아 투자대상으로 만들고 투자가치를 극대화하는 것이다. 인간의 자본화는 '나는 자본이다. 나를 투자한다. 그래야 생존할 수 있다.'는 명제를 실천하는 것이다. 이윤이 생긴다면 모든 것이 자본의 투자대상이 되는 것처럼 인간도 예외가 아니다. 금전만능시대는 자신의 모든 것을 돈벌이에 유능한 자본으로 만드는 인간을 요구한다. 인간이 돈이 되어야 하고 돈벌레가 되어야 한다. 자본주의는 자연부터 인간까지 부의 축적의 도구로 삼는 것이라면, 인간에게도 자신을 도구삼아 부를 획득하는 생존방식이 당연한 것으로 요구된다.

부르디외가 지적한대로 '자본'은 매우 포괄적인 개념으로 '권력의 사회적 관계'로 기능하는 자원, 즉 지배와 권력관계의 유지수단으로 이용되는 모든 것을 말한다. 생존게임이 벌어지는 장(場)에서 자본의 양과 배분이 결정된다. 생존게임의 장은 행위자들을 계급질서로 편입시키고 그들이 희구하는 자원들, 즉 '자본'들을 목표로 다양한 전략의 적대적 경쟁을 벌이게 하는 게임공간이자 권력과 위신을 추구하는 투쟁과 갈등의 공간이다. 인간자본은 바로 그 경쟁에 참여할 수 있는 자격요건이며 인간자본의 경쟁은 생존게임의 장 내에서의 경쟁체제를 승인하고 정당화하는 증표인 것이다.

자본화의 열풍은 자본을 최상의 가치와 성공의 만능열쇠로 칭송하고, 그 생리와 전술을 추종하는 아바타들을 배양하는 것이었다. 상업자본이 산업자본, 기술자본, 금융자본 등등으로 끝없이 확장되어왔듯이 인간의 삶과 자연세계가 끊임없이 자본의 투자대상으로 전락했다. 의료, 주거, 교육, 학문, 출판, 정치, 문화, 예술, 생태자원 등 거의 모든 영역이 가릴 것 없이 자본화되고 투자가치를 극대화하는 돈벌이 대상으로 변질되었다. 심지어 '연애의 자본화'를 정상화하는 감정자본주의는 인간의 감성과 정서까지도 자본의 잣대로 평가하게 만들었다.

학술적 담론으로 대두된 인적자본론은 인간의 자원과 능력을 자본의 관점에서 접근하고 분석함으로써 인간의 자본화 현상을 기정사실화하거나 합리화하는 것처럼 받아들여진다. 인간자본을 문화자본, 사회자본, 교육자본, 지적자본, 상징자본 등 유형별로 분류하면서 자본주의 사회에서 경쟁력있는 인간자본에 초점을 맞추는 경향도 나타난다. 시장가치가 높은 인간자본 형성을 권장하면서 자본화의 열풍을 부추기는 담론이 인기를 끌기도 한다.

일례로 독일의 한 컨설턴트는 인격의 품격을 결정하는 7가지 자본, 즉 심리자본(어떻게 생각하고 어디까지 상상하는가), 문화자본(인생에서 무엇을 즐기는가), 지식자본(무엇을 할 수 있는가), 경제자본(얼마나 가졌는가), 신체자본(어떻게 입고 걷고 관리하는가), 언어자본(어떻게 말하는가), 사회자본(누구와 어울리는가)을 제시한다.[1] 그의 논지

---

[1] 도리스 메르틴, 『아비투스(Habitus)』, 다산초당, 2019. 독일 아마존의 베스트셀러였다고 함.

에 따르면 인간이 생각하고 상상하고, 즐기고, 공부하고, 돈을 소유하고, 몸 관리하고, 말하고, 교제하는 그 모든 것들은 전부 자본으로 기능한다. 인간은 오로지 자본을 만들어내는 존재로서 최상의 자본 생산을 극대화하는 것에 인생을 걸어야 한다는 주장이다. 이처럼 '인간을 자본화하라'는 주문이 세계적 베스트셀러가 된 현상은 이 시대의 자본숭배가 어느 정도인지를 가늠하게 해주는 것이다.

그의 '인적 자본론'은 자본주의적 성공 이데올로기를 담고 있다. 그 주문들을 들어보자. 좋은 교육, 졸업장, 학위, 자격증, 전문지식과 정보뿐 아니라 취향, 사교술, 심지어 용기 있는 기행까지도 새로운 트렌드의 문화자본으로 강조된다. '인생은 외모가 출중한 사람에게 유리한 게임'이니 '당신의 신체를 가장 소중한 자본으로 대하라.'고 주문한다. '영향력을 원하면 눈에 띄어라.'는 식으로 자신의 존재를 자본화하는 요건들을 알려준다.

이러한 인적자본론은 인간의 자본화를 필수적인 생존방식으로 전제하고 자본의 생리에 걸맞는 경쟁력의 극대화를 예찬하는 이데올로기를 대변한다. 인간의 능력과 자질 등 모든 것을 자본주의적 투자 대상으로 치부하는 것이다. 여기서 자본에 포섭되지 않는 활동과 삶의 고유한 가치와 진정한 의미는 존재하지 않는다. 이는 인간뿐 아니라 교육, 학문, 지식 등을 자본의 노예로 만드는 오늘의 세태를 당연하고 이상적인 것처럼 받아들이는 것이다. 책을 쓰는 저자도, 독자도, 학자도, 이데올로그도, 그 어떤 세대도 다 같이 이러한 세태를 아무런 문제의식 없이 기정사실로 받아들이는 자본괴물의 세상이 된 것이다.

투자가치로 인정받는 인간자본은 사회적 윤리나 공익성과는 무관한 것임에도 그 투자가치가 사회적 가치를 지배한다. 교육도 투자가치를 표준으로 삼아 그에 걸 맞는 학문, 지식, 정보를 추구하도록 종용한다. 자본주의적 '성공주의' 이데올로기가 교육의 방향과 목표를 조종하는 것이다. 여기서 학력은 시장적 능력의 지표로 제공되고 시장의 룰에 따라 승자와 패자를 가르는 도구로 이용된다. 학력주의는 인간자본의 시장가치를 높이는 무한 경쟁이 불러온 알리바이일 뿐이다.

미국에서 밀레니얼 세대(1980년대 초~2000년대 초 출생)는 자본주의 체제의 '인적 자본' 논리에 의해 만들어졌다는 주장이 제기되었다(맬컴 해리스, 2018). 밀레니얼 세대는 '교육이라는 가면'을 쓰고 치열한 경쟁 속에서 최고의 '스펙'을 쌓기 위해 과도한 노동에 매달렸다. 대학 입학이 미국 아동기 전체의 핵심과제가 되면서 아이를 키우는 일은 곧 '투자'가 되었다. 아이의 일정과 시간 등 일거수일투족을 살피는 감시와 통제가 '좋은 부모'의 양육규범으로 자리 잡았다. 상류층 부모의 과보호는 '헬리콥터 부모의 원형'이었다. 학업 성취도 그 경쟁도 점점 더 많은 아이들을 교실 밖으로 몰아냈다. 부모의 감시를 가장 많이 받고 자라난 이 세대는 완벽한 스펙을 요구당하며 치열한 경쟁에 시달리면서 불안한 삶을 살아야 했다.

게다가 인간의 자본화는 시장가치를 인정받지 못하는 노동시장의 벽에 부딪치면서 빛을 보지 못했다. 미국에서 고등교육의 보편화는 대학 졸업장의 가치를 떨어뜨렸고 대졸자들의 실업률 및 불완전 취업률을 거의 두 배 가까이 상승시켰다. 좋은 일자리 경쟁은 더 치열해지고 피하고 싶은 질 낮은 일자리는 더욱 열악해졌을 뿐 아니라 모든 일자리가 이전보다 불안정해졌다. 기업은 직업시장에 필요한 인력양성에 투자하는 대신 인적자본의 개발 비용과 그 보상책임을 모두 개인의 몫으로 돌렸다. 그 결과 일자리도 없이 학자금 대출로 역사상 가장 많은 빚을 짊어지는 세대가 등장했다.

그런데 이 세대는 집단적 이익을 지키기 위한 조직도 만들지 않으며, 구조적, 법적, 정서적, 문화적, 지적으로 노동조합을 거부하도록 길들여져왔다. 이들이 부모 세대보다 더 잘살게 될 가능성은 50% 정도라는 전망도 나왔다. 약속된 만큼 사회보장 혜택을 받을 수 있을 것으로 믿는 밀레니얼 세대는 6%뿐이었고 51%는 '아무런 혜택도 받지 못할 것'이라고 생각했다. 저자 해리스는 이들이 가난하지만 저항할 줄 모르는 지극히 효율적인 인적 자본으로 성장했다고 강조한다. 인적 자본 투자가 고도화될수록 노동시장에서는 그 투자가치가 오히려 저하되는 이율배반적 상황이 벌어지면서 제로섬 게임의 비극은 불가피한 것이었다.

인적자본론은 한국의 출판시장에서 '자기계발서'들의 열풍으로 이어졌다. 자기계발의 열풍은 자본의 아바타를 스스로 자본화하는 주역으로 부상하게 만드는 것이었다. 여기서 '자기계발'이란 자본주의 시장이 인정하고 평가하는 인간자본을 구축하는 것에 초점이 맞추어진 것이다. 한국에서는 1970~80년대부터 대형교회, 대기업, 다단계업체 세일즈맨을 중심으로 유통되었던 긍정심리학과 자기계발서들이 1997년 외환위기를 겪으면서 본격적으로 일반인에게 퍼져나갔다. '노력하면 된다.'는 자기계발서[2]가 유행하면서 '하면 된다.'는 경구도 일상화되었다. 자기계발서의 '영역 확장'과 '무한 변신'이 이어지면서 '자기계발서의 다원주의 시대'가 도래했다는 진단도 나왔다.

자기계발서의 다원화는 자본이 추구하는 수익 극대화의 방향에 따라 인간자본의 내용과 조건이 달라지는 상황을 대변해준다. 인간의 자본화는 심리학적, 경영학적, 인문학적 차원을 마구 넘나들면서 자본의 변화하는 요구에 응답하는 맞춤형으로 추진되어야 하는 것이다. 학문적 접근 자체도 자본의 영향을 받는 실용적 성격으로 변질되면서 그 본질이 훼손되는 결과를 초래한다.

자기계발서의 무한변신과 영역 확장은 자본주의의 히드라적 본성을

---

[2] 스티브 코비, 『성공하는 사람들의 7가지 습관』, 자기계발, 1994.

보여주는 것으로 인간자본 자체가 그 히드라적 본성을 닮아가야 한다는 것을 의미한다. 인간의 인문학적 소양과 자질까지도 히드라적 본성에 따라 춤을 추면서 예측할 수 없는 방향과 내용으로 변질 될 수 있는 것이다. 인간의 자본화는 자본의 입맛대로 인간의 능력과 자질을 꾸며내도록 만드는 인간조형술이었다.

인간의 자본화는 또한 학교교육의 파행을 불러온다. 시장이 요구하는 인간자본 육성에 전념할수록 교육을 자본의 희생물로 만드는 함정에 빠져든다. 한국에서 높은 교육열과 엄청난 사교육비는 인적 자본의 치열한 경쟁구조를 심화시키고 부모와 자녀의 물적, 심적 부담을 가중시킨다.[3] 학교교육은 자본주의 경쟁괴물의 아바타들을 양성하는 기구로 전락하면서 미래세대를 이중, 삼중의 피해자로 만든다.

부모와 자녀 세대는 교육시스템에 대한 부정적 입장에도 불구하고 오직 경쟁대열에서 낙오되지 않기 위해 비교육적 경쟁의 쳇바퀴를 멈추지 못하는 딜레마에 빠진다. 출산기피현상도 인간자본의 초경쟁사회가 가중시키는 물적, 심적 부담과 그 미래에 대한 불신이나 비관적 전망과 연계된 것이었다.

II. 능력주의 성공신화와 그 '지체자'들

인간의 자본화는 노동시장의 '자유경쟁'에서 승자가 되기 위한 것이었고, 이는 자유경쟁의 신화에 빠지게 한 자본주의의 세뇌교육 덕분이

---

[3] 한국에서 2023년 초·중·고교생 사교육비는 총 27조 1,000억 원으로 역대 최고였다. 초등학생 100명 중 86명이 사교육을 받는 것으로 나타났다. 2023년 고등학생 사교육 지출은 전년 대비 8.2%의 증가율을 보였으며, 고3 학생의 1인당 평균 사교육비 지출은 월 73만 3,000원이었다.

었다. 자유경쟁의 신화는 자본주의 체제에서 시장의 윤리가 존재한다는 잘못된 믿음을 갖게 하는 것이었다. 대표적으로 애덤 스미스(A. Smith)의 '도덕감정론'은 자유경쟁의 윤리를 지키는 인간본성을 가정한 것이었고, 그 인간본성은 인간활동의 가장 강력한 동기로 작용한다고 본 '이기심'이었다. '나의 이기심'과 '남의 이기심'의 상호존중이 공감과 도덕적 유대를 이룬다는 논지였다. 그는 모든 상행위가 자유경쟁에 의해 공공의 이익에 맞게 진행되도록 해야 하며 독점은 '공갈이자 추악한 탐욕'이라고 주장했다.

그러나 자본주의 시장경제는 브로델이 간파했듯이 시장교환 메커니즘의 꼭대기에서 지배력을 행사하고 다수의 희생으로 소수의 이익을 보장하는 불평등교환을 통해 최대의 이득을 얻는 체제였다. 경쟁의 힘이 발휘되는 투명한 교환이 아니었다. 자본주의는 과거로부터 존재해 온 수직적 위계질서와 불평등한 권력관계, 즉 노예제도, 농노제도, 가부장제 등을 최대한 이용하면서 독점체제를 구축해왔다.

강자가 약자를 희생시키는 구조에서는 자유경쟁의 조건 자체가 성립될 수 없었다. 베블런(T. B. Veblen)의 주장처럼 경쟁의 기회들은 승자독식의 논리에 따라 소수에게 집중되었고, 시장의 독과점을 위한 경쟁은 자본가의 특권적 지위를 유지하기 위한 것이었다.

자유경쟁이 제대로 작동한 적이 없었던 자본주의 역사에서 신자유주의 시대의 글로벌 자본의 독점체제는 그 역사의 종결판이었다. 기회의 배분과 그 공정성이 독점구조와 지배계급의 특권에 의해 침해당하는 상황에서 자유경쟁의 신화는 노골적인 기만이자 '희망고문'이었다. 자본과 기술과 권력을 독점하는 특권계급은 경쟁의 규율에서 자유롭지만, 나머지 계급들은 살인적인 경쟁에 내몰리는 상황이 전개되었다. 이들은 경쟁에서 더 처지지 않기 위해 경쟁터에서 발을 빼지 못하면서 경쟁할수록 가난해지는 열패감의 악순환에 빠지게 되었다.

이러한 상황에서 능력주의 신화가 부상한 것은 아이러니가 아닐 수 없었다. 1980년대에 신자유주의 물결을 타고 부상한 시장 승리주의가 능력주의 담론을 촉발시킨 것이다. 능력주의 신화는 '기회를 공평하게 제공하고, 능력을 마음껏 발휘하게 하며, 능력에 따라 성과를 배분한다.'는 명제를 담은 것이었다. 이는 시장 메커니즘이 공적(公的) 선(善)을 이루는 기본 수단이라는 레이건-대처식 사고였다. 시장은 공정한 기회를 부여하는 시스템으로 움직인다는 전제하에서 개인에게 합당한 몫을 돌려주는 것으로 보았다.

'능력주의'는 찬양과 갈망의 용어가 되어버렸다. 토니 블레어는 영국 수상이 되기 전 1996년 "개인이 각자의 출생이나 특권이 아닌 자신의 재능으로 성공해야 한다."고 설파했고, 2001년 유세에서도 능력과 재능에 활짝 열린 사회 즉 모두의 가치가 공평하게 취급되는 사회를 위해 철저히 능력주의적인 개혁 프로그램을 수립하겠다고 역설했다(샌델, 2020: 241).

이를 계기로 중도좌파이면서 시장 친화적인 자유주의 담론이 시대를 풍미하게 되었다. 이 담론은 차별을 없애고 기회를 늘리는 일이 시장을 보다 공정하게 만들고 더 많은 재능이 유입되도록 함으로써 공정성이 시장의 생산성을 높일 것이라는 주장을 담은 것이었다. 미국의 클린턴도 "우리는 단 한 사람도 낭비하지 않을 것"이라며 생산성 담론에 기반 한 공정성 담론을 강조했다. 오바마도 'You can make if you try'와 같은 구호를 공식 발언에서 성경구절처럼 되풀이했다.

이처럼 정치인들 사이에서 능력주의는 사회적 상승 담론과 짝을 이루는 것이었다. 주류 정당과 정치인들은 기회의 평등을 늘림으로써 세계화와 더불어 점점 더 증가하는 불평등에 대응한다는 입장이었다. 여기서 '기회균등'이라는 수사는 규칙을 지키면서 열심히 일하는 사람은 누구나 재능이 이끄는 만큼 높이 올라갈 수 있다는 요지였다.

샌델은 『공정하다는 착각』에 이렇게 브레이크를 걸었다. 〈지난 수십 년 동안 능력주의의 언어는 공적 담론을 지배했지만 그 악영향에 대해서는 거의 인식되지 않았다. 심지어 불평등의 심화를 눈앞에 보면서도, '사회적 상승 찬가'의 담론은 '속빈 강정'이 되었음에도, 능력주의는 중도좌파와 중도우파 정당이 도덕적 진보와 정치 개혁을 말할 때마다 즐겨 써먹는 이야기가 되었다. 그들은 그들이 내놓은 능력주의 사회 시스템에 내재된 대중을 향한 모욕을 도무지 모르고 있었다.〉(앞의 글: 242~243). 사회적 상승에 관한 담론이 2016년 트럼프의 등장과 함께 그 추진력을 잃어버린 것은 바로 능력주의자들의 오만과 착각, 그리고 이에 대한 '루저'들의 분노가 빚어낸 정치적 반동과 역행 때문이었다는 것이다.

능력주의는 '능력'이라는 허상을 좇아 적대적인 무한경쟁 게임의 늪에 빠지게 하는 것이었다. '할 수 있다.'는 구호는 누구든 그 게임의 자발적 주체로 끌어들이는 '자기최면'의 장치였다. 능력주의를 향한 무한경쟁은 '무능력자'를 양산하고 이들에 대한 차별과 멸시를 당연한 결과로 받아들이게 하는 함정이었다. 능력주의는 소수의 승리를 정당화하고 미화하는 한편 신자유주의가 부의 양극화로 가차 없이 밀어붙이는 '배제 사회'의 알리바이였다. 바이든 미국대통령도 공개적으로 낙수효과를 '사기'라고 단언했다.

계급 사다리는 게임의 규칙상 금지된 것은 아니더라도 작동하지 않는다는 것을 더 이상 숨길 수가 없는 상황에 이른 것이다. 불평등의 재생산이 제도화되고 정상화되는 현실 속에서 벌어지는 생존게임 자체가 불평등을 고착시키는 것이었다.

게다가 능력주의는 신자유주의적 세계화로 양산되는 패배자들에게 '지체자'라는 오명을 씌우면서 그 패배를 제로섬 게임의 필연적 결과가 아닌 '개인의 무능'으로 조롱하는 이중적 가학을 정당화하는 것이었다. 능력주의는 패배자들로 하여금 세계화된 경쟁체제에 자발적으로 참여하도록 설득·유인하고, 제로섬 게임을 공정한 것으로 오인하여 승인하고 그 규칙에 순응하게 만들어, 그 결과를 스스로 책임지도록 유도하는 독사였다. 이는 1:99의 세상으로 치닫는 신자유주의 시대에서 99의 들러리 인생들의 분노를 잠재우고 그 화살을 자신들에게 날리도록 기만하는 아주 은밀하고 강력한 독사였다. 능력주의는 성공신화를 떠받들게 하는 신자유주의적 통치 이데올로기이자 약자들을 무참하게 짓밟는 폭정의 무기였다.

샌델은 또한 능력주의 신화를 업고 그 무기가 된 대학 간판을 비판했다. 공평한 경쟁을 위한 '운동장 고르기'를 위해 1990~2000년대의 주류 정당들은 '더 많은 교육이 해답'이라며, '스마트 스쿨' 교육의 만병통치약을 내세웠다. 능력주의 폭정은 상류층이 그 지위를 대물림해줄 힘만 키워주는 것이었다. 미국에서 SAT는 가문과 계층이 아니라 학업 성적으로 학생을 뽑겠다는 약속과 함께 만들어졌으나, SAT점수는 부유층의 돈을 따라가며 불평등의 토대를 다지는 능력주의의 위장이었다. 명문대는 사회적 이동성의 엔진이 되지 못한 채 동문 자녀 우대입학과 기부금 입학으로 세습 상류층을 위한 유능력자 제비뽑기, 사회적 명망의 배분과 그 위계질서의 고착 등 오만과 굴욕의 온상이었다. 부와 권력을 능력으로 교체시켜 인증해주고, 부의 세습을 학력 세습으로 확장시키고, 교육의 불평등체계를 명성의 위력으로 포장하고 미화시키는 온상이었다.

미국의 모델을 추종해온 한국은 '성적 기반 능력주의'사회를 고집해왔다. 부모의 부와 권력이 자녀에게 시장 경쟁력이 높은 학력 자본을 만들어 주는 원천이 되었다. 공교육보다 사교육시장이 학력 자본을 육성시켜주는 장(場)으로 성황을 이루는 한국에서 부모의 재력이 교육의 주요 자원이었다. 부(富)가 '왕족'의 신분을 만든다는 환상에 젖은 이른바 '로열 패밀리'에게 자녀세대의 학력 자본은 부모의 재력과 지위를 가문으로 과시하는 간판이 되기도 했다. 학력자본은 능력주의 신화를 정당화하는 명분이자 부모의 사회자본(인맥)이나 문화자본(지식, 기술, 습관, 취향) 등이 함께 자녀세대에게 대물림되는 통로가 된 것이다.

투자/투기 인간

I. 금융괴물의 아바타

　세계자본주의는 소수의 글로벌 산업자본과 독점적 금융자본에 의해 조종되었다. 특히 경제의 금융화를 가속화하는 신자유주의 시대에서 금융거래의 비중이 증가하고 투기적 성격을 지닌 금융산업이 대대적으로 팽창하면서 막대한 수익을 거둘 수 있었다. 금융시장은 '합법적 도박장'으로 투자와 투기의 경계를 없애는 방식으로 번창하게 되었다. 금융자본주의는 소수의 기득권 세력이 보다 쉽게 부를 독점하도록 만드는 투자/투기 괴물이었다. 금융 권력자들은 금융과두제에 기반을 둔 정치경제적 지배력을 행사했다. 중앙은행을 필두로 화폐와 신용에 대한 독점통제권은 모든 물질적 기반을 지배하는 금융괴물의 산실이었다.

　화폐와 금융의 정치화는 권력과 부를 극소수에게 집중시켰으며, 특권을 지닌 민간은행은 만인의 신용을 독점할 수 있었다. 돈을 찍어내고 유통하는 정치-화폐 권력의 카르텔이 작용했다. 금융시장, 주식과 채권의 증권시장, 파생상품시장의 폭발로 그 반대급부 없이 유통되는 거대한 화폐의 양도 대폭 늘어나게 되었다. 경제는 갈수록 금융화되는 경향을 나타냈다. IMF 이후 금융지주회사 설립과 난립으로 금산분리·계열분리에 따른 불법승계가 난무하고 편법적인 축적과 함께 도덕적 해이가 확산되었다. 금융괴물의 전성시대가 된 것이다.

신자유주의 시대에서 금융이 경제에서 차지하는 비중은 폭발적으로 증가했고 전 세계 금융 규모는 1970년대 국내총생산의 10% 수준에서 20여 년 만에 100%를 훌쩍 넘게 되었다. 금융산업이 미국 경제에서 차지하는 비중은 2011년 90%로 높아졌고, 그 수익의 비중도 상품과 서비스에서 얻는 총수익의 40% 수준으로 증가했다(맥낼리, 2011: 189). 하비는 이렇게 진단했다. 〈미국의 제국적 권력은 직간접적으로 달러외교가 있었기에 가능했다. 세계체제에서 미국의 헤게모니는 대체로 세계통화에 대한 통제력과 과도한 군비 지출을 위해 화폐를 찍어낼 수 있는 능력을 통해 유지된다. 이 문제에 직면해 개별국가들은 자국 통화에 대한 자신의 역할을 포기하기도 한다〉. 그는 "국가-금융 결합의 작동 방식은 투명하고 개방된 제도보다는 바티칸이나 크렘린에 가깝다."고 했다(하비, 2014: 89~90).

각국 정부가 추진하는 자본의 탈규제화 경쟁 속에서 유동적 화폐자본은 수익성이 가장 높은 곳을 찾아 엄청난 속도로 이동할 수 있게 되었다. '금단의 상품'이었던 토지는 물론 화폐의 상품화로 각종 투기를 조장하고 '머니게임(money game)'을 생존방식으로 자리 잡게 했다. 전 세계로 몰려다니는 국제 금융자본은 얼굴 없는 주식, 채권, 통화 거래자들의 인터넷 거래를 통해 축적되었다. 금융자본은 거대 다국적기업의 집중화 현상을 부추기면서 첨단 금융기법으로 떼돈을 벌어들이는 투자/투기 괴물의 괴력을 배가했다.

금융자본주의는 한편 자본가의 꿈을 꾸게 만드는 '대중 자본주의'의 신화를 조장했다. 돈의 화신, 아바타에게 금융시장은 노동시장에서는 불가능한 돈벌이를 가능하게 하는 보고(寶庫)로 다가왔다. 개인 소액

투자자들은 주식과 채권의 거래로 일확천금을 꿈꾸는 금융자본주의의 아바타들로 변모해갔다. 여기서 화폐는 교환수단이라는 본래적 기능은 희석되고 그저 이익을 얻기 위한 판돈이 되어버렸다. 통화시장과 자본시장의 자유화는 하루하루 주가의 등락에 운명을 거는 개미군단을 들러리로 삼아 투기시장을 활성화할 수 있었다. 그러나 '승자만을 위한 시장'에서 대다수의 패자들은 떨어진 이삭만 줍거나 희생의 대가를 치러야 했다.

수익을 창출하는 복합 금융공학이란 생산적 경제와는 전혀 무관한 것이었다. 금융 부문의 확대는 파생 상품인 부채담보부증권[1] 같은 수많은 신'제품'발명으로 이어졌다. 신흥시장이 포화징후를 보이면 새로운 '가공 자본(fictitious capital)'을 창조하는 식이었다. 금융투자는 점점 실물경제와 유리되었다. 금융시스템이 가격변동으로 차익을 얻는 투기에 몰입할 때 실물경제는 희생되었다.

금융소득은 최소한의 세금만 내면서 경제의 주도력을 장악하여 경제성장을 방해하는 모델로 치부되었다. 금융이 경제순환에 필요한 수준이상으로 부채(레버리지)를 키웠고, 비정상적으로 커진 채무는 결국 가계와 기업에 돌아갔다. 성장이 정체되고 고용불안정, 실업증가, 중산층 붕괴, 소득 불평등이 세계적 추세로 두드러지는 상황에서 가계 및 국가의 부채위기와 파산상태가 발생했다. '경제를 성장시키는 자'와 '경제를 망가뜨리는 자' 사이의 불화와 '금융상품을 만드는 자'와 '돈을 가져가는 자'의 괴리가 심화되었다.

그럼에도 자본주의에 필수적인 자본증식을 위해 돈은 쉬지 않고 굴려서 늘려야만 했다. 금융괴물은 돈 굴리는 투자와 투기에 몰입하며 격차를 늘리는데 몰두했다. 극소수는 일을 안 해도 아주 크게 벌어들

---

1) 회사채나 금융회사의 대출채권 등을 한데 묶어 유동화시킨 신용파생상품.

일 수 있었다. 너도나도 한탕으로 그 극소수가 되기 위해 불공정을 기본 값으로 받아들이며 후발 주자를 갈취하는 것도 마다하지 않았다. 경제의 금융화는 일의 존엄성을 떨어뜨렸고 노동자의 사기를 저하시켰으며 능력과 성공의 의미도 변질시켰다. 미국 노동계급에서는 구직 포기와 '절망 끝의 죽음(deaths of despair)'이 늘어났고, 분노가 폭발하기 시작했다. 이러한 상황은 자본과 화폐의 신화를 추종하는 호모 카피탈리스티쿠스와 그 아바타들이 각종 투자/투기 모험에 앞장서 금융자본주의 성장에 적극 기여한 대가였다.

II. 투기/돈교육 열풍

금융자본주의는 노동보다 재테크에 열중하고, 투자 습관을 늘리고, 이른바 '대박'을 위한 투기모험에 뛰어드는 아바타들을 배양한다. 이러한 인간형은 'high risk, high return'에 길들여지는 투기자본주의와 카지노 자본주의의 주역이다. 투기자본주의는 끊임없이 새로운 도전을 요구하는 자본주의의 확장생리의 연장선상에 있다. 그 '새로운 도전'은 보다 더 과감한 투자/투기로 이어지고, 실패가 거듭될수록 두 배 세 배의 이익을 얻는 베팅이 투자-투기의 수법으로 일반화된다. 점점 더 큰 손해를 보는 과정은 '도박사의 오류'라는 함정에 빠지는 것과 같다. 위험을 감수하고 무리한 도전을 추구하는 성향은 통제 불능의 인간을 조장하고, 극단적으로는 불법·사기·폭력 등 각종 범죄온상인 깡패자본주의로 빠져드는 사태도 벌어진다.

2008년 금융위기 이후 미국의 젊은 고학력, 고소득 계층을 중심으로 확산되었다고 하는 이른바 '파이어족'[2]은 주식이든 부동산이든 재

---

2) FIRE족, 경제적 자립(Financial Independence+조기은퇴, Retire Early)

산을 불리는 투자에 열중한다. 저축을 통해 40대 전후에 조기은퇴를 목표로 삼는 밀레니얼 세대의 '파이어족'은 20대부터 소비를 줄이고 수입의 70~80% 이상을 저축하고 투자한다고 한다. 이들은 경제적 자유를 얻은 후 가치 있는 삶을 살기를 꿈꾸는 세대를 대변한다.

한국에서 '파이어족'은 '신투자 인류'의 한 유형으로 주목된다. 이른바 청년세대가 재테크에 몰리는 이유는 모아둔 돈도 없는데 언제까지 회사를 다닐지도 몰라 앞날이 막막한 상황에서 일단 돈을 모아 주식으로 불린 뒤 집을 사고 은퇴 후에도 '경제적 자유'를 누리고 싶기 때문이다. '밀레니얼 세대 신투자 인류의 출현'이라는 미래에셋은퇴연구소의 보고서에 따르면 "주택 매입을 위한 재원마련과 은퇴 자산 축적을 위한 재테크가 많다."고 한다.

호주의 부동산 재벌은 "힙스터들이여, 브런치 사먹을 돈을 모아 집을 사라."고 일러주기도 한다. 세계적으로 누구도 자신의 미래를 책임져주지 못한다는 인식이 강해지는 시대에서 재테크는 미래를 대비하는 불가피한 선택이 된 것이다.

2008년 서브프라임 사태에서 보듯이 주택도 국제 금융 도구로 전락하는 시대가 되었다면, 한국에서는 부동산을 돈벌이 수단으로 삼는 풍조가 자리 잡았다. 부동산 사업으로 돈과 권력을 얻은 졸부들이 성공신화의 모델로 부상하면서 부동산 투자는 자산 격차를 벌이는 핵심자원으로 빈익빈 부익부 현상을 심화시키는 온상이 되었다. 대표적으로 강남 아파트 값은 강북 아파트 값의 4~5배 더 높은 수준을 유지하면서 역전될 수 없는 상황으로 고착되었다. 집부자, 땅부자는 전국을 돌아다니며 아파트가격과 부동산 가격을 급등하게 만들고 자산 세습의 주역을 담당했다. 이런 토양에서 자라난 아이들은 '건물주가 꿈'이라고 했다.

자산을 불리기 위해 빚투(빚내서 투자)에 몰입하는 현상도 나타났다. '대박'을 터뜨릴 곳에는 빚을 내서라도 베팅을 하는 풍토가 자리 잡았다. 대출 규제가 예고될 때마다 언제 대출이 다시 풀릴지 모르니 가능한 최대치로 대출을 받아 투자를 했다. 정부의 대출 장려 정책은 '더 많은 돈을 빌려 더 비싼 집을 사라.'는 부추김으로 작용했고, 상황이 바뀌면 대출규제와 이자급증으로 돌변하면서 서민들을 신용불량자로 만들었다. 부동산 투자 열풍은 자산 불평등을 심화시킨다는 우려를 낳았다.

부동산 시장의 열기와 은행융자에 모험을 하는 갭 투자3)는 집을 삶의 안식처가 아니라 투자/투기의 대상으로 전락시켰다. 부동산 투자 열풍은 '주거상실의 시대'를 상징하는 주거권 위협과 박탈의 위험을 내포한 것이었다. 부동산 폭등이나 폭락의 이변과 빈익빈 부익부의 악순환 속에서 빈곤층은 점점 더 나락으로 떨어지는 상황에 처했다. 청년세대, 노인층, 저소득층에게 가파르게 올라가는 집값과 임대료는 거주불안정과 열악한 거주환경의 심각한 문제를 안겨주었다. 부동산 가격의 격차가 점점 더 엄청난 수준으로 벌어지면서 서울은 집값을 감당할 수 없는 사람들을 밀어냈다.

투기열풍은 젊은 세대로 이어졌다. 노동소득은 한계가 있으니 자산소득에 눈을 돌리게 된 것이다. 한국의 '영끌족'은 '영혼까지 끌어 모아 대출'을 받고 '빚투(빚까지 내서 투자)'로 부동산 투자/투기에 올인하는 청년들을 일컫는 신조어로서 투기괴물의 아바타를 대변하는 사례였다. 특히 1980년대생은 '울며 겨자먹기로 영끌족이 된 세대'이자 '빚투세대'로 불리기도 했다. 2010년대 부동산 급등 후 자산불평등이 증폭되면서 집 없는 청년세대는 허탈감과 함께 점점 더 '유리천장'에

---

3) 주택 매매가와 전세가의 차액(gap)이 적은 집을 매입하여('전세 끼고 아파트 매입') 실제 투자금액에 비해 적은 자본으로 부동산 투자/투기를 하는 것을 말한다.

막히는 공포와 절망에 빠지게 되었고, '오늘 집값이 가장 저렴할 것'이라는 절박감과 기대심리로 부동산 시장에 뛰어들기 시작했다.

영끌족은 무리한 부채를 부담하며 부동산 구매에 뛰어들면서 가계부채도 늘어났고 금리 인상의 직격탄을 맞기도 했다. 대출을 받아 아파트를 구매하고 소득의 상당 부분을 이자부담으로 지출하면서 집값이 뛰기만 기다리는 패턴이 '대박(한탕으로 자산불리기)'의 전형이 되었다. 채무 변제 능력이 부족한 청년들까지도 주택 매수에 나섰다. 불로소득에 과도하게 몰입하는 상황에서 도덕적 해이와 근로의욕 상실에 대한 우려도 높아졌다. 유럽, 스페인, 캐나다, 미국 등과 마찬가지로 한국의 영끌족도 고금리 충격에 빠졌다. 저금리 시대에 주택담보대출로 불어난 부채가 부메랑으로 돌아왔다. 부동산시장이 요동치고 청년층에게 빚을 권하는 정책으로 유도된 갭투자와 '패닉바잉(공황에 따른 매수)'의 결과 빚수렁에 빠지는 상황이 벌어졌다.

2022년 기준 지난 3년간 주택 구매자 10명 중 3명은 MZ세대[4]였으며, 30대 이하 가계대출 잔액은 514조 5,000억 원으로 전체의 27.6%를 차지했다.[5] 빚이 임계에 달한 2030대의 비율이 전 세대 평균의 두 배에 가까운 것으로 나타났고, 고금리 사채시장으로 내몰리는 청년들이 늘어났다. 고금리 부메랑을 맞은 '영끌 대출' 때문에 빚 갚느라 소비할 돈이 없다는 한탄도 나왔다. 취업을 못하면 첫 번째 패배자가 되고, 집을 사지 못하면 두 번째 패배자가 된다는 생각에 무리한 대출을 받기도 했다. 고용 불안과 소득감소로 위기감이 커질수록 지금 투자하지 않으면 영원히 가난에서 벗어날 수 없다는 두려움과 절박감이 영끌족을 '부동산 불패신화'에서 벗어나지 못하게 하는 실정이었다. 그러나 부동산 경기 침체가 길어지면서 영끌족의 실패 사례가 급

---

[4] 한국에서 MZ세대는 밀레니얼 세대, 1982~1996년생, Z세대, 1997~2012년생을 지칭한다.
[5] 중앙일보, 2023.12.20.

증했다.

부동산 투기를 넘어 투기대상은 날로 확장되었다. 각종 미디어에서는 '주식 안 하면 바보', '일해서 돈 버는 시대는 끝났다.' 등의 콘텐츠가 쏟아져 나왔다. 투자를 하지 않으면 사회에서 낙오될 것만 같은 분위기가 조성되었다. 일확천금을 노리며 빚까지 내서 투자하는 이른바 '무지성(묻지마)'으로 고위험/고수익의 주식과 암호화폐 투자가 활기를 띄었다. 높은 연봉을 받는 친구들이 국내외 우량주에 투자해 자산을 불려나가는 것에 상대적 박탈감을 느낀 영끌족은 적은 돈으로 고위험상품에 투자했다가 손실이 나고, 대출이자와 빚을 갚기 위해 더 높은 고금리의 빚을 내는 악순환에 빠졌다. 기준금리인상과 자산 가격 폭락으로 빚더미에 올라앉은 MZ세대는 개인회생 신청자가 되었다. 2023년 이자탕감, 원금상환유예 등 정부대책이 나왔지만 '거대한 빚폭탄의 초침'은 멈출 수 없었다.

한국의 가계 빚 부담과 부채 증가 속도는 주요 43개국 중 호주 다음으로 빠르게 진행되었다. 2023년 6월 가계대출 잔액은 1,062조 원으로 사상 최대였고, 2023년 3분기 기준 GDP대비 가계부채 비율(100.2%)은 4년째 전세계 선진/신흥 34개국 중 1위였다.[6] 가계부채가 감당하기 어려운 수준에 이른 것은 과거 저금리 및 집값 상승기에 불어났던 가계 빚이 고금리 시대를 맞아 시한폭탄으로 부상했기 때문이다. 제3금융권인 대부업체, 사채, 불법 사금융을 통해 빚을 시작한 경우는 채무불이행, 다중채무 등 부채 악순환의 굴레에서 벗어나기 힘든 상황에 처했다.

온라인으로 투자 종목을 찍어주는 '리딩방' 등 비전문가의 투자 가이드를 맹신하다가 큰 낭패를 보는 경우도 늘어났다. 투자 실패는 우

---

6) 동아일보, 2023.7.18/2023.11.20.

울증과 무력감 등 심리적 타격으로 이어졌고. 삶을 포기하고 싶은 충동 때문에 정신과 상담도 받아야 했다. 이는 미국에서 투자 실패로 극단적 선택을 하는 청년들이 나오는 상황과도 닮은꼴이었다.

암호 화폐 투자 열풍으로 '코인 판'에 뛰어드는 2030세대의 움직임도 두드러졌다. 코인 투자자 2명 중 1명이 MZ세대였으며 일반의 상식을 뛰어넘는 편법 재테크 세태도 드러났다. "자산 증식의 막차라도 타야 한다."며 암호 화폐에 투자하거나, "돈 있는 사람들이 부동산이라는 '큰물'에서 논다면, 나 같은 사람은 '푼돈'으로 코인이나 해야겠다."는 경우도 있었다. 코인이 무엇인지 알고 투자하는 사람은 거의 없었고, 그 불투명성을 알고서도 대박을 꿈꿀 수 있기에 투자에 나서는 사람도 있었다.

'계층사다리가 붕괴한 사회'에서 '지금이 마지막 기회'라는 불안이 투자자들의 영혼을 잠식한다. 한탕주의로 소득과 자산을 불리는 길 밖에 없다는 일념으로 운을 걸어보는 것이다. 위험(리스크)을 감수하는 '대박'을 유일한 돌파구로 믿는 '한탕주의'는 투기자본주의를 열심히 학습시키면서 그 아바타들을 배양하는 독사였다.

투자교육에 일찍이 눈을 뜬 2030대는 수익이 높은 실물자산으로 눈을 돌려 '조각투자' 플랫폼을 통한 새로운 재테크 시장에 뛰어들기도 한다. 개인이 혼자 투자하기 어려운 부동산, 미술품 등 고가의 자산을 1,000~10만 원 단위의 지분으로 나눠 여러 명이 공동 투자하는 방식이다. 가격대비 마음의 만족을 주는 '가심비'가 이들의 관심을 끈다고 한다. 롤렉스시계 등 명품시계를 살 여력은 안 되지만 좋아하는 시계의 일부라도 가질 수 있어 좋고, 중고마저 구하기 어려워 투자 수익도 좋을 것 같다는 계산이다. 여기서 돈 계산은 소유욕과 상품물신의 충족에 있었다.

투자대상은 음악저작권, 와인, 고급시계, 도심빌딩 등 끝없이 확대된다. 이는 과감한 투자에 나서는 MZ세대와 새 시장을 개척하려는 핀테크 업체의 수요와 맞아떨어진 것이다. 더 벌기 위해서는 '돈이 일하게 하는 것이 중요하다.'는 생각으로 부동산시장에서 그림시장까지 가리지 않고 투자기회를 살핀다. 하지만 투자자 보호 장치나 내부통제 시스템이 검증되지 않은 상태라 위험을 안고 가야 한다. 자본시장법상 금융투자업체로 등록한 곳은 거의 없고 대부분 통신판매중개업자로 등록되어 있어 플랫폼이 문을 닫을 경우 투자금을 회수하기가 쉽지 않기 때문이다. 공동구매한 자산의 소유권에 대한 법적 효력이 있는지도 불확실하다.

　이처럼 '한탕'의 모험에 운명을 거는 영끌족의 모습은 돈괴물의 악령을 떠올린다. 그 악령은 돈에 집중된 관심과 에너지가 뜨거워지는 열기만큼 시련과 고난을 가중시킨다. 돈열풍은 돈재앙과 한 몸이기 때문이다.

　세상은 점점 더 '돈교육'에 전념하는 '자본주의 학교'로 변해간다. 인간을 위시하여 인간관계, 교제활동, 자식농사, 육체건강이나 외모까지도 투자대상으로 삼는 교육과 학습의 장이 펼쳐진다. 부모는 특히 자식에게 돈에 대한 관념을 심어주는 경제 교육에 신경을 쓴다. 어린 시절부터 돈에 대한 간절함으로 투자 경험을 쌓도록 훈련하는 양육방식에 관심을 기울인다. 어린 시절부터 세뱃돈과 용돈대신에 주식을 물려받고 용돈을 모아 코인을 사면서 투자/투기 학습에 나서도록 만드는 것이다. 조기학습 덕분에 금융시장의 동태를 살피고 금융정보수집에 나서고 친구들과도 주식과 코인에 대한 관심과 대화를 나누는 금융시장의 아바타들이 양산된다.

　돈교육에 앞장서는 교육자들이나 출판물들도 드물지 않다. 한 교사는 "경제와 금융지식은 살아가는 데 필요한 삶의 역량이기에 어려서부터 차근차근 쌓도록 돕는 게 중요하다."고 주장한다. 어릴 적부터 부자가 되기로 결심하게 만들고 투자를 일찍 시작할수록, 오랜 기간 동안 투자할수록, 돈으로 꿈을 이룰 수 있는 지름길이 열린다고 알려준다. 자기계발 멘토를 자처하는 스타강사들도 '계속 돈을 벌 준비를 하라', '돈을 벌기 위한 투자 공부는 이른 시절부터 시작해라', '돈을 왕창 벌어 조기에 은퇴하는 파이어족이 된다는 생각은 금물'이라고 강조한다. 이처럼 '부자되기' 교육은 투자/투기 인간을 육성하는데 기여한다. 아동용 금융만화나 금융동화는 재테크와 투자에 재미와 습관을 길러주고, 초등학생을 위한 주식투자 가이드북들이나 금융교육 도서들은 조기(早期) 돈교육 열풍을 부추긴다.7)

자산시장의 등락과 거품붕괴로 요동치고 희비극이 갈리는 일상도 돈교육 현장이다. 투기지향적인 금융제도와 금융시장은 투자 중독을 권장하고 조장한다. 그 배경에는 일명 '카지노자본주의'로 불리는 신자유주의가 전 지구적 차원에서 투기시장을 번창시켜온 역사가 자리잡고 있다. 정직한 돈벌이를 조롱하듯 투기자본주의는 비트코인, NFT 등 인위적 희소성상품등의 무차별 확대로 투기열풍과 초고수익('대박')을 꿈꾸는 한탕주의를 확산시켜왔다.

투기시장은 '치고 빠지고', '먹고 튀는' 도박의 생존게임들을 난무하게 하면서 결국은 아무도, 아무 것도, 못 믿는 '도망치는 세상(runaway world)'을 만들어왔다. 근면과 윤리로 포장되었던 초기 '자본주의 정신'이 시간이 갈수록 점점 더 역방향으로 달려왔다면, 한국은 그 실상을 보다 생생하게 펼쳐보이는 무대가 되었다.

---

7) 예컨대 『돈으로 움직이는 교실 이야기』(책밥), 『장난감 말고 주식 사 주세요!』(우리학교), 『주식회사 6학년 2반』(다섯수레) 외에도 아이들의 지도를 위해 부모가 먼저 읽기 좋은 지도서로 『공부머리보다 금융머리를 먼저 키워라』(위즈덤하우스), 『13세, 우리 아이와 돈 이야기를 시작 할때』(한스미디어), 『돈을 아는 아이는 꾸는 꿈이 다르다』(잇콘) 등 제목부터 돈교육을 강조하는 책들을 볼 수 있다.

조기 돈교육으로 투자/투기 인간을 육성하는 일이 개인은 물론 국가를 위해서도 중요한 과제로 대두된 것이다. '세상은 돈으로 돌아간다'는 것을 불변의 진리로 설파하고, 미래세대에게 '돈벌이는 곧 삶'이라는 등식을 주지시키는 교육이 활개를 치면서 '돈중독'을 정상화하고 정당화한다. 강수돌 교수의 진단처럼 한국사회의 '질병적 현상'으로 나타나는 '돈중독'은 부자와 권력자를 숭배하는 사회풍조의 산물이다.8) 돈중독과 일중독은 모두가 부러워하는 '강자'가 되고자 하는 '강자 동일시' 심리와도 맞물려 있는 것이다.

인간을 돈괴물로 만드는 돈교육은 분명 인간교육의 위기를 알리는 신호탄이다. 한 유치원생은 오랜만에 만난 삼촌이 안아주겠다고 하자, '돈을 주면 안게 해주겠다.'고 말했다는 충격적인 이야기가 전해진다. 돈교육이 벌써부터 어린 아이의 일상 속에 파고든 것이라면, 그 효과는 아이가 자라날수록 점점 더 큰 충격으로 다가올 것이 아닌가?

금융자본주의는 경제의 금융화를 넘어 인간의 삶과 정신세계를 돈괴물의 히드라적 모험과 도박성에 놀아나는 한탕주의 열풍과 머니게임의 제물로 바치게 하는 것이었다. 또한 투자/투기 인간을 모델로 삼아 돈괴물의 아바타를 육성하는 돈교육으로 인간교육을 희생시키고 변질시키는 것이었다. 이로써 인간교육은 돈교육에 밀려나는 위기상황으로 빠져들게 되었다.

---

8) 강수돌, 『강자 동일시』, 사무사책방, 2021.

금수저 vs 흙수저

I. 세습자본주의의 '루저'들

　신자유주의는 세계적 경쟁을 통해 최후의 승자를 가리는 승자독식 경제에 날개를 달아주었다. 신자유주의는 부의 무한한 축적을 무기로 삼는 체제였다. 신자유주의 시대는 '1:99의 사회'를 향해 질주하는 시대였다. 자본과 시장의 자유화에 기반한 전 지구적 무한 경쟁체제, 노동의 '유연화'에 따른 고용불안정, 사회적 '배제/탈취'에 의한 축적의 불균등한 배분구조와 소득양극화 현상이 두드러졌다(하비, 2007). 1980년대 이후 거대 자본이 극소수에게 집중되고 자본과 기술의 독점 계급만이 기하급수적으로 부를 축적하면서 불평등 격차가 전례 없이 극대화되었다.[1]

　경제 금융화가 낳은 가시적 결과는 새로운 초부유층 귀족 집단의 창출이었다(콕스, 2016: 123~125). 2000년대 초반을 기점으로 '임

---

[1] 한국의 경우 자산총액 상위 5대 재벌그룹의 독과점이 고착화되면서 상위 1개사의 시장점유율 50% 이상 혹은 상위 3개사의 점유율 75% 이상인 독과점구조가 자리 잡았다. 상위 5대 재벌그룹 출하액 비중은 29.5%로 나머지 기업집단(6~71대) 16.4%의 약 1.8배에 이르는 수준이었다(한겨레, 2023.6.26).

금 차등'보다는 부동산, 채권, 주식 등으로 횡재를 거듭한 '자본 수익 차등'이 두드러지면서 불평등이 심화되었다. 2007년 미국 국민소득에서 상위 10%가 차지하는 몫이 정점에 이르면서 불평등증대는 2008년 금융위기를 촉발하는 데 일조했다. 월 스트리트의 트레이더들은 돈에 중독될 정도였고, 거대은행(magabank)은 '몸집을 키우지 않으면 죽는다.'는 월 스트리트의 주문을 열심히 실천에 옮기는 주역들이었다.

많은 이윤을 약속해주는 금융 제품들이 부의 축적을 부추기는 반면 상위 10% 이하는 구매력이 대폭 삭감된 결과 가계부채가 쌓이게 되었다. 금융기관은 차입자의 상환능력을 고려하지 않고 갖가지 대출을 제공했고, 채무불이행으로 압류증가가 늘어나면서 수많은 사람이 집을 잃었다. 학자금대출 상환과 함께 부채부담이 늘어난 젊은이들은 신용등급 하락으로 경제활동에서 배제되었다. 엄청난 규모로 확대된 금융경제는 마치 종양처럼 실물경제를 고갈시키는 수준에 이르렀다. 이처럼 금융자본주의는 자본주의의 괴물성이 자기파괴로 치닫는 상황을 극명하게 보여주면서 초부유층과 파산자들로 양극화되는 세상을 만들어갔다.

경제력이 무서울 정도로 최상위층에 집중되는 '상류층 최대 부유화' 프로젝트가 관철되면서 빈부 격차로 인해 양분되는 '두 개의 미국'이 자본주의의 전 세계적 모델로 확산되어갔다. 미국은 부익부 빈익빈 현상이 심화되는 극단적 불평등의 시대로 진입한 나라였다.[2] '과두제적 자산 권력'이 날로 강화되면서 사회적 계층이동을 원천적으로 차단시키는 구조가 자리 잡은 상황에서 '아메리칸 드림'은 헛된 꿈이 되어버렸다.

---

[2] 척 콜린스, 『미국의 불평등은 돌이킬 수 없는가?』, 내인생의책, 2019. 저자는 상위 1%의 금수저 집안에서 자랐지만 26살 때 모든 상속 재산을 기꺼이 사회에 기부하고, 평등과 공정을 향한 공동체성 회복을 위해 많은 활동을 주도한 인물이다.

최상위 20명의 억만장자가 하위 소득계층 50%의 재산보다 더 많은 자산을 보유한 것으로 나타났다. 2019년 기준 순 자산 상위 1%가 전체의 35.3%, 상위 10%가 전체의 71.5%를 차지했다. 미국 전체가구의 최상위 0.1%가 하위 90%를 합친 만큼 부를 장악하게 되었고 이 간극은 매년 확대되어왔다. 게다가 디지털 자본주의는 기술 억만장자들을 탄생시켰고, 2020년에는 세계 최고 부자 10명 중 8명이 기술기업을 통해 재산을 축적했다. 2024년 1월 애플은 뉴욕증시에서 시가총액 약 3,799조 원으로 1위 자리를 지켰고 마이크로소프트는 3,759조 원으로 2위에 올랐다.

   영국의 자유 시장 옹호자로 알려진 〈이코노미스트〉조차도 "미국 경제는 자본주의의 디스토피아, 곧 안전하게 보호된 강자들의 착취 시스템으로 전락해버렸다."고 비판했다. 특히 독과점 대기업의 지배력 남용으로 위기에 직면한 자본주의를 우려했다.[3] 글로벌 독점 기업들은 정부 보호정책에 힘입어 우월적 지위를 누리면서 불공정행위를 일삼는 방식으로 성장을 추구했다. 카드, 통신, 제약, 항공, 군수업체가 그 대표적 사례였다. 구글과 페이스북도 4차 산업 혁명을 주도하는 '기술기업'으로서 잠재적 경쟁 기업들의 인수를 통해 글로벌 시장의 지배력을 굳힐 수 있었다.

   미국을 위시하여 전 세계에서 자본주의 역사상 불평등의 극대화가 가장 심각한 수준에 달했다. 미국 경제전문지 〈포브스〉에 따르면, 2024년 3월 기준 세계 최상위 부자 800명의 재산은 약 10조 달러로 세계 인구 약 80억 명의 자산 454조 달러(투자은행 UBS 2023년 기준)의 2.2%를 차지했다. 세계 상위 1%의 자산은 전 세계인구 자산의 45%, 상위 10%는 81%에 해당하는 것이었다. 반면 40억 명에 달하는

---

3) 〈세상읽기〉, 박종헌, "때로는 '경쟁'이 해법이다", 한겨레, 2018.11.28.

하위 50%의 자산은 1%도 되지 않았으며 이는 800명의 최대부자들 자산에도 못 미치는 것이었다.[4]

토마 피케티(Thomas Piketty)는 2013년에 출간한 『21세기 자본』에서 소수 부자들(the rich)에게 부가 집중되면서 자산수익률이 경제성장률보다 커지고 소득불평등 역시 심화됨에 따라 세습된 부가 경제를 지배하는 세습자본주의로 나아가는 시류에 대해 경고했다. 시장경제는 그대로 내버려두면 강력한 양극화의 힘을 가지고 있어 사회 정의라는 가치를 위협한다는 점을 주지시켰다. 자본주의 체제에 내재한 불평등 양극화의 본질적 성향과 그 동학을 분석하면서 그는 세습자본주의 방지 대안으로 범세계적 자본과세 도입을 제시했다.

이는 수백 년 전 봉건적 신분제 세습을 타파한 것으로 자부했던 자본주의가 결국은 불평등이 대물림되는 세습적 신분질서로 회귀하는 퇴행을 예고한 것이었다. 자본주의가 불평등의 확대를 동력으로 삼아온 결과는 불평등의 세습화였다. 세습자본주의는 부의 독점에 비례하여 새로운 빈곤을 양산하고 대물림시키면서 극대화된 불평등을 불가역적인 것으로 고착시키고 계급상승을 차단시키는 신봉건적 과두체제를 불러오는 것이었다.

'불로소득 자본주의 시대'[5]의 위험을 알리는 경고도 이어졌다. 경제성장률보다 항시 높은 자본수익률 덕분에 축적되어온 자본은 점점 더 세습적 불로 소득으로 고착되는 상황으로 나타난 것이다. 오늘의 자본주의 체제를 '불로소득 자본주의'로 규정하는 브렛 크리스토퍼스에 따르면, 신자유주의 시대를 계기로 불로소득주의가 부상하면서 불로소득자들은 토지, 금융, 지식재산, 플랫폼 등을 소유하거나 소유하지 않

---

[4] 한겨레, 2024.3.11.
[5] 브렛 크리스토퍼스, 이병천 외 옮김, 『불로소득 자본주의 시대—누가 경제를 지배하고 그들은 어떻게 자산을 불리는가?』, 여문책, 2024.

더라도 비정상적인 시장 지배력을 행사함으로써 불로소득을 창출할 수 있었다. 날로 심각해지는 불평등의 핵심에는 불로소득 자본주의가 또한 자리하고 있었던 것이다.

부와 가난의 대물림 현상은 특히 미국에서 두드러졌다. 미국에서 최하층으로 태어난 사람은 4~7%만 최상위층으로 올라가고 삼분의 일 정도만이 중간층 이상이 될 수 있었다. 아메리칸 드림에서 찬미 받는 '자수성가 부자'의 삶을 실현하는 미국인은 매우 드물었다(콕스, 2016: 129). 미국은 "사람들이 체제 내에 갇혀 있다는 차원에서 보자면 카스트제도와 흡사한 불평등사회"였다(슈월비, 2019: 215). 자본이 세습적 신분으로 굳혀지는 세상에서 엄청난 부잣집에서 태어난다는 것은 브라만 계급의 자녀로 태어나는 것과 흡사한 것이었다. 카스트의 위계에 따라 배열되는 '위계적 인간'(바우만, 2008 :115)은 카스트제도를 부활시키는 세습자본주의의 산물이었다.

세습자본주의는 기업의 경영권세습, 국가의 자본 친화적 조세정책, 문화자본과 사회자본의 독점권 세습을 위한 안전장치, 자본과 정치권력간의 유착관계 등이 함께 맞물려 작동하는 구조의 산물이었다. 그 구조는 부와 권력의 독점과 세습으로 노동력과 학력도, 개인의 능력과 노력도 무력하게 만들었다. 엘리트 교육은 값비싼 교육비용을 감당할 수 있는 상류층의 전유물이 되면서 부와 신분을 세습시키는 촉매제가 되었다. 특권의 대물림은 직접적 상속 외에도 부의 권력과 기득권이 동원할 수 있는 모든 자원과 사회적 지원책을 동반한 것이었다.

미국에서 신자유주의 세대로 불안한 국제 정세와 경제적 양극화를 경험한 Z세대(1996~2012년 출생)는 '미국 역사상 처음으로 계급의식에 눈을 뜬 세대'로 지칭되기도 한다. 이들에게 한국의 K팝 가수는 잃어버린 '아메리칸 드림'처럼 노력 끝에 꿈을 이루는 상징처럼 부상하면서 약자의 성공을 응원하는 '언더도그 효과'를 나타낸다고 한다.

〈기생충〉이나 〈오징어 게임〉 같은 영화들도 계급 문제를 건드리는 콘텐츠로 전달된다는 것이다. 이는 미국과 한국의 불평등 구조가 양국의 청년세대들이 공감대를 형성할 만큼 서로 유사한 절박성을 담고 있음을 시사한다.

매슈 데즈먼드는 미국에서 2020년 기준 18명 중 1명이 '지독한 빈곤(deep poverty)', 즉 빈곤선 절반 이하의 수준에서 목숨을 부지하고 있다고 강조한다.[6] 기초생활의 최저선인 하루 4달러 이하로 살아가는 미국인은 530만 명이며 의료보험이 전혀 없는 미국인도 3,000만 명에 이른다. 저자는 빈곤의 원인을 노동, 주택, 금융 3가지로 요약하면서 빈곤층을 착취하는 부유층의 민낯을 보여준다. 그는 '한 사람의 가난은 다른 누군가의 이윤'이라는 관점에서 노동자 착취, 소비자 착취, 주거 착취, 금융 착취로 가난한 사람들을 더욱 가난하게 만드는 사회 양극화 시스템이 고착된 실상을 파헤친다. 가난해서 돈을 더 써야 하는 구조 속에서 가난은 착취하기 좋은 조건을 형성하고, 사람들은 가난에서 온갖 방식으로 이익을 얻으면서, 다른 사람의 불운이 나의 행운이 된다는 것이다.

게다가 정부 원조는 '제로섬'이고 사회복지 시스템은 '새는 바가지'이므로 가난한 사람들에게 돌아가는 자원은 적어지고 빈곤은 줄일 수가 없다.[7] 빈곤은 "우리가 각자의 일을 할 때 매일 내리는 결정들 수백만 가지가 누적된 결과"이며, "우리가 잘 살기 때문에 바로 가난이 사라지지 못하는 것"이라고 저자는 주장한다. 빈곤 폐지론자로 앞장선 그는 "계층 간의 이동을 막는 담장을 허물어야 한다."고 역설한다. 이

---

[6] 매슈 데즈먼드(Matthew Desmond), 『미국이 만든 가난-가장 부유한 국가에 존재하는 빈곤의 진실』, 아르테, 2023.
[7] 예컨대 일부 주 정부는 빈민 구호금을 교회 콘서트, 전직 스포츠 스타의 연설 등의 이벤트에 수백만 달러나 지출하는 반면, 정부복지혜택을 받기 위해서는 복잡한 절차를 거쳐야 하고 이를 위해 변호사 비용을 지출해야 한다는 것이다.

처럼 빈곤층이 착취당하고 방치되고 계층장벽에 부딪치는 상황은 그 빈곤시스템과 공범으로 '잘 살아가는' 부자들과 그 그늘에 자리한 빈자들로 양극화되는 자본주의 체제가 빚어낸 참상이었다.

샌델은 오늘날의 능력주의가 '세습귀족제'로 굳어져가고 있음을 강조했다(샌델, 50~51, 353). 그는 노력과 재능만으로 누구나 상류층으로 올라갈 수 있다는 믿음은 더 이상 현실과 맞지 않으며 사다리 자체가 점점 오르지 못할 나무가 되어가고 있다고 진단했다. 노골적인 불평등이 이어지고 사회적 이동이 가로막히고 각자가 자신의 운명을 책임져야 하는 상황에서 사회적 연대가 점점 더 약화되는 문제도 제기되었다. 샌델은 패자를 자기비하와 자업자득의 좌절감에 시달리게 하는 능력주의가 다수를 '세계화 지체자들'로 만든다고 비판했다.

영국에서도 능력주의의 허상이 잘 드러났다. '계급 천장'의 실상을 해부한 샘 프리드먼과 대니얼 로리슨은 부모의 재력이 자녀의 커리어에 중대한 영향을 미치는 '엄마, 아빠 은행'의 특권이 자녀의 '능력'으로 둔갑하는 현실을 밝혀냈다.[8] 상위계급 출신은 노동계급 출신에 비해 엘리트 직종에 종사할 확률이 약 6.5배 높았고, 엘리트 직종 내에서도 노동계급 출신은 특권층 출신보다 소득이 평균 16% 더 적었으며, 승진도 특권층 출신에게 유리하게 작용했다. 선진국인 영국에서 계급천장은 현대판 카스트제도의 증표였다. 여기서 특권을 '객관적인 능력'으로 가장하는 '계급적 퍼포먼스'와 능력주의의 허상이 여실히 드러났다.

가난한 부모는 자손에게 빈곤뿐 아니라 빈곤층의 사회적 신분도 함께 물려준다. 부모 세대의 부가 자녀세대의 신분을 결정짓고, 그 신분

---

[8] 영국, 미국 대학의 사회학 교수인 저자들은 2013~2016년 전국 10만여 명의 개인과 1만 8,000여 명의 엘리트 직종 종사자들에 대한 영국 최대 규모의 고용조사인 '노동력조사(LFS)' 데이터를 확보해 계급태생(부모의 직업)이 계급도착지(본인의 직업)로 향하는 흐름을 분석했다.

의 구속이 부의 지배력을 영구화하는 것이다. 이는 자본주의의 성장 동력인 인간자본의 잠재력과 역동성을 노예적 삶에 가두어버리는 자기모순과 자해적 변신이다. 불평등의 양극화와 세습화는 청년들에게서 일자리뿐만 아니라 사회에 대한 신뢰도, 기대도, 자신의 미래에 대한 계획도 모두 앗아가는 것이다. 그 희생자들은 같은 세대 내에서 불공정의 격차로 상처와 피해를 받을 뿐 아니라 대물림되는 빈곤의 멍에까지도 함께 짊어져야 하는 운명으로 이중 삼중의 고통과 시련을 감내해야 한다. 세습자본주의는 자본주의의 반사회적, 반인간적 본성을 여과없이 드러내는 것이다.

세습자본주의가 만들어내는 '1:99'의 세상에 대한 격한 분노는 마침내 2011년 세계 곳곳에서, 특히 세계자본주의의 심장부인 월스트리트에서 폭발되었다. '손실은 사회화되고 이득은 사유화'된 세상에 대한 분노의 외침으로 점화된 항거들은 세계적 비상사태의 전초전이었다. 그러나 그로부터 13년이 지난 현재까지 그 분노와 항거는 아직도 결정적인 폭발의 계기를 만들어내지 못하고 있다. 왜 그럴까? '대안은 없다.'는 신자유주의적 공언처럼 자본주의 외에는 다른 대안을 찾을 수 없을 만큼 온 세상이 이미 세습자본주의의 전체주의에 항복해버렸기 때문인가?

세습자본주의는 불평등 세습을 사회적 불의로 치부하는 대신, 숙명적인 것으로 감내하도록 자본세습의 구조와 질서에 대한 독사적 승인을 종용하면서 '평등하게 뿌리 뽑힌 개인들'을 그 아바타들로 길들인다. 자유경쟁 신화와 능력주의 성공신화는 부와 계급이동에 대한 열망으로 자본주의에 대한 맹신을 이끌어내는 것이었다면, 세습자본주의는 평등에 대한 환상을 더 이상 허용하지 않는 시스템과 구조적 강제로 체념적 순응을 유도한다. '더 이상 위로 올라갈 사다리가 없으니 찾아볼 생각도 하지 말라.'고 은밀하고 강압적으로 타이르고 설득한다. '사다리는 누군가가 걷어차 버린 것이 아니라 처음부터 아예 없었다.'는 사실도 수긍하게 만든다. 이제는 더 이상 '희망고문'[9]을 부추길 필요도 없다.

여기서 자본주의 경쟁괴물을 열심히 추종하며 죽을 힘을 다해온 아바타는 낭떠러지앞에 버려진 '루저(loser, 패배자)'의 운명을 절감하게 된다. 그 운명은 슬럼거주자들이 파라다이스 궁전에 사는 특권층을 절대 넘볼 수 없다는 좌절감과 패배감을 가슴 속에 묻어두고 살아가듯, 신분과 부의 장벽을 불가항력으로 받아들이게 하는 것이다.

노동사제 프란시스코 판 더르 호프 보에르스마 신부는 『가난한 사람들의 선언』(2020, 마농지)에서 버림받고 불이익을 당해온 사람들이 모욕당하지 않고 살아갈 수 있는 길을 열고자 한다. 사람을 부끄럽게 만드는 자선이 아니라 연대와 정의로 '다른 세계'를 만든다면, 그 길은 부끄러워해야 할 사람들이 떳떳하고, 떳떳해야 할 사람들이 부끄러워하는 오늘의 세상과 결별을 고하는 길이 될 것이라고 그는 믿는다. 그러나 이러한 믿음을 조롱하면서 부끄러움을 아예 모르고 가난을 모욕해온 것이 자본주의 역사였기에, 그 조롱을 부끄러움으로 바꾸어낼 수만 있다면 그 이상의 기적은 없을 것이다.

II. '흙수저' 수난시대

한국은 1998년 외환위기 이후 '승자독식사회'로 한층 더 기울어졌다. 1995년 이전에는 상위 10%가 전체 소득의 35% 정도를 차지했었

---

[9] 성공 가능성보다 실패가능성이 압도적으로 높아 실망할 확률이 높은 상황에서 헛된 희망에 매달리게 하는 것을 의미한다.

는데, 2000년 이후에는 45%를 넘어섰다. 상위 1%의 1인당 연간 평균 소득(5억 6,000만 원)은 하위 50%의 소득(약 1,234만 원)보다 46배 많은 것으로 나타났다. 한국경영자총협회 조사에 따르면 2019년 기준 종업원 500명 이상 기업의 임금은 5~9인 사업장 대비 약 2배로 높았다. 일본은 1.3배, 미국은 1.5배 수준이었다. 국세청자료에 의하면 2022년 통합 소득 상위 20%의 근로 소득 등 연 소득은 평균 1억 천만 원으로 하위 20% 소득 429만 원의 25.6배에 달했다. 상위 1%와 10%의 총 소득이 전체 소득에서 차지하는 비중은 각기 11.9%와 37.6%였다.

미국의 전철을 밟으며 세습자본주의로 향하는 추세도 나타났다. 부(富)의 축적에서 증여 포함 상속이 기여한 비중은 1970년대 37%에서 2000년대 들어 42%로 상승했다.[10] 국민소득(GDP) 대비 증여를 포함한 상속의 합계는 2002년 2.16%에서 2022년 6.52%로 증가했다. 2002~2022년 국민소득 규모가 2.7배 증가한 것에 비하면 부의 무상 이전 규모는 같은 기간 8.3배나 늘어난 것이었다. 부의 세습이 소득보다 3배나 빠르고 부의 축적에서 저축보다 상속의 기여도와 중요성이 더 커지는 '위험한 신호'가 나타난 것이다. 부채를 제외한 개인의 순자산(부, 재산)에서는 상위 1%가 전체의 25.7%, 상위 10%가 59.3%를 차지했다.[11] 2022년 세계 불평등 리포트에 따르면 하위 50%의 자산은 전체 자산의 5.6%에 불과했다.

2023년에는 부자들 중 10명 중 6명이 부모로부터 자산을 물려받은 '상속부자'로 밝혀졌다.[12] 보유자산 중 상속받은 자산의 비율이 10% 미만의 소액인 경우와 반대로 80% 이상인 경우 모두 그 비중이 높아

---

10) 김낙년 동국대 명예교수가 2015년 발표한 논문, "한국에서의 부와 상속, 1970~2014".
11) 한겨레, 2023.12.12.
12) 2023년 하나은행 하나금융경영보고서가 발간한 "대한민국 부자보고서", 동아경제, 2023.12.20.

지는 양극화 양상을 보였다. '자수성가형' 부자는 늘지 않는 것으로 나타났다. 부자가 생각하는 부의 기준은 2022년 137억 원으로 점점 높아지는 추세를 보였다. 이들이 보유한 총자산의 절반 이상은 부동산이었으며, 그 비중은 2012년 45%에서 2022년 57%로 늘어났다. 해외 부자들의 자산 중 부동산 비중이 15% 수준인 것에 비하면 3배가량 높은 것이었다.

세습자본주의는 청년 불평등으로 열정과 의지와 희망을 앗아가는 '장벽사회'로 불리기도 했다. 특히 1980년대생은 '88만원 세대', '사다리를 잃은 세대', '결혼 불능 세대', '부동산 시장의 패자' 등으로 불리며 세습자본주의를 처절하게 경험한 세대였다.[13] 이들은 세상이 불공평하다는 것은 알았지만 극복할 수 없는 사회적 계급이 따로 있다는 것은 뒤늦게 깨달았다고 한다. 부의 세습이 아니면 월급이나 저축으로는 피라미드 위로 올라갈 수 없는 승자독식의 세습자본주의를 직접 경험한 덕이었다. 올라설 사다리가 없는 현실에서 부모 세대의 사회, 경제적 지위를 뛰어넘는 것은 상상도 할 수 없는 것이었다.

2019년 현대경제연구원 설문조사에 따르면 열심히 노력해도 계층상승 가능성이 낮다고 보는 응답률이 2013년 75.2%에서 2015년 81%로 상승했다. 다음 세대에서 계층 상승이 이뤄질 것으로 기대하는 비율은 매년 감소하는 추세로 10년 사이에 19% 넘게 줄어들었다. 한국직업능력연구원(《2022 한국인의 직업의식 및 직업윤리》 조사결과)에 따르면 국민의 86%가 '나는 을'이라고 생각하며, 이는 나이가 어릴수록 학력이 낮을수록 두드러졌다. 청년들의 절반은 자신들이 경제적으로 하층에 속한다고 생각했다. 서울에 대학, 직장, 집이 없으면 '이류'에 속하며, '이류'는 영원히 '을'의 신분을 벗어날 수 없다는 의식이 강했다.

---

[13] 고재석, 『세습자본주의 세대—88만원 세대는 어쩌다 영끌 세대가 되었는가?』, 인물과사상사, 2023.

갑을관계가 지배하는 한국적 현실 속에서 '갑질'을 당하는 '을'의 자괴감은 흙수저의 운명을 절감하게 하는 것이었다. 사회심리학자 김태형은 "생존불안과 함께 무시당하지 않을까, 갑질 당하지 않을까 하는 존중불안이 계급을 막론하고 전체 한국인에게 감염되어있"으며, "존중불안은 특히 한국의 고질적인 갑을관계의 산물"이라고 강조했다.14) 한국인의 생존불안과 존중불안이 임계점을 넘어서고 있다는 그의 진단은 특히 흙수저 청년세대가 처한 냉혹한 현실을 말해주는 것이었다.

부모 세대의 부와 각종 자본의 대물림이 청년세대의 삶을 좌우하는 변수로 작용하는 것에 대한 상대적 박탈감과 피해의식은 심각한 수준이었다. 특히 취업과 미래소득에 중요한 변수로 작용하는 학력 자본의 격차는 부모가 사교육에 투여할 수 있는 재력에 비례했다. 2023년 2인 이상 가구 중 소득 상위 20%의 월평균 교육비는 63만 3,000원으로 하위 소득 20%의 7만 6,000원보다 8배 이상 높은 것으로 나타났다. 교육비 격차는 점점 커지는 추세로 상위 20%의 지출은 10년 전보다 25.6% 늘어난 반면 하위 20%의 지출은 감소했다. 이른바 'SKY대'에 들어간 학생 50% 이상의 부모 소득은 상위 20%에 속하는 경우였다. 사교육의 양극화가 계층이동의 사다리를 끊었다는 해석도 나왔다.15)

'사교육 공화국'16)인 한국에서 부모의 부가 자녀의 학력자본을 결정짓고 부모의 소득격차가 미래세대의 교육격차로 재생되면서 교육 불평등은 사회 불평등으로 이어졌다. 성공하려면 학연, 지연 등 '부모찬스'

---

14) 김태형은 2000년대 중반부터 『불안 증폭사회』, 『트라우마 한국사회』, 『자살공화국』 등 저서를 통해 한국 사회의 병적 징후가 개인의 심리에 미치는 영향을 분석했다("'코로나 블루'라는 집단우울의 시대", 김은형 논설위원의 직격인터뷰, 김태형, 한겨레, 2020.11.11).
15) 중앙경제, 2024.3.6.
16) 2022년 초.중.고생 사교육비 총액은 사상 최대치인 26조 원을 기록했다. 학생은 줄어든 반면 사교육비는 오히려 19.8% 늘어난 것이다. 가계지출에서 교육비 지출 비중은 평균 21.4%로 나타났다.

가 필요하다는 인식과 함께 자녀를 더 오래 지원해주어야 하는 부모세대의 물질적, 정신적 부담도 늘어났다. 그렇지 못한 경우 빚은 생계비, 거주비용, 대학 입학금을 충당하는 유일한 구제책이었다. 사회복지 시스템이 취약한 한국에서 최소한의 사회적 보호를 받지 못하는 흙수저들에게 다른 길은 찾을 수 없었다. 이는 '흙수저'와 '금수저'의 신분이 대물림되는 구조가 세대 간 불화와 갈등을 유발할 소지가 많다는 것을 말해주었다.

1990년대생은 부도 신분도 대물림되는 '갇힌 세대'로 불리었다.17) 이들은 세대간 소득과 계층의 이동이 어려워지는 '수저계급론'이 자리 잡는 시대의 주인공들이었다. 흙수저들은 20대 대부분을 취업준비생으로 보내고 사회에 진출하더라도 '비정규직 딱지'가 따라다니는 경우가 많았다. 경제력, 학력, 심지어 직업까지도 부모로부터 대물림되는 상황에서 Z세대는 밀레니얼 세대보다 공정 담론에 더 민감할 수밖에 없었다. 학업, 취업 등 모든 면에서 부모의 지원이 변수로 작용하는 불공정의 문제가 드러났기 때문이다.

'공정성에 대한 예민함'은 MZ세대를 설명하는 키워드였다. 한 때 정부가 약속했었던 '공정한 과정과 정의로운 결과'가 불행과 결핍의 현실로 나타난 것에 대한 집단적 분노와 증오도 분출되었다. 청년들이 느끼는 한국 사회의 '공정성' 수준과 '패자부활의 기회'는 100점 만점 20점으로 나타났다.18) 이들 대다수(86.1%)가 '공정한 대가가 제공되지 않는다.'고 생각했다. '부모의 경제적 지위가 (나의 노력보다) 더 중요하다.'는 응답이 72.7%에 달했다. '우리 사회는 한번 실패하면 다시 일어서기 어렵다.'는 응답은 65.1%였고, '결과에 대한 승복'도 기

---

17) 한겨레, 〈커버스토리〉, "90년대생, 오늘 한국을 말한다", 2021.6.12.
18) 한겨레경제사회연구원이 2015년 전국의 19~34살 1,500명을 대상으로 실시한 '청년의 식조사' 결과, 한겨레, 2015.8.19.

대하기 어려운 것으로 나타났다. 자존감 지수는 51.6점이었다. 부모의 경제적 지위에 따른 세대내 격차가 두드러지는 상황은 부모의 경제력을 자녀의 자존감과 직결시키는 것이었다. 반면 부모의 경제적 지위가 높을수록 사회적 신뢰, 네트워크, 협동에 대한 '협동지수'도 높게(53.6%) 나타났다.

그런데 '공정 세대'라는 이름이 붙혀진 세대가 말하는 공정은 '정의'에 입각한 '보편적 공정'이 아닌 '선택적 공정'이라는 비판도 제기된다. 득실을 따져 판단을 달리하거나 개인이나 집단의 밥그릇 챙기기를 위한 명분의 하나일 뿐, 자기 이해와 무관한 것에는 굳이 분노하지 않는다는 것이다. 공정이 '껍데기' 같다는 지적도 있다. 밥그릇 싸움에서 설득력을 높이기 위해 가치를 품은 듯한 단어로 '공정'을 떠올리거나, '내 이익을 챙겨 달라, 내가 노력했으니 대가를 받고 싶다.'는 의미로 공정을 말한다는 것이다. 부의 대물림으로 자신의 파이가 없어지는 불이익에 대한 우려가 더 큰 것으로 읽혀지기도 한다.

이러한 성향이 나타나는 배경에는 생존싸움이 제로섬 게임이라는 의식 때문에 자신을 탈락시키는 이웃과 비교하는 잣대로 공정을 문제삼아 적대적 생존경쟁에서 절대 밀리지 않겠다는 강박적 의지가 작용하는 것이다. 여기서 '공정'은 오로지 나 자신만을 챙기는 '에고'를 벗어날 수 없는 개념이다. 이처럼 극도의 경쟁의식과 에고의 강박은 바로 자본주의가 주입시키고 키워온 학습효과이자 올라갈 사다리가 없는 세습자본주의 시대의 유일한 생존법이 아니겠는가?

세습자본주의에서 '무한 경쟁'이란 부의 세습과는 거리가 먼 잠재적 패자들에게 '불공정을 인정하는 공정'이나 '자본의 논리에서 나온 교활한 능력주의'를 실험해 보이는 볼거리용 경주를 부추기는 것일 뿐이다. 게다가 세습자본주의 시대에는 어릴 적부터 사교육시장의 특별고객으로 대접받고 특별전형으로 치열한 입시경쟁을 문안하게 통과하면서 엘리트 코스로 달려가는 특권계급을 능력주의 성공신화로 미화하는 것일 뿐이다.

세습자본주의는 전체 파이를 키우는 경제성장에 희망을 걸어왔던 시대에 종말을 고하는 것임에도 세대를 막론하고 최우선으로 원하는 건 경제성장이다. 그동안 경제성장이 부의 양극화로 귀결되는 상황을 목격하고 처절하게 경험해왔음에도 경제성장은 가장 시급한 일자리, 기본적 소득 보장, 인간다운 주거를 보장하는 열쇠라는 통념이 지배적이다. 경제성장의 신화를 맹신하는 아바타들 덕분에 이들의 생존의 목줄을 쥐고 있는 성장괴물은 자연스럽게 세습자본주의를 정착시킬 수 있는 것이다.

2010년대 들어 청년층을 중심으로 회자되어온 '헬(Hell=지옥)조선'이라는 신조어는 한국에서 부의 편중과 기회의 불공정이 구조화, 고착화되면서 소수의 기득권을 제외한 대다수 사회구성원과 특히 청년 세대의 고통과 암울한 미래를 집약적으로 표현한 것이다. 헬조선을 외치는 배경에는 청년실업, 치열한 경쟁, 경제적 불평등과 양극화, 치열한 경쟁, 빈익빈 부익부 등 심각한 문제들이 산적해 있다. '이생망(이번 생은 망했다)'의 증후군을 보이는 MZ세대에서는 '부의 편중'과 '지나친 경쟁' 등에 기인한 좌절감·불신·갈등과 미래에 대한 비관론이 두드러진다.19) 이들은 적대적 무한경쟁 게임의 늪에서 피로사회, 과로사회, 혐오사회의 중층적 피해와 압박을 온 몸으로 겪어내는 것뿐 아니라 세습자본주의라는 더 큰 재앙을 맞이하게 된 것이다.

헬조선은 청년층뿐 아니라 고용불안, 주거불안, 부채 등에 시달리는 중장년층과 노년층에서도 공감대를 형성해왔다. 특히 노인세대의 빈곤은 심각한 사회문제로 대두되었다. 저출생 고령화로 2023년 70대

---

19) 〈김동원의 이코노믹스〉, 중앙일보, 2023.12.12.

이상 인구가 20대를 추월했고 2024년에는 65세 이상 노인 인구가 1,000만 명을 넘어설 것으로 관측되는 상황에서 노인 빈곤율은 OECD 회원국 중 가장 높은 수준이었다. 2020년 기준 66살 노인 10명 중 4명이 빈곤상태였으며 이는 OECD 회원국의 평균 노인 빈곤율 14.2%에 비하면 거의 3배가 높은 수준이었다. 노인의 상대적 빈곤율(중위소득 50% 이하 인구비율)은 40.4%로 회원국 중 1위였다. 나이가 많을수록 빈곤율이 더 높아서 76세 이상 '후기 노인'의 빈곤율은 52%였다.[20]

통계청 발표에 따르면 2023년 65세 이상 노인의 월평균 국민연금 수령액은 62만 원으로 1인당 최소 생활비 월 124만 원의 절반 수준이었다. 연금을 한 푼도 못 받는 노인도 9.9%를 차지했다.[21] 청년층이 기피하는 소위 3D(힘들고 더럽고 위험한) 업종에서 고령층 노동자에 대한 수요가 늘어나면서 생활비가 부족한 70세 이상 고용률이 2023년에 30%로 증가했다. '노인 파산'도 갈수록 심각해졌다. 2023년 상반기에 개인 파산자 신청자 10명 중 4명은 60세 이상(8,504명)이었으며 그 주 원인은 생활비지출 증가, 실직, 사업 실패에 있었다. 고령사회의 노인빈곤 문제는 은퇴를 앞둔 중장년층의 잿빛 미래를 예고하는 것이었다. 이 세대들은 경제성장을 이룩한 일꾼으로 일생을 바쳐 부역했지만, 나이가 많아질수록 점점 더 피폐한 삶을 각오해야 했다.

장덕진 교수는 빈곤율이 세계 최고 수준에 이르는 한국 사회에서 '세대 갈등 프레임은 윗돌 빼서 아랫돌 괴기'로 '누가 더 가난해야 할까'를 결정하는 상황이 되었다고 말한다. 세대 내 평등과 세대 간 평등

---

[20] 한겨레, 2023.12.20.
[21] 보건복지부가 발표한 "2023년 폐지 수집 노인 실태조사"에 따르면 폐지 수집 노인은 평균 연령 76세로 전국에 4만 2,000명에 이른다. 폐지수집은 계약관계도 없는 고강도/저임금의 빈곤 노동으로 노후생계의 마지막 수단이다. '단가하락'과 '경쟁심화'를 가장 큰 애로사항으로 꼽는 이들은 하루 평균 5.4시간 일해서 105.6kg의 폐지를 줍고 월 16만 원(시간당 1,200원) 정도를 벌어들인다.

이 중요한 숙제가 되었다는 것이다. 청년세대가 노인들을 부양할 능력이 안 되면 우리 사회는 지속가능하지도 않고, 능력은 있지만 의지가 없다면 세대 간 전쟁으로 비화할 것이라는 판단이다. 이처럼 부의 불평등한 분배와 세습으로 심화되는 빈곤의 문제는 과거세대와 미래세대에게 다 같이 감당하기 어려울 만큼 힘겨운 '헬조선'의 현실을 안겨준 것이다.

한국은 2019년 이른바 '3050 클럽'(인구 5,000만 이상, 1인당 국민소득 3만 달러 이상의 강국)에 7번째로 합류한 나라로, 지난 27년간(1990~2017) 소득 수준이 4배 넘게 늘어났다. 그러나 유엔이 발간한 '세계행복보고서 2023'에 따르면 한국의 행복지수는 10년 전 세계 41위보다 크게 추락한 57위로 OECD 회원국 중 최하위 수준이며, 소득 순위보다 '불행한' 나라 순위에서도 홍콩 다음으로 2위를 차지했다.[22] '행복지수'라는 것 자체가 문제를 내포한 것임을 전제하더라도, 유엔 보고서의 서문에서 밝혔듯이 '국가의 성공은 국민 행복도에 의해 평가되어야' 한다면, 한국은 '물질적 행복'의 추구로 인해 오히려 행복을 저버리는 대가를 치른 역설적 사례로 주목된다. 특히 '이생망'을 외치는 청년세대에게 좌절의 뿌리가 깊다는 것을 알 수 있다.

한국의 자살률은 2023년 OECD 국가 중 가장 높았고 출산율도 최하위수준을 나타냈다. 이러한 상황은 사회구성원들 간에 신뢰부족(사회 투명성 부족), 분배격차의 심화, 이타주의 부족으로 계층 및 세대 간의 갈등이 확산되어온 탓으로 분석되었다. 영화 〈기생충〉은 부의 양극화로 갈라진 지상과 지하의 인생 속에서 분출되는 탐욕과 절망, 풍요와 빈곤의 갈등과 그 발화지점들, 분노의 폭발적 상황, 이에 따른 인간성 파괴의 민낯 등 헬조선의 단면을 처절하게 고발한 것이었다.[23]

---

[22] 〈김동원의 이코노믹스〉, 중앙일보, 2023.12.12.
[23] 2019년 한 설문조사에 따르면 10명 중 7명 이상이 이민을 생각해 본적이 있다고 했고,

한국의 출판시장에서 한동안 주목을 받았던 '힐링 에세이'들은 이러한 암울한 현실을 이겨내도록 독려하는 처방들을 쏟아내기도 했지만, 헬조선은 결코 개인적 힐링으로 이겨낼 수 없는 것이었다. 헬조선은 희망이 없고 '지옥과 비견될 정도로 살아내기 힘든 나라'라는 자조적 비관론이 함축된 비명이라면, 그 비명은 세습자본주의에서 한층 더 증폭될 수밖에 없는 것이었다.

그래서 한국의 90년대생들이 할 일은 '세습자본주의와의 싸움'이라는 주장[24]은 지당하다. 이들은 모바일과 함께 자란 정보화세대(모바일 커뮤니티나 사회 관계망서비스 SNS에 익숙한 세대)로 여론을 만들거나 불만과 분노를 결집하고 폭발시키는 특징이 있다. 그러나 이들은 사회 시스템이 바뀌어야 한다는 생각을 하면서도 정치·사회적으로 세력화하는 모습을 보이지 않을 뿐 더러 '세력화'와 같은 말에 거부감을 갖는다고 한다. 사회구조를 바꾸려는 노력은 기성세대와 정부가 함께 해야 한다는 생각이 더 많으며, 어떤 세대를 대표하는 것에도 관심이 없기 때문에 함께 연대하고 조직할 의지도 없고 여건도 안 되는 상태라는 것이다.

강준만 교수는 '각자도생의 욕망'이 '헬조선과 죽창(동학농민군의 주요 무기였던 죽창)'을 외치게 만드는 온상이라고 역설한다. 〈"가진 자들의 탐욕보다 더 무서운 건 선량한 보통사람들이 내면화시킨 그런 삶의 방식이다. 죽창은 '저항'보다는 '자기파괴적' 모습에 가깝다고 보는 해석은 바로 이런 현실을 지적한 것이다. 과학기술정책연구원 박성원 박사가 20~34살 청년층을 대상으로 한 설문조사에서 가장 많이 나온

그 주 이유로 10명 중 4명이 빈부격차의 소득불평등이 갈수록 심화되는 현실을 꼽았다고 한다. 특히 청년세대는 해외이민을 적극 준비하는 경우가 적지 않아서 인터넷상의 이민관련 커뮤니티들을 통해 정보를 활발하게 교환하며 공감대를 형성한다.
24) 박원익, 조윤호, 『공정하지 않다』, 지와인, 2019.

답은 '붕괴, 새로운 시작'이었다. 청년들은 서열사회의 붕괴와 공정사회의 시작을 원한다. 극소수의 용보다는 대다수의 개천 미꾸라지들을 위한 세상을 원한다. 그러나 우리는 그런 방향전환을 아예 시도조차 하지 않은 채 기존 모델에 대한 기대와 지지를 포기하지 않고 있다."〉25)

영화 〈기생충〉에서도 용이 아닌 미꾸라지들의 세상을 만드는 '새로운 시작'은 현실에서와 마찬가지로 볼 수 없었다. '기생충'의 잔인한 운명을 벗어나기 위한 절박한 몸부림과 미꾸라지가 용으로 탈바꿈하는 환상만 난무할 뿐이었다. 헬조선에 대한 분노는 솟구쳐도 새로운 길을 찾아나서는 용기와 끈기는 보이지 않았다.

과거세대 이상으로 거대담론에 반감을 갖는 청년세대에게 특히 역사의식이 없다는 우려와 비판도 제기된다. 과거세대보다 자본주의 문명의 세례를 듬뿍 받아온 세대일수록 역사의식이나 연대의식이 생소하다면, 바로 그 문명이 이들을 철저하게 개인화된 존재로 육성해왔기 때문이 아니겠는가? 이들은 탈사회화되고 탈역사화되는 조건과 환경 속에서 오로지 각자도생을 위한 생존방식을 습득해온 것이 아닌지 면밀하게 되짚어보아야 한다. 다음 제3부에서는 바로 이 부분을 파고들고자 한다.

---

25) 〈강준만 컬럼〉, 한겨레, 2015.10.26.

자본주의 아바타
Homo Capitalisticus

제3부
탈사회화된 인간

제1장   시장괴물의 아바타

제2장   초개인주의적 인간

제3장   탈사회화된 인간

자본주의 시장경제는 공룡의 절대 권력과 경제주의의 승리를 통해 '시장의 이상'을 실현시키는 시장사회, 상업사회, 상품사회를 정착시킨다. 자본에 의해 상업과 산업의 금줄로 엮어지는 사회에서 무소불위의 힘을 발휘하는 시장이 사회질서의 토대를 결정짓는 헌법이자 유일한 조정 메커니즘으로 작용하면서, 사회의 가치 창출, 공공선, 혁신, 혁명까지도 그 전유물로 변질된다. 시장에 의해 식민화된 사회는 구성원을 '사회적 동물'에서 '경제적 동물', 'Homo Economicus'로 개종시킨다. Homo Economicus는 경제괴물, 시장괴물, 상품괴물, 비즈니스괴물 등을 추종하는 아바타들, 즉 시장주의와 상품물신주의를 신봉하는 시장인간, 상품인간, 마케팅 인간으로 육성된다.

신자유주의 시대에 이르러 시장포퓰리즘으로 신격화된 시장은 '신자유'와 초권력을 과시하며 사회의 '폐기'를 선언한다. '시장사회' 마저도 사회를 더 이상 필요로 하지 않는 시장에 굴복 당한다. 파편화되고 무력화되는 '파편사회'에서 탈사회화된 인간은 사회적 책임을 개인의 몫으로 떠안고 각자도생의 운명을 감내해야 한다. 사회를 잃은 자본주의 아바타들에게 생존싸움은 더더욱 치열해진다. 서바이벌 게임은 시장주의적 성공을 꿈꾸는 초개인주의적 인간과 시장에서 밀려난 '루저'로 양극화되는 양상으로 전개된다. 탈사회화된 인간은 다양한 유형의 원자화된 인간으로 생존한다. 솔로인간, 잉여인간, 은둔형 외톨이, 노숙인, 방랑자, 난민, 증발자, 실종자 등은 사회에서 밀려난 채 인간의 존재 자체가 무시되는 무관심의 시대의 인간 위기의 참상을 드러낸다.

시장괴물의 아바타

I. 시장경제 괴물

  자본주의 시장경제는 경제의 대명사로 자리 매김하면서 인간의 경제활동 전체와 인류역사의 흐름을 주도하는 세상을 창출했다. 자본주의는 '경제'라는 탈이념적 보편성으로 위장함으로써 근대역사를 자본주의 시장경제 성장에 전념하게 만들었다. 경제의 흥망은 곧 자본주의 시장경제의 흥망이자 세상의 흥망처럼 착각하게 만들었다. 경제를 걱정하는 것은 곧 자본주의의 운명을 걱정하는 것이 되어버렸다.

  자본주의에서 경제는 모든 영역을 압도하면서 인간의 삶과 정신세계 전반을 지배하는 무적의 공룡 괴물이 되었다. 자본주의 시장경제는 개인의 먹거리에서부터 세일즈정상외교에 이르기까지 모든 영역을 전유하는 절대 권력이었다. 자본주의적 동역학은 세계시장 경쟁이라는 조건과 맞물려 있는 것이므로 인간은 꼼짝없이 시장경제의 세계전쟁에 휘둘리고 시달리는 신세가 되었다. 자본주의 신봉자들조차 이것이 얼마나 무모하고 위험한지를 끊임없이 경고해왔고, 인류전체가 실제로 그 위험을 처절하게 경험해왔다. 그럼에도 시장경제 괴물의 가속

페달은 멈추지 않았고, 경제와 시장이 사회 전체를 주도하는 단계로 진입했다.

자본주의 시장경제가 사회구조를 구성하는 원리와 권력으로 작용하게 된 것은 칼 폴라니(K. Polanyi, 1886~1964)의 지적처럼 인류역사에서 매우 '우연적'이며 '예외적'인 것이었다. 경제활동은 인간이 자신이 필요로 하는 물적 수단을 조달하는 행위로서 본래 다른 사회활동과 구별되는 별도의 체계가 아니라 사회적 조직망 내에 깊이 '묻어들어 있던 것(embeddedness)'이었다. 유럽에서 자본주의의 '사적 시장'은 전통적 시장1)인 공적 시장과 병행하여 15세기부터 성장하기 시작했으며, 자본주의 시장경제는 18세기 이후부터 경제생활 전체를 장악하는 수준으로 성장하게 되었다.

시장경제는 자본주의가 없이도 가능한 것이었다면, 자본주의 시장경제는 종래의 시장의 모습을 점점 사라지게 했다. 그 이전까지 시장은 이웃과의 교환을 통한 만남의 장소이자 지역주민들의 일상적 생활용품을 조달하는 공간이었다. 그러나 자본주의 시장은 모든 수단을 동원할 수 있는 불투명성을 내포한 것이며 불공정한 거래로 자유로운 상품교환을 교란하고 저지하는 전략을 동반한 것이었다. 자본주의 체제하에서 시장은 본질적으로 불안정한 것이고 이 불안정은 고도로 정치적인 것이었다. 시장은 자본주의의 히드라적 본성에 따라 급진적인 변신을 꾀하면서 쉬지 않고 혼란과 불안을 증폭시키는 광기의 장이었다.

18세기 말에 탄생한 고전 정치경제학은 사회로부터 분리된 독립 영역으로 '경제'를 발명하면서 시장이 사회질서의 유일한 조정 메커니즘이라고 주장하는 이론을 제시했다. 자본주의 시장경제를 경제의 '본질'로 규정하는 주류 경제이론은 자본주의 시장을 이상화하는 '과학

---

1) 초기 인류가 만든 것은 시장이 아니라 사회집단 내부의 '선물 문화'였으나 시장의 등장으로 주고 받는 거래로서의 물물교환이 이루어지게 되었다.

적' 이론들을 정립했다. 자유시장을 영구적 모델로 제시하고 그 효율성과 합리성에 대한 믿음을 심어주었다. 이러한 낙관론에 힘입어 '경제'라는 영역이 자율적 체계를 구성하고 시장이 경제의 일부를 넘어 경제 전체를 지배하게 된 것은 19세기의 유럽적 현상이었다.

식민주의 시대의 문명화 사업도 시장 복음을 확대하는 시장의 문명화 사업이었다. 제국주의적 자본주의는 세계 질서를 교란할 정도로 시장의 막강한 영향력을 행사하는 것이었다. 오늘까지 전 지구적 시장의 창출은 자본주의 시장경제의 절대명령을 이행하는 거대한 프로젝트로 추진되어왔다. 자본시장, 노동시장, 토지·부동산시장, 화폐·금융시장, 교육시장, 복지시장, 의료시장, 문화시장 등등 시장은 쉬지 않고 모든 영역을 흡수하고 통제하고 확장하는 위력을 발휘해왔다.

모든 것이 판매될 수 있는 시장은 무소불위의 마력을 발산했다. 시장에서 벗어날 수 있는 곳도, 시장에 저항할 수 있는 곳도 점점 사라져갔다. 시장은 쇼핑몰부터 어린이집, 침실까지, 삶의 내면의 깊숙한 '정신적' 차원까지 침투했다. 재화가 포화상태에 이르게 되면 예전에는 시장과 무관했던 것들이 새로운 매물 목록에 등장했다. 여기서 시장은 확대하지 않거나 정체하는 즉시 사멸한다는 본성이 잘 드러났다. 움직이지 않는 시장은 죽기 때문에 시장의 확장은 선택의 여지가 없는 필수라는 논리가 바로 시장을 '무적의 괴물'로 만드는 것이었다.

II. 시장에 의해 식민화된 '사회적 동물'

자본주의 시장은 19세기 이래로 경제의 지배력에 힘입어 사회를 전유하게 되었다. 시장이 경제-문화 체제를 지배하게 되면서 인간사회는 '시장사회(market society)'로 변질되었다. 자본에 의해 상업과 산업의 금줄로 엮여지는 사회는 시장경제에 종속되는 시장사회였다. 즉 시장경제는 사회를 구성하는 한 영역이 아니라 사회를 주도하는 자율적 힘을 갖게 되면서 사회를 시장의 부수적 존재로 또는 기생적 존재로 만드는 것이었다. 브로델은 자본주의를 '경제시스템'이라고만 여기는 것은 최악의 오류라고 했다. 자본주의는 그 본성과 목적에 유용한 내용물과 방식으로 조직되는 사회시스템과 유기적 관계를 형성하지 않고서는 성장할 수 없는 것이었다.

시장사회는 경제영역의 기형적 비대화에 의해 사회문화영역의 왜소화를 초래하는 것이었다. 경제활동은 '시장적 행위'로 '자연화'되었고 영리추구를 위한 경제적 합리성이 사회를 재조직하는 토대가 되었다. 이는 '경제주의'의 승리이자 이러한 역사적 현실을 합리화하고 정당화한 고전경제학의 결실이었다. 경제주의는 "경제적 합리성, 즉 효율성을 최상의 가치로 절대화하고 삶의 양식과 사회, 정치를 거의 무제한적으로 경제화하는 세계관"이었다(울리히, 2005: 36~42). 경제주의만큼 그 어떤 이데올로기도 세계적 영향을 미친 것은 없었다. 경제주의는 개인의 소득 극대화와 자본의 이윤 극대화가 맞물려 상호적 강제로 작용하게 하는 것으로 인간과 사회를 물적 강제에 철저히 복속시키는 것이었다.

경제주의의 레토릭은 자본주의 시장경제가 '공공복리'를 위한 '보편적 효율성'을 추구한다는 허위의식을 조장했다. 즉 시장의 효용성과 자유에 대한 담론이었다. 효용성 담론은 시장이 국내총생산(GDP)을 늘리고 일반적 복지를 극대화할 동기를 부여한다는 주장이었다. 자유 담론은 시장이 교환하는 재화에 가치를 두고 자유롭게 선택할 수 있게 해준다는 주장이었다. 이러한 담론들은 시장원리가 자본의 이해관계를 일방적으로 대변한다는 것을 은폐하는 것이었다. 시장사회에서 사회혁신을 주도하는 핵심권력은 산업혁명처럼 경제성장을 추동하는 자본의 권력이었다.

시장사회는 사회와 경제의 전통적 관계가 뒤집힌 것으로 사회를 시장에 의해 조종당하는 경제적 기능으로 축소시키고 시장이 사회를 관리, 통제하는 법을 만들어내는 것이었다. 시장원리가 사회생활을 지배하는 시장사회는 이윤추구의 절대명제에 종속된 조직체로서 사회적 가치관을 생존동기에서 경제적 이윤동기로 전환시키고 사회생활을 이윤으로 창출하는 활동으로 변질시키는 것이었다. 교환이론은 모든 사회생활을 시장과 같다고 주장하지는 않지만 시장과 유사한 성질을 가지고 있다고 보았다. 이에 따르면 시장에서 권력자란 다른 수많은 사람들이 높은 선호도를 가지고 교환하고자 하는 자원을 가진 사람이었다(슈월비, 2019: 38). 이는 시장에서 교환가치가 가장 높은 사람과 그 권력에 대한 열망과 충성을 조장하는 것이었다.

시장가치가 최상의 사회가치로 부상하면서 인간이 추구하는 가치들을 지배하는 만능의 힘으로 작용했다. 경제적 가치 이외의 다른 가치들은 본래의 의미가 퇴색되거나 무시되거나 상실되었다. 인간과 인간사회의 존재기반에 필수적인 윤리나 도덕까지도 그 가치가 외면당하기 일쑤였다. 인간의 도리나 참과 거짓, 옳고 그름 등을 따지기 전에 경제적 가치가 우선이었다. 시장경제로 인해 인륜적, 사회적 가치가 희생되는 상황도 놀라울 것이 없었다.

시장가치에 모든 의미를 부여할수록 시장 밖에서의 삶은 위축되고 의미를 잃게 되었다. 시장과 경제는 밥을 먹여주고, 개인의 존재감을 부여하고, 가족을 지키게 해주고, 삶의 의미를 만들어주고, 인간관계와 사회생활의 윤활류가 되고, 사회적 지위를 주고, 성공한 삶을 열어주는 만능열쇠로 통했다. 시장사회는 이러한 시장·경제 가치들을 핵심적인 사회가치로 신봉하고 추종하고 실현하는 아바타들을 배양하는 장이었다.

시장과 사회의 결합은 본질적으로 이율배반적인 것이었다. 영리를 추구하는 '시장의 이상'은 공동체적 가치를 추구하는 '사회적 이상'과 너무나 괴리가 큰 것이었다. 경제적 효용성과 비즈니스 문법에 따른 수익성을 절대가치로 삼는 시장사회는 공공의 선을 추구하는 인간 공동체의 이념·가치와 충돌하는 태생적 결함을 지닌 것이었다. 시장가치가 사회가치를 대신하거나 생성시키거나 보증하는 원천이 될 수는 없는 것이었다.

사회를 하나의 거대한 시장으로 변질시키는 시장사회는 사회의 존재 기반 자체를 위태롭게 하는 것이었다. 시장사회는 공동체적 신뢰를 저버리고 공공성에 위배되는 과잉개인화를 요구하는 반(反) 사회적 본질을 지닌 것이었다. 부, 권력, 성공의 자본주의적 가치들이 독주할수록 공동체적 가치들은 훼손되고 무력화될 수밖에 없었다. 자본주의 시장사회를 앞서 경험해온 서구에서 일찍이 상업사회의 도덕적 타락을 비난하고 고발해온 역사가 이를 입증해주었다.

칼 폴라니는 시장 메커니즘이 인간과 자연환경을 파괴하고 지배하는 주도권을 행사하도록 허용하는 상황은 '사회의 해체'로 귀착된다고 경고했다. 자유방임의 원리가 경제적 기능에 머물지 않고 자연 법칙의 권위를 갖게 된 것은 자기조종의 능력이 없는 무절제한 시장경제가 '사회적 와해'를 초래하는 '악마의 맷돌'이 된 것이라고 강조했다. 공동체사회의 성립과 유지에 필요한 윤리와 정의는 자본주의 시장경제에 독소로 작용하는 것이므로 시장사회는 원천적으로 인간사회를 대신할 수가 없는 것이었다.

그런데 자본주의 문명 속에서 태어난 서구의 근대 사회학은 자본주의 시장사회를 '이익사회'로 명명하고 이를 전근대의 공동체사회와 구분되는 근대사회의 보편적 모델로 제시했다. '이익사회'라는 명명(命名) 자체가 자본주의 시장사회의 실체를 밝혀내지 않고 시장이 사회를 전유하는 시장사회의 반사회성을 꿰뚫어보지 않게 만드는 것이었다. 자본주의 시장사회를 인간사회의 근대적 원형으로 규정함으로써 자본주의 문명을 근대문명의 역사로 보편화하고 자본주의 역사의 특수성을 간과하게 만드는 것이었다.

자본주의가 고안해낸 시장사회란 시장에 의해 전유되고 식민화된 사회였다. 사회는 더불어 살아가는 '사회적 동물'의 공동체를 지향하는 것이라면, 시장사회는 이기적 생존경쟁을 벌이는 '경제적 동물'의 전쟁터로 사회의 본질에 위배되는 것이었다. 따라서 '자본주의 사회'라는 것 자체가 성립될 수 없는 것이었다.

III. Homo Economicus : 'Homo Miserabilis'

시장사회에서는 '호모 에코노미쿠스(homo economicus)'가 자본주의적 인간의 이상적 인간형으로 자리 잡게 되었다. 시장사회에서 사회적 인격을 인정받을 수 있는 일차적 조건은 경제적 동물이 되는 것이었다. 경제학에서 가정(假定)하는 이상적 경제 주체는 합리적이고 이기적으로 경제적 이익을 극대화하는 인간이다. 즉 자기 이익을 극대화하는 이기심으로 경제적 효용을 위한 산술가치와 계산적 합리성에 몰입하는 인간이다. 이는 인류역사를 '경제적 동물' 또는 '경제괴물'의 역사로 변질시키는 담대한 모험이었다.

호모 에코노미쿠스는 자본주의가 요구하는 생산성과 효율성을 극대화하고 그 성과로 평가받는 인간으로서 서구 부르주아지가 발명하고 예찬한 근대인의 합리적 모델이었다. 그 합리성은 인간을 도구적 이성으로 무장된 경제적 도구로 만들어 삶의 가치와 동기를 경제력에 집중시키는 것이었다. 인간이 경제적 동물로 훈육되는 보상도 오직 경제력,

즉 부의 소유와 증대에 있었다.

고전경제학은 자본주의의 본성을 인간의 본성으로 합리화함으로써 시장사회의 경제적 인간을 그 모델로 제시하는 지적, 이데올로기적 밑거름을 제공했다.2) 자본주의가 촉진시킨 시장주의적 개인주의의 원조는 애덤 스미스의 자유주의적 개인주의였다. 개인주의의 개념은 개인의 자율성과 타인들과의 상호의존성에 기반한 '이타적 개인주의'의 지향성을 내포한 것이다.

그런데 애덤 스미스는 인간의 이기심을 '개인주의적 활동의 원리'의 가장 강력한 동기로 전제하면서 시장사회를 그 이기심을 충족시키는 이상적 모델로 상정했다. 그는 각자의 이기심이 타자의 이기심에 대한 존중을 전제한 상생의 기반이라는 관점에서 개인의 자유와 시장의 자유, 그리고 자유경쟁을 핵심원리로 삼는 자유주의적 개인주의를 설파한 것이다.

여기서 이타적 개인주의는 이기적 개인주의로 도치되고, 사회적 존재로서의 개인은 상업적 교환의 시장거래에 예속된 존재로 대체되었다. 시장사회는 이타심에 기반 한 사회적 존재를 자유경쟁에 맡겨지는 시장주의적 존재로 탈바꿈시키는 것이었다. 애덤 스미스의 자유주의적 개인주의는 개인의 이기심에 기반한 시장사회를 자유경쟁의 이름으로 미화하고 정당화하는 것이었다.

짐멜은 화폐와 시장이 상호교류와 행동의 근본 조건으로 작용하게 된 모더니티(modernity, 근대성)를 비판했다. 상업교환이 지배적인

---

2) 라파르그는 '윤리'를 지고의 원리로 삼는 자본주의의 자유사상가들이 '물질적 조건의 개선 이전에 먼저 사람의 성격을 개선해야 한다'는 원리를 확립했다고 말한다(라파르그, 2014: 40). 이는 윤리를 내세워 사람들을 계몽하고 가장 고귀한 열망에 불을 붙이는 동시에 그러한 열망이 실현될 수 있으려면 먼저 물질적 조건이 바뀌어야 한다는 점을 설파한다는 논지였다. 물질적 향상을 통해 도덕과 자유의 정점에 도달하는 것처럼 믿음을 갖게 한다는 것이었다.

삶의 양식으로 자리 잡으면서 시장이 사회 전체와 동일하도록 범주가 확장되어 활동, 지위, 프로젝트를 모두 포괄하기에 이른 상황을 우려한 것이다. 모든 종류의 재화에 대해 상업적 등가성을 추구하고 모든 것에 가격을 매기는 '상업교환'이 지배하는 세상에서 인간이 자신의 존엄을 요구하고 인정받는 것이 과연 가능한 일인지 우려했다. 상업교환에 기댄 앙상한 거래만으로는 인간 공동체가 당연히 갖춰야 할 사회적 유대를 이뤄낼 수 없다는 것이 그의 주장이었다.

시장주의적 개인주의는 자아 기획으로 시장가치를 극대화하는 자아의 기술과 자아성취에 전념하는 친시장적 개인화를 추구하는 것이었다. 시장주의적 개인주의는 바로 경제적 동물을 훈육하는 독사였다. 즉 사회공동체에 귀속된 존재가 아닌 자유로운 개별적 존재로서 시장의 문법에 순응하고 적응하는 개인주의적 생존방식과 문화적 습관을 습득하게 하는 독사였다.

시장주의적 개인주의는 경제적 계산이 개인과 집단의 사고와 행동뿐 아니라 사회적 동기와 사회관계를 주도하게 만들고 인간의 행동과 삶을 '이익'과 '비용에 따라 조종하는 것이었다. 이는 경제적 계산을 위해 정직함이나 도덕성과 같은 인간의 미덕들을 밀어내는 생활방식을 자리 잡게 하는 것이었다.

오늘의 한국에서 자칭 '인 코노미스트'라고 하는 2000년대생 청년의 모습에서 21세기 한국식 '경제적 인간'의 단면이 잘 드러난다. '인 코노미스트'는 사람(인)과 '이코노미스트(경제전문가)'를 합친 말로, 사람을 만나 감정과 시간을 들여 얻는 이익이 자신이 혼자서 얻을 수 있는 이익보다 큰지를 따지는 사람을 가리킨다고 한다.[3] 이들은 계산이 빠르고 실리를 중시하며 '도움이 되는 사람'과 '안 되는 사람'을 구

---

3) 동아일보, 〈동아일보 100년 맞이 기획, 2000년생이 온다〉, 2019.3.6.

분해서 대한다. 인간관계에서도 '가성비(가격 대비 성능)'를 중시한다. 친구를 만나 에너지를 소비하기보다는 영상 속 모습을 보는 게 편하다고 한다. 마음 맞는 친구를 찾는 데 시간과 노력을 들일 필요가 없는 온라인을 통해 관계를 즐긴다. 가성비를 중시하기 때문에 시간 쓰고 돈 써가며 감정 소모하는 것도 피한다. 불만을 직접 표시하지도 않으며 감정정리도 혼자 한다. 얼굴 붉혀서 좋을 일이 없다는 판단이다. 교사와 친하면 좋은 추천서를 받을 확률이 높다는 게 '공공연한 비밀'이라고 한다. "학생부 제출이 끝나니 더 이상 선생님에게 거짓으로 친하게 대해야 할 이유가 없었다."고 말한다. 교사 역시 아이들이 필요할 때만 억지로 교사와 좋은 관계를 유지할 뿐 학생부 제출이 마감된 이후에는 '찬밥' 취급을 받는다고 말한다. '요즘 애들은 가면 쓴 것 같아'서 낯설게 느껴질 때가 많다고 한다.

　이처럼 한국식 자본주의에서 육성되어온 첨단세대의 경제적 동물은 철두철미하게 손익계산과 이해타산으로 무장된 몸과 습관으로 사람도, 인간관계도, 감정도 다 의미 없는 것으로 치부해버린다. '가성비'라는 말이 유행어가 될 정도로 가격과 성능만 따지는 시장주의적 개인주의의 극치를 보여주는 시장사회의 모범형인 셈이다.

　자본주의 시장사회는 '경쟁사회'라는 이름으로 그 공정성을 정당화하고 구성원의 자발적, 적극적 참여를 유도한다. 근대사회를 '경쟁사회'로 명명해온 배경에는 사회원리를 경쟁원리로 도치시킨 자본주의 역사가 자리 잡고 있다. 인간이 '사회적 동물'이라면, 개인의 경제적 사익보다 사회의 공익에 더 우위를 두어야 하지만 시장사회는 그 반대를 요구한다. 경쟁 원리가 지배하는 인간관계는 이웃을 포용해야 하는 존재가 아닌 비교우위의 대상으로 경계하고 질시하게 만든다. 경쟁은 개인과 집단의 배타적 이익을 더 중시하게 만들며 배타적 사익을 추구하는 인간은 자신도 모르게 반사회적 생활습관에 빠져들기 쉽다.

자본주의가 미덕으로 삼는 무한경쟁은 도덕심을 약화시키거나 파괴하는 상황을 유발한다. 경제적 동물로서 무한경쟁사회가 강제하는 생존싸움에 길들여지는 인간은 적응력과 경쟁력을 키워갈수록 그 싸움의 적극적, 자발적 주체로 거듭난다. 생존싸움에서 경쟁의 대상인 타자와의 관계는 유대나 협력이 아닌 불안, 갈등, 적대로 기울어지기 십상이다.

정글의 법칙이 당연한 사회법칙으로 통용되는 사회는 자본주의를 살리기 위해 '사회적인 것(the social)'의 희생과 죽음을 감내하게 만든다. 그럼에도 호모 에코노미쿠스는 경쟁사회를 기정사실로 받아들인다. 경쟁사회가 얼마나 어떻게 인간과 사회를 훼손시키는지를 의심하고 직시하는 대신, 경쟁의 신기루에 속절없이 매달리는 경제괴물의 아바타로 육성된다.

이들은 자본주의 시장경제가 상습적으로 불황과 호황을 넘나드는 상황에 온 신경을 곤두세우는 일상에 길들여진다. 전문가가 되어야 할 만큼 시장경제에 능통해야 하고 민감하게 대응해야 하며 시시때때로 자신의 운명의 곡예를 경험해야 한다. 경제소식들로 도배가 된 미디어의 구독자가 되고, 재벌기업들의 수출현황이나 시시각각 변하는 주식시장의 정보들에 신경을 곤두세워야 하며, 각종 경제 사기행각들까지도 주시해야 한다.

인간의 삶 전체가 월 스트리트 안에서 진행되듯이, 금융시장의 변덕스러운 요동에 따라 춤추는 심리상태가 일상을 지배한다. 각종 모험과 투기로 확장을 꾀하는 시장경제의 위기가 닥칠 때마다 그 전쟁의 잔해들은 오롯이 그 아바타들의 삶에 전가된다. 이처럼 이들을 하염없이 불안하고 지치게 만들고, 승패를 가르는 전쟁터로 세상을 어지럽히는 것은 자본주의의 히드라적 본성이다. 그 본성을 자기 것으로 체화하는 아바타는 시장경제와 한 배를 탄 공동운명체로 살아가야 한다.

일본은 패전 이후 자본주의 경제선진국으로 도약했지만 그 도약만큼 경제적 동물의 희생도 과격했다. 1980년대의 거품경제가 무너진 1990년대에는 증발되고 실종되는 사람들이 한 해에 12만 명에 달했다. 2008년 세계를 뒤흔든 미국 월스트리트 발 국제 금융위기 직후부터 약 5년 동안 일본에서 '증발'한 사람이 세계에서 가장 많았다. 금융 및 부동산 투기 실패, 대출 및 사채의 압박, 부도 및 파산, 실직, 사업 실패, 커리어 좌절 등등으로 고통과 수치심, 불안감, 자괴감, 죄책감을 견디지 못하고 증발하거나 사라지는 사람들이었다.

노동자들은 치열한 경쟁과 생산력 극대화의 압박을 버티지 못하고 홀연히 떠나버리거나 병들거나 미쳐버리거나 자살을 하기도 했다. 지역 실종자가족지원협회장은 일본 열도가 '압력솥' 같다고 했다. 일본인들은 압력솥 같은 사회에서 그 압력을 견딜 수 없을 정도가 되면 수증기처럼 증발해버렸다고 한다.4) 경제적 동물의 성공사례로 꼽히는 일본에서 그 성공은 인간증발의 대가를 치르게 한 것이다.

2차 세계대전 이후 세대에 와서 자본주의는 호모 에코노미쿠스를 '호모 미세라빌리스(homo miserabilis)', 즉 '궁핍한 인간'의 본성으로 둔갑시켰다는 것이 철학자 이반 일리치(I.Illich, 1926~2002)의 통찰이었다. 여기서 궁핍한 인간이란 자신이 '발전의 정상성'에서 벗어났다고 스스로 판단하면서 그 절박함을 경험하는 인간을 말한다. 즉 경제발전의 약속으로 부풀어진 자신의 욕구가 결코 충족될 수 없다는 것 때문에 시달리는 인간이다.

자본주의는 풍요와 부를 기대하게 만드는 만큼 궁핍을 느끼게 한다. 자본주의의 경제적 수혜는 누구에게나 주어지는 것이 결코 아니라는 것을 누구든 경험을 통해 알 수 있다. 그 경험은 승자독식으로 부가 편중되고 극소수에 의해 독점되면서 다수에게 상대적 박탈감과 궁핍

---

4) 레나 모제, 『인간증발―사라진 일본인들을 찾아서』, 책세상, 2014.

을 안겨준다. '경제적 인간' 아바타들은 불평등을 자양분 삼아 끝없이 몸집을 키우는 자본주의의 탐욕으로 탄생한 '궁핍한 인간'의 운명을 피할 수 없는 것이다. 그 궁핍한 인간은 경제적 풍요를 위해 시장의 헌법에 따라 인간의 존엄과 사회유대를 희생시킨 시장주의적 인간의 민낯이었다.

IV. 상품물신주의 인간

자본주의 시장사회는 상품형식을 인간의 삶과 일상생활의 지배적인 형식으로 보편화하고 상품의 객관적 힘에 의해 추동되는 일명 '상품사회(commodity society)'를 정착시킨다. 상품사회는 그 어떤 것이든 상품이 되어야만 가치가 있는 것으로 세뇌시키는 사회로서 상업적 가치가 없는 것에 시간을 허비하는 것을 허용하지 않는다. 자본주의는 '시장성 있는 상품생산을 위한 개인의 투자에 기초하는 체제'이므로 상품화는 필수요건이다. 시장경제는 화폐로 살 수 있는 상품과 서비스의 공급을 계속 늘려가야 하는 만큼 화폐가치가 있는 것들을 만들어내기 위해서는 상품화를 끝없이 촉진시켜야만 한다. 상품화는 상품사회에서 사회구성원 모두의 불가피한 생존방식이자 사회생활의 기본과제로 강요된다.

상품은 뿌리를 잃은 물자의 형식이라면, 상품화는 물자의 뿌리를 없애는 이동성을 통해 지역에 뿌리내린 특수한 가치를 뿌리 없는 상품의 교환가치로 변질시키는 것이다. 무엇이든 하나의 상품이 되는 순간부터 그 본래의 고유한 속성과 가치가 퇴색된다. 상품화는 상이한 대상들을 교환이 가능한 형식적 동일성과 계산가능성으로 환원시키기 때문이다. 상품화는 화폐가치를 획득하기 위해 인간의 활동을 자기 자신과 정신세계로부터 소외시키고 획일화한다. 상품화는 자본주의가 비영리적인 사회적 자원과 생산물을 시장의 전리품으로 수탈하는 전술이며, 상업적 성장을 위해 사회적 가치를 희생양으로 삼는 것이다. 자본주의는 인간의 모든 경험을 시장에서 거래되는 '허구적 상품'으로 만든다.

루카치(G. Lukacs, 1960)는 자본주의 사회에서 상품이 사회적 존재의 보편적 범주이자 사회의 지배형식이 되고 사회구조의 통일성을 조건 짓는다는 점을 역설했다. 사회적 관계가 교환을 위한 상품관계로 전화되는 물화(物化, reification) 현상은 사회의 총체성을 파괴하고 사회의 원자화를 초래한다는 것이다. 이는 상품에 대한 '물신숭배'를 낳는다. '물신(物神, fetisch)'이란 '인공적' 제작물, 인위적인 기입으로서의 '속임수', 또는 '마술에 걸린 대상' 등을 지칭한다. 상품의 물신화는 생명이 없는 사물에 생명, 권력, 신성을 부여하는 것이다. 물신숭배는 세속적이고 물질적인 사물들에게 초자연적이고 신비로운 이미지와 힘을 부여하고 그 주술적인 힘을 숭배하면서 사물을 신성화하는 것을 말한다.

상품물신주의(fetichism of commodities)는 상품가치가 인간의 존재가치와 사회적 가치를 결정하는 자본주의 시장경제 시스템을 숙명적인 것으로 받아들이게 하는 독사로 작용한다. 즉 상품세계가 지배하는 사회질서를 당연하고 자연스러운 것으로 수용하고 경험하게 만들어 상품의 형식과 가치를 신성시하는 심리적 예속을 초래한다.

상품물신주의 독사는 교환가치의 프리즘에 의해 굴절되고 변질된 사물의 사용가치를 거짓자연이 아닌 자연으로 오인하게 만드는 것이다. 즉 사용가치는 교환가치에 의해 산출된 '결과'로서 상품의 유용성에 자연스러움과 목적성을 부여함으로써 교환가치의 작위성을 의심받지 않도록 위장하는 기능을 한다.

사용가치는 교환가치를 인간적인 것으로 순화시켜주는 이데올로기적 보증일 뿐 아니라 교환가치를 떠나 자율성을 발휘함으로써 교환가치의 호소력을 배가시킬 수가 있다. 여기서 교환가치의 물신화와 그 교환가치로부터 파생된 사용가치의 물신화가 서로 결합한다(보드리야르, 1992: 143~152). 이처럼 교환가치와 이로부터 파생되는 사용가치의 이중 지배력을 발휘하는 상황에서 상품물신주의가 조장된다. 상품물신주의는 자본주의 상품세계에 대한 인간의 예속을 미화하거나 정당화하는 기제로 작용하면서 상품괴물의 아바타들을 양산한다.

여기서 호모 에코노미쿠스는 '시장의 헌법'에 따라 시장논리와 시장주의적 경쟁력으로 무장하는 '마케팅 인간'으로 거듭난다. 마케팅 인간은 자본주의 시장 확장의 주역으로서 장사가 되는 것은 무조건 무엇이든 한다는 일념으로 장사꾼의 기질을 발휘하고 오직 장사가 잘 되기 위해 혼신을 다하는 인간이다. 어떤 한계도 없이 천지만물을 상품으로 전환시키는 시장의 무한능력을 자신의 능력으로 만들기 위해 상품화의 생존법에 매달리는 인간이다. 시장의 번창은 마케팅 인간의 전성시대를 열어준다.

상품물신주의의 정점은 인간의 상품화에 있다. 상품을 파는 마케팅 인간은 자신마저도 상품으로 거래하는 '상품인간'으로 진화한다. 자본은 인간의 자본화로 정점에 이른다면, 시장도 인간의 상품화로 끝장을 본다. 노동력과 자연의 상품화가 자본주의적 확장의 본질적 계기라면, 그 영역이 인간의 본성과 삶 전체로 확장된다. 인간도 상품처럼 거래가격이 매겨지고 거래의 대상으로 제공된다. 시장에서 붙여지는 가격표가 그 사람의 가치를 말해준다. 연애감정, 생태감성, 천재성, 재주, 명예 등 인간의 정서, 자질, 인격에 관한 것들도 시장가격으로 그 존재가치가 인정되고 평가받는다.

시장에서는 인간의 몸, 인간 공동체의 본성, 인생의 목표 등 모든 것이 상품으로 대체가능한 것이다. 사회심리학자 에리히 프롬(E. Fromm, 1900~1980)은 개인의 퍼스낼리티까지도 시장에 내거는 상품이 되고 개인의 가치를 교환가치로 거래하는 상황에서 형성되는 장사꾼의 성격을 '시장적 정향(marketing orientation)'으로 규정했다(프롬, 1984: 339~340).

자본주의 상품사회에서는 인간이 자신을 교환가치나 상품이 아닌 '사람'으로서 자기실현을 기대하는 것 자체가 비현실적인 것이다(보드리야르, 1992: 149~150). 인간은 먼저 상품이 되어야 하기 때문에 아이들까지도 모두 상품으로 만든다고 했던 136여 년 전 라파르그의 말이 오늘에 와서는 더 더욱 주효하다. 상품인간은 시장에 진열되어 잘 팔리는 상품으로 그 존재가치를 인정받아야 한다.

상품인간은 시장화된 자아, 즉 '시장적 자아'의 정체성을 추구하고 표출하고 과시하는 존재이다. 시장적 자아는 화폐경제와 손익 판단에 따른 교환양식을 추종하면서 시장거래를 위한 이해관계와 경제성을 따지는 인간을 모델로 삼는다. 상품인간으로 살아가는 삶을 미화하고 정당화하는 상품괴물의 아바타는 시장의 초능력에 대한 신앙심을 키워간다.

한국의 신세대들은 다양한 양태로 자신을 상품화하는 시장적 자아의 경쟁전을 벌인다. 1990년대 이래 자기 계발서들에서 강조하는 긴긴 용례들을 한 단어로 말하면 '퍼스널 브랜딩'이라고 한다.[5] 특히 취업준비생에게 SNS는 자신을 회사에 마케팅하는 '광고판' 역할을 한다. 취업시장에서도 '자기 브랜딩', '퍼스널 브랜딩'이라는 용어들이 자주 등장한다. 기업 마케팅전략처럼 '물건 팔듯이 나를 잘 팔'기 위해서는 차별성을 부각시키는 자기 브랜드가 필요하다는 것이다. 누구나 노력하면 1인 브랜드가 될 수 있다는 믿음으로 상품인간의 경쟁을 더 치열하게 만드는 함정에 스스로 빠져든다. 여기서 상품인간은 성공의 우상으로 떠오른다.

---

5) 한겨레, 늘그니, 〈이런 홀로!? '1인 브랜드' 전성시대 유감〉, 2020.12.19.

제2장

초개인주의적 인간

I. 신격화된 시장 : 시장숭배자들

1980년대부터 자본주의는 '신자유주의'라는 이름으로 시장의 '신자유', 즉 무한한 자유를 확장시키는 기획을 추진했다. 신자유주의체제에서 시민의 자유를 시장의 자유로 축소시키는 '시장 시민권(market citizenship)'이 시민권을 대체하게 되었다(A. Root, 2007). 시장의 '신자유'는 시민의 자유와 양립할 수 없는 것이므로 시민의 자유는 시장의 신성한 권력에 예속되어야 하는 것이었다.

시장 주도적인 세계화시대에서 시장의 언어와 이미지, 가치와 이데올로기가 문화 전반에 침투하면서 인간이 생각하고 살아가는 방식에 점점 더 깊숙이 스며들었다. 신자유주의적 사고방식은 시장의 자유의 신성불가침을 호소하는 대중 전략을 통해 파급되었다. 강력한 이데올로기적 영향력을 지닌 싱크탱크의 지식인집단, 기업, 대중매체, 교육기관, 교회, 전문가협회 등이 그 주역을 맡았다. "'시장'은 우리가 의식하지 못하는 방식으로 우리의 모습을 바꿨다"(콕스, 2016: 205). 시장 괴물이 전례없는 초권력을 발휘하는 시대가 된 것이다.

1990년대 미국을 중심으로 대두된 시장포퓰리즘은 시장을 종교로 떠받들게 하는 급진적 시장주의를 설파하는 것이었다. '신자유'라는 용어는 특히 미국인들의 공명을 불러오는 대중 친화적인 수사였다. 시장이 재화, 기술, 정보 등 그 모든 것을 어디서나, 누구에게나 제공해줄 것이라는 믿음을 주었다. 시장포퓰리즘은 '대중 자본주의(people's capitalism)'의 이름으로 시장이 대중의 이익을 옹호하고 대변하는 반엘리트주의적인 것으로 표방되었다. 친기업적 포퓰리즘은 빌 게이츠와 같은 비즈니스맨을 '보통 사람들의 영웅'으로 부각시킴으로써 시장에 대한 신뢰를 조장했다. 시장포퓰리즘은 시장의 대중친화성을 고양시킴으로써 시장괴물을 대중적 영웅으로 만드는 것이었다.

지난 300년 동안 시장에 의해 형성되어온 사회적 상상이 철학, 문학, 이념 등을 지배하게 되었다. 이는 자본주의 정신이 '시장 정신(The Market Geist)' 또는 '시장 심성(market mentality)'으로 바뀌게 된 것을 의미한다. 시장 정신은 선교사들보다 더 빠르게 지구 외딴 구석구석까지 뻗어간다. 국민국가가 쇠퇴하는 신자유주의 시대에서 시장은 인간의 자발적 예속을 초래하는 절대적 권위의 '대주체'이자 '새로운 신'으로 떠오르면서 '시장 신앙 시대'를 맞이한다(D. R. Dufour, 2003).

시장의 아바타는 시장신앙을 실천하는 습관적인 몸을 단련하고 시장신앙의 성공적 전도사가 되기 위해 시장 신앙의 복음 사업의 판촉 활동에 전념한다. 초대형교회들의 성황은 시장정신이 종교영역까지도 지배하는 시장신앙시대를 대변해주는 것이었다. 성장광증은 시장에서 교회로 전파될 정도로 전염성이 큰 것이라면, 시장신앙은 교회를 시장정신으로 대중화, 상품화하는 촉진제로 이용되었다. 세계 10대 초대형교회 중 5개(신도가 80만 명이 넘는 교회포함)를 거느린 한국은 바로 시장종교가 종교시장을 부흥시키는 터전이 되었음을 보여주었다.

한편 '시장의 종교'에 대한 비판과 도덕적 분노는 자본주의 시장의 예찬론에 대한 비난에서부터 시작되었다. 시장이 비할 데 없는 '조물주(First Cause)'로 올라선 배경에는 '보이지 않는 손'을 주창한 애덤 스미스 같은 소수 사상가들이 시장을 신이 만든 것처럼 승격시킨 것에 있다는 비판이 제기되었다. 신격화된 시장은 '진보를 지키는 문지기'를 넘어 수단이 아닌 목적이 되었다는 질타였다.

시장숭배자들은 '연줄 자본주의', '종족 자본주의', '국가주의적 자본주의' 등으로 모든 나라를 정복하는 한편, 경제학자들은 자애로운 '시장신(Market God)'을 정당화하는 주역이었다(콕스: 294). 프란치스코 교황은 '제한되지 않는(고삐 풀린) 소비자본주의'가 '자유시장의 강림을 통한 구원'이라는 가면을 쓴 유사종교, 심지어는 이단이 되었고, 신격화된 시장의 이익 앞에서 무엇이든 무방비상태가 된다고 경종을 울렸다.

그러나 이처럼 시장의 과대망상증을 비판하면서도 여전히 '시장에 본질적으로 잘못된 점은 없다.'는 주장들도 이어졌다. 중도 좌파 정치인들까지도 시장 메커니즘이 공공선을 달성하는 기본 수단이라는 전제를 부정하지 않았다. '시장은 자신이 거둔 경이적인 성공의 희생양이 되었으며 그 과정에서 인간의 허약한 기획의 다른 측면에 심각한 손상을 주었다.'는 정도로 시장옹호론을 펼치기도 했다(콕스: 280~281). 게다가 자유시장은 역사상 가장 강력한 혁신과 인간 진보의 원동력으로 호평되기도 했다.

'시장의 영혼'은 구원받을 필요가 있지만 시장은 스스로 구원하지 못하므로 철저한 개조(restoratio)가 필요하다는 주장도 제기되었다. 거대 은행과 금융제국의 탈집중화나 해체를 요구하는 한편 시장이 지배하는 문화, 교육, 예술 연예, 보건 등에서도 권력 이양이 필요하다는 논쟁도 벌어졌다. 그런데 시장의 '영혼'은 자본주의의 본성이자 성장

동력인 히드라적 괴물성을 담보한 것이라면, 그 영혼의 구원을 전제한 시장의 '개조'란 신격화된 시장의 괴물성을 결코 배격할 수 없는 것이었다. 만일 그 괴물성을 배격하는 시장의 개조가 가능하다면, 그것은 성장동력을 무너뜨리는 자본주의 시장의 폐기로 귀결될 것이 아닌가?

II. '우리가 없는 나' : Market Actor

신자유주의 시대는 개인과 사회의 급진적 분리로 사회성에 기반 한 개인성이 무너지면서, '우리가 없는 나'의 우위성과 자급자족성, 과도한 독립성, 자율적 선택을 강조하고 반사회적인 성향을 동반하는 개인주의의 인플레이션을 초래했다(Castel, 2010: 120). 이와 함께 사생활의 팽창과 '사적인 것'이 '공적인 것'을 식민화하는 사생활 중심주의가 대두되었다. 매스컴은 '글로벌 성공시대'를 예찬하고 극소수의 시장주의적 성공모델을 부각시키면서 개인주의적 실현에 대한 열망과 허위의식을 조장하고 성공영웅들의 승자독식을 미화했다.

신자유주의가 촉진시키는 시장의 전성시대에서 경제적 개인주의는 시장의 탈사회화와 '탈사회적 개인화'에 기반한 '시장주의적 초개인주의(hyper-individualism)'로 진화한다. 시장주의적 초개인주의는 최고의 시장적 가치를 창출하기 위해 초능력을 발휘하는 과잉주체화와 개인주의의 과잉표출을 유도하는 것이다. 즉 신자유주의가 요구하는 '지구화된 개인'으로서, 글로벌 시장에서 시장행위자(market actor)의 개인적 성취를 극대화하는 성공모델에 적극 도전하도록 종용한다.

시장주의적 초개인주의는 프롬이 말한 '시장적 정향'을 보다 적극적, 조직적, 주체적으로 발현하여 개인의 자유, 독립성, 자율성을 극대화하는 고도의 개인주의적 자기실현을 꾀하는 것이다. 시장의 작동방식과 변화에 대해 빠른 속도로 적응, 반응하는 시장주의적 인간은 시장괴물의 공격적 경쟁력을 한층 더 열심히 습득하여 세계적 경쟁을 가열시키는 아바타들로 양산된다.

초개인주의적 인간은 타인에 대한 존중과 배려의 진가를 망각하게 만드는 현실에 익숙해질 수밖에 없다. '나 중심주의'의 생존법을 터득하지 못하는 인간은 생존자격이 없는 존재로 치부되기 때문이다. 초개인주의적 우월감은 타자에 대한 폄하와 동전의 양면을 이룬다. '타자들'은 잠재적 착취대상이 되고, 착취당해도 마땅한 존재들로 폄하된다. 여기서 착취는 합리적이고 도덕적으로 용납할 수 있는 일이 되어버린다.

착취당하는 이들은 스스로 착취자가 되지 않는 한 절대 그들을 따라잡지 못한다. 이 때문에 개인들 간에 증오와 혐오가 늘어나고, 만인에 대한 만인의 분노가 보편화되고, 시샘과 굴욕감과 무력감이 복합적으로 뒤섞이면서 다른 사람을 향한 '실존적인 원망'과 서로에 대한 원한이 깊어진다. 사회적 연대와 공동체 사회 자체를 포기하는 삶이 바로 신자유주의적 시장사회가 학습시키는 생존방식이다.

신자유주의는 '긍정의 힘'을 강조하고 현실에 대한 맹목적 긍정으로 헛된 믿음과 희망을 갖게 함으로써 무한경쟁의 비인간적 생존게임에 뛰어들게 한다. 한국에서 유행한 '긍정 마인드' 열풍은 도전과 성공의 욕망을 부추기는 압박이자 헛된 희망에 매달리게 하는 '희망고문'의 주범이었다. '할 수 있다(candoism)'고 외쳐대는 매스컴의 수사적 담론들도 한 몫을 했다.

'긍정의 힘'의 독사는 근거 없는 자신감으로 현실을 무조건 긍정하고 냉혹한 현실 속에서 경험하는 좌절감과 무력감을 이겨내도록 세뇌시키는 주술이자 자기최면의 생존법을 길러주는 훈육기제였다. 동시에 무엇이든 할 수 있다는 가능성('I can do')의 과잉과 아무것도 할 수 없는 무력감 사이에서 방황하고 불안하게 만드는 고문이었다. '불안한 사람'일수록 긍정 마인드의 주술이 안겨주는 희망고문에 매달리게 하는 것이었다.

시장주의적 초개인주의는 '자기 착취적' 생존법을 터득하게 한다. 평생직장도, 보장된 미래도 없는 절박한 현실에 대한 불안과 공포는 개인이 스스로 자신에게 매질하도록 압력을 가한다. 사회통제 밖에서 발작적인 방식으로 움직이는 불예측적이고 모험적인 시장은 개인에게 믿을 것은 오직 자신의 능력을 극대화하는 것밖에 없다는 점을 각인시킨다. 자신의 초능력을 발휘하기 위해서는 자신을 착취하는 치열한 싸움에 뛰어들어야 한다.

이는 극소수 승자의 특권을 강화시키고 나머지 다수를 소수의 특권에 예속되는 '자발적' 들러리로 끌어들이는 신자유주의적 전략이다. 선택된 소수는 보다 큰 경쟁력을 발휘하기 위해서, 반면 배제의 대상이 되기 쉬운 잠재적 패배자들은 오직 살아남기 위해서, 초개인주의적 무장을 거부하지 못한다. 그 어느 쪽도 자기착취의 강박증을 떨어버릴 수가 없는 것이다.

자기 긍정의 열망이 커질수록 자기 착취의 유혹에 빠지기 쉽다. 실패의 대가로 주어지는 거세의 압박감이 클수록 더 가혹한 자기 착취에 매달려야 한다. '글로벌 스탠더드'의 수위가 높아질수록 자기착취의 부담은 가중되고, 개인의 능력이 한계에 부딪힐수록 자기 능력의 절대치를 무한대로 늘려가는 잔인한 생존게임에 빠지게 된다. 자본주의에 의한 인간 착취는 이제 인간 스스로가 자기착취를 감수하게 만드는 단계로 진입한 것이다. 이는 자본주의 체제의 착취구조를 인간 스스로가 자신을 상대로 자발적으로 작동시키게 된 것을 말한다.

III. '초과개인' vs '결손개인'

'초과개인'과 '결손개인'(Castel, 2010: 123)은 다 같이 자기착취를 감수하는 운명에 처한다. 초과개인은 인간승리를 보여주는 영웅이 되는 반면 자기착취에 실패하는 결손개인은 '잉여인간' 또는 '루저(loser)'로 낙인찍히며 자기결함을 탓해야 한다. 비범한 능력자가 되지 못하는 인간은 차별받는 것을 당연하게 받아들여야 한다. 극소수 '초능력자'의 탄생은 곧 대다수 '무능력자'의 탄생과 맞물린 것이므로 후자의 운명은 전자에게 달려 있다. 이처럼 초개인주의를 향한 인간의 자기착취는 인간의 운명을 양극화하면서 그 책임을 자기 자신에게 돌리게 만드는 시장주의적 생존방식에 길들이는 효과를 지닌 것이다.

성취 이데올로기(achievement ideology)에 푹 빠져 있는 미국에서 성취 이데올로기를 받아들이는 사람의 눈에는 조작된 게임이 보이지 않는다(슈월비, 2019: 187~189). 유능하고 열심히 일해도 모든 사람들이 딛고 올라갈 자리는 없음에도 패자는 자신을 스스로 열등한 타자로 만들고 자신을 또는 운을 탓한다. 자기비난은 '내재화된 억압(internalized oppression)'으로 이어진다. 패자는 자기 폄하와 무력감에 빠지는 자포자기 상태에서도 불공정하고 조작된 게임을 결코 떠날 수가 없는 것이다.

시장주의적 생존방식은 죽기 살기의 제로섬 게임을 표준모델로 만든다. 이는 현실뿐 아니라 매스컴에서도 유행이었다. 영미권을 중심으로 부상한 '서바이벌 오디션' 프로그램들은 한국에서도 전성시대를 맞이했다. 최종 '생존자'가 남을 때까지 나머지 모두가 하나하나씩 죽어야만 끝나는 잔인한 게임을 재미있는 오락거리로 즐기는 시대가 된 것이다. 목숨을 내건 생존게임을 문화상품의 소재로 희화화하면서 신자유주의가 강제하고 조장하는 적대적 생존게임에 대한 경계심과 거부감을 희석시키는 효과도 나타났다. 문화상품의 재미는 현실을 가상처럼 오인하게 하고 현실 속의 잔인함에 무뎌지는 감성을 유발하면서 탈정치화 효과를 발휘하는 것이었다.

게임의 승패에만 몰입하는 재미는 승자의 대리만족으로 제로섬 게임의 잔인함을 즐기게 함으로써 현실감각과 비판의식 자체를 마비시키는 것이다. 게임을 끝내기 위해 반드시 죽어야만 하는 패자들의 운명은 도외시된다. 이처럼 적대적 경쟁의 제로섬 게임을 오락거리로 즐기는 시대는 현실 속에서 실제로 그 잔인한 게임에 목숨을 건 인간 자신의 운명을 자조하듯 관망하는 유체이탈의 시대로 이어진다. 냉혹한 현실을 오락적 즐거움으로 세뇌시키는 문화산업의 세계화는 신자유주의 성장괴물의 잔인한 전술이었다.

한국 영화 〈오징어 게임〉이 잔인한 서바이벌 생존게임이 벌어지는 한국적 실상을 적나라하게 보여준 것으로 세계적 주목을 받은 이후, 그 참상을 현실속의 오락게임으로 재현하는 흥행물이 미국에서 '오징어 게임: 더 트라이얼' 체험존으로 등장했다. 영화 속의 게임을 더욱 몰입감 넘치게 즐길 수 있는 체험 놀이터로 제공하는 비즈니스였다. 이처럼 생존경쟁이 서바이벌 게임으로 전락한 현실의 잔혹상까지도 문화산업의 오락적 흥행 이상의 보다 진지한 관심과 의미를 부여받지 못하는 암울한 세상이 되었다. 생사를 가르는 생존게임 자체가 기정사실로 받아들여지는 체념의 분위기도 감지되었.

'새장 밖의 세상은 존재하지 않기 때문에 탈출은 무의미하다는 현실 정의'와 자기최면을 깨뜨리는 것이야말로, '탈출의 첫걸음'(슈월비, 2019: 205)이라는 호소가 절박하게 들리는 시대가 된 것이다.

탈사회화된 인간

I. 시장의 사회 폐기

자본주의의 '반사회적 본질'의 발현은 전 지구를 하나의 단일한 시장으로 통일하는 신자유주의 시대에 오면서 그 절정에 달했다. 시장의 자유화와 탈규제화에 따라 시장의 권한이 무정부적으로 극대화되는 상황이 벌어졌다. 신자유주의는 시장의 신자유로 사회계약을 침범하여 무력하게 만들고 시장의 지배력을 점점 더 통제 불가능한 상태로 확장시켰다. 시장의 초자유는 전 지구적 차원에서 사회 자체를 위협할 정도의 무소불위의 시장권력을 자리잡게 했다. 자율성을 상실한 사회는 시장의 독점물로 전락하게 되었다.

마가릿 대처는 "더 이상 사회적 구제나 사회 같은 것은 없으며 다만 개인과 그들의 가족이 있을 뿐이다."라고 당당하게 공언했다. '사회'라는 것 자체를 아예 부정하는 최후통첩이었다. 누구나 비범한 개인이 되어 자신을 성공시키면 되기 때문에 사회적 안전망에 기댈 필요가 없다는 것이 그의 신념이었다. 이처럼 선진국의 총리의 입에서 사회의 불필요성을 강조하는 '반사회적' 주장이 전 세계를 상대로 설파된 것은 인류역사를 모독하는 것이었다.

　노벨 경제학상을 받은 밀턴 프리드먼도 수상 6년 전, 기업의 사회적 책임은 오로지 이윤의 극대화에 있으므로 기업은 사회적 책임의 역할을 거부하는 대신 주주의 이익에만 초점을 맞춰야 한다고 주장했다. 이처럼 기업의 사회적 책임을 명시적으로 거부한 인물에게 돌아간 노벨상은 '시장이 더 이상 사회를 필요로 하지 않는다.'는 주장을 공인시켜준 셈이었다.

　일명 'CEO 사회'의 등장은 시장이 사회를 대체하는 시대를 예고한 것이었다.[1] 1980~1990년 대 말 세계적으로 'CEO 숭배' 현상이 나타날 만큼 CEO는 리더의 표상이 되었다. 경쟁의 게임이 주도하는 시장사회에서 그 게임의 승리자는 '창조적인 모험가'이자 강력한 추진력을 지닌 역할모델로서 성공을 꿈꾸는 아바타들의 스승이 된 것이다. 'CEO처럼 먹고, 입고 생각하고 행동하라.'는 성공비결을 담은 베스트셀러(『벌거벗은 CEO』, 『CEO처럼 데이트하라』)까지 등장할 정도였다.

　CEO의 신화는 21세기 정치 리더를 민중의 리더가 아닌 경제 리더로 만들었고 정치인을 국가를 경영하는 '사업가'로 치부했다. 실제로 정부를 비즈니스 조직처럼 경영하고 부자를 위해 일하는 정치인들이 늘어났고 이로 인해 빈부격차가 더 심해지는 상황이 벌어졌다. CEO들은 시장사회에서 경제와 정치를 아우르는 엘리트 특권계급으로 자리 잡게 되었고, 'CEO 마인드'는 시장괴물 아바타들의 인성을 지배하게 되었다. 시장괴물이 최고 사회지도자의 자리를 차지하고 그 역할을 전담하는 세상이 된 것이다.

　알렝 투렌(A. Touraine, 1925~2023)은 생산체계가 시장들로 축소되는 오늘의 상황처럼 오직 시장에 의해 관리, 통제되는 사회는 결

---

[1] 피터 블룸, 칼 로즈, 『CEO 사회』, 산지니, 2019.

코 존재한 적이 없었다고 했다. 신자유주의에 의해 세계화된 시장들과 네트워크들은 결국 사회의 개념 자체를 위협하는 것이자 행위자의 '탈사회화'를 조장하는 것이었다. 생활세계를 구성하는 사회적 역할·규범·가치들이 사라지는 탈사회화 현상은 국제적 경쟁체계가 명령하는 시장경제, 신기술의 증식, 자본의 투기적 운동이 사회적 관계들로부터 분리되는 상황에 기인한 것이었다(Touraine, 1997: 357, 57~58). 이러한 상황에서 '사회생활'은 더 이상 통일성을 지닌 것이 아니었다. 이 때문에 투렌은 '사회'라는 개념을 더 이상 사용하지 말아야 한다고 주장했다(Touraine, 2000: 31).

이처럼 칼 폴라니가 일찍이 경고했던 시장의 '사회 해체'가 현실로 나타나게 된 것이다. 즉 무절제한 시장경제는 '사회적 와해'를 초래하는 '악마의 맷돌'이라는 그의 주장이 현실로 입증된 셈이다. 시장은 글로벌 자본의 독점체제를 통해 사회의 식민화를 넘어 사회 해체로 완승을 거둔 것이다. 그러나 이 엄청난 역사적 사태로 인한 충격과 분노는 그 심각성을 웅변할 만큼 분출되지 않았고 세상을 각성시키지도 못했다. 인류사회는 이미 시장에게 모든 권한을 양도해버린 듯 크게 동요하지 않았다. 이것이 더 비극적이고 절망적이었다.

자본주의 국가는 '사회 해체'를 방기할 정도로 자본의 입장을 대변하는 기구였다. 자본주의 국가에서 자본의 힘은 정권의 존립기반과 대중설득의 명분 그 자체였다. 자본주의 국가는 경제를 일 순위 과제로 내세우고 자본을 국부의 근원이자 국가재건의 토대로 삼았다. 자본의 무한한 축적 자체가 국가의 부에 기여하는 것이라면, 국가는 그 무한한 축적이 빚어낸 무한한 결핍을 자유방임주의를 내세워 방치할 뿐이었다. 자본주의 국가는 자본의 독점과 이에 따른 사회적 불의와 비리들을 제도적, 정책적으로 또는 편법적으로 용인하고 보장하고 정당화는 역할을 담당했다.

신자유주의 국가는 더 나아가서 친기업적 사회 환경 조성, 독과점기업에 대한 재정적·정책적 특혜, 규제완화, 부자를 위한 조세감면과 조세회피에 유리한 제도 등등으로 자본과 시장에 최대한의 자유와 기회를 보장하는 데 주력했다. 국가는 공적 자원을 시장거래의 대상으로 삼거나 자본가에게 사업적 특혜로 제공하는 것으로 국가재건을 도모했다. 신자유주의는 국가의 적극적, 폭력적 개입을 통해 시장의 패권을 유지하고 확장시킬 수 있었다.[2] 시장의 히드라적 변신과 그 괴물성을 대변하고 옹호하고 뒤치다꺼리하는 것도 자본주의 국가의 중요한 책무였다.

자본주의 국가에서 시장자유주의는 자유민주주의와 운명을 같이 한다면, 자유민주주의는 애초부터 평등이라는 민주주의 가치를 선거권의 평등으로 축소시키는 불구의 민주주의였다. 사회 불평등이 심화되고 계급·젠더·인종 간 갈등이 확대 재생산되는 역사로 점철되어온 자유민주주의 국가는 평등을 실현하는 민주주의 대신에 불평등을 정당화하는 자본주의적 사이비 민주주의를 옹호했다.

자유민주주의 국가에서 정치는 자본과 시장의 자유를 극대화하고, 기득권층을 대변하는 도구로 전락하고, 권력을 이용하여 부를 증식시키는 직업으로 변질되기 십상이었다. 부자들의 과두정치는 세대에서 세대로 세습되면서, 부자들이 위협을 느낄 때에만 시민권의 이름으로 형식적 민주주의를 작동시키고, 약자를 대변하는 코스프레 정치로 민주주의를 주창해왔다.

자유민주주의 국가에서 선거권을 행사하는 대다수 국민은 자본주의 국가를 재생산하는 동력으로 이용되었다. 자본주의 성장과 그에 따른 물질적 진보를 추종하는 아바타들이 유권자의 다수를 차지하는 덕분

---

[2] 피에르 다르도 외 지음, 정기헌 옮김, 『내전, 대중 혐오, 법치—신자유주의는 어떻게 지배하는가』, 원더박스, 2024.

이었다. 자본주의 국가에서 물질적 진보는 정치적 진보의 업보로 작용했다. 경제성장 괴물에 집착하는 아바타들은 대부분 시장자유주의를 내세우는 정권을 선호하는 것으로 나타났다. 그 덕분에 자본주의 국가는 대의 민주주의 이름으로 사이비 민주주의 체제를 재생산해왔다.

신자유주의를 표방하는 국가는 시장의 '사회 폐기' 선언 이후 한층 더 정략적으로 시장의 자유확대에 몰입한다. 자본권력이 국가를 복속시키고 도구화하는 세상이 펼쳐진다. 국가는 불평등을 양극화하는 시스템과 불공정한 생존게임의 규칙을 제도화하는 합법적 토대를 만들어주고 유지하는 역할로 소임을 다한다. 국가권력과 자본권력의 유착·야합·전횡·횡포가 전보다 더 노골적으로 정당화되는 토양이 자리잡는다.

더 나아가서 신자유주의 국가는 자본주의 경제전쟁에 직접 뛰어든다. 세일즈 외교와 경제안보 국제정치에 전념하면서 글로벌 자본의 대리인 역할을 자청한다. 세계자본주의 질서가 강대국들 간에 패권경쟁으로 불안정해지고, 경제위기의 경고음들이 요란해질수록 국가는 앞장서 경제전쟁에 몰입한다. 미국과 중국의 경제안보전쟁이 그 아류 국가들에게 확대되면서 전 세계는 자본주의의 히드라적 모험으로 요동치는 상황이 벌어진다.

자본주의 국가는 신자유주의 시대에 오면서 시장과 한층 더 노골적으로 한통속이 되면서 사회를 방기했다. 신자유주의 국가는 사회를 살리고 보호하는 대신 글로벌 자본과 그 기득권세력의 보호에 매진했다. 신자유주의 국가는 시장의 자유화와 세계화로 파생되는 사회적 위기, 갖가지 사회병폐들, 환경파괴 등을 뒷감당하는 최소한의 비용도 감축했다. 불평등의 양극화와 세습화에 따라 사회적 분열과 갈등이 심화되는 상황에서 신자유주의 국가들은 오히려 국가복지의 필요성에 제동을 거는 경쟁에 나섰다.

미국의 클린턴 대통령은 복지가 '그 자신의 실수가 아닌' 경우로 어려운 형편에 처한 사람에게만 제한되어야 한다는 레이건의 주장을 되풀이했다. 클린턴이 개인 책임을 못 박는 복지제도 개혁법을 승인 했을 때 영국의 차기 수상인 토니 블레어도 유사한 입장을 표명했다. 영국의 새로운 노동당은 능력주의를 당의 노선으로 삼는 새로운 복지로 기회와 책임이 함께 가도록 해야 한다는 입장이었다. 몇 년 뒤 독일의 게르하르트 슈뢰더 수상도 "모든 사람이 각자의 기회를 잡을 책임을 져야 한다."면서 복지제도 축소를 '개혁'으로 위장했다.

이처럼 선진 자본주의 국가들에서 '개혁'의 이름으로 복지국가의 역할을 축소하고 그 리스크부담을 정부와 기업에서 개인으로 전가시키는 일련의 조치들이 이어졌다. 복지국가는 본래 자본주의 체제의 고질적인 불공정한 분배로 인한 불평등에 대처하는 사회보장 시스템을 구축하는 것이었다면, 신자유주의 국가는 복지국가의 명분과 존립마저 위태롭게 했다. 사회불안과 생활기반의 위험을 가중시키는 퇴행적 조치들이 신자유주의적 '개혁'의 이름으로 강행된 것이다. 여기서 '개혁'은 불평등체제를 강화하는 '부자들만의 세상' 만들기 프로젝트였다. 신자유주의 국가의 궁극적 목표는 오로지 지속적인 경제성장이었기에 경제성장에 박차를 가하는 개혁은 당연히 부자들만의 세상을 위한 것이었다. 이것이 '자본주의적 개혁'의 본질이었다.

복지국가의 쇠퇴는 개인에게 모든 책임을 돌리는 '사회불평등의 개인주의화'(U. Beck, E. Beck-Gernsheim, 2010: 153)를 의미한다. 이로부터 파생되는 다중적인 사회문화적 균열들은 돌출적인 집단행동과 일상의 분쟁들로 분출된다. 그러나 갈등사회에 대한 국가의 관리능력과 해결의지를 기대하기는 어렵다. 신자유주의 국가는 사회공동체 대신에 자본주의와 공동운명체로 그 명맥을 유지하기 때문이다. 국가와 사회가 방치하는 책임들은 개인의 몫으로 전가되는 한편 사회적 배제와 양극화에 따른 생존경쟁은 더욱 더 치열해진다. 한 지역이나 한 국가가 아닌 전 세계를 상대로 경쟁을 벌이고 그 속에서 살아남는 생존력을 인정받아야 하는 아바타들은 홀로 피나는 싸움을 벌여야 한다.

II. '파편 사회': 각자도생의 인간

신자유주의 국가에서 사회는 파편화된다. '파편화'는 특히 팬데믹 이후의 정치·경제·사회 전반을 관통하는 키워드가 되었다.3) '파편화'는 '지금까지 구축해 놓은 시스템이 더 이상 유효하지 않아 국가나 개인이 각자도생의 상황으로 빠져드는 것'으로 정의된다. 2023년 봄 스위스 다보스에서 열린 세계경제포럼(WEF)의 주제도 '파편화된 세계에서의 협력'이었다. 여기서는 지난 40여 년 동안 구축해 놓은 '세계화'라는 시스템이 각국의 각자도생인 '블록화' 현상으로 대체되고 있는 현상에 초점이 맞추어졌다고 한다. 여기서 말하는 '파편화'란 세계자본주의 시스템이 통합적으로 작동하지 않는 상황에서 새로운 시스템이 요구된다는 인식을 담은 개념이었다.

그러나 문제의 본질은 자본주의의 독점체제에 있었다. 세계자본주의는 그 독점체제를 전 세계로 확장시키는 시스템으로 작동해왔다면, 오늘에 와서 이 시스템이 먹히지 않는 것은 독점체제가 더 이상 가동되기 힘든 상황에 봉착한 것을 말해주는 것이었다. 그 본질은 제쳐놓고 새로운 시스템을 고안한다는 것은 그 독점체제를 유지하기 위해서, 시스템의 파행을 빌미로, 또 다른 히드라적 변신을 모색하는 악순환을 불러오는 것이 아니겠는가?

---

3) 박세준, "파편사회와 위험사회", 2023년 춘계 사회학 학술대회 발표문.

'파편화'의 더 심각한 문제는 각국의 각자도생을 위한 '블록화'보다 사회의 파편화에 있었다. 사회의 파편화는 '사회'라는 말이 무색할 정도로 사회의 존재기반이 무너지는 '사회'의 와해와 해체를 예고하는 것이었다. 이러한 상황은 급격한 기술발전으로 한층 더 심화되었다. 그 근원은 앞서 본 것처럼 19세기 이래로 시민사회가 시장사회로 변질되어온 자본주의 국가에서 20세기 후반에 불어 닥친 신자유주의 체제의 '사회 폐기' 선언 이후 사회공동체의 존립근거가 부정당하는 국면에 이른 것에 있었다. 이러한 역사적 흐름 속에서 사회질서는 글로벌 자본과 시장의 초권력에 의해 점점 더 심한 뒤틀림과 돌연변이 현상들을 겪으면서 사회가 조각나버리는 위험에 처하게 된 것이다.

사회의 파편화는 사회가 개인들 간의 유기적 연대와 결속에 기반한 자율적 공동체로 기능하지 못하고, 개인적, 집단적 분열과 갈등으로 사회적 소통이 어려워지고, 사회성이 공유되지 못하고, 응집력이 떨어지는 상태에 이른 것을 의미한다. 자본주의 사회시스템이 인간의 자존감, 인권, 돌봄, 보살핌, 연대, 상생의 가치들을 배척하는 '허울뿐인 공동체'가 된 것이다.

그 덕분에 시장은 사회를 대신하여 각종 힐링사업, 돌봄서비스, 심리상담치료, 행복산업 등을 번창시키면서 사회사업의 주역으로 부상한다. 사회가 보호하지 않는 가족은 실체를 잃어버리고 시장이 만들어내는 '스위트 홈'의 이데올로기와 이미지들로 전락한다. 공익광고나 마케팅의 화려한 수사들은 가족의 존재기반이 위협받는 현실을 호도할 뿐이다. '장수시대'를 자랑하는 고령화 사회는 경제력을 상실한 피부양 인간을 '투명인간'으로 만들면서 노동인구의 감소를 우려한다. 이처럼 사회의 파편화는 시장이 사회의 자리와 역할을 대신하는 전권을 휘두르면서 사회를 파편조각들로 해체시켜버리는 것을 말한다.

사회의 파편화는 각자도생의 생존법을 강요한다. 각자도생은 초개인주의, 고착된 신분질서, 적대적 무한경쟁, 승자독식의 서바이벌 생존게임이 지배하는 사회가 가르치는 유일한 생존법이다. 각자도생의 세상에서 상호의존과 배려와 유대의 관계는 성립될 수가 없다. 신자유주의적인 각자도생의 해법은 긍정마인드의 정신무장, 끊임없는 능력개발, 자기매질 등을 통한 극도의 초개인주의적인 자기관리에 있다. 각자도생의 인간은 생존경쟁의 압박에 시달리는 고립된 존재로 오로지 '자기만의 삶'에 몰입한다.

한국에서 청년 세대는 자기 자신의 처지의 비참함, 자기 삶의 비극성에 천착한 나머지 타인의 비참함과 빈곤을 들여다 볼 여유가 없다. 조문영 교수는 이렇게 진단한다.[4] 〈"사회적 약자에 대한 관심보다 자신이 처한 실존의 빈곤에 대한 통렬한 인식과 고통에 매몰된 상태다. 자신을 '지긋지긋한 헬조선을 탈출할 날만 기다리는 심정적 난민'이자 귀속될 만한 공동체 없이 온/오프라인을 배회하는 '이주자', 정상성을 강요하는 한국 사회에서 절룩거리는 삶을 살아가는 '장애인'이라는 자괴감과 자의식이 팽배하다."〉

기존의 시스템에서 충분히 인정받는 위치에 속하는 대학생 청년들조차도 '심정적 난민'으로 살아가는 개인적 고통이 큰 탓에 이웃과 사회에 눈을 돌릴 겨를이 없다는 것이다. 이는 신세대일수록 사회적·인간적 연대를 불가능하게 하는 시스템과 구조의 압박에서 헤어나기 힘들다는 것을 말해준다. "'나는 너다'라고 선언하기엔 한국사회가 너무 멀리 왔다는 불안감마저 든다."는 경고에 귀를 기울여야 한다.

파편화된 사회는 인간관계 맺기를 점점 더 어렵게 만든다. 노동시장은 수시로 넘나드는 노동인구로 채워지면서 관계가 지속되는 것 자체가 불가능하다. 생존환경이 힘들어질수록 진정한 인간관계가 성립되

---

[4] 조문영, 〈세상읽기〉, "나는 너다?", 한겨레 2018.12.20.

기 힘들다. 생존법에 따른 정형화된 관계가 지배할 뿐이다. 오로지 자기 이익과 자기 보호를 위해서, 손해나 피해를 보지 않기 위해서, 서로 엮이지 않고 적당한 거리를 두는 형식적, 피상적인 인간관계가 자리잡는다. '상대한테 좋은 말만 해야 관계가 유지 된다.'는 식의 자기 방어적 태도가 길러진다. 인간에 대한 진정성 있는 관심과 배려의 관계를 생각하고 가꾸어볼 엄두도 내지 못할 만큼 각자도생이 더 절박하기 때문이다.

시장거래의 일상에서 사람이 자주 바뀌는 일회성 만남이 반복되고 친밀한 소통이 어려운 환경에서 서로 무심하게 대면하는 관계에도 익숙해진다. 관계를 맺고 싶은 의지도 노력도 점점 사라지면서 공들여 관계를 맺지 않는 습성이 형성된다. 지속될 수 없는 관계에 애써 매달려봐야 허탈감만 돌아오니 '혼자가 편하다.'고 되뇌이면서 이웃과도 애써 피하는 상황이 벌어진다. 접촉에 대한 불안이 만연한 세상이 된 것이다.

파편사회에서는 사회적 교류와 유대가 최소화되는 타의적, 자의적 고립 속에서 홀로 생활하고 자족하는 '솔로인간'이 늘어난다. 최근 한국에서 '혼밥', '혼술'하는 모습들은 점점 익숙한 풍경으로 비추어진다. 사회와 타인에 대한 무관심 속에서 각자 나름의 고독과 소외에 친숙해지는 삶을 살아가는 솔로인간은 '우리'의 공동체 경험이나 의식 대신에 '우리 모두 혼자'라는 것을 현실로 체감하는 존재이다. 솔로인간은 '안전망 없는 세계'에서 살아남았다는 것 자체에 의미를 부여하면서 의지할 사람은 자기뿐이라는 믿음을 쌓아간다. 기댈 수 있는 사회적 울타리가 없어진 불안한 상황에서 자신을 온전히 책임지기 위해 오직 개인주의적 생존방식에 몰두하는 사람에게 타인이나 사회는 잘 보이지 않는다.

이 세상은 '무관심의 시대'라고 하지 않는가? 알렉산더 버트야니[5]는 이렇게 말한다. 〈"마음 쓰고 피곤해지니 혼자가 속 편하다. 경쟁에 치이고 사람에게 다쳐 실망, 체념, 무관심을 반복하다 보면 마음이 알아서 빗장을 걸어 잠근다. 그러나 관심의 스위치를 끄면 일견 편안하지만 필연적으로 공허감이 찾아든다. 이처럼 타인과 세상에 냉담한 사람, 쿨한 척 무관심하게 사는 이들이 늘고 있다. 무관심은 사회적으로 재앙이다. 그 빈자리는 불온한 가치들이 차지하기 쉽고 그 피해는 인간 모두에게 돌아온다. 집단화된 무관심의 파괴력은 인간 공동체의 존립 자체를 부정하는 것으로 돌아온다."〉

이처럼 현대인은 집단적 '실존적 공허'에 빠졌음을 직감한다. 책임, 기여, 희망과 같은 가치들을 외면한 채, 그것을 대체할 무언가를 찾느라 허덕이다 생을 마감하는 이들이 적지 않다는 것이다. 이처럼 공동체사회의 위기로 '사회적 동물'이 '솔로 인간'으로 대체되어가는 상황은 인간관계 자체가 파탄나버리는 인간의 위기로 이어질 수밖에 없는 것이다.

III. 원자화된 인간

탈사회화된 인간은 점점 원자화된 인간으로 변모했다. 자본주의 시장사회가 사회를 폐기하고 무력화한 결과 인간은 더 이상 사회적 동물로 살아갈 수 없었다. 원자화된 인간은 사회구성원으로 엮이는 유대관계를 상실한 채 각자 별개의 존재로 개체화되는 인간이었다. 파편화된

---

[5] 알렉산더 바트야니(A. Batthyany), 『무관심의 시대—우리는 왜 냉정해지기를 강요받는가?』, 나무생각, 2019.

사회에서 사회적 고립, 고독, 사회적 단절이 심각한 사회문제로 부상하면서 영국은 2018년 세계 최초로 사회적 고독을 담당하는 '외로움부 장관(Minister for Lonliness)' 직을 만들었고, 일본도 2021년 '고독부(Ministry of Lonliness)'를 신설했다. 이는 외로움을 개인의 문제가 아닌 사회적 질병으로 간주한 것이다.6)

한국보건사회연구원에 따르면 한국에서 2021년 기준 전국의 '고립 인구' 규모는 약 280만 명으로 추정되었다. 여기서 '고립 인구'는 타인과 유의미한 교류가 없고 곤란한 일이 있을 때 도움을 받을 지지체계가 없는 사람들을 일컫는다. 사회적 관계의 고립 정도는 아플 때 도와줄 사람이 있는가, 우울할 때 대화를 나눠줄 사람이 있는가, 돈이 필요할 때 빌려줄 사람이 있는가의 기준으로 판단된다고 한다.

특히 가족주의가 강한 한국에서는 가족 이외에는 도움을 줄 사람이 없는 경우가 많다. 가족주의가 강할수록 가족 밖에서의 친밀한 인간관계를 형성할 가능성이 적어진다. 그래서 자신의 가족이 없는 청년세대는 '느슨한 공동체'를 꿈꾸기도 한다. 앞으로 비혼과 무자녀를 원하는 젊은 세대가 늘어날수록 고립의 문제도, 공동체의 꿈도 커질 것이다.

'은둔형 외톨이'는 탈사회화된 인간이 사회를 등지고 원자화된 인간으로 고립되는 극단적 상황을 대변해주는 사례였다. 자본주의가 요구하는 '경제적 동물'로 살아갈 수 없는 존재의 자포자기적 생존의 참상을 보여주는 경우였다. 은둔형 외톨이는 일본에서 1970년대부터 나타났고, 1990년대 들어 본격적으로 사회적 관심이 집중되었다. 특히 중장년 '히키코모리(은둔형 외톨이)'의 증가현상으로 그 자녀들의 미래

---

6) 일본은 고독사 제로작전으로 다양한 비법을 찾는 중이다. 주민들이 서로가 서로를 돌보는 상호 돌봄 시스템을 구축하여 '관계 맺기'를 위한 주민관계망 형성, 노인 지킴이 상담 창구운영, 주민자치회, 새로운 공동주택 단지 건설 등이 추진 중이라고 한다.

가 위협받는 상황이 우려되었다.

2019년 일본 내각부가 처음으로 제시한 보고서는 40~64살 히키코모리가 일본 전역에 61만 3,000명이 있는 것으로 추산했다.7) 2021년에는 그 수치가 8,050가구에 해당되는 146만 명에 이르렀고 최근까지 약 200만 명으로 늘어났다고 한다. 15~39세 연령층은 54만 1,000명 정도로 추산되었고, 향후 중장년층의 증가를 감안하면 1천 만 명에 이를 것으로 예측되었다.

오늘에 와서 히키코모리 문제는 '8050 문제', 즉 50대 자녀가 80대 부모에 의존해 생활하는 현상과 결부되면서 중년과 노년의 문제로 확대되고 있다. 영양실조 사망과 무차별 살인사건이 발생하면서 히키코모리를 위험한 존재, 즉 '범죄 예비군'으로 보는 사회적 편견도 드러난다. 그러나 이들은 인간관계의 어려움으로 주로 집안에서 머무르는 특성상 실제 범죄율은 극히 낮은 것으로 밝혀졌다. 이탈리아에서는 유럽 처음으로 히키코모리 가족회가 만들어졌으며, 한국에도 상당수의 히키코모리가 존재하는 것으로 알려졌다.

한국에서는 2023년 말에 와서 처음으로 고립·은둔 청년에 관한 전국단위 조사결과가 발표되었다. 은둔 징후가 있는 청년은 약 54만 명으로 추산되었고, 고립·은둔 기간이 10년 이상인 경우가 약 3만 명(6.1%)으로 나타났다. 고립·은둔의 계기는 취업비관, 대인관계, 가족문제, 폭력·괴롭힘 경험 등이었고, 20대 후반~30대 초반이 약 70%를 차지했다. 4명 중 3명은 자살을 생각한 적이 있는 것으로 조사되었고, 46%는 일상복귀 시도에 실패한 후 다시 사회와 단절되었다고 한다.8)

한국에서 은둔형 외톨이는 은둔 기간이 3개월 이상인 경우, 그 기간 동안 대부분 방이나 집 안에만 머무르는 경우, 간헐적이고 일시적인

---

7) 〈조기원의 100세시대 일본〉 히키코모리 문제, 한겨레, 2019.8.24.
8) 한겨레/중앙일보, 2023.12.14.

외출은 하더라도 가족 외 대인관계를 하지 않는 경우, 은둔 요인이 지적 장애 또는 정신질환이 아닌 경우에 해당된다. 청년세대의 은둔·고립에 관한 다양한 조사결과들에 따르면 '수렁', '개미지옥'으로 표현되는 고립·은둔 생활의 고착화 배경에는 파편화된 사회의 참상이 드러난다.

경쟁과 성공을 강요하고 그 실패를 개인의 책임으로만 돌리는 분위기속에서 자신감을 잃고 사회와 스스로 단절하는 경우나 또는 획일적이고 강압적인 사회 분위기에 상처받고 세상과 단절하는 경우들이 주목된다. 이들에게 은둔과 고립은 그 모든 압박과 좌절에서 벗어나는 길이었다. 젊음을 제대로 펼쳐 보지도 못한 채 일찍이 사회적 이탈을 감수하게 된 배경에는 이들이 감당할 수 없는 무게의 다양한 시련과 고난이 있었다.

은둔형 외톨이는 자본주의 시스템이 강제하는 잔인한 서바이벌 게임, 자기학대적 초개인주의적 생존법, 치열한 경쟁과 불안한 속도전에서 밀려난 존재다. 자본주의의 끝없는 변신을 따라가지 못하는 '지체된 존재'일 수도 있다. 또는 그 시스템으로부터 자신을 보호하기 위해 스스로 이탈했거나 아니면 그 시스템 자체를 의식적, 무의식적으로 거부하는 경우도 있다. 이들은 타의적이든 자의적이든 자본과 시장의 아바타로 생존을 유지하는 조건에서 배제된 '잉여인간'이다. 자본주의 체제가 필요로 하지 않는 잉여인간에게 파편화된 사회는 필요없는 것이 되어버린다. 파편화된 사회는 좌절된 인간에게 은둔과 고립의 길을 재촉하고, 은둔형 외톨이는 보이지 않는 존재, 스스로 사라지는 존재로 살게 된 원자화된 인간이다.

은둔형 외톨이는 사회와 사회적 동물의 위기를 온몸으로 입증해보이는 산증인이다. 이들의 항변처럼 사회 구성원으로 존재할 수 없는 '난민'에게 은둔은 선택이 아니라 내몰린 것'이다.9) 이 난민은 사회와 개인을 이어주는 끈이 끊겨버린 존재다. 자신을 '무가치한 존재'로 취급하는 세상 밖으로 밀려나와 자신을 숨기기 위해 '자신만의 방'에 갇힌 존재다. '쓸모없는 사람'으로 전락해버린 자괴감과 울분을 홀로 외롭게 새기는 존재다.

은둔형 외톨이는 사회와 차단된 상태로 생존의 위험까지도 감수한다. 이들은 삶의 의지를 상실한 채 자기포기식 생존법과 인생관에 빠져든다. 최소한의 하루살이식 생존과 무위도식의 삶을 이어간다. 소소한 일상도, 대인관계도, 미래준비도 모두 포기하고 친구나 가족과의 만남도 기피한 채 '동굴'에 갇혀버리는 삶을 살아간다. 사회로부터 배척당하는 아픔과 분노를 쏟아낼 상대도 찾지 못하며 찾을 생각도 하지 않는다.

2020년 한 해 동안 의료기관을 찾는 우울증 환자만 백만 명을 넘어간다는 국민건강보험공단의 보고가 있다. 특히 고립과 단절, 무력감과 좌절로 정신적 고통을 호소하는 사람들이 늘고 있다. 우울한 아이들은 SNS에서 커뮤니티를 만들어 소통의 길을 찾기도 한다. 지난 10년 간 '아웃사이더 갤러리', '좌절 갤러리', '우울방', '히키코모리방' 등은 간단한 검색만으로 위로를 받을 수 있는 현실 도피 창구였다.

경제적 빈곤, 가정 학대, 학교 폭력·왕따 등으로 우울증, 조울증, 극단적 고립에 시달리며 갈 곳이 없는 청춘은 '아늑한 지옥'을 찾는다. 잘 곳이 없어 재워줄 사람을 찾거나 오프라인 모임을 가지면서 함께 거주하는 둥지를 만들기도 한다. 이런 만남이 '헌팅포차'로 변질되거나, '관심종자' 같은 사람들의 '먹잇감'으로 이용되거나, 온라인상 성희롱과 스토킹, 성 착취나 추행, '우울증 사냥꾼'의 성범죄 등의 피해로 이어지기도 한다. 죄의식 없이 일어나는 자해행위나 (동반)자살의

---

9) "위클리 리포트: 세상 밖으로 나온 은둔고수들이 '외톨이'들에게 건네는 조언", 중앙일보, 2022.12.24.

방조 등 심각한 문제들도 발생한다.10)

사회에 나오지 못하거나 사회를 두려워하는 은둔형 외톨이는 노숙인보다 한층 더 심각한 사회적 배제와 고립의 절망적 상황에 놓여 있다. 미국, 프랑스,11) 영국을 위시한 선진국의 대도시들에서 노숙을 숙명처럼 살아가는 사람들의 오래된 풍경은 자본주의 문명의 비극을 적나라하게 보여주는 것이라면, 사회적 배제로 고문당하는 은둔형 외톨이들은 그 비극을 소리 없는 비명 속에 묻어둔 채 문명의 난민으로 살아가는 존재들이다.

인간의 존엄과 인권을 앞서서 주창해온 문명국들이 사회적 배제를 묵인하고 그 희생자들을 오랜 동안 방치한 채 어떻게 자본주의 문명을 예찬해왔는지 불가사의한 일이다. 그 뒤를 따라가기 바쁜 나라들도 이러한 반문명적, 반인간적 풍경을 목전에 두고도 그 '선진' 문명을 환호할 수 있는지 심각하게 자문해야만 한다. 이 풍경은 문명의 부작용의 산물이 아니라 자본주의 문명의 본질을 가장 격렬하게 폭로하는 것이기 때문이다.

은둔과 고립에 빠져드는 사람들의 증가는 외로운 죽음을 맞는 고독사의 증가와 맞닿아 있다. 1인 가구가 증가하면서 노인이나 청소년의 고독사가 늘어났다. 주변 사람과 단절된 채 아무도 모르게 생을 마감하는 고독사는 고령화 사회의 인구 감소, 사회복지격차, 빈곤문제, 사회적 고립이 주 원인이었고 열악한 주거환경(반지하, 쪽방 등)도 문제였다. 1인 가구 5명 중 4명은 사회적 고립을 겪고 있어 '고독사 위험군'에 속한다는 연구 결과가 나왔다. 복지부 실태조사에 따르면 코로

---

10) 중앙일보, "우울증 커뮤니티 심층 분석", 중앙일보, 2023.5.1.
11) 미국 내 노숙자는 2023년 현재 65만 3,000여 명으로 전년도에 비해 12%가 늘었으며, 프랑스는 2022년 기준 약 33만 명으로 추산되었고 이는 10년 전보다 약 2배로 증가한 것이었다. 프랑스에서는 미성년 노숙인도 빠르게 늘고 있다고 한다.

나19 시대였던 2021년 한 해 동안 고독사는 3,378명으로 2017년에 비해 약 40% 증가한 것이었다. 매일 9명이 가족이나 의료진 없이 홀로 죽음을 맞이했으며 이는 전체 사망자의 1% 수준이었다.

원자화된 인간에게 함께할 수 있는 사람의 존재가 얼마나 중요한지를 말해주는 사례가 있다. 한 일본인은 2018년 6월 '사람 렌털 서비스', 즉 '렌털 아무것도 하지 않는 사람 서비스'를 시작했다.12) 그저 곁에 있어줄 뿐 적극적 역할은 절대 맡지 않는 서비스노동이었다. SNS로 의뢰가 들어오면 마음에 드는 일만 응하고 교통비와 식비(발생할 경우) 이외의 돈은 받지 않았다. 얘기를 들어주면 좋겠다는 의뢰가 많았고, 주문 내용들은 매우 다양했다. 〈"신인상에 응모할 소설을 쓰는 걸 지켜봐 달라", "아침에 잘 못 일어나니 약속 장소에 나와 있어 달라", "집 청소를 잘하나 보고 있어 달라", "공원에서 혼자 맥주를 마시면 이상해 보이니 함께 마셔 달라", "재판을 방청해 달라", "연인 자랑을 들어 달라", "이사를 가는데 역에서 배웅 해 달라", "마라톤 결승선에서 기다려 달라", "그냥 자기를 생각하기만 해 달라."〉 등등이었다.

이 저자는 한 심리상담사가 '급여는 존재만으로도 얻을 수 있다.'며, '아무 것도 하지 않는 사람도 가치가 있다.'고 쓴 것을 보고 이 일을 시작했다고 한다. 돈이 오가면 '아무것도 하지 않는 일'의 실제 가치가 보이지 않고, 의뢰인과 상하관계가 생기게 되므로 돈을 받지 않았다고 한다. 이 일 덕분에 경비 부담 없이 다양한 경험들을 할 수 있었고 그 경험들로 책도 냈고 TV 드라마도 나왔다고 한다.

이 사례는 원자화된 인간이 늘어나는 파편화된 사회에서 '더불어 사는 삶'을 간절히 원하는 사람들, 또한 사람을 그리워하고 인간적 정감

---

12) 렌털 아무것도 하지 않는 사람, 『아무 것도 하지 않는 사람』, 미메시스, 2021.

을 느끼고 싶어 하는 사람들이 많다는 사실을 절감하게 한다. '인간에 대한 수요'가 시장이 요구하는 스펙에 따라 좌우되는 상황에서 그 스펙만으로는 원자화된 인간이 원하는 절실한 도움을 줄 수 없다는 점도 일깨워준다. 그 도움은 바로 인간의 존재 그 자체만으로 가능한 것이다. 이는 파편화된 사회와 원자화된 인간을 어떻게 살려내야 할 것인지를 절박하게 묻는 것이며, 이 물음은 오늘의 시대가 결코 피할 수 없는 근본과제임에 틀림없다.

자본주의 아바타
Homo Capitalisticus

제4부
Homo laborans, 상품노동자

제1장 　상품노동자

제2장 　기계노동자 vs 기술엘리트 vs 기술실업예비군

제3장 　기업가적 노동주체 vs 프레카리아트(precariat)

제4장 　노예노동자에서 '사회적 노동자'로

제5장 　청년 호모 라보란스

자본주의 체제에서 호모 라보란스는 노동시장에서 노동력을 상품화하는 상품노동자로 전형화되었다. 상품노동은 노예노동에서부터 사회적 노동에 이르기까지 자본주의의 변신과 전략에 따라 그 스펙트럼이 확장되어왔다. 이와 함께 상품노동자 아바타들의 운명도 다채로운 양태로 그 격량에 휩쓸리게 되었다. 디지털 자본주의는 사회 전체를 잉여가치 생산공장으로 만들어 사회구성원의 무임노동을 수탈하는 단계로 진입했다. 노동착취 현장이 노동시장에서 사회적 공장으로 확대되면서 인간의 활동 자체가 모르는 사이에 자본에 복속된 '보이지 않는 수갑'으로 둔갑했다. 반면 노동시장은 고용불안정과 실업노동자의 확산으로 상품노동자의 생존불안을 가중시켰다. 자본과 노동의 공생관계가 흔들리고 노동의 종말이 예고되는 압박 속에서 청년세대는 암울한 미래를 포기하는 생존으로 대응했다. 이른바 'N포세대'로 그 민낯을 드러냈다.

상품노동자

I. 소비노동자

라파르그는 "오직 생산적인 삶만이 살 만한 가치가 있다는 식의 잔혹한 생존경제를 절대적 명령으로 생산하는 자본주의 사회에 맞서, 살 만한 것이 되려면 삶은 즐거워야 한다."면서, 즐거움이 없는 삶에 저항할 권리를 주장했다.1) 이 주장은 꿈같은 얘기로만 들린다.

자본주의 시장경제에서는 생산과 소비가 핵심 축을 이루는 만큼, 자본주의 국가는 이 두 가지 축을 중심으로 인간을 생산인구와 소비인구로 분류하고 관리하는 경제체계를 작동시킨다. 시장경제의 확장은 생산과 소비의 증대를 전제한 것이며, 생산인구와 소비인구는 자본주의의 핵심적 성장 동력이기 때문이다. 따라서 인구감소는 이 동력을 위축시키는 장애요인으로 꼽힌다. 더 많은 생산자와 소비자가 필요하다는 경제논리가 출생률에 집착하게 만드는 주요인이다. 경제성장을 제약하는 '인구 오너스(onus, 짐·부담)'로 간주되는 '저출생'의 기준도

---

1) P. Lafargue, 『Le droit a la paresse(게으를 권리)』, 1887. 삶은 생산적인 삶이 아니라 즐거워야 한다는 믿음으로 70세가 되기 전 죽기로 결심했던 폴 라파르그는 무자비한 노년이 오기 전 69세에 건강한 몸으로 부인과 함께 자살했다.

경제논리에 의해 책정된 것이다. 이처럼 인간의 출생부터 능력까지 경제생산성과 직결시키는 관점에서 인구통계가 이루어진다.

여기서 인간의 능력은 생산과 소비로 압축되는 경제적 능력으로 측정되고 평가된다. 경제적 능력을 인정받지 못하는 인간은 쓸모없는 무능력자로 치부된다. 따라서 시장이 필요로 하는 생산인구나 소비인구의 범주와 기준에 적합한 존재가 되는 것만이 자본주의 체제에서 가치를 인정받는 길이다.

자본주의 시장경제에서 생산인구는 노동인구이며 노동인구는 노동시장에서 노동의 상품가치를 인정받는 인구를 뜻한다. 애덤 스미스가 노동을 부의 원천이라고 한 것은 교환가치의 척도가 노동에 있다고 보았기 때문이다. 여기서 노동은 교환가치를 창출하는 것이자 교환가치에 의해 평가되는 것이다. 노동의 생산성을 교환가치로 직결시키는 논리는 '교환가치를 갖지 않는 노동은 생산성이 없는 노동'이라는 등식을 성립시킨다. 그 등식은 노동시장 밖에서 이루어지는 모든 범주의 생산 활동을 '비노동' 또는 '비생산노동'으로 제외시킨다. 노동시장에 예속되지 않는 생산 활동인구는 '비생산적 존재'로 취급된다.

그런데 임금제도에 기반 한 자본주의 시장경제 시스템은 '생산노동'과 '비생산노동'의 이중 착취를 통해 성장해왔다. '생산노동'은 노동시장 외부의 '비생산노동' 덕분에 잉여가치를 창출할 수 있었기에 '비생산노동'은 자본주의 체제에 필수적인 것이었다. '생산노동'과는 무관하거나 별개인 것처럼 치부되어온 '재생산노동'의 영역이 그 중심에 있었다. '재생산'이란 생산 시스템 자체의 재생산, 노동력의 재생산, 그리고 인간의 생물학적 재생산을 의미하는 다의적 개념이다. 자본주의는 재생산노동을 생산시스템에서 제외시킴으로써 경제적 비용을 지불하지 않고 착취할 수가 있는 것이다.

자본주의 시장경제가 요구하는 생산력에 부응하는 노동은 시장가치를 인정받는 '생산노동'으로 간주되지만, 노동시장 밖에서 이루어지는 재생산노동, 특히 가사노동은 '비노동', '비생산노동'으로 경제활동의 범주에서 제외된다. 그러나 가사노동은 자본주의 시장경제에 기여하는 대표적인 재생산노동이다. 가사는 가족의 의식주를 해결하고 노동시장이 구매하는 노동력을 재생산하는 노동으로서 생산노동력의 '저수지'로 기능한다.

가사를 여성전담의 일로 고정시킨 성별분업체계는 가부장제의 산물이었다면, 자본주의는 그 전통을 여성노동의 착취 기반으로 삼는다. 가사노동을 자연스러운 '여성의 일'로 받아들이게 한 가부장제 성별분업의 독사가 자본주의 체제에서는 여성노동을 가족의 무임노동으로 이용하는 기제로 작용한다. 또한 임노동으로 투입된 여성노동 예비군은 남성노동과 차별되는 저임노동으로 남성노동의 비용을 절감하는 이중착취를 가능하게 한다. 여성의 시장노동 참여가 증가하면서 여성은 '보이지 않는 노동자'에서 '호모 라보란스'의 신분으로 바뀌어가는 상황에서도 대부분의 여성은 여전히 경제적 가치가 인정되지 않는 재생산노동의 굴레에서 벗어나지 못한다.

이 때문에 페미니즘은 생산노동의 개념적 오류와 여성배제적, 여성차별적인 노동원리에 도전하여 가사노동을 생산노동과 '사회적 노동'으로 새롭게 가치화하는 운동을 전개해왔다. 게다가 경제위기와 재생산위기는 상호 악순환관계에 있다는 점에서도 재생산노동은 생산노동과 결코 분리될 수 없다는 문제가 제기되어왔다. 여성주의 경제학이나 신가계경제학파는 가사노동을 생산노동으로 규정하는 차원에서 자본주의의 생산성 개념 자체가 재정립되어야 함을 역설했다. 이는 자본주의 체제가 쌓아온 노동착취 역사의 토대를 흔드는 근원적인 문제였다.

여성은 가사노동전담자로서 가족과 가정의 일상생활에 필요한 소비노동의 주역을 담당해왔다. 소비는 '노동'으로 간주되지 않기에 '소비노동'이라는 용어는 친숙하지 않다. 상품구매는 경비지출에 의한 재화의 획득과 향유로 받아들여지고, 쇼핑은 노동의 부담이 아닌 '피곤한 즐거움'이거나 생산노동의 보상이자 혜택으로 간주되기 때문이다. 이러한 통념의 배경에는 노동의 개념을 생산과 시장노동에만 국한시켜 온 자본주의 정치경제학과 생산주의 이데올로기가 자리 잡고 있다. 생산과 노동, 소비와 여가로 짝을 이루는 이분법의 경제논리와 이로부터 파생된 사회적 관념이 지배하면서 소비에 동반되는 일체의 노동이 간과된 것이다.

그러나 소비는 구매 이전부터 구매 이후 폐기에 이르기까지 시간과 노력이 투입되어야 하는 노동과정으로 이루어진다. 소비노동은 개인의 생존과 노동력의 재생산을 위해 필수적인 재생산노동이다. 그리고 재생산노동을 전담해온 여성의 소비노동은 소비시장이 번창할수록 점점 더 생산노동에 버금가는 많은 시간과 에너지를 요구한다.

아렌트(H. Arendt)는 모든 경제가 소비경제가 되면서 거의 모든 인간 노동력이 소비에 소모될 정도로 노동과 소비단계의 비율이 변해가는 상황을 간파했다(아렌트, 1996: 154~159). 보드리야르(1991: 111~112)는 소비가 생산의 수준에서와 마찬가지로 사회적 노동이며 소비자는 노동자로 동원되는 존재임을 강조했다. 소비자 역시 '소외된 노동자'로서 자신이 현대사회의 '새로운 피착취자'라는 막연한 잠재의식을 갖게 된다는 점도 주목했다.

소비자본주의로 탄생한 소비사회에서 인간은 누구나 '소비노동자'가 될 수밖에 없는 것이다. 소비노동은 사적인 활동으로 이루어지지만, 개인의 삶뿐만 아니라 자본주의 사회를 재생산하는 데에 필수적인 '사회적 노동'이다. 이는 자본주의 시장경제의 핵심인 소비경제의 성장이 바로 소비노동자의 몫임을 의미한다.

자본주의 체제에서 '소비자'의 호명은 '소비노동자'를 불러 모으는 것이며, '고객은 왕이다'라는 슬로건은 소비노동자의 부역을 소비자의 특권으로 위장하는 것이다. 소비시장의 공간 확장과 다채로운 마케팅 전략, 광고, 유행, 신용판매 등등은 소비주의를 조장하고 소비노동을 끝없이 늘리는 전술임에도 소비의 자유와 풍요와 쾌락을 선물하는 혜택으로 위장한다. 소비사회가 파급시키는 소비주의는 과잉소비와 낭비를 자연스럽게 일상화하고 소비노동의 부담을 한없이 늘려가는 독사로 작용한다. 소비노동자는 생산노동자와 마찬가지로 잉여가치 창출에 필수적인 존재로서 그 사명을 다하는 부역자다. 소비노동자는 '피착취자'일뿐 아니라 소비시장이 조장하는 끝없는 소비욕망으로 인해 박탈감을 키워가는 존재로 운명지워진다. 이 부분은 제5부에서 상세히 살펴본다.

II. 상품노동자

자본주의 시장경제에서 호모 라보란스는 노동시장에서 노동력을 상품화하는 상품노동자였다. 생산노동은 교환가치를 지닐 때에만 그 사용가치를 인정받는 '상품노동'이었다. 노동의 생산성은 상품성으로 측정되고 생산노동자는 상품가치가 있는 노동력을 제공할 때에만 인정받을 수 있었다. 노동시장에 투여된 노동력은 일차적으로 화폐로 거래되는 상품으로 취급되었다. 상품노동자로 부역할 때에만 생존비용을 확보할 수가 있는 호모 라보란스는 노동시장을 필수적인 생존터전으로 삼는 운명에 처했다.

그러나 자본주의 노동시장에서 노동의 상품가치는 최소한의 생존조건을 충당하는 수준에서 책정되기 때문에 노동력 착취의 문제는 항상 어디서나 심각한 갈등과 투쟁을 야기하는 위험성을 내포한 것이었다.

상품노동자는 자본의 착취괴물이 휘두르는 권력과 노동시장의 횡포에 운명을 맡기는 모험을 감수해야 하는 존재였다.

136년 전 라파르그는 이렇게 말했다. 〈자본가는 노동자의 땀 한방울까지 자본으로 결정화시킨다. 임금노예제라는 지옥도 더 이상의 잉여노동을 낳을 수 없는 경우라면 노동자는 즉각 폐기물이나 주방의 쓰레기처럼 길거리로 내던져진다. 자본가는 잉여가치를 훔쳐내는 이윤의 축적이 의무이자 사명이다. 사업이 요구하면 어떤 조작이라도 불사한다. 모든 인간은 단지 이윤을 생산하는 기계일 뿐이다. 자본가에게 모두가 착취대상일 뿐이다. 모두 평등하게 그의 착취에 종속되어 있다. "일하라. 그러면 결핍과 불행이 그대의 충실한 동반자가 될지니…" 인간들은 자기 파멸에 이른다. 자본은 노동자가 죽은 후에야 굶주림, 추위, 궁핍에서 영원히 해방되어 무덤의 영원한 평화를 즐기게 한다.〉(라파르그, 2014: 67~75). 이처럼 자본가의 악덕이 자본의 무한증식의 필요조건이라면 시간이 흘러도 달라질 것은 없었다.

자본주의는 수백 년 동안 그 역사가 입증해주었듯이 자본축적을 극대화하는 과정에서 상품노동자의 끝없는 희생을 강요하고 가중시켜왔다. 노동시장은 생산성과 상품성의 이름으로 이들의 운명을 마구 흔들어대는 착취괴물이었다. 비착취적인 경제는 자본주의의 본질에 위배되는 것이므로 자본주의 노동시장은 착취경제를 정상화하는 시스템과 기술개발 전략으로 성장해왔다. 착취경제는 또한 국가권력과 야합하고 공모해왔고, 자본주의 국민국가는 친기업적인 법, 제도, 정책으로 착취경제의 성장에 기여해왔다. 이 때문에 자본에 복속된 노동은 '보이지 않는 수갑'으로 비유되었지만, 그 수갑은 불가피한 구속으로 묵인되고 정당화되었다.

호모 라보란스는 노동시장에서 자본과 적대적 공생관계를 피할 수 없는 운명이었다. 호모 라보란스는 자본과 시장에 대한 '자발적 예속'

으로 노동착취, 차별·배제, 비인간적 대우 등의 악조건에서 끊임없이 갈등과 투쟁에 시달리는 존재였다. 현실적 의식은 회의적, 부정적이라도 '생존의 본능'을 따르는 무의식이 그 현실적 의식을 압도하는 덕분에 그 운명을 감내했다.

상품노동은 자본주의 노동시장과 경제시스템에 대한 호모 라보란스의 예속을 불가피한 운명으로 받아들이고 순응하도록 설득하고 훈육하는 독사였다. 상품노동의 독사는 호모 라보란스에게 노동을 상품화하는 생존방식을 주입하고, 상품성과 생산성에 기반한 노동시스템에 길들이는 것이었다. 이로써 호모 라보란스는 자본주의가 강제하는 생산주의 시스템과 자연스럽게 한 몸이 되는 삶을 경험하고 습관으로 체화하게 되었다. 상품노동은 자본과 노동의 공모관계를 형성하는 것이었다.

부르디외가 논증한 '프롤레타리안 독사'는 노동계급으로 하여금 생산노동의 독사적 질서에 편입하도록 만들어 자본과 노동 간에 불가피한 계급 갈등과 계급투쟁을 생산주의 시스템 내로 포섭하는 것이었다. 더 나아가서 상품노동의 독사는 노동의 상품가치를 올리기 위해 경쟁력 있는 노동자의 주체성을 발휘하도록 유인하고 종용하는 기제로 작용했다.

한편 상품노동자는 생산기술의 변화와 노동시장에서 변동되는 상품성에 따라 그 운명이 달라졌다. 이는 인간의 노동가치 자체가 자본과 기술과 시장의 모험과 변신에 따라 얼마든지 달라질 수 있는 불예측성과 통제 불가능성에 노출된 것을 의미했다. 앞서 본 인적 자본론에서 졸업장, 학위, 자격증, 전문지식과 정보 등등이 자본의 논리와 전략에 따라 그 상품가치가 달라진다고 전제하는 것처럼, 상품노동은 전적으로 노동시장의 변덕과 전략에 따라 요동치는 운명을 피할 수 없는 것이었다. 이처럼 노동시장에 생존을 맡겨야 하는 상품노동자는 자신의 노동에 대한 자율권을 박탈당한 존재였다.

기계노동자 vs 기술엘리트 vs 기술실업예비군

I. 기계노동자

　세계적으로 확산되어온 서구의 자본주의 생산시스템은 '생산노동'의 과학적 관리에 의한 노동자의 훈육과 육성을 위한 것이었다. 노동자계급은 자본주의 체제에서 생산주의의 역사적 사명을 부여받은 '가장 소중한 인간자본'이었다. 노동자는 생산성 증대에 비례하는 보상을 받지는 못할지라도 생산주의의 첨병이 되기 위해 끊임없이 재교육되고 재훈련되고 재사회화되어야 했다. 인간의 자질과 가치, 인성과 감성까지도 변화시켜야만 했다. 이는 노동인력을 노동규율에 따라 생산체계의 부속품으로 만드는 기계적인 행동양식과 노동과정에 길들이는 것이었다. 인간적인 요소들을 지배하는 기술적 합리성이 노동의 기계화로 관철되면서 기계괴물에 의해 조종되는 아바타들이 육성되었다.
　20세기 초반에 미국에서 노동 훈육시스템의 모델로 제시된 테일러리즘(Taylorism)은 산업사회의 주요한 조직 원리로 소련을 포함한 전 세계에 영향을 미쳤다. 테일러(F. W. Taylor, 1911),[1])의 노동의 과학적 관리법은 시간과 동작의 규격화와 계량화에 의한 기계적 통제를 통해 노동의 표준적인 생산량을 달성시키도록 강제하는 시스템이었다. '생산성 혁명' 또는 '낭비를 제거하는 정신혁명'으로 불리는 테일러리즘은 노동의 '성과에 따른 보상'이라는 차등적 성과급제를 통해 노동착취를 극대화하는 것이었다.

또한 포디즘과 결합한 테일러-포드주의는 생산의 가속화와 극대화를 위해 고도의 분업과 보다 엄격한 육체적, 정신적 훈육과 통제로 노동 강도를 강화하고 기계적 순응의 육체와 정신을 단련시키는 시스템이었다. 생산력의 혁명은 대량생산과 이에 걸맞는 대량소비를 목표로 삼는 것으로 생산노동에 대한 금전적 보상으로 소비 증대를 꾀하는 이중의 포섭전략이었다.

여기서 호모 라보란스는 두뇌노동이 요구되지 않는 기계의 부품으로 전락하여 기계가 노동을 지배하는 강도 높은 노동리듬에 길들여지는 몸과 정신으로 개조되었다. 노동자의 사고와 행위를 분리시키고 노동의 가치와 의미를 상실하게 하는 '인간공학'은 자본주의의 대량생산체제 및 독점체제의 성장과 경제 불황의 극복에 기여한 것으로 평가되었다.

더 나아가서 이러한 노동의 과학적 조직화는 생산주의적 행동모델을 사회생활 전반에 파급시키면서 경제적·기술적 합리성에 포섭되는 생활방식을 보편화시켰다. 이는 자본주의 생산시스템에 의한 '생활방식의 식민화'로서 노동과학의 독사가 일상의 문화적 습관의 형성 기제로 작용하게 하는 것이었다. 노동과학의 독사는 자본주의가 끊임없이 새롭게 고안해내는 노동착취방식을 합리화하고 이를 노동자에게 체화시키는 기제로 작용해왔다.

한편 대량 생산 및 대량 소비체제의 한계와 위기, 그리고 노동자들

---

1) F. W. TAYLOR, 『과학적 관리의 원칙(보정판)』, 박영사, 2020.

의 강력한 저항에 대처하기 위한 새로운 시스템도 개발되었다. 포스트포디즘은 다품종 소량생산, 서비스산업, 금융시장, 적소시장(niche markets)의 활성화를 위해 테일러-포드주의를 새로운 첨단기술과 조직적 혁신으로 재구조화한 것이었다. 기술의 비약적 발전으로 초창기 호황을 구가한 자본주의는 '노동의 인간화'의 이름으로 '유연한' 생산체계를 도입했다.

생산의 유연전문화는 필요에 따라 생산라인을 신축적으로 증감시키고 구조조정이나 아웃소싱으로 비효율성을 제거하는 새로운 중앙 집중화의 경영 전략이었다. 대량생산체계에서는 위계적이고 표준화된 작업방식이 지속되는 반면, 포스트포드주의적 생산체계에서는 수평적인 작업조직으로 노동자의 개별적 동기와 자발적 참여가 종용되었다. 이는 새로운 기술도입에 따른 새로운 유형의 비숙련 대량노동자와 상대적으로 자율적이고 전문화된 숙련노동자를 분리하는 방식으로 노동자들 간에 새로운 위계를 창출하는 노동시장의 분절화 전략이었다.

II. 신기술 엘리트 vs 기술실업예비군

자본주의 노동시장은 잉여가치의 극대화를 위한 히드라적 변신을 멈추지 않았다. 끊임없이 생산기술이 개발되는 과정에서 기계괴물의 아바타들은 점점 더 기계의 통제와 지배를 받게 되었다. 서구에서 1960년대 말 이래로 고도화된 '자동화'와 '정보화' 기술은 노동시장의 지각변동을 초래했다. 정보통신 기술의 비약적 발전과 이에 따른 생산과정의 재편은 기능직 노동력을 축소시키고 '생각하는 기계'가 인간의 노동력을 대신하는 '기계의 인간화' 단계로 진입했다.

호모 라보란스의 기계적 예속화는 자동화된 공장노동에서 더욱 심화되었다. 이른바 3차 산업혁명으로 도약한 기술혁신은 인간의 육체노동을 넘어 정신노동까지도 대체하는 수준에 이르면서 노동시장은 점점 더 '노동자 없는 노동'으로 향해 달려갔다. 자동화는 '기술적 실업'이라는 질병을 탄생시켰다. 디지털 자동화는 기계와 달리 상대적으로 저렴한 복제 비용으로 육체노동과 인지노동 모두를 대체할 수 있는 것이었다.

1990년대 중반 이후 대두된 '신경제'론2)은 디지털 기술에 힘입어 경제를 혁명적으로 변화시킨다는 전략이었다. 신경제론은 정보혁명이 '모두를 위한 번영'을 가져올 것이라는 종전의 기술지상주의 열풍을 부활시켰다. 신기술 개발과 '카지노식 신기루' 사업으로 횡재한 벤처기업들은 신경제의 성공모델이자 우상으로 부상했다. 컴퓨터광들은 발명으로 부를 일구어 회사를 세웠고 주식시장은 그들을 '단숨에 거부(instantaire, instant millionaire)'로 만들었다. 기술괴물의 전성시대가 열린 것이다.

미국을 위시한 기술선진국들의 호황과 함께 과잉투자와 과잉팽창이 유발되었다. 그 배경에는 유례없는 기업 합병, 소수 글로벌 기업의 독점, 가상자본의 투기적 성장이 있었다. 신기술은 이른바 '지식경제'와 함께 생산노동의 가치를 하락, 폐기시키는 대신 자본의 수익성을 높이는 특허와 지식재산권의 영역을 강화시켰다. 1990년대 말 신경제의 신기루는 하이테크의 주식가치 폭등과 함께 그 정점에 이르렀으나 빠른 속도로 거품이 빠지면서 신경제-신기술 신화의 허상이 드러났고 경기침체가 이어졌다. '일자리창출'이 점점 더 중요한 사회적 이슈가 되었고 그 덕분에 노동시장은 더 큰 소리를 칠 수가 있었다. 몸을 바쳐 거대한 몸집을 키워준 기업들에서 호모 라보란스가 하루아침에 폐기

---

2) '신경제'란 실제로 존재하지 않는 이데올로기에 불과하다는 반론도 제기되었다.

물처럼 버려지는 기막힌 상황이 벌어졌다.

정보기술의 확산은 '노동의 과잉'을 없앤다는 명분으로 기업의 높은 수익률을 올리는 계기를 제공했다. 하이테크의 맹공격은 날로 새로운 숙련노동을 요구함으로써 숙련노동자의 노동조건을 위태롭게 만들었다. 노동의 탈숙련화와 재숙련화는 만성적인 노동 불안을 야기했다. 신기술의 도입으로 창출된 새로운 노동시장은 소수의 전문가와 엘리트 집단에게 집중되는 한편, 그 밖의 노동시장에서는 대대적인 노동력 감축을 위한 리엔지니어링이 이루어졌다.

구조조정은 외부의 컨설팅회사에 맡기는 방식으로 기업의 책임을 면피하고 최소화하는 컨설턴트식 경영으로 추진되었다. 대량실업과 함께 고용에 대한 규제철폐, 지속적인 구조조정, 노동의 유연화와 개인화 전략, 상품생산의 하청, 아웃 소싱, 임시노동에 기반 한 긱 이코노미(gig economy),[3] 그리고 고용부담을 노동자와 소비자에게 전가시키는 플랫폼 비즈니스 등은 노동자의 존재기반까지 위협하는 것이었다.

신경제-신기술 체제의 노동시장은 세계 인구를 노동자 엘리트와 실업노동자로 대비되는 집단으로 양극화하는 상황을 초래했다. 세계적 수준의 엘리트집단은 기술과 생산력을 통제하는 반면, 기술로 대체되는 노동자들은 새로운 하이테크 세계 경제로부터 추방되는 기술실업자가 되었다. 인공지능, 유전자 빅데이터 등으로 끊임없이 새로운 기술과 지식으로 무장하는 매니저급 신생노동계층은 보너스와 스톡옵션 제도로 자본가의 꿈을 꿀 수 있게 되었다. 그 반대로 신기술의 이방인들에게는 좀처럼 넘어설 수 없는 진입장벽이 가로막았다. 신기술은 일

---

[3] 긱 이코노미는 기업들이 필요에 따라 단기적으로 임시고용을 하는 경향이 커지는 경제를 말한다. 캘리포니아 연방정부는 긱 경제 사업체들에서 기사나 배달의 사용비용을 계속해서 납세자와 노동자에게 전가시키는 무임승차 관행을 규제하는 반독점 조치로 기업과 대립하는 형국이다.

자리와 생계를 위협하는 괴물이 된 것이다.

인간형 로봇 휴머노이드(humanoid)는 서비스업과 육체노동의 광범위한 영역에서 빠른 속도로 인간의 일자리를 대체하게 되었다. 미국의 아마존(Amazon)은 '노동 없는 기계 제국'의 상징이 되었다. 2016년 크리스마스 휴가 시즌동안 세계적으로 10억 개 이상의 상품을 배송한 이 거대 인터넷 유통기업은 미국의 물류창고 20곳에서 4만 5,000대의 로봇으로 인간노동을 대체했다.[4] 기계의 힘으로 유통제국을 건설한 아마존은 인간배제 경영에 앞장선 덕분에 미국 온라인 소매 시장의 절반을 차지하고 세계 최대의 온라인 쇼핑몰로 자리 잡았다.

아마존은 또한 기계화 실험으로 확장을 꾀하면서 2016년 딥러닝을 활용해 무인결제 편의점 '아마존 고(Amazon Go)'를 선보였고, 드론 배송에 처음 성공했으며, 자율 주행차와 비행선 물류센터 활용도 검토 중이다. 아마존은 임시직·파트타임 등을 포함해 14만 5,800명을 고용하고 있지만, 오프라인 소매 매장에서 직업을 잃은 사람은 29만 4,574명에 달했다. 3억 명에 가까운 온라인 고객을 확보한 아마존의 사례는 '기계화=직업의 종말'이라는 등식을 세계로 전파하는 성공모델이었다. 인공지능을 활용한 휴머노이드 개발로 인간의 생산 능력의 한계를 넘어 자율적으로 일하는 휴머노이드 일꾼이 전 세계의 다양한 분야에 투입될 전망이다.

인공지능 시대가 본격화되면서 노동시장의 지각변동이 예고되고 그 조짐들이 나타났다. 자본주의 체제 속에서 그동안 거듭되어온 기술실업의 차원을 넘어 호모 라보란스의 상품노동의 지형과 존립 자체를 뒤흔드는 파고가 밀려오는 상황이었다. 자본주의의 또 다른 히드라적 변신은 착취괴물의 대상이었던 인간의 노동 자체를 노동시장 밖으로

---

4) 한겨레, 2017.2.6.

축출해버리는 정점을 향한 것이었다.

2022년 11월 챗지피티(ChatGPT) 출시로 인공지능이 본격 도입되면서 일자리 불안이 급증했다. 생성형 인공지능의 돌풍은 컴퓨터관련 기술직, 홍보직에서부터 법률산업 직종, 고도의 지적 노동, 예술·창작 분야의 일자리를 위협하고 인지 작업을 자동화하는 '혁명'으로 이어지는 등 그 파장을 가늠하기 어려운 것이었다. '생성형 AI는 조용한 살인자'라며 '반 생성형 인공지능' 투쟁에 나선 미국 헐리우드의 창작자들은 국제 연대투쟁을 예고했다.

세계경제포럼의 '미래직업보고서 2023'은 2027년까지 8,300만 개 일자리가 사라지고 6,900만 개가 창출될 것이라고 예측했다. 전 세계 일자리의 약 2%에 해당하는 1,400만 개 일자리가 사라질 수 있다는 것이다. 전 세계 주요 테크(첨단 기술) 기업의 2023년 누적 해고자 수는 23만 3,537명으로 집계되었다. 국제통화기금(IMF) 총재는 인공지능이 전세계 일자리의 약 40%, 선진국 일자리의 60%에 영향을 줄 것이며 신기술이 '불평등'을 심화시킬 가능성을 우려했다. 일론 머스크는 직업이 필요 없는 시대가 올 것이라며 그것이 "사람을 더 편안하게 만들지는 불분명하다."고 했다.[5] 이처럼 인공지능은 직종과 분야를 가리지 않고 가차 없이 인간노동을 밀어내는 기술괴물이 되었다.

한편 세계는 'AI인력' 확보 전쟁에 뛰어든다. 글로벌 테크의 '조용한 해고' 속에서도 AI 관련 인력은 수억 원대의 고액 연봉의 러브콜을 받는 실정이다. 고급 기술 인재의 경우 500만 달러에서 많게는 1,000만 달러 수준의 연봉을 제안한다. 넷플릭스는 연봉 12억 원의 AI 구인광고를 냈고 월마트와 골드만 삭스 등 다른 기업들도 뒤를 이었다. 숙련

---

[5] 한국에서도 향후 20년간 의사, 회계사, 변호사 등 고소득 직종을 포함한 341만 개 일자리(전체 일자리의 12%)가 AI로 대체될 것이라는 연구결과가 있는가 하면, 2023년 11월 한국은행이 발표한 보고서에 따르면 약 400만 개의 일자리가 AI로 대체될 것으로 추산되었다.

된 AI 전문가와 관리자 부족은 당분간 계속될 전망이다. 한국 기업에도 AI '개발자 모시기' 열풍이 불었다. 한국은 AI 강국이라고 하지만 AI인재 순유출국가로 고급 AI 인재마저 해외로 빠져나가면서 국가적인 인재 전략이 요구되고 있다.

다른 한편 AI로 대체 불가능한 기술을 익히면 살아남을 수 있다는 주장과 함께 '블루칼라 전성시대'를 예고하기도 한다. 미국에서 억대 연봉자가 된 숙련공처럼 '블루칼라 직종이 노다지가 된다.'는 것이다. AI로 대체하기 어려운 육체노동이나 정서적 보육 같은 직종의 상품가치가 높아질 것이라는 관측이다. 그러나 이는 '로봇 투입 전'까지 한동안만 유효할 것으로 판단된다.

또한 AI에 기반한 새 일자리들이 출현할 것으로 예상되지만, 인간형 로봇이 인간보다 더 성능이 좋아진다면 새로운 일자리도 시간이 지나면서 AI의 몫이 될 것으로 보인다. 따라서 새로운 경제모델이 필요하다는 관점에서 인간이 일자리에서 퇴출당하는 대신 일하는 로봇이 내는 세금으로 조성된 기본소득을 받는 시대가 되어야 한다는 주장도 제기된다.

이처럼 기술괴물은 아예 '노동 없는 미래'를 서두르고 있다. 노동자들의 희생 덕분에 성장한 자본주의가 이제 와서는 노동자의 존재 자체를 거부하는 극한상황도 불사한다. 정보화, 자동화, 디지털화를 가속화하고 새로운 경영기법과 '관리혁명'을 추진해온 자본주의는 이제 노동착취를 넘어 노동배제 단계로 접어든 것이다. 즉 노동자 없는 로봇 시스템의 '스마트 공장'과 사람관리를 대체하는 기계 관리로 인간작업자로부터의 해방'을 추진한다. 기계가 저임금 노동자보다 더 효율적인 것이라는 수지타산으로 수억 명의 호모 라보란스가 영구 실업자로 전락한다는 예고는 생존의 위협을 증폭시킨다. 기술괴물이 실업자를 늘릴수록 착취괴물에게는 밀려난 낙오자들을 더 쉽게 착취할 수 있는 여건이 제공되는 것이다.

제3장

기업가적 노동주체 vs 프레카리아트(precariat)

I. 기업가적 노동주체 vs 조용한 사직자

신자유주의는 '경영의 혁명'을 통해 노동자의 적극적, 자발적 참여를 유도하는 '기업가정신'과 노동주체성에 기반한 신경영 관리 전략을 펼쳤다. 이는 1980년대부터 영미권에서 대두된 '기업문화론'으로 노동 현장에서 야기되는 갈등을 우회하고 기업의 이데올로기적, 문화적 통제를 강화하는 기획이었다. 여기서 기업은 노동현장의 '인간화', '생산성을 위한 자기발전', '노동을 통한 자기 존재의 가치화', '인적 잠재력의 해방'의 장으로 제시되었다.

이는 테일러주의적 노동조직에서 장애요소로 폄하되었던 주체성, 창조성, 참여와 같은 요소들을 예찬하는 반전이었다. 즉 노동현장을 개인주의적 능력주의에 의한 노동자의 자기주체화와 권능화의 공간으로 재구성하는 기획이었다. 기업과 노동자의 성공과 미래를 하나로 일치시켜 기업의 가치를 노동자 자신의 가치로 실현시키고, 조직의 하향적인 목표달성명령을 노동자들의 상향적인 요구로 전환시키는 것이었다. 이는 상품노동자를 기업괴물의 아바타로 적극 포섭하여 노동착취를 극대화하고 정당화하는 전략이었다.

여기서 호모 라보란스는 '기업가적 자아(enterprising self)'로 탈바꿈해야 하는 임무를 부여받았다. 자발적인 자기규율화의 방식을 통해 자본의 논리로 사고하고 행동하는 '우리 속의 자본'으로 훈육되었다. 기업의 가치를 내재화하고 기업의 이익에 몰두하여 하나의 기업을 주도하는 '기업가적 주체'('나 주식회사'의 최고경영자)로 거듭나야 했다. 개인의 성패를 기업의 성패로, 자아의 가치를 시장의 가치와 일체화시킴으로써 '자신이 곧 사장'이라는 자세로 자본가의 입장에서 생산성 향상에 매진해야 했다.

CEO를 우상으로 삼는 '기업가적 인간'은 자기 프로모션의 기회를 포착하는 능력과 결단을 갖추고 자신을 자본화하는 기업적 기획의 대상으로 삼아 치밀한 자기경영, 잠재력 개발, 자기관리, 자기 마케팅에 매진하는 인간이었다(Brunel, 2008). 기업가적 자아는 자아에 대한 시장주의적 통치를 극대화하는 에이전트였다. 이는 기업이 '영혼의 매니저'로서 호모 라보란스의 몸과 무의식에 파고들어 본성까지도 식민화하는 '인간의 기업화' 전략이었다. 이처럼 노동시장은 변신을 거듭하는 자본주의의 히드라적 본성을 인간본성으로 도치시키는 재사회화의 장(場)으로 기능했다.

기업가형 인재육성은 기업의 요구에 부응하는 취업맞춤형 인성교육의 경쟁으로 이어졌다. 기업은 교육콘텐츠를 공급하고 청년들의 도전적인 창업을 지원하는 '선진' 직업교육체계를 구축하여 미래의 창의적인 인재양성을 위한 투자를 주도했다. 시장의 논리에 따른 대학의 기업화가 촉진되면서 대학교육은 기업가적 인간을 배출하는 양성소로 전락했다. 기업가적 인간에 대한 '글로벌 스탠더드' 수준이 높아질수록 선진국의 기업교육을 따라잡는 세계적 경쟁도 치열해질 수밖에 없었다. 교육기관이 기업괴물의 경쟁력을 학습시키는 경쟁에 직접 뛰어들면서 고등교육의 목표 자체가 그 아바타들의 육성에 집중하는 방향으로 변질되어갔다.

다른 한편 노동현장에서는 MZ세대를 중심으로 업무효율성을 압박하는 장시간 노동과 업무 몰입을 피해야 한다는 인식이 드러났다. 젊은 세대에서 취업만족도가 떨어지는 반면 직업보다는 개인생활을 중시하는 풍조가 자리 잡은 결과였다. 기업가적 주체를 요구하는 추세 속에서 소수를 제외하면 직장에서 발전할 가능성에 대한 기대치가 현저히 감소되는 상황도 반영된 것이었다.

미국에서 2022년 펜데믹 시대 이후 논란이 된 MZ세대의 '조용한 사직(quiet quitting)'은 그러한 흐름을 대변해주는 것이었다. '조용한 사직'이란 퇴사는 안 하지만 마음은 일터에서 떠난 상태로 최소한의 일만 하며 주어진 일 이상의 노동과 열정을 기대하는 문화를 거부하는 태도를 뜻하는 신조어다. '우리는 임금대로 행동한다(Act Your Wage)'는 '조용한 사직'은 '워라밸(work-life balance)'보다는 좀 더 방어적인 대응이었다.

이러한 대응은 미국에서 팬데믹을 계기로 이른바 '대퇴사(great resignation)' 열풍 속에서 자발적 퇴직자의 급증(2021년 기준 퇴직자 4,740만 명)과 노동 공급 감소현상으로 나타났다. 팬데믹이 유연근로제 활성화로 이어지면서 파트타이머(주당 40시간 미만 노동자)등 단시간 노동자가 늘어난 것과 팬데믹이 불러온 자산시장 버블로 증시나 암호화폐 등에 투자했던 사람들이 목돈을 벌게 된 것도 이러한 현상에 한 몫을 했다고 한다. 또한 팬데믹 사태이후 전례 없는 고용 호조로 추가 근무 강요를 거부할 수 있는 환경이 조성된 것도 관련이 없지 않았다.

그렇다면 조용한 사직이 '뉴 노멀'이 될 것인가? 미국의 유력매체는 '조용한 사직'을 '대퇴사시대'[1]의 다음 단계로 보았다. 2022년 9월 갤럽의 여론조사에서 미국 노동자의 최소 50%가 사실상 조용한 사직을 실천하고 있는 것으로 나타나기도 했다. 노동자의 절반이 일에 대한 회의적 생각을 가지고 최소한의 일만 하는 자세는 심리적으로 직장을 떠난 상태임을 말해준다는 것이다.

유럽의 기업들도 새로운 업무 패러다임으로 대응해야 한다는 필요성을 인지하는 경향을 보였다. 종전의 기업문화에서 탈피해야 한다는 인식과 함께 노동환경 개선으로 '조용한 사직'을 예방하고 직원들의 열정을 되살리는 데 주력하는 조짐이 나타났다. 직원에게 학습시간을 제공하고 직원들을 팀 업무에 참여시키고 공감과 의사소통 등 대인관계 능력을 업무의 우선순위로 정할 것을 권고하는 등 전략적 투자를 아끼지 않는 분위기였다.

독일에서는 유연한 근무방식의 새로운 모델을 제시한 한 스타트업 기업이 '선진적인 기업문화'에 주는 '최고의 기업상'을 2022~23년 연이어 받았다. 이 기업은 최고경영자를 포함한 구성원 대부분이 지역 제한 없이 재택·원격 근무를 하면서 완전 자율로 자유롭게 일할 장소와 시간을 정할 수 있는 체제를 도입했다. 이는 일과 육아, 여가 등 개인의 일과를 함께 양립시킬 수 있고 만족도와 충성도를 높일 수 있어 일의 효율성과 생산성에도 긍정적인 것으로 평가되었다. 또한 자발적이고 집단적인 '워케이션'[2]을 통해 동료이상의 인간관계를 형성하는 협업으로 업무효율의 상승효과를 거두었다고 한다. 이러한 노동환경의 쇄신은 노동시장의 양극화로 양산되는 불안정노동자들의 악화되는 현실과 더 큰 간극을 벌리는 것이었다.

---

1) 코로나19 시기 미국에서 자발적 퇴사자가 수백만 명 발생하던 현상을 일컫는 대퇴사는 원격근무가 지원되지 않거나 보상이 적은 곳을 떠난 이들이 팬데믹이 끝난 후에도 현장에 돌아오지 않는 상황에서 비롯된 것이다.
2) 워케이션(workation)은 work+vacation의 합성어로 원격 근무의 한 형태로 휴가와 업무를 병행하는 것을 말한다.

II. 프레카리아트(precariat)

　신자유주의는 '자본 이동의 자유'와 '노동 유연화'의 두 축을 중심으로 전 세계적 차원에서 고도의 노동착취 시스템을 구축하였다. 신자유주의가 표방한 '부드러운 자본주의'는 고용불안정에 시달리는 다수의 노동계층에게는 전체주의의 가혹한 모습으로 다가왔다. 불안한 일자리를 전전하는 노동자에게 '기업가적 주체'나 '워라밸'은 딴 세상의 얘기였다. 이들에게 신자유주의가 내세운 '경영 혁명'이란 노동시장이 부과하는 배제와 탈락의 위협을 노동자 개인의 부적응과 무능력의 탓으로 돌리고, 노동자들 간에 분열을 조장하여 이들의 단결된 저항의 잠재력을 위축시키는 것이었다.

　신자유주의 노동시장은 '노동 유연화'의 이름으로 차별과 배제의 전략을 구사했다. 노동의 유연화는 종전의 노동시장의 분절화와 노동력의 분할 지배를 한층 더 강화하는 전략이었다. 종전까지 내부-외부, 1차-2차, 공식-비공식 부문으로 차별되어온 노동시장의 분할구도를 세계적으로 확장, 심화시키는 것이었다. 자본주의의 노동착취구조는 노동의 유연화로 보다 극명하게 그 심각성을 드러냈다. 고용안정성과 임금이 상대적으로 높은 노동시장과 여기서 배제된 저임금과 불안정 고용의 노동시장의 이중구조와 함께 다기능적 고숙련노동과 주변적인 저숙련노동의 이원화가 심화되었다.

　거대 글로벌 기업들이 늘어나도 실직자들은 줄지 않고 오히려 늘어났다. 중간 소득수준의 수많은 일자리는 사라지고 나머지 일자리의 임금은 정체되거나 하향화되었다. 긱 이코노미 시대에서 외주노동자, 계약직, 프리랜서, 인디펜던트 워커(independent worker), 디지털 노마드, 뉴 노멀 재택근무자 등이 늘어나면서 더 이상 평생직장도 없고 안정성이 보장된 직업도 없는 상황이 되었으며, 언제든 쉽게 해고할 수 있는 일자리의 비중이 높아졌다.

　노동예비군의 착취가 심화되고 외주나 하청에 의한 단기 불안정노동과 파견노동 등 간접고용에 따른 고통과 불안도 증폭되었다. 고용주도 모르는 노동자들이 노동현장을 메꾸게 된 것이다. 이는 자본과 노동의 계약관계가 아예 성립되지 않게 만드는 노동비용의 최소화 전략이었다. 이로부터 노동계급의 하향화와 최저생계비도 보장받지 못하는 노동빈곤층(working poor)이 늘어났다.

　신자유주의 체제는 유례없는 고용불안정과 열악한 노동조건에 시달리는 '프레카리아트'를 양산했다. 프레카리아트(precariat)는 '불안정한 프롤레타리아트'라는 뜻으로 신자유주의 경제에서 등장한 신노동자계급이었다. 신자유주의 노동시장은 높은 연봉의 하이테크 생산기술자들과 비정규직을 넘나드는 노동자들로 양극화되었다. 일례로 애플 관련 노동자 75만 명 중 직접 고용된 사람은 6만 3,000명 정도에 불과했다. 기업은 우회적인 고용을 늘렸고, 임시직 소개소들은 더 값싼 노동력을 제공하는 경쟁을 벌이게 되었다. 반면 기업의 최고경영자, '아이디어 귀족', 스타산업의 인기연예인이나 스포츠선수 등이 거두어들이는 소득은 천문학적 숫자에 달했다. 이토록 잔인할 정도의 불공정한 소득격차는 프레카리아트와 같은 노동자들에게 삶과 노동의 의지가 무참하게 짓밟히는 절망과 분노를 안겨주는 것이었다.

　프레카리아트는 노동자로 인정받지 못한 채 노동자와 실업자의 경계를 넘나들면서 불안정한 고용의 일회용 소모품으로 동원되는 노동예비군(비정규직, 파견직, 실업자, 노숙자 등)이었다. 산업예비군에서부터 프레카리아트에 이르기까지 노동예비군의 영구적 유지는 자본주의 노동시장의 기본 전략이었다. 호모 라보란스는 노동계약의 불공정성과 노동권의 유린에 시달리는 것뿐 아니라 노동시장에서 언제든 '폐품'처럼 버려질 수 있는 운명에 처했다. 2002년 미국 CIA는 "1990년대 후반이 되면서 세계노동력의 3분의 1에 해당되는 10억 명이라는 어마어마한 노동자가 실업과 준 실업 상태에 처하게 되었다"고 보고한 바 있다. 이는 자본 일방의 이익을 위해 노동자를 '탈노동자화'하는 전략이었다.

특히 젊은 세대의 노동력은 초과 공급 상태에 처했고 학력 인플레 속에서 고학력의 인력은 능력 과잉 현상에 직면했다. 실업과 폐업으로 노동의 유민화가 초래되고 하루살이식 생존방식도 늘어났다. '불합격품', '불량품', '폐기물'로 비유되는 '잉여계급(surplus class)'이나 '최하층민(underclass)'도 늘어났다. 이들은 노동시장에서 배척당한 것만으로 사회 구성원의 기본 자격을 박탈당하는 신세가 되었다.

미국에서 점점 증가하는 노마드들의 유랑생활에서도 프레카리아트의 실상이 잘 드러난다.3) 『노마드랜드』의 저자 브루더는 시스템에 의해 파괴 될망정 시스템을 벗어날 길을 찾아내는 사람들이 잘 보이지 않는다는 걱정과 두려움으로 이들을 찾아 나섰다고 한다. 시스템의 변방에서 떠돌아다니며 '계절성' 노동의 최저임금으로 연명하는 이들은 자신들이 '홈리스'가 아님을 강조했다. 홈리스는 법률적으로 추방된 사람들, 낙오자들, 타자들, 빈털터리, 불가촉천민들이라면, 이들은 2007~2008년 미국 서부프라임 모기지 사태에서 시작한 세계 금융위기의 피해자들이었다. 집세와 주택 융자금의 속박으로부터 해방된 사람들, '망가지고 타락해가는 사회질서'에서 빠져나온 사람들이었다. '사회적 계약'이 사라진 사회에서 '하라는 대로 모든 걸 제대로 해도 결국에는 파산하고, 혼자 남고, 홈리스가 될 수 있'음을 경험한 이들은 '이제 죽음을 두려워하기보다는 자산이 버텨주는 나이보다 더 오래 사는 일을 더 두려워'했다.

---

3) 『노마드랜드』(제시카 브루더, 『NOMADLAND』, 엘리, 2021)는 2014년부터 3년 동안 24,140km를 여행하며 수백 건의 '하우스리스'들과의 인터뷰를 거쳐 집필한 글이다.

노예노동자에서 '사회적 노동자'로

I. 노예노동자

신자유주의적 세계화는 국제무역의 자유화를 촉진시켰고 이는 선진국과 후진국간에 불공정한 교역을 증대시켰다. 국제교역은 세계노동시장을 재조직하는 국제 분업에 의해 활성화되었다. 국제적 분업은 선진국의 다국적 기업들이 국제적 하청체제를 통해 노동법의 규제나 세금의 부담을 피하고 후진국이 제공하는 자원과 값싼 노동력을 수탈하는 전략이었다. 주변부 국가들의 노동자들은 자국 내에서 국내하청 노동자가 되거나 중심부 국가 내로 유입되는 이주노동자들이 되어야 했다. 자본주의 착취괴물은 법에 구애받지 않고 전 세계 곳곳에서 노동의 잉여가치를 극대화하는 전술들을 쉼 없이 고안해냈다.

과거 식민지시대부터 서구 중심부 국가들의 광산, 철도건설, 공장 등에서 부족한 노동력을 제공한 일등공신이었던 이주노동자들의 역사는 오늘도 지속되고 있다. 유럽에서는 오랜 세월 누적되어온 이민자들의 차별과 배제로 인한 고질적 문제들이 한층 더 심각한 양상으로 폭발했다. 이민 2세대의 차별과 이방인 취급 등에 대한 불만과 갈등이 고조되면서 특정 사건이 발생할 때마다 이를 기화로 폭력시위가 벌어졌다. 2023년 6월 프랑스에서 알제리 후손 소년의 죽음이후 벌어진 시위에서 일부 시위대의 행위가 지나치게 폭력적이지 않느냐고 묻자, 한 청년은 '지금 사회 구조 자체가 폭력적'이라고 거듭 강조했다. 자신이 아무리 똑똑하고 공부를 많이 해도 좋은 직장을 얻는 건 백인이라고 했다. 아랍계인 것이 뻔히 보이는 이름과 이주민이 많이 사는 외곽지역(게토) 주소 때문에 직장을 구할 수가 없다고 했다.

평등과 인권을 주창한 역사가 200년이 넘는 프랑스에서 '이주민'의 업보를 타고 난 청년들에게 배제와 차별이 대물림되는 상황은 악화되고 있다. 이들이 백인세상의 '구조적 폭력'이 미치지 않는 곳에서 각자도생의 길을 찾아내기는 점점 더 불가능한 일이 되어간다. 부모세대가 차별을 받으면서도 살아남을 수 있었던 게토에서조차 생존의 위협을 받는 후손들은 이주민 부모세대보다 한층 더 격렬하게 싸워야 하는 시대를 살고 있다.

자본주의 국가에서 이주는 오랫동안 지속되어온 글로벌 현상이었다. 이주규모는 제2차 세계대전 이후 지금까지 전 세계 인구의 3% 수준이었고 난민은 0.3%에 달했다.[1] 글로벌 시장 개방에 필요한 노동력 확보는 이민으로 충당될 수밖에 없었다면, 신자유주의는 이주노동을 착취해온 오래된 관행을 전 세계적으로 확장시켰다. 자본은 국가의 경계를 마음대로 넘나들 수 있지만, 노동 이주의 자유는 금지되었기에 착취관행이 허용, 묵인될 수 있었다. 이주노동에 의한 경제적 혜택은 대부분 부유한 사람들 몫으로 돌아갔다.

'불법' 고용은 노동권을 유린하는 덕분에 초과이득을 안겨주었고,

---

1) 헤인 데 하스, 『이주, 국가를 선택하는 사람들』, 세종서적, 2024.

그 대가로 주변부 노동자들은 거대 글로벌 자본의 '노예노동자'가 되었다. 유럽과 미국에서는 불법이주 단속 및 감시강화, 국경봉쇄, 주민들의 항의 등으로 이주노동자의 현실은 더욱 어려워졌다. '하이테크 국경 강화'라는 거대장벽이 생기면서 부유한 나라로의 이주노동은 목숨을 건 모험이 되었지만, 밀입국 노동자들, 이민, 난민들의 행렬은 그치지 않았다.

저임 불법 노동착취는 오늘도 자본주의에 필수요소다. 그 덕분에 승승장구하는 글로벌 기업들은 인권보호를 형식적 선언으로 가장할 뿐이다. 이에 분노한 미국의 한 인권변호사는 애플 기업을 상대로 소송을 벌여왔다. 그는 핸드폰에 들어가는 수십 개의 광물과 모든 배터리 충전용 코발트의 주 원산지인 콩고에서 자행되는 아동노동의 불법 착취 현장을 고발했다. 7살 미만의 어린이도 포함된 아동노동자들 수 만 명이 착취당하고 병들어가는 현대판 노예노동의 참상이 드러났다.

전기제품 쓰레기하치장에서도 어린아이들은 광물조각들을 찾아다녔다. 그 광산지역의 주민은 집집마다 지하실을 파서 코발트 채취로 번 돈을 TV나 핸드폰 구입에 갖다 바쳤다. 굶어 죽는 사람이 줄어드는 대신에 일하다가 죽는 사람이 늘어났다. 가난한 호모 라보란스에게는 노동을 해도 가난만 불어났다. 가난한 사람은 더 가난해지기 위해 노동착취에 매달리는 잔인한 역설적 상황이 전 세계 곳곳에서 아무렇지도 않게 펼쳐졌다.

한국은 이민을 나가던 이출국에서 이민이 늘어나는 이입국으로 바뀌면서 이주 노동자가 180만 명에 이르렀고, 2022년 말 기준 국내 거주 중인 외국인 수는 약 224만 명에 달했다. 2004년부터 외국인 노동자 고용허가제를 실시해왔고, 저출생과 고령화로 인해 노동력 부족이 심화되면서 2024년에는 그 규모가 역대 최대인 16만 5,000명으로 상향되었다. 외국인 이주노동자는 건설현장, 식당, 요양병원, 농장,

가사노동 등 3D 업종으로 불리는 열악한 노동현장을 지켜왔으나, 일터 변경・고용연장・재고용, 산업재해,2) 불법체류, 불법중개에 의한 임금착취, 인권침해, 부당노동행위, 주거권 등으로 갈등을 겪어왔다.

2014년에 시작된 이주노동자 주거권 운동은 2020년 겨울 캄보디아 여성 농업노동자가 비닐하우스 기숙사에서 한파로 동사한 이후 한층 더 가열되었다. 2020년 고용노동부 실태조사 결과 농축산업 이주노동자의 99.1%가 사업주가 제공하는 숙소를 이용 중이었고, 그중 74%가 컨테이너, 조립식패널, 비닐하우스 기숙사 등 가설건축물에서 살고 있었다. 외국인 근로자 없이는 대규모 농사를 지을 수 없는 상황에서 외국인 계절근로자 규모는 2023년에 4만 명을 넘어섰다.

한국의 자동차 부품 공장에서 일하는 한 이주 노동자는 이렇게 노동의 전쟁터를 노래한다. 〈"사람이 만든 기계와/기계가 만든 사람들이/서로 부딪히다가/저녁에는 자신이 살아 있는지 조차 알 수가 없구나/친구야 여기는 기계의 도시란다/여기는 사람이 기계를 작동시키지 않고/기계가 사람을 작동시킨다."/"하루는 삶에 너무도 지쳐서/내가 말했어요/사장님, 당신은 내 굶주림의 신이시여/내 삶은 당신의 은덕입니다/.../이제는 나를 죽게 해주세요. 사장님이 말씀하셨어요/알았어/오늘은 일이 너무 많으니/그 일들을 모두 끝내도록 해라/그리고 내일 죽으렴."〉3) 기계보다 더 빨리 일해야 하는 슈퍼기계 노동자는 죽을 때까지 사장의 처분만 바라는 자신의 신세를 자조할 뿐이다.

이상현은 노동지옥을 노래한다.4) 〈너나 없이 '죽을 각오'를 하니, 이제 사회는 죽을 각오를 권한다. … '죽을 각오'는 일터에서 가장 드

---

2) 한국은 독일, 영국, 일본에 비해 산업재해 발생자 수가 가장 높은 현실에서 한국 기업의 가장 큰 사회 리스크는 '중대재해'로 꼽힌다.
3) 뻐라짓 뽀무 외 34명, 『여기는 기계의 도시란다』, 네팔이주노동자 시집, 삶창, 2020.
4) 〈이상현의 바깥길〉, "'죽을 각오'를 권하는 사회", 한겨레, 2021.6.23.

라마틱하게 적용된다. …'죽을 각오'는 수사나 말장난이 아니다. 잠재적으로 온몸의 기운을 다 빼낼 만큼, 영혼까지 끌어내야 제대로 일한 것이라는 뜻이다. … 이렇게 일터의 '사즉생'은 장시간 노동과 산업재해를 온전히 일하는 자의 몫으로 내재화시킨다. … '죽을 각오'로 일하라고 해서 '죽을 만큼' 일하면 소리 내기도 힘들기 때문에 소리 없이 죽는다. 21세기 최첨단 기술과 경영으로 빛나며 주식시장을 열광시켰던 어느 기업은 노동자들이 '죽을 각오'로 일하도록 시스템을 짰다.). 노동지옥은 첨단기술로 무장한 시스템 덕분에 노동력 착취를 극대화할 수 있게 되었다.

II. '사회적 노동자'

'창조적 파괴'의 이름으로 거듭되어온 자본주의의 또 하나의 변신은 '생산의 사회화'를 강조하는 생산 양식론에서 배태되었다. 제레미 리프킨(Rifkin, 1996)이 '노동의 종말'을 경고한 이후 오늘까지 자본주의가 필요로 하는 생산노동은 노동시장을 넘어 사회 전체로 확대되는 세계적 흐름으로 나타났다. 생산의 사회화는 생산노동의 임금을 지불하지 않고 노동력을 이용하는 것, 즉 자본의 노동착취가 고용된 노동자의 범위를 벗어나 사회구성원 전체를 상대로 이루어지는 것을 말한다. 영리 기업의 수익 결정이 산업적 활동으로부터 사회 전체의 생산성으로 확장된 것이다(비클러, 닛잔, 2004: 103). 하비는 사회적 재생산의 거의 모든 영역이 침략적인 자본주의 활동의 현장으로 변질된 것이라고 했다(하비, 2014: 285). 자본 권력의 촉수가 사회 도처에서 무수한 방식으로 거침없이 작동하는 세상이 된 것이다.

20세기 말 이래로 정보기술을 통해 생산의 효율성을 추구하는 정보

경제가 '생산의 사회화'의 핵심 역할을 담당하게 되었다. 정보화 사업이 번창하면서 사회 전체가 정보 생산 네트워크에 통합되었다. 정보네트워크를 통한 소통, 정보의 검색 및 교환, 지식의 활용 등은 잉여가치를 생산하는 통로이자 사회적 생산에 기여하는 노동이었다. 마셜 맥루언과 베링턴 네빗은 1970년대부터 "전기기술의 발달로 소비자가 생산자가 될 수 있다."고 강조했다.

앨빈 토플러(A. Toffler, 1928~2016)는 『제3의 물결』(2006)에서 미래소비자의 속성으로 생산자와 소비자를 하나로 합체시키는 '프로슈머(prosumer)'와 프로슈머 경제가 부상하는 시대를 예고했다. 프로슈머는 생산자와 소비자 또는 전문가가 결합되어 만들어진 신조어로서 자신이 원하는 정보를 생산하고 가치를 창출하는 다양한 생산소비활동자를 말한다.

프로슈머들은 임금도 받지 않고 기업을 위해 가치를 창출하는 생산적 소비노동자였다. 정보경제에서 각종 서비스업의 마케팅 대상이 되는 사회구성원 모두가 잠재적인 잉여가치를 생산하는 노동자로 봉사하는 셈이었다. 이처럼 자본은 노동력의 구매 없이 사회적 활동을 노동력으로 이용하는 기술의 조건과 환경을 조성해왔다. 정보 과잉과 과도한 성능의 통신 기술을 자랑하는 테크놀로지 시대에서 사회적 적응력을 키우는 것 자체가 자본에 봉사하는 '사회적 노동자'로 훈육되는 것을 의미했다. 디지털 기술이 일상의 삶 속에서 필수적인 애용품으로 자리 잡게 된 상황이 바로 이러한 사회적 노동을 피할 수 없는 당연한 일과로 만들었다.

네그리(A. 네그리, H. 마이클, 2003)는 사회 전체가 잉여가치를 생산하는 사회적 공장은 자본주의 생산주의 시스템이 지배하고 통제하는 훈육사회(disciplinary society), '공장-사회(factory-society)'라고 했다. 이는 자본주의 시장영역으로 포섭된 사회 전체와 전 지구가 임금을 지불하지 않는 노동현장이 되면서 고용 없는 노동착취가 가능해진 것을 의미한다. 노동은 물질적이든 비물질적이든, 지적이든 육체적이든, 사회적 삶을 생산하고 재생산하는 사회적 생산체계로 작용하며 그 과정에서 자본에 의해 착취당하는 것이다.

이와 같은 맥락에서 자본주의 소비경제가 사회구성원 전체를 끌어들이는 소비노동 역시 네그리가 말하는 사회적 공장의 핵심 동력이다. 이른바 모바일 혁명에 힘입어 전 지구적 차원에서 날로 증가하는 정보의 소비, 인터넷 쇼핑, 그리고 점점 더 다채로워지는 문화적 소비는 매우 다양한 유형의 '사회적 노동자'들을 양산하는 것이다.

더 나아가서 디지털 시대에서는 일상공간과 사회생활에서 이루어지는 인간의 활동들이 데이터 경제의 원료로 제공되고 플랫폼 자본주의가 이를 자동으로 수취한다. 인간의 활동을 데이터로 수치화하고 수집하고 조작하고 거래하는 데이터 경제는 빅데이터를 독점하는 자본과 기술이 인간과 사회의 운명을 조종하는 전권을 쥐게 만든다. 자본과 노동의 관계가 플랫폼을 통해 은폐되면서 그 잉여가치가 측정할 수 없는 형태로 자본의 전유물이 된다. 자본은 플랫폼을 통해 더 쉽고 빠르게 생산 공장을 사회 전체로 확장시킬 수 있게 된 것이다.

인간은 자신도 모르는 사이에 거대한 디지털 경제에 노동자로 예속된다. 인간의 지식, 인지활동 및 정서를 수탈하는 "인지자본은 생활과 소통, 여가활동이나 오락이 이뤄지는 시간을 자동화된 플랫폼과 연결시킨다. 이를 통해 인지자본은 이용자의 활동시간을 자본의 이윤창출을 위한 원료창출시간으로 변환한다." 여기서 "이용자들의 생활시간을 플랫폼 기업의 노동시간으로 전환하는 마술이 이뤄진다."는 것이다 (백욱인, 2023: 339). 이 전환은 눈에 드러나지 않는 플랫폼 알고리즘을 통해 이루어진다.

이처럼 "플랫폼은 이용자의 노동을 수탈하는 한편 이용자에게 서비스를 제공하는 장소다. 그것은 이용자 활동 결과물을 원료로 흡수하는 동시에 새로운 상품을 공급하는 공장이자 시장이며 극장이자 놀이터다. 플랫폼을 통해 자본은 공장의 영역을 벗어나 사회공장으로 확장되었고, 생산과정과 소비과정은 일체화 혹은 동시화 되었으며, 국지적 장소와 세계적 장소가 통합되어 시공간적 계열화가 이뤄졌다"(앞의 글: 364).

디지털 자본주의는 인간의 삶과 활동 전체를 자본축적의 동력으로 삼는 것이다. 자본과 디지털 기술을 개발·유통하는 기업과 시장은 인간의 사회적 활동을 경제시스템으로 포섭하는 '사회공장'의 확장을 통해 디지털 기계에 예속되는 무상 노동자를 창출한다. 여기서 착취괴물은 잘 드러나지도 않고, 규탄대상으로 떠오르기도 쉽지 않다. 사회적 노동자로 편입하는 개개인 모두가 자신을 스스로 착취하거나 착취의 대상으로 만들어 노동착취의 개념 자체가 성립되지 않는 것처럼 보인다. 디지털 기술괴물의 아바타들은 바로 사회적 노동을 앞장서 보편화하는 주인공들이다.

사회적 노동자의 증가는 고용관계로부터 최대한의 해방을 꾀하는 자본의 전략을 관철시키는 것이다. 노동력의 이용을 노동시장 내에서는 최소화하고 노동시장 밖에서는 극대화하는 환경조성은 사회 전체를 잉여가치 창출의 장으로 포섭하는 전략이다. 그러나 사회적 노동자로 훈육되는 인간은 자신의 일상 활동이 자본에 의해 포획되는 것을 의식하지 못하는 상태로 습관적, 자발적으로 생산의 사회화에 참여하게 된다. 호모 라보란스는 이처럼 노동시장과 소비시장을 넘어 일상의 개인적 활동 전반에서 자본주의 시장경제의 부역자로 착취당하는 존재가 된 것이다.

그렇다면 네그리의 주장처럼 사회구성원 모두에게 '사회적 임금'이 지불되어야 마땅한 것이 아닌가? 사회적 노동의 결실을 독점하는 자본은 '생산의 사회화'의 비용을 당연히 지불해야 하지 않겠는가? 사회구성원은 자본을 위해 생존하고 활동하는 대가를 요구할 권리가 있는 것이다. 이는 실업자를 포함한 사회구성원 모두에게 새로운 개념의 '노동권', '생존권', 더 나아가서 '전 지구적 시민권'을 보장하는 것을 의미한다. 여기서 자본의 제국을 지탱하는 착취구조에 대적하는 투쟁의 필요성이 대두된다.

청년 호모 라보란스

한국은 압축적 성장에 매진해온 신흥 자본주의 국가로서 선진국이 20세기이래로 경험해온 노동시장의 변신과 그 모델들이 단기간 동안 유입되거나 동시다발적으로 차용되고 중첩되면서 혼란과 갈등이 증폭되는 상황이 전개되어 왔다. 특히 젊은 세대는 양극화되고 불안정한 노동시장에서 점점 더 치열하게 생존력, 적응력, 경쟁력을 발휘해야 한다. 이러한 상황에서 청년 호모 라보란스의 유형들은 이전 세대들보다 점점 더 다양해지고 빠르게 변화할 뿐만 아니라 개인적 지향이나 대응방식에서도 차별화된 양상을 보인다.[1]

---

[1] 한국 경제의 주력 세대로 떠오른 MZ세대는 2020년 기준 한국은행과 통계청 자료에 따르면 전체인구의 절반인 2,435만 명으로 집계되었다. MZ세대 직원 비중은 대기업에서 대략 60%, 정보기술(IT) 기업에서 80%를 차지했다. MZ세대는 사무직 노조를 탄생시키면서 새로운 노사관계와 조직문화를 시도하거나 '성과급 기준을 구체적으로 밝혀달라'고 요청하는 등 경직된 대기업문화를 바꾸려는 움직임을 보이기도 했다(김용섭, 『결국 Z세대가 세상을 지배한다』, 퍼블리온, 2021).

I. '기업가형 명품' : '누구나 창업가'

'기업가적 인간'의 모델은 선진 자본주의 국가들뿐 아니라 선진국 따라잡기에 여념이 없는 한국에서 특히 그 파장이 두드러졌다. 출판시장에서 범람하는 온갖 종류의 '자기계발서'들은 기업가적 인간의 능력개발을 위한 강박적 주문들을 쏟아냈다. 매스컴에서는 '글로벌 성공시대'를 예찬하고 성공신화들을 부각시키면서 시장에 대한 허황된 낙관론을 퍼뜨렸다. 젊은 세대에게 최대과제로 대두된 '스펙 쌓기'는 기업가적 마인드로 무장하는 생존전략의 필수코스였다.

스펙 쌓기(spec building)는 제품의 명세서처럼 개인의 능력과 자질을 노동시장에서 표준화된 품목으로 만드는 것이었다. 스펙 쌓기는 인간이 하나의 제품으로 취급당하는 것을 당연하게 받아들이고 순응하게 하는 독사로 작용하면서 신자유주의적 호모 라보란스의 모델을 추종하게 만드는 것이었다. 이는 상품성이 높은 품목을 제시하지 못하는 책임을 개인의 결함으로 돌리면서 무한경쟁을 가열시키는 전략으로 고용주를 대신하여 피고용인으로 하여금 스스로 자기매질과 자기착취를 감내하도록 유도하는 것이다.

청년 호모 라보란스는 시장에서 불량상품이나 사양제품으로 밀려나지 않기 위해 교환가치가 높은 제품명세서를 만드는 것에 몰두해야 했다. 용도, 목적, 시효성이 불분명한 자격증을 강박적으로 늘려가고 현재의 직업과는 별도로 '스펙 쌓기'를 병행하기도 했다. 스펙의 과잉은 과잉능력 경쟁을 요구하는 시장의 압박 때문이었다. 스펙 쌓기의 강박과 끝없는 경쟁에 시달리는 학생들에게 대학은 점점 더 취업준비학원에도 못 미치는 무익한 것으로 가늠될 뿐이었다. 이러한 상황에서 대학들은 '취업사관학교'로 기업화하는 생존법으로 '기업가형 명품' 인재 육성과 이를 통해 대학의 '브랜드' 가치를 높이는 경쟁에 뛰어들었다.

안정적 일자리를 확보한 청년 호모 라보란스는 노동시장의 요구조건에 맞추어 '기업가정신'으로 무장하고 첨단 기술 습득에 앞서 가는 노동자로 육성된다. 취업에 성공했다고 자기계발에 손을 놓는다면 그때부터 도태된다. 퍼스널 브랜딩 서적들은 직장이 나를 버렸을 때도 혼자 생존할 수 있도록 매력적인 '1인 브랜드'가 되어야 한다고 주문한다. 자신만의 매력으로 '대체 불가능한 인력'이 되어야만 살아남을 수 있다는 것이다. 동시에 실업에 대비하기 위해 직장 밖에서 '멀티 페르소나(multi-persona, 다중적 자아)'를 만들어두는 예비책도 필요하다. 이는 고용불안정시대에서 상황에 따라 빠르게 변신하며 적응력을 발휘하기 위한 것이다.

기업은 업무 만족도를 개선하기 위한 직원 역량 제고 프로그램이나 관련 사내 모임 지원을 강화하는 스타트업을 늘린다. 스타트업은 자신의 업무경력관리 욕심이 큰 세대에게 커리어 성장 지원을 위해 산업 전반에 대한 이해와 실무 역량을 강화하는 사내 세미나·스터디 프로그램으로 운영된다. '기업가정신'을 높이고 누구나 창업가가 된다는 '빌더십(buildership)' 문화를 만들어간다. 또는 최첨단 기술을 다루는 스타트업을 중심으로 새로운 기술을 빠르게 익히기 위한 프로그램도 진행된다. 메타버스 공간 경험 스타트업, 경제나 마케팅 공부모임, 개인 커리어개발 및 코칭, 영어지도, AI를 공유하는 문화 등을 장려하기도 한다.

한편 개인생업에 추가로 '사이드 프로젝트'에 매진하는 직장인과 취업 준비생이 늘어간다. '회사 업무만으로는 빠르게 변하는 기술·사업·트랜드를 쫓아갈 수 없다는 불안감'과 SNS로 365일 동안 남과 비교되는 불안한 환경에서 '나만 뒤처질 순 없다'는 초조함이 그 열풍의 동력이다. 경쟁사회에서 시간을 쪼개서라도 앞서나가고 싶어 하는 심리가 반영된 것이다. 이직이 보편화되면서 '셀프 브랜딩'에 대한 수요가 커진 결과이기도 하다.

디지털 역량을 과시하고 협업 경험을 강조하는 방향으로 진화한 경우도 있다. 과거에 블로그·인스타그램·유튜브 등으로 개인 포트폴리오를 관리하던 방식에서 더 나아가 일종의 '미니 회사' 같은 체계적인 협업을 통해 성취감을 얻고 포트폴리오 관리와 부수입을 늘리는 방식이다. 이를 매칭·관리해주는 커뮤니티나 유료 플랫폼도 늘어난다. 이에 따라 노동시장은 일자리는 점점 더 줄어드는 반면 신종 창업이 우후죽순 늘어나는 형국으로 변해간다. 그 틈새를 비집고 들어가야 하는 호모 라보란스는 하청 노동의 기회라도 잡기 위해 고전분투한다.

'1인 사업가' 프리랜서는 기업가정신을 극대화하는 솔로작업이다. 개인 브랜드시대에 맞추어 경영자 마인드를 겸비하고 자기 돈으로 새로운 기술을 배우고 일을 찾아내고 댓글 관리와 불만접수 등 고객관리뿐 아니라 자기 홍보를 위한 SNS와 유튜브 채널 개설 등 다각적 작업을 수행한다. 이들 다수는 '멀티 플레이어'로 다양한 분야의 일(에세이스트, 만화가, 유튜브 제작, 방송 출연 등)을 겸한다. 그러나 글로벌 자본이 시장을 독점하는 시대에 무자본, 소자본으로 '성공한 사업가'가 되기는 힘든 세상이다. 수입은 불안정하고, 기복이 심하고 트렌드가 빠르게 변하는 시장에서 1인 사업가는 '희망고문'에 시달리며 틈새를 비집고 살아남는 기회를 찾아 헤매야 한다.

불안한 노동시장은 너도 나도 기업가형 명품이 되기 위한 모험과 경쟁에 뛰어들게 만든다. CEO의 성공신화는 기업의 생리를 체화하고 시장의 문법에 능통한 기업가적 인간을 우상으로 삼아 승자로 부상하는 꿈을 꾸게 한다. 기업가적 인간은 스펙 쌓기로 승부하든, 창업으로 대박을 노리든, '명품'이 되어야만 살아남을 수 있다는 일념으로 매진한다. 한국에서 일상화된 '파이팅' 구호처럼[2] '무조건 싸워서 이겨야

---

[2] 한국인들이 일상 속에서 거의 습관적으로 '파이팅'을 외치는 것은 무조건 '싸워야 한다.' 그래서 '이겨야 한다.'는 강박증으로 마치 적을 대하듯 죽기 살기로 싸우는 정신적 무장

한다'는 각오를 다진다. '자유경쟁'의 신화는 과잉경쟁의 열병에 시달리게 하고, 이전투구의 과잉에너지를 발휘하게 한다. 승자독식의 서바이벌 게임은 목숨을 걸고 벼랑 끝 싸움에 뛰어드는 인간을 요구한다.

이 모든 것은 예측불가능하고 통제불가능하고 불평등을 동력으로 삼는 기업괴물의 아바타로 훈육되기 위한 것이었다. 이 아바타들은 성공신화에 빠질수록 희망고문에 시달리면서도 경쟁대열에서 빠져나올 수 없는 운명에 있었다. 기업가정신으로 무장된 아바타들은 오로지 '자기 자신과의 싸움'에 올인할 수밖에 없었다.

II. 워라밸 : '받은 만큼만 일하자'

청년 호모 라보란스의 또 다른 특징은 '워라밸'을 추구하는 경향으로 나타났다. 워라밸은 일과 삶의 균형을 무엇보다 중시하는 가치관과 라이프스타일을 의미한다. 즉 직업을 인생의 일부로 생각하고 자유로운 직무 이동의 기회를 중시하며 삶의 균형이 있는 직업선택에 초점을 맞추는 것이다. 연령집단 연구가 기업의 필수과제로 등장하면서 국내외 기업과 연구소들의 제트(Z) 세대 보고서가 봇물 터지듯 발표되었.

그 배경에는 한국의 '워라밸' 수준이 OECD 회원국 중 최하위권이라는 현실에 대한 문제의식과 불만이 주목되었다. 한국에서 연간 근로시간은 1,915시간으로 OECD 31개국의 평균 1,601시간과 큰 차이를 보였다. 근로시간은 과도하게 길고 가족과 보내는 시간이나 여가시간은 너무 부족한 것이다. 제도적으로는 주 40시간 근무제와 주 최대 52시간 근무제 도입 등 노동시간을 줄이는 변화가 있었지만 현실에서

이 필요하다는 다짐이다. 그만큼 현실이 척박하다는 것이다.

는 여전히 사각지대가 적지 않았다.

밀레니얼 세대는 자기주도성, 취향공동체성, 소신주의 등의 성향을 지닌 것으로 파악되었다. 이 세대에게는 회사에 대한 충성을 강요하는 것보다 일하면서 자기 효능감(self-efficacy)를 느끼게 해주는 것이 효과적인 것으로 나타났다. 2009년만 해도 취업예비생들은 급여가 다소 적어도 안정성과 연금 때문에 공무원을 선호했었다면, 2021년 조사에서는 국가기관이나 공기업보다는 대기업을 선호하며 특히 정보기술(IT) 회사와 대기업의 복지에 관심이 높은 것으로 나타났다. 평생직장의 안정감보다는 도전을 통한 성취욕이 큰 것이다. 이러한 배경에서 기업의 신 고용전술은 유연한 근무와 장소이탈을 용이하게 하고, 개인의 자유, 창의력, 재미를 살리는 분위기를 조성하는 쪽으로 기울어지기 시작했다. 사내문화를 바꾸지 않으면 이들을 잡아두기 어려운 시대가 됐다는 판단이었다.

기업은 인사노무관리차원에서 신세대를 고려한 직장문화 쇄신에 관심을 보이게 되었다. 이전 세대들에게 익숙했던 과거의 관행, 즉 업무 후 회식, 정시퇴근불가, 연장근무, 상명하복, 직장 내 갑질 등에 대한 젊은 세대의 불만을 최소화하는 시도였다. '평생직장'이란 개념이 희박한 젊은 세대를 붙잡기 위한 고육책이었다. 기업의 조직문화는 1990년대 중반 이후에 출생한 제트(Z) 세대를 겨냥하여 소통방식과 워라밸을 중시하는 방향으로 변화되는 조짐을 보였다.

1990년대 생들이 출간한 책들도 일과 삶의 균형을 강조하거나 취미생활을 통해 인생의 의미를 찾는 성향을 드러냈다. '나만의 삶'을 추구하며 '개성'을 중시하는 개인주의가 두드러졌다. 워라밸을 위해 번아웃에 '노'라고 말하고 '받은 만큼만 일하자'는 주장은 자신의 삶을 보호하고 중시하기 위한 것이었다. '회사를 위해 왜 내 몸을 불살라야 하는가?'에 대한 해답이 바로 워라밸이었다. 2021년 한 조사결과3)에 따르면 '딱 월급 받는 만큼만 일하면 된다.'고 한 응답자가 20대(78.5%), 30대(77.1%), 40대(59.2%), 50대(40.1%)순으로 나타났다. '언제 해고될지 모르는데 왜 야근을 하나?'라고 묻는 2030 세대 직장인은 장기근속 의지가 약하고 '샐러리맨 신화'에 대한 존경심보다 동정심이 더 컸다고 한다.

이처럼 신세대의 애사심이 약해지는 만큼 기업 생산성 저하가 우려되는 상황이었다. 이들은 '회사에 대한 애정이 없고 남들보다 빨리 승진하려는 야망도 없으니 고생만 한다는 회의감이 크다.'고 했다. 빠른 승진과 보상을 약속하며 요구하는 고강도 근무에는 관심이 없고, 사내 단합도 공허하게 들리고, 동기부여도 안 된다고 했다. 정해진 시간만 업무에 집중하고 칼 퇴근 후 강의를 듣거나 글을 쓰거나 여가를 즐기는 것뿐 아니라 부업소득을 올리는 'N잡러' 등도 증가하는 추세였다.4) 산업화의 역군으로 일생을 바친 기성세대들의 눈에는 이러한 바람이 낯설고 못마땅하게 비추어지기도 했다. 노동시장은 그 역군들을 그리워할지라도, 이미 판세는 뒤집기 어려운 상황에 이른 것이다.

한국에서도 '조용한 사직'이 새롭지 않다는 반응이 적지 않다. 한국에서 관행처럼 묵인되었던 '번아웃'으로 완전히 지쳐버린 노동자들은 워라밸 요구를 넘어 노동시장에 부역하는 삶 자체에 대한 의미와 기대를 아예 접는 경향도 보인다. 소셜 미디어에서 보듯이 '일은 당신의 삶이 아니다. 당신의 가치는 당신이 하는 일의 결과물로 정의되지 않는다'는 선언이 나오기도 한다. 추가 노동을 하지 않는 것은 물론, 자신의 연봉 증가나 승진, 좋은 평가, 직장에서 자아실현을 바라지 않는 업무태도를 표방한다.

---

3) 구인·구직 플랫폼 '사람인'의 직장인 3293명 대상 조사.
4) "MZ세대 '조용한 사직' 바람", 중앙SUNDAY, 2022.10.15~16.

이는 열정적으로 일하는 '허슬 컬쳐(hustle culture, 건강에 해로운)'에 대한 반발로 보여지는가 하면, 성과 중심의 조직문화에 대한 경고로 받아들여지기도 한다. 고강도 근무 대신에 조용한 사직으로 기울어지는 경향은 몰입노동을 촉진시켰던 성장 신화가 수명을 다한 것으로 읽혀지기도 한다.

한국에서 조용한 사직은 노동조건과 조직문화에 대한 불만이 더 크게 작용하는 분위기를 반영하는 것으로 보인다. 보다 나은 조건의 직장을 찾아 언제든 이직할 수 있다는 마음가짐의 조용한 사직에 가깝다고 할 수 있다. MZ세대 입사자의 절반 이상은 2년 이내에 퇴사하고 5년 안에는 전체의 90% 이상이 퇴직한다는 통계도 있다. 젊은 세대의 근속기간은 평균 2.8년으로 나타난다. 이는 더 나은 조건의 직장으로 옮길 가능성을 찾는 '퇴직준비생'이 늘어난다는 것을 암시한다.

종신고용이 사라지고 불안정 노동이 증가하는 상황에서 현재 직장은 종착역이 아닌 정거장이 되어버린 것이다. 외환위기와 금융위기를 거치면서 대량실직의 사태를 지켜 본 청년 세대는 어차피 평생직장을 기대하기 어렵다는 인식을 갖게 된 것이다. 그러나 팬데믹 이후 불경기 속에서 이른바 '파이어족'도 조기퇴직이나 이직보다는 현재의 직업을 유지하는 쪽으로 바뀌어간다고 한다. 안정된 일자리가 보장되지 않는 노동시장에서는 워라밸의 꿈도 멀어질 수밖에 없는 것이다.

한편 20대로 내려가면 '조용한 사직'의 신드롬보다 더 나아간 조짐이 보이기도 했다.[5] 2000년생들 사이에서 유행어로 회자되는 '무나니스트('무난'과 사람을 뜻하는 ist의 합성어)'라는 신조어는 노동시장에서의 경쟁 자체를 회피하거나 거부하는 의미를 담은 것이었다. 중학생 때부터 대입 수시 컨설팅까지 '사교육에 미쳐 있던' 경험으로 '트라우

---

5) "동아일보 100년 맞이 기획: 2000년생이 온다", 동아일보, 2019.3.5.

마'를 안게 된 이 세대는 가장 중요한 것은 '돈'이라고 하면서도 '먹고 살기 힘들지 않을 정도만 벌면 된다.'고 생각한다. '평범하게 살고 평범하게 돈 벌고 평범하게 죽는 것이 꿈'이라고 한다. 사교육에 치일 때부터 경쟁에 몰입했던 경험 속에서 남들과 다른 '튐'이 얼마나 피곤하고 어려운지, 또한 '부모만큼 사는 게 얼마나 어려운지'를 일찍이 깨닫게 된 것이다.

이들의 부모 세대인 X세대(1965~1980)는 타인보다 뛰어난 우수성과 성공을 통해 '다름'을 추구했었다면, 그 자녀세대는 노력해서 우수해져도 성공이 보장되지 않는다고 생각한다. 그래서 명문대 입학 후에는 당찬 포부보다는 '무난한 삶'을 선호한다. 경제적으로 넉넉해진다고 해도 바쁜 삶은 싫고 자신이 만족하는 무난한 삶이 더 좋다는 것이다. 그래서 '평타(평범한 타격의 준말로 기본을 의미하는 게임용어)'를 최선으로 여긴다.

이처럼 '무나니스트'로 대변되는 청년세대는 치열한 생존경쟁에 직접 뛰어들기도 전에 이미 사교육경쟁에 치인 경험만으로 백기를 든 것이다. 어린 시절부터 학업과 입시경쟁에 치인 세대는 행복했던 시간이 없었다고 말할 정도로 트라우마가 컸던 만큼 성공을 꿈꾸는 것조차 미리 포기해버리고 백기'를 방패 삼아 더 이상 상처받지 않는 무난한 삶을 기대할 뿐이다. 그 백기가 언제까지 유효할지는 지켜보아야 할 일이지만, 일단 부모세대가 매달려온 생존싸움터는 옆에서 지켜본 것만으로도 자녀세대의 기피대상이 된 것은 사실이다. 따라서 노동시장의 불확실한 미래와 함께 치열한 경쟁을 요구하는 일터에 대한 신세대의 불안과 갈등은 더 깊어질 것으로 보인다.

III. 준실업노동자 : '고통올림픽'

신자유주의의 '노동시장 유연화'는 보다 다양하고 자유로운 착취방식으로 노동시장을 양극화하는 전략을 구사해왔다. 그 덕분에 노동시장은 보다 수월하게 노동력을 착취할 수 있었다. 노동시장의 양극화는 정규직과 나머지 불안정노동 간에 간극이 점점 더 심화되는 상황을 초래했다. 소수 정규직이 요구하는 워라밸의 노동환경과 혜택은 다수 노동자가 감내해야 하는 차별적이고 비인간적 조건과는 너무나 판이한 것이었다. 언제든 배제될 수 있는 불안 속에서 죽을 각오로 일하는 노동지옥의 호모 라보란스에게 워라밸은 상상도 할 수 없는 것이었다.

앞서 본 호모 라보란스와는 판이하게 청년세대 다수는 노동시장 안팎을 드나들며 고도의 생존불안에 시달리는 준실업노동자의 운명에 처했다. 그 불만은 '투명하고 공정한 정규직 전환 촉구 문화제'와 같은 시위들로 분출되기도 했다. 이들은 '외환위기 세대'로서 1998년 실업대란으로 취업난이 무저갱(바닥이 없는 깊은 구덩이)에 빨려 들어간 시대의 희생자들이었다. 외환위기 직후에도 7~8% 정도였던 청년(15~29세)실업률은 2000년생이 진로를 결정할 무렵에는 9%를 넘은 상태였다. 2021년 취업준비생은 역대 최대인 85만 명이었고, 이 중 약 90%가 2030세대였다. 통계청 자료에 의하면 2021년 6개월 이상 구직활동을 했지만 일자리를 찾지 못한 장기 실업자는 12만 8,000명이었으며, 그 가운데 절반인 6만 3,000명이 20~30대였다.6)

일자리는 당연히 정규직으로 여겼던 시대는 사라지고 비정규직이 보편적 고용 형태로 자리 잡는 시대에서 불안정한 노동시장의 공포가 증폭되었다. 각고의 노력으로 스펙시대를 준비해온 청년들에게 이 공

---

6) "저당잡힌 미래 청년의 빚", 한겨레, 2022.9.13~14.

포는 배신의 충격일 수밖에 없었다. 평생직장을 마다할 정도로 워라밸이나 개인 창업을 추구하는 소수 정규직들의 현실은 평생직장의 꿈도 못 꾸는 준실업노동자들의 현실을 더욱 더 비참하게 만들었다.

고용노동부에 따르면 2023년 300명 이상 대기업에서 간접고용, 기간제, 단시간 고용을 합친 비정규직 비율은 40.5%였다. 구직 선호도가 높은 대기업은 청년신규고용을 줄이고 비정규직 규모를 늘려갔다. 2021년 대기업 근로자의 소득은 중소기업에 비해 약 2.1배로 높았지만, 대기업의 일자리는 전체(2,558만 개)의 16.6%에 그쳤다.[7]

노동시장의 양극화 속에서 청년들은 기껏 영혼을 팔아 구한 일자리조차 노동에 부합하는 대가를 보장받지 못했다. MZ세대 대다수가 불안정하고 임금이 낮은 일자리에 몰렸다. 2022년 6월 기준 1인 이상 사업체 종사자 1,924만 3,000명 중 상용근로자 300인 이상인 기업에 다니는 직장인은 306만 4,000명에 불과했다. 이들의 정규직 대졸초임은 2020년 기준 5,084만 원이었으며 300인 미만 사업체는 그 절반이 좀 넘는 2,983만 원에 불과했다. 이들은 빚 없이 사는 것만도 감지덕지라고 했다.

비정규직 규모는 2003년 462만 명에서 2021년에는 815만 명으로 증가했다. 2020년부터 시작한 디지털 뉴딜 사업의 일자리 5만 3,080개 중 77%는 월평균 60시간 단기 일자리였다.[8] 정부 주도로 만든 공공 일자리도 대부분 저임금 단기간 일자리였다. 단기 근로자들의 월평균 보수 수준은 62만 원에 불과했다. 2023년 더 일하고 싶어 하는 단시간(주 36시간 이하) 근로 청년은 13만 7,000명으로 코로나19 팬데믹 이후 20% 넘게 늘어났다. 주 15시간 이하 초단기간 노동자도 늘어났다. 최근 10년간 비자발적 시간제 근로자의 증가 속도는 임금 근로자

---

[7] 동아일보, 2023.6.12.
[8] 중앙SUNDAY, 2022.7.30~31.

증가 속도보다 1.8배 빠른 것으로 나타났고 이는 10년간 연평균 2.5% 증가한 것이었다. 2023년 6월 기준으로 청년(15~29세) 실업률은 6.3%로 나타났다.[9]

 노동시장의 문이 좁아질수록 일명 '취준생(취업준비생)'이 늘어났고 이들은 취업준비를 위해 사교육시장에 몰려갔다. 통계청 조사에 의하면 2023년 5월 기준 학교 졸업 후 미취업상태인 15~29세 '청년백수'는 126만 명으로 전체 졸업자의 28%를 차지했다. 통계청에 따르면 2023년 5월 기준 4년제 대졸자의 첫 취업 평균 소요 기간은 8.2개월로 나타났다. 고용노동부에 따르면 2023년 7월 기준 청년 고용률은 47%에 불과했다.

 이처럼 스펙과잉시대에서 청년실업이 구조화되는 상황이 벌어졌다.[10] 기업들이 경력직만 뽑으면서 신입채용은 감소했다. 공채가 줄고 중고신입(신입 지원하는 경력직) 선호 현상(경력직 채용강화)과 수시채용 확대가 확산되었다. 대학졸업생 10명 중 7명은 구직에 대한 기대를 접고 '의례적 구직 활동'을 이어갔다. '1년 넘게 구직 중'이라는 자조의 목소리가 높아질 정도로 재취업도 힘들어졌다. 2023년(1~10월 기준) 15~29세 청년 중 4.9%인 41만 명(월평균)이 일을 하지도, 일자리를 찾지도 않고 그냥 '쉬었다.'고 했다.[11]

 이들은 정규교육과정이나 직업훈련에 참여하지 않는 상태의 미취업자 청년을 뜻하는 '니트(NEET: Not in Education, Employment, Training)'족과 다르며 구직의사가 불분명한 상태라 '구직 단념자'로 볼 수도 없어 실업자 통계에 잡히지도 않는다. 실직상태가 장기화되는

---

9) 동아일보, 2023.6.12.
10) 중국에서도 2023년 대졸자가 1,100만 명을 넘어서고 '좋은' 일자리를 원하는 청년들이 해마다 급증하고 있지만, 이들 눈높이에 맞는 일자리가 줄어드는 상황에서 취업을 유보하거나 포기한 채 알바생으로 살아가는 불안정한 노동자들이 늘어났다.
11) 동아일보, 2023.11.16.

경우 근로의욕의 상실로 니트족이 늘어날 소지가 있다는 우려가 높다. 니트족은 비경제활동인구 중 '일할 생각이 없거나 구직을 포기한 사람'을 뜻하는데, 그 규모는 2005년 14%에서 2013년 30.5%로 2배 이상 증가했다.

일자리를 찾는 고학력 청년들이 '하향취업'으로 숙련기술이 필요 없는 단순노무직에 종사하게 되면서 저학력 노동자를 밀어내는 부정적 연쇄효과도 나타났다. 숙련기술을 쌓을 기회가 없는 청년 노동시장은 질적으로 악화될 수밖에 없었다. 취업눈높이를 낮추는 경우는 "힘들게 일하고도 박봉에 시달리느니 일한 만큼 버는 배달이 낫다", "언제 가능할지 모르는 '취업성공'보다 알바를 평생 계속하는 게 낫"다고 생각한다. 취업준비생은 취업을 아예 포기하고 알바생이 되거나 아르바이트만으로 생계를 유지하는 '프리터'가 되기도 한다. 본업 외에 추가로 일하는 'N잡러'가 꾸준히 늘면서 통계청 자료 분석결과 2023년에는 전년 대비 7% 증가율로 역대 최대인 62만 5,000명에 달했다. 직종은 주로 모바일관련 유동적 부업거리로 배달이나 웹소설·웹툰·유튜브 제작 등이었다.[12]

'기득권 자본'과 '기득권 노동'의 독점 속에서 각자도생의 방식은 천태만상이었다. 알바, 하루벌이, 임시직 형태의 청소노동자, 각종 서비스업, 배달노동자, 플랫폼노동자 등으로 생존문제를 해결하고 고시원, 원룸, 오피스텔, 공유 주택 등을 전전하면서 당장의 수입과는 별개의 갖가지 소득창출 수단을 찾아야 했다. 불안한 삶에 시달리면서도 자격증 준비를 하고 스펙 쌓기에도 열중해야 했다. 이들은 "참 잔인하다", "너만 힘드냐? 나는 더 힘들다"면서 서로서로 고통을 겨루는 '고통 올림픽'에 끌려온 선수들이었다.

---

[12] 중앙일보, 2023.12.27.

특히 20대는 30대보다 주거환경도 더 열악해지고 구직부담도 크게 늘어난 상황에서 더 극심한 경쟁으로 내몰렸고 이로 인해 피해의식과 함께 돌파구가 없다는 좌절감이 깊어졌다. 이들은 '스티브 잡스급 정도가 아니면 도전 취급도 못 받는 느낌'이라면서 도전할 수 없게 만드는 교육도 취업환경도 탓했다.

한국의 프레카리아트에게 안정된 삶은 오직 실낱 같은 기회를 잡는 행운에 달려 있다. 불안정 노동자는 자신을 '떨이'나 '쓰레기' 상품으로 칭하기도 한다. 노동시장이 자기 노동력을 마치 싼 물건처럼 골라 사는 것 같다는 자조감을 토로한다. 세상은 변하지 않을 것이라는 체념과 냉소에 빠진다. 스펙은 높은데 취업에 어려움을 겪거나 스펙에 비해 낮은 임금을 받고 일하다가 혼자 생을 마감하는 청년들도 있다. 서열과 신분이 공고화된 현실에 맞설 수가 없는 것이다.

사악한 현실을 타파할 참된 의식이 무엇인지 알고 있더라도 그 현실에 편승해 더 아래쪽에 있는 사람들을 억압하면서 죄책감을 느끼기도 한다. 체제의 논리에 순응하는 것 밖에 다른 방법이 없는 '눈물겨운 보수성'을 감수해야 한다. 특히 플랫폼 노동자들은 자영업자의 처지에서 남의 일자리를 빼앗아오는 치열한 경쟁을 벌려야 하기 때문에 연대나 집단적 행동을 할 여지가 없다.

부채의 덫에 갇힌 청년세대는 '버려진 세대(jilted generation)'로 불리우기도 한다. 부모의 도움을 받을 수 없는 청년들은 실업, 취업을 오가면서 '빚의 족쇄'에서 헤어나지 못하는 상황에 있다. 소득은 적은데 취업난의 장기화로 학자금부터 집값 상승 부담으로 빚을 지는 경우가 늘어난다. 특히 코로나19 팬데믹 이후 청년부채가 가파르게 늘었다. 불안정한 노동은 불안정한 소득에 이어 빚쟁이를 만들었다. 소액의 빚에 오랫동안 시달리는 경우가 많았다. 500만 원 이하 대출만으로도 금융채무 불이행자로 전락하거나 카드로 돌려막기하다가 부채 늪에 빠진 경우들이 적지 않았다.

2012~2021년 통계청 가계금융복지조사 원자료를 분석한 결과, 2021년 기준 19~39살 청년가구주 가구의 73.45%가 금융기관에서 빚을 진 것으로 집계됐다. 10년 사이에 청년가구의 부채는 두 배 이상 늘어났으며, 5명 중 1명 이상의 청년가구에서 연소득의 3배 이상의 금융부채가 있는 것으로 나타났다. 서울회생법원이 집계한 개인회생신청 현황에 따르면 30세 미만 청년의 비중이 2020년에 10.7%였던 것이 2022년에는 15.2%로 급등했다.13)

'세대의 비극'으로 불리는 청년들의 부채는 열심히 일해도 생활비를 감당할 수 없어서, 또는 갑작스러운 사고나 범죄 때문에, 또는 소비를 감당하기 위해서 절실하게 필요했던 구제책이었다. 이들은 "빚은 제 마음을 새까맣게 해요, 지금 다시 생각해도 대출밖에 길이 없었어요", "월급을 받아도 모두 대출 원리금으로 나가요."라고 했다. 월급은 느리게 올랐지만 지출은 빠르게 늘었고 비싼 이자가 지출에 더해졌다. 사채 이자는 월급을 넘어서기도 했다. "나의 '오늘'이 자녀의 '내일'로 이어질 것이라는 예감도 견디기 어려운 공포를 불러왔다.14)

최소한의 기본소득이 보장되거나 임대주택일지라도 살 집만 주어진다면 아득바득 살아가겠지만 현실은 아득하기만 했다. '희망이 없는 미래'는 당장의 불행보다 더 절망적이고 참을 수 없는 것이라면, 노동시장은 그 절망을 심어주고 빚으로 연명하는 생존방식을 강요했다.

---

13) 중앙일보, 2023.12.20.
14) 한겨레, 2022.9.19.

IV. '캥거루족'과 'N포세대'

부모의 경제적 지원을 받으면서 함께 생활하는 이른바 '캥거루족'도 늘어났다. 캥거루족은 1990년대 외환위기 직후 유행한 신조어로 성인이 된 이후에도 결혼이나 독립을 미루고 부모와 동거하며 가족의 경제능력에 의지하는 청년을 말한다. '2020년 인구주택총조사'에 따르면 이른바 '캥거루족'은 313만 9,000명이고 주요 생산 활동 인구로 꼽히는 3040 세대 캥거루족은 65만 명으로 나타났다. 30대 미혼남(50.8%)이 기혼남보다 많아졌다. 통계청에 따르면 2023년 6월 기준, 일도 구직 활동도 안하고 그냥 쉬고 있는 20~30대 청년층 10명 중 7명은 부모 집에 얹혀살며 전적으로 부모에게 생계를 의존하는 것으로 나타났다. 청년들이 찾는 일자리가 부족하고 경제력이 없어 자립하지 못하고 만혼이 증가하는 상황에서 빚어진 현상이었다.

홀로서기가 점점 힘들어지는 세상에 대해 청년세대는 항변한다. 취업을 위한 자기계발도 부모님 자원이 필요한 시대에서 더 나은 조건으로 경쟁하기 위해 자원을 집중하는 것이지 캥거루처럼 안주하는 게 아니라는 것이다. 생존현실의 벽이 높아진 탓에 자수성가는 꿈도 못 꾸고 '도전'은 아예 생각할 필요도 없다고 한다. 학교나 회사가 자신을 지켜주지 않는 만큼 믿을 건 오직 자기 자신과 부모뿐이라는 것이다.

부모세대의 경제력이 충분하지 않은 캥거루족의 경우 열악한 조건의 노인세대가 청년세대를 부양해야 하는 아이러니한 상황이 벌어진다. 성인이 된 자녀는 쉬고 나이 든 부모가 일터로 나가는 현상도 낯설지 않다. 청년실업과는 반대로 고령층 취업자는 늘고 있다. 통계청에 따르면 2022년 기준 65세 이상(902만 7,000명) 고용률은 36.2%로 OECD 회원국 평균 고용률 15%의 갑절을 넘는다. 나이가 들면 실업에 더욱 더 취약하고 빈곤이 배가되기 쉬운 현실에서 초고령 사회를 앞둔 한국의 노인들은 평균 72살까지 일한다(OECD 평균 상회수준). 노인 노동자는 이력서가 쌓여 있어 고르기 쉽고 자르기 쉽고 위험한 환경에도 투입되기 쉬운 인력이므로 제조업에서 증가하는 추세를 보인다.

고용노동부에 따르면 2022년 제조업 평균 연령이 43.5세로 역대 가장 높았으며 이는 39.4세였던 2014년 이후 계속 상승한 결과였다. 2019년에는 산재로 사망한 60대 이상 노인이 전 연령대 통틀어 1위를 차지했다. 반면 20대 제조업 취업자는 다른 업종에서보다 두 배 넘게 감소했다. 생산직을 기피하고 문화적 인프라나 '워라밸'을 중시하는 청년세대의 성향이 반영된 것으로 읽혀진다. 노인의 노동력이 청년보다 더 싸게 팔리거나 청년 취업이 노인 취업보다 더 어려워진다는 것은 생존을 보장받을 수 없는 청년 호모 라보란스가 계속 늘어날 조짐을 보여주는 것이다.

한국의 20대는 일명 'N포세대'[15]로 불리기도 했다.[16] 2010년대부터 스스로 연애, 결혼, 출산을 포기한 '3포세대'라고 자조했던 청년세대는 취업과 주택마련까지 포기한 '5포세대', 인간관계와 희망까지도 포기한 '7포세대', 더 나아가서 아예 포기하는 항목을 일일이 셀 수 없다는 의미의 'N포세대'로 호칭되었다. 한 '청년의식조사' 결과[17]에 따르면 경제적 부담으로 결혼과 출산이 꺼려진다는 응답은 각각 69.7%, 74.9%에 달했으며 52.7%는 연애도 부담스럽다고 했다.

이처럼 시간이 갈수록 청년들은 세습자본주의와 불안정 노동시장의 암울한 현실 속에서 점점 더 많은 것을 포기하는 것밖에는 출구가 보이지 않는 삶을 살게 된 것이다. N포세대는 인생은 한 번뿐이라고 외

---

15) 영국의 N포세대(generation pause)는 20~35세 사이의 청년들 사이에서 취업이나 결혼, 집장만 등과 같은 중요한 일을 미루는 세대를 일컫는다.
16) "청년드림 20대가 소망하는 2019", 동아일보, 2019.1.1, 의견수렴기사.
17) 한겨레경제사회연구원이 전국의 19~34살 1,500명을 대상으로 실시한 조사, 한겨레, 2015.8.19.

치며 즐기는 '욜로(YOLO)'족과는 너무나 대비되는 모습으로 양극화된 청년세대의 단면을 드러낸다.

'N포세대'는 "우리가 포기한다기 보다는 '포기 당한다'는 게 더 정확한 표현"이라고 항변한다. '연애, 결혼, 출산은 애초에 20대의 몫이 아닌 것' 같으니 '포기'가 아니라 '거부'라는 것이다. '포기'라는 말은 '왜 이런 세상을 자식에 물려줘야 하느냐'는 20대의 저항 의지를 담지 못한다는 것이다. 기성세대가 '참고 사는' 세대였다면, 이들은 선택이 빠른 세대로, 아니다 싶으면 얼른 관두고 새로운 길을 찾는다고 한다. 기성세대가 살던 시절처럼 끈기나 인내로 목표를 이룰 수 있는 시대가 아니므로 집안의 경제적 배경을 따져 가능성이 없으면 빨리 포기하는 게 현명할 수 있다는 것이다.

출산포기 현상은 청년들의 '비명'과도 같다는 지적도 있다. 출산을 어렵고 두렵게 만들고 미래에 대한 불안을 심화시키는 경제사회 시스템에 갇힌 세대의 비명이라는 것이다. 2023년 4분기 합계출산율이 0.65명으로 떨어지면서 세계 최저 수준을 유지했다. 정부는 2006~2023년까지 '저출산'[18] 대책 예산으로 약 360조 원을 투입했으나 실패했다.[19] '국난'으로 대두된 저출생과 인구감소의 주 원인은 육아비용, 거주비, 과도한 사교육비 등 경제적 부담과 여성의 육아전담과 치열한 생존경쟁 등 한국사회의 구조적인 문제들에 있었다. 특히 세습자본주의로 이러한 문제들이 가중되는 흙수저 청년들에게 출산은 암울

---

[18] '저출산'이라는 용어는 여성에게 인구감소의 책임을 돌리는 성차별적 요소를 함축한다는 점에서 신생아가 줄어드는 현상에 주목하는 '저출생'의 용어로 대체해야 한다는 주장이 제기되었다.
[19] 향후 50년간(2022~2072년) 한국의 출산율은 OECD 38개국 중 최하위를 기록하고, 2072년 15~64세 생산연령인구 비중도 45.8%로 회원국 중 유일하게 50%를 밑도는 수준에 이를 것으로 전망된다. 부양인구가 생산인구보다 더 많아지는 상황은 '국가 소멸'을 불러온다는 우려를 낳는다. 생산가능인구 비율이 2050년 51.2%까지 낮아지면 50년 후 노년 부양비는 4배 이상 불어날 것으로 예측된다.

한 현재와 희망이 없는 미래를 자녀에게 물려주는 것이었다. 이처럼 '한강의 기적'을 자랑해온 한국이 오늘의 청년세대에게는 희망을 줄 수 없는 세상이 된 것이다.

2021년 청년(20~29세) 10명 중 8명이 매일 우울감이나 좌절감, 무기력 등 정신적 고통을 호소했으며 가장 큰 이유는 취업난이었다.[20] 2022년 서울 거주 19~39세 청년 10명 중 4명이 '정신건강 위기군'에 해당하는 것으로 나타났으며[21] 위기군 중 절반 이상이 당장 치료가 필요한 '고위험군'으로 확인됐다. 이들은 현재 상황에 대한 불만족, 불행, 스트레스 등을 많이 호소했으며, 정서적 고통, 불안, 분노 등 부정적 정서도 강한 것으로 드러났다. 그 주원인은 취업난, 직장 등 사회 부적응, 가족 간 갈등, 상대적 박탈감이었다.

한국보건사회연구원의 연구보고서[22]에 따르면 청소년이 무한경쟁 사회로부터 겪는 박탈감, 불안, 무력감 등의 정신적 위기가 자살로 이어지는 것으로 분석되었다. 자살 위험과 상관계수는 '사회적 고립감'에 이어 '상대적 박탈감'에서 높게 나타났으며 '부정적 미래 전망, 무직, 저소득이 주원인으로 드러났다. 보건복지부 〈2022 자살예방백서〉를 보면 2020년에는 전년 대비 20대의 자살 증가율이 12.8%였다. 일본에서도 직업, 소득 등 경제적 여건뿐 아니라 불평등한 사회구조로 인한 상대적 박탈감이 청년층의 극단적 선택에 영향을 끼친다는 조사결과가 나왔다.

중국에서도 코로나19사태 이후 경제 회복이 어려워지고 16~24세 청년실업률이 역대 최악(20.8%)에 이르면서 이른바 '4불청년', 즉 연

---

20) 동아일보와 잡코리아의 607명 대상 설문조사 결과. 동아일보, 2021.4.20.
21) 서울시 '청년마음건강 지원사업'에 신청한 1,686명을 대상으로 MMPI-2검사를 실시한 결과.
22) 이수비, 신예림, 윤명숙. "청년의 상대적 박탈감이 자살에 미치는 영향: 미래전망과 사회적 고립의 순차적 매개효과", 〈보건사회연구〉 제42권 제2호, 2022, 한국보건사회연구원.

애, 결혼, 내 집 마련, 출산을 안 하겠다는 청년들이 늘어났다. 이는 한국의 삼포(연애, 결혼, 출산 포기)세대나 오포(3+내 집 마련과 인간관계의 포기)세대와 비슷한 현상이다. 그런데 중국 청년세대는 한국보다 더 적극적 항거의 움직임을 보여주었다. 2019년부터 나타난 변화의 조짐은 아침 9시부터 밤 9시까지 주 6일 일하는 '996'이라는 유행어로 드러났다. 이는 과도한 노동조건에 대한 청년층의 좌절과 분노가 묻어난 말이었다. 2020년에는 '노력해도 안 된다', '더 투입해도 효과가 없다'는 '네이쥐안'이 10대 유행어로 등장했다. 2021년에는 '아무 것도 하지 않고 누워있는다'는 '탕핑'이, 2022년에는 한 걸음 더 나아가 '될 대로 되라'는 '바이란'이 유행했다.

중국판 MZ 세대인 주링허우(1990년대생)와 링링허우(2000년대생)의 '탕핑족'은 삶의 의지가 박탈된 무위도식의 청년 모습으로 나타났다. '탕핑주의'는 일도 안하고 결혼도 하지 않으며 집이나 차도 사지 않고 최소한의 생계비로 가만히 누워 지낸다는 의미였다. 이는 중국이 경제발전을 지속하기 위해 장려해온 일과 소비의 행동양식을 거부하는 것으로 중국 공산당에 대한 저항이었다.[23] 탕핑족은 경제성장에 매달린 결과가 극심한 불평등으로 돌아온 것에 대한 배신감으로 더 이상 노동시장의 부역자가 되지 않겠다는 결의를 보인 것이다. 게다가

---

[23] "김기용 특파원 칼럼", 한겨레, 2021.6.29. 이들은 '공산당이 없다면 신중국은 없다'고 말할 정도로 중국 공산당 핵심 지지층으로 민족주의와 애국주의로 철저히 무장돼 있다고 한다. 학창시절 중국 경제성장의 혜택을 받았던 세대이자 1989년 톈안먼 민주화시위이후 공산주의 이데올로기를 민족주의 이데올로기로 대체하는 교육을 받은 첫 세대로서 이들의 애국주의는 공산당에 대한 지지로 이어졌었다. 이런 심리를 가장 잘 파고 들어간 시진핑 주석은 '중화민족의 위대한 부흥', 이른바 '중국몽'이란 말로 이 세대의 '피 끓는 가슴'을 겨냥했다고 한다. 그러나 최근 공산당이 이룬 경제적 성과가 불평등을 심화시키면서 이들의 다른 모습이 드러났다. 그 방아쇠를 당긴 것이 '셋째 아이 출산 허용'이었다. 그동안 금지해왔던 것을 번복한 이 조치는 경제적 성과가 특정 계층에 집중되는 심각한 상황에서 출산은 고사하고 결혼조차도 힘든 이들의 현실을 이해하지 못하는 공산당에 대한 반감을 유발했다고 한다.

시주석 1인 권력과 온라인 검열등 공산당의 사회 통제력이 크게 강화되는 환경에 대한 반발도 있었다.

중국 청년층의 자포자기 정서는 최근 중국 경제 성장률이 하락한 상황(2020년 2.2%까지 급락)을 그대로 반영하는 것이었다. 또한 인공지능·로봇 산업의 성장으로 좋은 일자리가 사라지면서 16~24살 청년 실업률은 2022년 19.9%로 급증했다. 이런 분위기 속에서 중국 청년들은 안정적이고 보수적인 직업을 선호하면서 공무원 응시자가 사상 처음으로 200만 명이 넘었는데, 이는 전년도의 157만 명보다 35% 급증한 것이었다.

2023년에는 대졸 실업률이 20.8%로 증가하면서 '미취업자의 미래'를 가상한 '좀비졸업식'이 연출되는가 하면, 취업대신에 부모 일을 돕는 계약으로 '전업자녀'가 등장했다고 한다. 미국 뉴욕타임스(NYT)는 중국 젊은 층 사이에서 미래에 대한 확신이 크게 흔들리고 있으며 이는 중국공산당 체제를 위협하는 '시한폭탄'이 될 수 있다고 했다. 경제 위기 상황에서 공산당 지지층인 '주링허우'와 '링링허우'의 불안이 크게 증가했다는 것이다.

이상에서 보았듯이 청년 호모 라보란스는 같은 세대라도 계급적, 문화적 차이가 두드러지며 현실에 대한 대응방식과 지향점에서도 다양성이 드러난다. 안정적 일자리가 보장된 행운의 청년들은 기업가적 주체가 되기 위해 자기매질을 감수한다면, 다수의 청년들은 준실업노동자의 운명에 맞서 싸우면서 노동지옥에 한층 더 매달려야 한다. 기업가와 엘리트노동자를 꿈꾸는 청년과 결혼, 출산 등 점점 더 많은 것을 포기해야 하는 'N포세대'의 청년은 양극화되는 현실을 극명하게 보여준다. 연령이 낮을수록 그 현실은 더 절박해진다.

자본과 노동의 적대적 공생관계나 공모관계는 점점 더 흔들리고 무너지는 상황에 이른다. 자본은 노동의 종말을 향해 달려가고, 생존의 본능마저 위협하는 노동시장은 자립도 못하고 인생설계도 포기('거부')하는 청년세대의 비극적 현실을 빚어낸다. 이처럼 노동시장에서 상품노동자 아바타들은 '고통올림픽'이든 '희망고문'이든 처절한 운명을 피할 수가 없다.

자본주의 아바타
Homo Capitalisticus

제5부
Homo Consumericus

제1장   소비괴물의 아바타

제2장   소비대중 : 욕망의 주체인가?

제3장   라이프스타일 소비의 달인들

제4장   블랙홀에 빠진 첨단 소비세대

제5장   '중독시대'의 Kids

20세기는 자본주의 소비문명이 꽃피우는 시대로 그 주역인 Homo Consumericus, 즉 '소비주의적 인간'이 탄생하고 소비괴물 아바타들이 소비대중으로 부상하는 시기였다. 자본주의를 성장시켜온 핵심괴물들이 총동원되는 합작의 결실로 소비괴물의 전성시대가 도래한 것이다. 호모 컨슈머리쿠스와 그 아바타들은 자본주의 시장경제를 대량생산체제로부터 대량소비체제로 확장시키는 소비자본주의와 그 사회적 토대로 작용하는 소비사회의 역작이었다. 소비사회는 소비주의와 소비문화로 단련된 소비괴물 아바타들을 양성하는 온상이었다. 그 핵심 기제들은 '생활수준', 일상을 식민화하는 광고, 신용경제와 신용판매제도였다.

소비대중의 동력은 끝없는 욕망 증식에 있었다면, 소비사회는 소비욕망을 창출해내는 다양한 전술과 기술이 난무하는 장터였다. 다각도로 공세를 펼치며 날로 개발되는 각종 마케팅이 그 주범이었다. 마케팅시대는 욕망의 생산과 소비의 회로에 갇힌 소비괴물 아바타들을 욕망의 '주체'로 칭송하고 유인하는 시대였다. 소비괴물은 인간의 욕망뿐 아니라 '자아 기획'의 산물인 라이프스타일까지도 그 전유물로 만들어 구매·소비·유행 상품으로 변질시켰다.

청년세대는 디지털 마케팅의 집중공세 속에서 소비괴물의 블랙홀에 빠져드는 첨단 소비세대이자 소비부족으로 포섭되었다. 소비괴물은 또한 3세기 전부터 '중독의 시대'를 번성시켜온 번연계 자본주의 흑역사에 그 아바타들을 제물로 바치는 중독 비즈니스를 세계적으로 확장시키는 재앙을 불러왔다.

소비괴물의 아바타

I. 소비사회 : '소비주의적 인간'[1]의 산실

서구 자본주의 생산경제는 산업혁명 이래로 수요가 창출되는 속도보다 더 빠르게 높아지는 생산성으로 인해 과잉생산이 초래되었다. 19세기 말 경기침체를 계기로 소비경제의 활성화는 '과소소비'의 문제를 해결하는 필수 전략으로 대두되었다. 이는 대량생산체제와 맞물려 돌아가는 대량소비체제를 확립하는 것이었다. 대량소비체제는 대량생산물의 공급을 따라가는 수요를 창출하도록 소비의 속도를 높이고 과소비를 촉진시키는 소비시장의 세계적 확장 전략을 통해 관철되었다.

앞서 본대로 자본주의 시장경제가 19세기 이래로 사회를 전유해왔듯이, 소비경제 또한 사회를 주도하는 중심축으로 자리 잡게 되면서 '소비사회'가 등장했다. 1950년대부터 유럽과 미국을 중심으로 발달한 소비사회는 2차 세계대전 이후 다른 선진국보다 10~20년 앞서 소비자중심 경제로 진입한 미국의 '풍요사회'를 모델로 삼았다. 소비사

---

[1] Homo Consumericus(호모 컨슈머리쿠스)는 '소비하는 인간'을 뜻하는 라틴어로, 이 글에서는 '소비주의적 인간(consumerist person)', 즉 소비주의 독사에 길들여지는 인간을 지칭한다.

회는 '아메리칸 드림'의 본거지였다. 미국은 대량 소비산업, 할리우드의 막강한 영화산업, 스포츠산업 등을 통해 소비유행을 선도하는 세계적 영향력을 발휘했다.

소비경제를 활성화하는 거대 시스템으로 확장된 시장사회는 노동시장과 더불어 소비시장이 주도하는 사회로 거듭난 것이다. 소비사회는 소비경제의 성장과 지배력을 공고히 하는 시스템과 사회적 장치, 그리고 사회구성원을 소비시장의 주역으로 사회화하는 제도와 문화를 정착, 작동시키는 사회였다. 소비가 사회를 역동적으로 구조화하는 기본 원리이자 모든 사회계층이 따라가야 하는 '사회적 규범'으로 자리 잡는 소비사회가 조직된 것이다(Bocock, 1993; Miles, 2006). 이로써 소비자본주의는 사회 전체를 그 동력의 원천으로 이용할 수 있는 발판을 마련하게 되었다.

소비자본주의는 대량생산체제에 걸 맞는 대량소비체제를 작동시키는 것이라면, 소비사회는 대량소비를 촉진시키는 시스템을 기반으로 수요를 극대화하는 소비시장의 확장에 주력한다. 이를 위해 인간의 삶 자체를 소비시장이 조직하고 관장하도록 만들어 소비사회 전체가 거대한 소비 공간으로 제공된다. 대형백화점과 쇼핑몰은 소비사회의 상징물이자 소비주의의 사원이다. 사회생활의 공간이 곳곳에서 쇼핑공간으로 대체되고 일상생활이 온통 쇼핑·여가·놀이·체험·관광 등의 소비활동으로 채워진다.

각종 체험용 놀이와 동화세계를 연상시키는 조형물과 키즈존, 세계적 유명 브랜드 총판, '자연을 담은' 쇼핑 놀이터, 휴식 공간, 취업박람회까지 날로 차별화된 콘텐츠 개발로 소비시장의 변신은 끝이 없다. 연간 수백만 명을 끌어들이는 아울렛은 초대형 상권을 포괄하고 지역 상권을 활성화하면서 쇼핑·문화·생활을 주도하고 지역밀착형 라이프스타일 센터로 자리 잡는다.[2) 지역마다 세계적 수준의 테마파크로 관광 클러스터를 조성하여 국내외 관광객을 끌어 모으는 경쟁도 가열된다. 이렇듯 도시개발과 지역발전은 오직 수익성만 꾀하는 소비시장의 쟁탈전에 위임된다.

19세기는 노동자계급이 육성된 시기였다면, 20세기는 소비자대중이 양산된 시기였다. 소비사회는 노동자들을 '생산성 혁명'에서 '소비혁명'의 주역으로 탈바꿈시킴으로써 소비자대중의 시대를 열었다. 소비혁명은 생산노동을 능동적인 자기실현의 영역으로 보는 반면 소비를 수동적이고 소모적인 영역으로 간주했던 도식을 뒤집는 것이었다. 즉 노동은 소외와 스트레스의 영역인 반면 소비는 노동의 고통에 대한 보상으로서 사치, 낭만, 꿈을 허용하고 '자기 창조'의 계기를 제공한다는 새로운 도식을 자리 잡게 하는 것이었다. 여기서 소비의 자유는 노동의 억압과 대비되면서 소비주의 열망으로 이어질 수 있는 계기가 마련되었다. 소비혁명은 소비주의를 소비사회의 보편적인 생활양식으로 추종하고 자리 잡게 만드는 과정이었다.

소비혁명은 부르주아 계급만이 향유했던 사치품들을 노동자계급의 구매가능한 필수품들로 대중화하는 과정에서 부르주아적 소비생활을 모델로 삼아 자본가-노동자-소비자의 공동운명체를 구축하는 전략이었다. 노동과 생산의 의미를 희석시키고 노동시간 단축을 통해 소비·여가의 시간을 늘리는 것에 몰두하게 만드는 것이었다. 여기서 소비의 유혹은 노동의 동기부여로 작용하였고, 노동은 소비주의적 생활방식을 따라가기 위한 돈벌이 수단으로 전락하게 되었다. 노동의 영역이 기계화되고 피폐해지고 비인간화될수록 소비는 그 보상을 약속하는 영역으로 환영받을 수 있었다.

소비사회는 소비자본주의 성장을 위해 자본괴물, 물질괴물, 성장괴

---

2) 한국에서 2024년 1월 개장한 종합쇼핑몰 '스타필드 수원점'은 개장 이틀 만에 하루에 14만 명이 몰려들어 안전사고를 우려할 지경이었다.

물, 시장괴물, 상품괴물, 비즈니스괴물, 기술괴물 등을 총 동원하여 모든 자원과 에너지를 빨아들이는 블랙홀이다. 그 합작으로 창출된 소비괴물이 강력한 힘으로 군림하는 소비사회는 호모 카피탈리스티쿠스의 전형으로 소비주의적 인간, Homo Consumericus를 양성한다. '소비주의(consumerism)'는 대량의 재화와 용역의 구입을 통한 소비 확대를 건전한 경제의 기초로 삼는 소비사회의 지배 이데올로기로 작용한다.

미국은 소비주의를 추종하는 소비자 모델을 파급시키고 물질적 풍요를 추구하는 소비주의적 생활방식을 보편화하는 주역을 담당했다. 생필품에서부터 여가, 놀이, 취미생활 전체가 쇼핑과 소비로 이루어지는 환경은 소비만능주의를 불러오는 온상이었다. 이러한 환경 속에서 태어나 자라나는 세대에게 소비주의적 인간은 지극히 자연스러운 인간상이었다.

마일스(Miles, 2006: 4~5)는 소비주의가 구조적 차원에서는 '강제적인 것(constraining)'이지만, 소비자의 개인적 차원에서는 '권능을 부여하는 것(enabling)'으로 작용한다는 점을 강조한다. 즉 소비주의는 소비사회의 구조적 강제를 자발적인 자아의 기획을 위한 '권능화'의 계기로 받아들이게 하는 것이다. 소비사회는 자유로운 선택의 소비를 통해 개인이 원하는 것을 구현할 수 있다는 명분을 내세우며 그 환상을 유포하지만, 이 자유와 선택은 자본주의 소비경제의 구조적 강제속에서만 가능한 것이다. 그 강제는 인간의 삶 자체를 '소비자'의 삶, 즉 소비가 선택이 아닌 필수가 된 삶으로 치환하고, 소비경제와 소비시장의 주도력으로 조직화된 사회경제 문화 시스템이 불가항력으로 작용하게 만드는 것을 말한다.

소비사회의 구성원은 소비시장의 공략 대상으로 소비주의에 빠져들도록 훈련되었다. 소비사회에서 '나는 누구인가?'의 물음은 '나는 무엇을 소비하는가?'로 귀결되었다. '소비자'로 호명되는 인간은 '나는 소비한다. 고로 존재한다.'는 명제의 주인공이었다. 즉 자기 존재감과 개인주의적 자기실현이 자발적이고 적극적인 소비주의적 삶을 통해서만 가능하다는 것을 인정하는 존재였다. 소비사회는 소비자를 권능화된 소비주체로 육성하는 사회였다. 소비자에게 소비주의는 개인의 다양한 욕망의 자유로운 표출, 자아정체성과 개성적 주체의 변화무쌍한 연출, 다양한 라이프스타일의 선택을 통한 자기주체화를 위해 불가피한 것이었다.

소비사회는 소비문화가 개인의 정신적·정서적 세계로 깊숙이 침투하는 토양을 배양했다. 소비사회의 구성원들은 소비문화를 예찬하고 즐기는 자발적, 적극적 주체로 사회화되었다. 인간의 감성, 감정, 사유, 도덕, 삶의 의미와 가치 등이 소비문화로 흡수, 함몰되는 상황이 전개되었다. 자본주의 소비문명을 꽃피우는 소비사회는 소비주의를 예찬하는 신화들과 소비주의를 자연스러운 문화적 습관과 삶의 방식으로 체화시키는 독사들을 통해 소비괴물의 아바타들을 육성하는 사회였다.

소비시장은 온라인과 오프라인에서 무엇이든 빨아들이는 소비문화의 거대한 블랙홀로 군림했다. 이 블랙홀은 일상생활부터 세계여행에 이르기까지 삶 전체를 관장하고, 개인의 자아 기획, 정체성, 라이프스타일, 문화적 감수성 등을 주조하고, 일탈이든 저항이든 대안이든 경계를 넘나드는 취향들도 적극 포섭하는 소비괴물이었다. 모든 계층과 세대가 시장의 타깃이 되어 저마다 소비시장이 벌이는 춤판의 특별한 주인공으로 유인되었다. 글로벌 거대 소비시장은 인간의 문화생활을 점점 더 획일화하는 한편, 물질적 소비의 양적 증대에 집착하는 소비문화가 삶의 질적 가치와 정신세계를 압도하는 위력을 발휘하게 하는 것이었다.

II. 소비주의 독사의 향연

⟨'생활수준'⟩

소비사회는 '생활수준(the standard of living)'의 신화에 힘입어 소비를 미화하고 정당화하는 이데올로기적, 문화적 토양을 조성하였다. 이로부터 소비주의 독사가 사회 전반에서 작동하게 되었다. 소비경제학자들은 생활수준을 소비행동의 결정요인이자 소비수준(standard of consumption)을 포괄하는 보편개념으로 정의하고 소비를 위한 돈과 시간의 쓰임새를 생활수준의 성취로 규정했다. 이로써 생활수준은 소비자본주의에서 경제적 사고의 핵심이자 삶의 향상을 나타내는 중요한 지침으로 작용하게 되었다.

생활수준의 신화는 서구에서 1970년대까지 모든 계급에게 물질적 풍요와 소비의 양적 확대가 이상적이고 '자연스러운 것'이라는 믿음과 함께 소비자본주의의 성장을 지상명령으로 떠받들게 하는 것이었다. 이는 소박한 삶을 미덕이 아닌 수치로 여기도록 만들고, 서구의 물질적이고 소비지향적인 삶의 모델을 성공과 풍요와 행복의 상징으로 부각시킴으로써 소비증대에 몰입하는 생활양식과 일상문화를 자리 잡게 하는 것이었다.

1945년 유엔 헌장이 '높은 생활수준의 증진'을 범지구적 목표로 설정하면서부터 국제무대에서 생활수준을 끌어올리기 위한 경쟁이 펼쳐졌다. 생활수준의 획일적인 계량화는 모든 국가를 소비자본주의의 세계질서로 통합시키는 기제로 작용했다. 생활수준은 소비정치의 조작물이었다. 자본의 증식을 위한 과잉 생산과 자본주의 선진국의 대량생산체계가 요구하는 소비주의적 생활방식을 '향상된' 생활수준으로 보편화하고 전 세계를 그 프레임으로 끌어들이는 전략이었다.

소비경제의 운명은 특히 노동자들의 구매력에 달려 있었고 노동자의 임금상승도 대량소비체계를 활성화시키는 목적을 담고 있었다. 노동자계급에게 생활수준의 향상은 쁘띠 부르주아적 소비생활을 추종하게 만드는 소비정치의 한 전략이었다. 구매력 향상을 생활수준 향상과 직결시키고 소비증가를 유도함으로써 대량생산-대량소비 체계를 활성화시키는 것이었다. 이렇듯 소비시장의 세계적 팽창은 생활수준의 향상을 삶의 목표로 삼아 현재의 소비수준보다 더 많은 소비를 지향하는 생활방식의 전세계적 파급을 통해 추진되었다.

생활수준 향상은 신상품들에 맞추어 생활필수품의 범주를 날로 확장시키도록 유도하는 암묵적인 압력이었다. 신제품은 새로운 결핍을 만들어내고 그 결핍의 해소를 위한 새로운 소비를 유도했다. '튼튼한 물건을 만들어낸 회사는 망한다.'는 말처럼 빠르게 노후화되고 폐기처분되는 상품을 쉬지 않고 만들어내는 것이 과잉 생산시스템의 비결이었다. 그 비결은 상품의 수명을 단축시키고 구 상품의 가치를 의도적으로 떨어뜨리는 '계획적 진부화, 폐기화(obsolescence)'에 있었다. 더 빨리 닳도록 설계되고 디자인과 포장을 바꾸는 속도가 빨라질수록 과잉소비의 습관이 늘어날 수 있었다.

짧은 유효기간과 '설계된 불만족'으로 생산된 상품들은 날로 '업그레이드'된 신상품들로 대체될 수 있었다. 신기술과 고성능으로 업그레이드된 것으로 출시되는 신상품들은 소비자가 그 사용가치를 제대로 파악하거나 체험하지도 못하는 상태에서 또 다른 신상품들로 대체되었다. 쉬지 않고 출시되는 최신형 모델들은 '뒤쳐지는' 생활수준에 대한 심리적 압박을 통해 과다소비경쟁을 부추기는 것이었다. 이는 '소비=낭비'라는 등식으로 낭비적 소비를 일상적 소비로 '정상화'하는 것이었다.

이처럼 '생활수준'은 보다 새로운 것과 보다 많은 것을 소비하는 소비주의를 조장하는 독사로 작용했다. 오늘의 사치품이 내일의 일용품으로 바뀌고 최신형 제품이 더 '좋은' 신제품으로 대체되면서 생활수준을 따라잡기 위한 과소비, 즉 소득초과의 소비가 불가피한 것이 되었다. 생활수준의 비교우위와 따라잡기 경쟁 속에서 '남부끄럽지 않은' 생활수준이란 과소비에 적극 편승하는 것을 의미했다.

'풍요의 신화'는 '과잉'과 '결핍'의 이중주 속에서 결핍을 끊임없이 조장하는 방식으로 풍요를 꿈꾸게 하는 만큼 물질적인 강박증과 박탈감을 안겨주는 것이었다. 바우만(Bauman, 2008)은 소비사회를 '보편적 비교의 사회', 즉 비교의 기준도 한계도 없는 무제한의 소비를 유도하는 사회라고 했다. 보편적 비교의 소비사회는 생활수준의 비교 경쟁을 위한 소비주의의 함정에 빠져들게 하는 것이었다.

〈광고사회〉

소비사회는 상품광고들이 무차별적으로 범람하는 광고사회로 작동하면서 광고를 핵심적인 소비주의 독사로 기능하도록 만들었다. 광고는 과잉생산이 소비습관을 앞서가는 문제를 해결하기 위한 소비주의 마케팅의 핵심기제이자 소비사회의 선전 도구였다. 광고는 끊임없이 결핍과 '허위적 부족'을 일깨워주고 위축감을 자극하면서 불특정 다수로 하여금 광고가 호명하는 특별한 '당신'과 동일시하도록 유혹하는 소비주의 확산매체였다.

19세기에는 속임수로 경멸되었었던 광고가 20세기 초부터 미국을 중심으로 광고 산업이 급성장하면서 소비시장을 확장시키는 혁명적인 힘을 발휘해왔다. 광고시장은 터무니없는 비용 때문에 이를 지불할 수 있는 독점자본이 활개를 치는 곳이었다. 광고 표적화 기술이 없는 기업들은 기술 부문의 '낙오자'로 전락할 만큼 광고기술도 자본에 달려 있었다. 광고비용은 생산노동의 임금을 낮추고 소비가격을 높이는 이중착취의 대가로 조달되었다. 광고는 대중매체를 먹여 살리는 것이었기에 광고에 의존하는 미디어의 활동은 상업성에 사활을 걸어야 했다.

보드리야르는 광고가 '사회적인 것'을 디자인하고 환기시키는 기능에 주목했다(Baudrillard, 1981: 133~143). 그 기능은 사회적인 것을 광고 기획의 대상으로 삼아 그 역사적 실체를 수요와 공급의 항목으로 전락시키는 것이었다. 사회성 자체가 광고의 환각 속에서 실현되고 용해되어 사회성의 잔해들만이 넘치는 상황이 벌어졌고 사회구성원들은 그 '시나리오에 미쳐 날뛰는 관중'이 되었다.

광고는 구매와 소비의 자유를 즐기는 '사회성'을 고취시킴으로써 자본의 논리를 관철시켰다. 그 '사회성'은 사회적인 것과 공공성의 의미를 무력화하는 상업성의 기만적 위장이었다. 소비사회는 사회구성원 모두가 광고의 소비자가 될 수밖에 없는 물리적 환경을 조성함으로써 사회성을 상업성으로 대체시키고 이를 사회성으로 오인하게 만들었다.

소비광고의 장터로 기능하는 광고사회는 '놀고 먹고 쇼핑하라.'는 주문들을 하루 종일 쏟아낸다. 일상생활 속에 너무나 깊숙이 들어와 있는 광고매체들은 소비에 많은 시간과 에너지를 쏟는 삶을 살도록 강제한다. 공공장소나 사적 공간 어디에서도, 쉼 없이 접하는 미디어 매체나 필수품이 되어버린 핸드폰에서도 광고를 피할 길이 없다. 거리를 걸을 때도, 밥을 먹을 때도, 여행을 할 때도 도처에서 꼼짝없이 광고를 소비하게 만든다. 보고 듣는 모든 것에도 오감을 자극하는 광고들이 거침없이 끼어든다.

광고는 소비사회를 돌아가게 하는 필수동력이다. 상품광고는 개인활동에서부터 사회활동, 공공사업, 국가사업 등에서 긴요한 돈줄로 이용된다. 공공기관은 재원을 확보한다는 명분으로 민간기업의 광고대행사 역할을 자처한다. 광고매체들로부터 자유로울 수 없는 일상의 삶은 자본에 의해 식민화된 광고사회의 숙명적 산물이다.

광고와 일상이 하나가 된 사회는 구성원에게 끊임없이 소비주의를 주입시키는 광고시장과도 같은 것이다. '소유'나 '자유'는 광고에서 잘 팔리는 슬로건으로 중산층의 개인주의적 소비문화를 이상적 모델로 제시한다. 광고는 소비주의를 일상생활의 불만과 긴장을 해소하거나 노동의 암울한 현실로부터 벗어나는 해방의 약속처럼 포장한다. 노동시장과 사회생활에서 야기되는 인간의 소외, 갈등, 왜소화의 대안으로 소비주의를 권장한다.

삶의 영역이 공허함, 단조로움, 좌절감을 느끼게 할수록 광고는 '허구적 현실'을 과장하는 방식으로 소비의 청량제 역할을 부각시킨다. 광고는 꾸며낸 이야기를 확실한 사실처럼 만들어 허구성을 자명함으로 위장하고 진정성을 가장한 환영들을 조작해낸다. 광고는 복잡한 세계를 단순하게 만들어 깊이도 없고 모순도 없는 '행복한 명백함'으로 가장한다. 날로 번창하는 광고 산업은 인간의 본능에서부터 사회생활 전반을 지배하는 위력으로 소비괴물을 추종하는 아바타들을 배양한다.

〈신용경제〉

소비사회는 보드리야르의 지적처럼 '소비를 학습하게 하는 사회', 즉 소비에 대한 체계적인 사회경제적 훈련을 하는 사회였다. 이 훈련은 고도의 생산성을 추구하는 경제체계가 필요로 하는 특수한 '사회화의 양식'이었다(Baudrillard, 1991: 106). 수입보다 지출이 선행되고, 버는 것보다 쓰는 것이 더 많은 생활방식을 가르치고, 과소비를 '보편적 소비규범'으로 받아들이게 하는 것이었다. 여기서 결정적인 것은 소득보다 더 많은 구매력을 만들어내는 신용경제였다. 신용경제는 소비주의를 소비사회의 혜택처럼 포장하여 암묵적으로 강제하는 것이었다.

신용경제는 '돈을 빌리는 것'을 '신용'이라는 형식을 빌려 미화하고, 부채에 대한 거부감과 부담을 소비자에 대한 혜택과 권리로 포장함으로써, 거부감 없이 빚을 지는 습관을 길들이는 독사로 작용했다. 신용경제는 노동자의 임금과 소비 지출액의 차이를 부채로 메워주고, 이를 통해 잉여생산물에 대한 수요를 창출하기 위한 것이었다. 부채는 소득에 구애받지 않고 소비주의에 빠져들게 하는 필수조건이었다.

신용경제는 생계유지 이상의 소비를 할 만큼 소득이 없는 사람들까지도 소비수준을 끌어올리도록 강제하는 제도였다. 이는 노동자의 임금은 낮게 유지하면서도 구매력을 높이는 일거양득의 전략이었다. 개인과 가계의 부채를 늘리는 덕분에 주택 건설, 자동차 산업, 휴가여행 등의 경기가 활성화될 수 있었다.

'신용'은 돈의 부족함을 없애주는 소비사회의 '선물'이었던 만큼, 신용경제는 신용조건을 점점 더 완화시키는 방식으로 성장할 수 있었다. '즉시 대출'은 구매력을 즉각적으로 조작해내는 복권처럼 기능했다. 소비금융은 소비주의를 마음껏 즐길 수 있게 해주는 덕분에 '소비사회의 꽃'으로 환영받을 수 있었다. 또한 신용의 대가로 부과되는 높은 이자는 금리생활자와 예금자의 구매력을 높여주는 동시에 금융경제를 살찌게 하는 자원이었다. 신용을 높이는 길은 돈을 더 많이 빌리고 잘 갚을수록 높아지는 만큼, 신용대출은 저축과 검약의 습관을 조롱하듯 돈의 씀씀이를 늘려주는 것이었다.

신용경제는 빚을 권장하고 '저축에 맞서 소비를 증진시키는 전쟁'을 벌이면서 소비주의를 미덕으로 받아들이게 하는 제도였다. 소비사회는 신용경제를 통해 채무관계를 불가피한 것이자 지극히 자연스러운 것으로 자리 잡게 하고, 부채중독을 일상문화로 '정상화'하는 사회였다.

신용판매제도만큼 소비주의적 구매습관을 길들이는 데에 효과적인 것은 없었다. 신용판매는 지출의 부담을 유예시키고 의식하지 않게 함으로써 소비주의적 자유를 만끽하게 하는 것이었다. 자본주의 선진국에서 경제 불황기였던 1920년대 초반부터 등장한 월부판매제도는 새로운 '필요'를 만들어내는 데에 집중되었다.

구매력이 소비시장의 확장을 결코 따라잡을 수 없는 구조 속에서 외상구매는 예정된 것이었다. 이는 저소득층의 경제적 불안정을 이용하여 자본주의 경제 시스템에 대한 예속과 위험부담을 가중시키는 것이었다. 외상구매는 제품의 수명이 단축될수록 소비자에게 더 빠르게 더 많은 빚을 안겨주었다. 이처럼 가계수입의 대부분이 월부금 충당에 투입되는 미국식 가계모델이 전 세계로 빠르게 확대되었다. 신용판매제도는 '쾌락주의적 정신'의 깃발 아래에서 과잉소비를 진작시키는 체계적인 훈련 기제였다.

신용카드 사업은 1958년 아메리칸 익스프레스 카드로부터 시작된 이래 세계적으로 확산되면서 신용카드 제국으로 자리잡았다. 현금과 수표를 대신하여 제3의 화폐로 등장한 신용카드 제도는 소비시장을 살리기 위해 미래의 노동을 저당 잡히게 하고 그 때문에 노동착취도 감내하게 만드는 해결사였다. 카드빚을 갚기 위해 또 다른 카드를 발급받는 식으로 부채에 의존하는 소비생활을 정착시킬 수 있었다. 디지털 시대에는 신용대출과 신용구매가 소비주의 독사를 일상적 습관 속에서 자동적으로 작동시킬 수 있는 환경이 조성되었다.

자본주의 선진국들은 실질 구매력도 없이 빚을 내서 소비하는 불안정한 시스템으로 과대한 부채를 늘려왔다. 1970년대 이후 두드러진 부채증가는 자본주의의 핵심문제인 '자본잉여 흡수문제'와 관련이 있었다(하비, 2012: 35~45). 세계에 과잉유동성이 넘쳐나고 자본잉여를 흡수하는 문제가 심각해진 상황에서 부채경제는 자본축적을 위한 투자기회를 제공하는 것이었다. 생산에 흡수되지 않는 엄청난 규모의 과잉자본은 부채의 폭발적인 증대를 초래했다. 게다가 선진국의 금융기관은 대규모의 대출을 통해 개발도상국의 부채경제를 활성화하고 새로운 소비시장을 확장하는 데에 기여했다.

1997년에 이르러 신자유주의적 팽창이 그 한계를 드러낸 위기 상황에서 그 돌파구로 이자율 하락에 기대는 무분별한 신용확대가 두드러졌다. 미국의 가계부채는 2005년에 125%에 육박했다. 모기지론 부채와 신용카드 부채의 증가는 결국 2008년 미국발 글로벌 금융위기를 불러왔다. 소비주의적 자유는 부채경제의 덕분에 확대될 수 있었지만 결국 부채경제의 파국을 몰고 왔다. 부채로 추동되는 성장전략이 실패하면서 소비주의적 자유는 부채경제의 저주로 대체되었다.

2002년 한국에서는 카드빚 때문에 '신용불량'으로 등재된 사람이 100만 명을 넘어서는 '카드대란'도 있었다. 이는 정부의 신용카드 활성화 정책으로 경제활동인구 1인당 4.6장의 카드가 풀려 있었던 상황이 빚어낸 대형 사고였다. 2003년에도 '묻지마' 신용카드 발급과 현금서비스 남발로 신용불량자가 372만 명까지 늘어난 상황에서 원금 상환유예, 개인파산 등 구제책들이 등장하기도 했다.

중국에서는 2018년 이후 과소비 빚수렁에서 허우적거리는 청년들이 늘어났다. 바링허우·주링하우로 불리는 2030 사이에서 '빚내 쓰고 보자'는 식으로 신용카드 사용 열풍이 불면서 부채에 대한 공포가 증폭되었다. 특히 20대 소비자들이 소비자금융대출의 광풍을 일으켰다. 소득으로 월세도 감당하기 어려운 처지에 최신형 스마트폰을 꼭 사고야 마는 소비습관은 자연스럽게 신용카드 대출로 이어졌다. 저소득층은 버는 돈의 절반을 빚 갚는 데 써야 했다. 이처럼 구세대와 다른 소비패턴을 보이는 청년 세대는 빚을 내서라도 소비욕구를 충족시키는 신세대였다.

부채경제의 파국에도 불구하고 '고삐 없는 소비주의'는 멈출 수가 없었다. 소비주의는 소비사회의 생명줄이었고 소비주의의 세계적 확장은 세계자본주의의 핵심과제이자 '소비대국'을 지탱하는 요건이었다. G7을 비롯한 주요 선진국은 내수소비가 경제를 이끄는 '소비대국'인 경우가 많았다. 소비증가가 기업의 매출·생산 증대로 이어져 투자·고용을 촉진시키고 다시 소득상승으로 이어지는 것이 '소비대국'의 선순환구조였다. 국내총생산(GDP)에서 민간소비가 차지하는 비중이 미국 68.2%, 영국 60.4%, 일본 53.8%, 프랑스 52.6%로 나타났다.3)

한국도 '선진국형' 경제구조로 바뀌면서 국민총생산(GDP)에서 민간소비가 차지하는 비중(2023년 1분기 기준 49.3%)이 수출(240조 원 43.8%)비중을 넘어서는 수준에 이르렀다. 경제위기 때마다 정부는 긴급 소비 장려책을 동원하고 소비심리 위축을 막기 위해 소비주의를 부추기는 상황이 되풀이 되었다. 수출국가로 성장해온 한국은 선진국형 '소비대국'의 모델을 따라가는 운명을 피할 수 없었으며, 그 운명은 바로 국가가 앞장서서 소비주의 독사들의 위력을 한층 더 강화시키는 것이었다.

2011년부터 세계 65개 나라에서는 '아무 것도 사지 않는 날(Buy Nothing Day)'이라는 캠페인을 시작했지만, 대안이 없다는 비판을 받았다. "더는 쇼핑하지 않겠다."는 유명 스타들의 공개적 선언의 해프닝을 넘어서 '소비하지 않기'에 윤리적, 정치적 의미를 부여하고 '착한 소비', '윤리적 소비'를 대안으로 제시하는 운동들도 이어졌다. 그러나 과잉소비를 조장하고 강제하는 소비경제 시스템과 이를 보호하고 소비주의를 권장하는 국가정책에 대한 근본적인 접근의 해법은 나올 수 없었다. 그러한 해법은 소비사회와 소비자본주의 체제의 근간을 흔드는 것이며 소비괴물 아바타들의 자기혁명을 요구하는 것인 만큼 기대하기 힘든 것이었다.

---

3) 중앙경제, 2023.8.11.

소비대중
: 욕망의 주체인가?

I. 마케팅에 위임된 욕망

서구에서 소비자를 탄생시키는 데에는 100년의 시간이 필요했지만, 그 나머지 지역에서는 그 시간이 획기적으로 단축될 수 있었다. 여기서 소비욕망을 창출하는 고도의 마케팅이 한 몫을 담당했다. 마케팅은 '시장을 정의하고 관리'하는 것으로 기업이 원하는 방향으로 시장을 선도하고 소비자의 행동을 이끌어내는 것이다. 소비시장을 새롭게 만들어내고 소비자의 행동방향을 조종하고 변화시키는 기능을 통해 마케팅은 그 목표를 달성한다.

마케팅은 시장의 세분화와 차별화를 통해 표적이 되는 집단을 선별하고 디자인, 광고, 미디어와 함께 집중 공략하는 전략이다. 표적이 된 집단에 대해서는 소비의 충동과 욕망을 자극하는 심리적 테크닉의 공략이 집중적으로 가해진다. 마케팅 담당자들은 소비자의 마음속 은밀한 욕망을 발견하는 것을 넘어 욕망을 창조하고 주입하기 위해 무슨 일이든 한다(콕스, 2016: 272).

20세기 초부터 미국을 중심으로 어린이를 표적으로 삼는 공격적인 마케팅이 시작되었다(로빈스, 2014). 그 전까지 자본주의 경제는 어린이를 주로 노동자로 이용해왔다면, 아동노동이 불법이 되고 양육과 아동교육에 대한 관심과 열의가 고조되면서 어린이를 특별한 소비자로 호명하는 전략이 구사되었다. 이는 어린 시절부터 소비주의에 아주 철저하게 길들여지는 소비자들을 육성하기 위한 것이었다. 부모와 자녀 세대를 아우르는 거대한 소비욕망의 창출 전략이었다. 대표적으로 산타클로스의 상품화는 한 세기를 넘어 오늘에 이르기까지 전 세대에 걸쳐 소비욕망을 부추기는 글로벌 소비산업으로 자리매김했다.

2023년 한국에서는 특히 SNS 인증 샷에 열을 올리는 MZ세대를 겨냥하여 크리스마스 감성이 가득한 '사진 맛집'부터 크리스마스 파티 팝업 체험존 등 스페셜 패키지 상품과 각종 이벤트가 넘쳐났다. 이처럼 종교든 무엇이든 소비욕망을 창출하는 소재로 둔갑시키는 마케팅은 날로 점입가경이었다.

유행과 감성에 휘둘리기 쉬운 어린이와 청소년 세대는 오늘에 이르기까지 미국뿐 아니라 세계적으로 소비경제를 떠받치는 핵심 집단이 되었다. 어린이 세상과 '어린이 문화(kinderculture)'의 창조는 소비시장의 몫이 되었고 디즈니월드는 그 결정판이었다. 디즈니랜드는 모형세계를 통해 자본주의 소비사회를 이상화된 '소비자천국'으로 만들어주었다. 세계적 관광명소가 된 디즈니랜드는 단순한 어린이 취향과 현실도피적인 유아적 환상을 즐기게 하는 한편, '키덜트족(아이와 같은 감성과 취향을 가진 어른들)'을 세계적으로 확산시키는 미국식 자본주의 소비문화로 번성하였다. 디즈니랜드를 모방한 다채로운 모델들이 세계로 확산되면서 키덜트족은 아이들과 어른들의 소비욕망이 서로 닮아가는 모습을 보여주었다.

마케팅의 주요 타깃이 된 청소년 세대는 부모 세대를 점점 더 능가하는 소비주의적 생활양식과 소비욕망의 전도사로 육성되었다. 이는 상대적으로 소비문화의 영향을 적게 받은 어른 세대와 문화적 격차를 벌이게 하는 요인으로 작용했다. 오늘날 10억 명 이상으로 추정되는 글로벌 10대들은 가족 전체 소득에 어울리지 않는 소비를 즐기는 집단으로 '전대미문의 마케팅' 기회를 열어주었다. 소비시장은 청년 세대를 겨냥한 '밸런타인데이'나 '핼러윈 상품'[1]처럼 새로운 소비풍습의 유행을 만들어내고 특정한 상품구매를 유도하는 마케팅을 촉진시켰다.

이는 미국 발 소비문화를 전 세계로 확산시키는 통로가 되었다. 청바지나 운동화로 대표되는 10대 유니폼이나 전자제품, 청량음료, 패스트푸드와 같은 '10대' 품목들의 소비는 나날이 증대되었다(클라인, 2010: 216). 특히 디지털 시대는 글로벌 10대의 소비 유목민이 소비경제의 주역으로 부상하는 시대였다. 10대는 소비사회가 가장 고도화된 마케팅 전략으로 공들여 길러낸 세대인 만큼 소비욕망이 어느 세대보다 고도의 수준에 이른 소비괴물의 아바타들이었다.

소비자의 일상생활뿐 아니라 인간의 지성과 감성의 섬세한 요소들까지도 마케팅의 실험과 공격대상이 되었다. 지성에 호소하는 인지마케팅에서부터 인간의 오감 속으로 깊숙이 침투하여 소비주의적 감각과 욕망을 일깨워주고 감성적 체험을 창출하는 감성마케팅, 그리고 상품을 가공된 이야기로 포장하는 스토리텔링 마케팅까지 점점 더 세분화된 전략들이 개발되었다.

문화의 영역은 소비욕망을 창출하는 마케팅에서 최상의 자원이었다. 제품이나 서비스에 문화적 이미지를 투영하거나 각종 문화판촉의 다양한 기법들을 동원하거나 소비시장을 복합 문화공간으로 자리 잡

---

[1] 한국에서는 핼러윈 상품의 범람뿐 아니라 할러인 지역축제의 열기가 해마다 가열되어오던 중, 2022년에는 그 축제장에 몰린 군중의 압사사고로 인해 수백 명의 사상자를 내는 참사가 벌어지기도 했다.

게 하는 문화마케팅이 속출했다. 소비공간을 취미생활, 교육현장, 콘서트, 갤러리 교양습득의 장으로 연출하여 문화적 욕망을 자극하는 전략이었다. 서점은 단순 판매공간을 넘어 '작가와의 만남'등 각종 문화체험공간이나 소규모 파티 등 이벤트공간으로 변신을 시도했다. 시각적 경험을 극대화하는 매장 인테리어도 문화공간의 효과를 겨냥했다.

소비시장은 소비자의 교양과 문화적 수준을 향상시킨다는 명분으로 상품판매를 넘어 문화생활을 주도하는 역할을 자임했다. 다국적기업들은 세계시장에 파고들기 위한 현지화 전략으로 각 지역의 문화적 특성과 문화예술의 감성 코드를 활용하는 마케팅에 전념했다. 이처럼 문화마케팅은 소비시장이 문화적 삶을 고양시킨다는 명분으로 상업문화와 문화적 소비에 대한 욕망을 증식시키는 전략이었다. 이는 소비문화를 문화생활의 대명사로 자리 잡게 하는 것이었다.

1970년대 이래로 소비자의 욕구와 취향에 부응하는 상품공급에 주력한다는 '소비자 참여 마케팅'도 부상했다. 잠재고객들의 생활방식과 다양한 하위문화들을 반영한다는 명분으로 소비자들을 기업의 마케팅에 '동반자'로 끌어들이는 소비전략이었다. 소비자들이 제품평가를 통해 생산과정에 의견을 반영하거나 제품개발이나 유통에 직간접적으로 참여하도록 유도하는 것이었다. 기업과 소비자 간에 소통과 '상생'을 명분으로 아이디어 공모전, 소비자의 품평단(모니터링) 및 체험단 활동, 파워 블로거의 이용 등 다양한 방법들이 동원되었다.

인터넷의 대중화로 소비자가 무한정 정보와 선택의 기회를 제공받게 된 환경도 적극 활용되었다. 온라인 마케팅, 디지털 마케팅, 개인화된 1:1 마케팅 등은 소비자들이 기업을 홍보하고 대변하는 소비주의 욕망의 자발적인 전도사로 나서게 만들었다. 이는 기업의 요구를 소비자의 요구로 일체화시키는 전략이었다.

온라인상에서 전개되는 다양한 마케팅은 '페이스북 마케팅'처럼 소비자들의 자발적인 '상향식' 참여로 위장된 기술을 이용하는 것이었다. 홍보회사가 웹사이트를 이용하여 익명으로 특정한 캠페인을 벌이는 방식으로 소비자들의 적극적인 참여와 반응을 유도하는 마케팅이 늘어난 것이다. 2009년 '유고브(YouGov)' 조사에 의하면 온라인에서 구매하는 영국인들 가운데 40%이상이 '소비자 리뷰'들이 진짜가 아닐 수도 있다는 것을 인식하지 못했다고 한다. 같은 해 미국의 리서치 회사 닐센의 한 보고서에서도 70%가 넘는 온라인 소비자들이 일면식도 없는 사람들의 추천을 신뢰하는 것으로 나타났다(글레이저, 2013: 80).

이처럼 새로운 마케팅 기술들은 소비자의 이름을 빌려 소비자들 스스로가 자기기만과 허위의식에 빠지도록 만들었다. 소비욕망을 창출하는 마케팅 전략은 점점 더 정교하고 민주적인 형식을 통해 소비대중을 공략하는 시대로 진화한 것이다. 또한 SNS에서 '신상'에 대한 포스팅을 통해 인정을 구하는 기법(좋아요)도 대중의 자발적 호응을 끌어내는 형식으로 광고·소비시장의 공략을 위장하는 것이었다.

'프로슈머' 마케팅은 규격화된 상품들의 대량 생산으로 포화상태가 된 시장에서 개별적 용도와 기호에 맞추는 주문생산을 통해 이윤증대를 꾀하는 사업전략이었다. 이는 인터넷 등 통신 매체의 이용에 따른 정보력의 확장, 여가시간의 증대, 전기·전자 기술의 발달에 따른 각종 장비가격의 하락으로 셀프 서비스가 용이해지면서 자체 생산 활동에 참여하는 프로슈머들이 늘어난 상황을 적극 이용하는 마케팅이었다. 스마트폰과 애플리케이션의 확산은 생산자와 소비자의 이해관계를 하나로 결합시키는 프로슈머 경제를 활성화하면서 소비대중을 '욕망의 주체'로 적극 포섭하는 계기로 작용했다. 디지털 마케팅은 소비자대중이 욕망의 주체이자 마케터로 수요와 공급에 직접 참여하는 소비시장의 개발을 통해 영토를 확장했다.

소비시장은 날로 새로운 마케팅으로 전 세계를 새로운 문화적 정체성과 경쟁적인 개성화의 최면술이 난무하는 싸움터로 끌여들였다(Wichterich, 2000: X). 소비시장의 자유화와 전 지구적 확장은 탈차별화 현상을 가속화시키는 반면 개성적 차별화의 욕망을 증폭시키는 이중성을 지닌 것이었다. 소비대중은 상업주의에 편승하여 자신을 유행의 모델로 만드는 방편으로 소비주의의 적극적 주체로 거듭났다.

이는 신자유주의 체제에서 고조되는 급진적 개인주의를 포섭하고 '주체성의 폭발'을 유도하는 전략으로 능동적인 소비문화의 주체들을 이끌어내기 위한 것이었다. 신자유주의 시대에서 사회적 보호망이 무너지고 사회적 파편화와 개인화가 심화될수록 소비주의 전략은 더 큰 유인효과를 발휘할 수 있었다. 소비주의는 노동시장에서 훼손당하고 파편화된 사회에서 위협받는 자아정체성을 위로하고 보상해주는 계기로 작용할 수 있었다.

1990년대는 세분화된 마케팅 시대로 특히 18~24세의 특정 집단을 겨냥한 맞춤형 대중설득광고 메시지들이 전송되었다. 2000년대는 인터넷 검색과 거래 내용을 토대로 알아낸 행동 패턴과 선호도를 바탕으로 개별 소비자에게 맞춤형 메시지를 보내는 시대로 진화했다. 2010년 이후에는 소비자들이 온라인상에서 서로 연결되고 자신의 소셜 네트워크에 의해 영향을 받는 네트워크화된 소비자들의 시대로 진입했다(아랄, 2022: 246).

네트워크화된 소비자들의 시대에는 초사회화 세상에 맞춰 새로운 전략이 요구되었다. 초사회화 세계에서 기본 전략은 네트워크 타기팅(친구들의 호불호가 당신의 호불호를 보여준다), 유유상종에 따른 추천 마케팅(동질성 선호현상), 소셜 광고, 입소문 기획, 인플루언서 마케팅이었다. 브랜딩, 마케팅, 타기팅의 영향으로 소비자들의 취향도 분화되었다. 대중 설득의 '개인 맞춤화'는 소셜 미디어 타기팅의 광고 기법이었다. 개인에 대한 상세한 데이터(나이, 성별, 언어, 사회경제적 지위, 구매기록, 콘텐츠 소비내용 등), 선호도(소셜 미디어 '좋아요', 공유 등), 소셜 네트워크(친구, 팔로워 수, 개인이 속한 소셜 네트워크의 구조 및 구성), 위치 기록 등을 토대로 소비자들의 성향의 전환 가능성을 예측하는 모델링 기법이 적용되었다. 이것이 소위 전문가들이 말하는 리타기팅(retargeting)이었다.

이처럼 마케팅 전략은 인간의 심리적, 정신적 내면세계를 공략하고 문화적 소비욕망을 창출하는 방식으로 소비대중 아바타들을 양산한다. 무제한의 소비수요의 창출을 꾀하는 전략은 대중의 소비욕망의 무한한 생성과 확장을 목표로 삼는 것이다. 그 목표는 소비사회가 추동하는 차별화 논리와 비교경쟁의 논리에 따라 소비욕망을 증식시키는 방식으로 달성된다. 소비대중의 욕망을 얼마나 어떻게 창출하고 증식시키는가에 소비자본주의의 운명이 달려 있는 것이다.

소비욕망의 극대화전략이 구사되고, 그 전략이 성공할수록 소비의 탐욕이 만연하는 시대가 도래한다. 소비의 탐욕은 유행성 독감처럼 전염성이 강해서 끊임없이 '좀 더 많은 것'을 소비하는 '어플루엔자(affluenza, 소비중독 바이러스)'로 불리기도 한다(드 그라프 외, 2010). 소비의 탐욕은 자본의 탐욕을 전염시키는 바이러스와도 같은 것이었다.

II. 생산/소비 회로에 갇힌 욕망

마르쿠제(2006)는 소비욕구가 생산체계의 동학이 발생하는 구조로부터 부과되는 타율적인 것이라는 점을 강조했다. 즉 외부로부터 부과되는 욕구의 타율성이 '자기부과'되는 방식으로 생성되는 '허위 욕구'는 소비자의 자율적이고 합리적인 숙고가 결여된 상태에서 파생되는 이데올로기적 결과물이라는 것이다. 이는 소비자로 하여금 자신이 원하는 것을 제공받는다는 자기최면으로 욕구의 허위의식을 직시하지 못하게 한다.

보드리야르도 자본주의 생산체계가 소비의 욕구체계를 만들어낸다고 보기 때문에 욕구의 자율성 자체를 인정하지 않았다. 소비시장의 움직임을 통제하는 생산체계가 개인의 욕구를 창출함으로써 체계의 재생산에 필요한 '생산력'을 만들어낸다는 것이다. 생산체계는 욕구의 개념 자체를 창출하고 욕구들 간에 차이를 주조하는 욕구체계를 통해 하나의 욕구로부터 또 다른 욕구들을 연쇄적으로 생성시킨다는 것이다. 하나를 갖게 되면 또 다른 것들을 더 원하게 만드는 연쇄적 생성고리 속에서 충족되지 않는 갈망이 이어지고 소비주의는 차별화된 욕구들의 미끄러짐 속에서 조장된다. 욕구는 각각의 사물과 관련해서 일대일로 생기는 것이 아니라, 생산력의 일반적 틀 속에서, 전체적인 처분 능력으로서, 즉 '소비력'으로서 생산되는 것이다(보드리야르, 1991: 95~97).

욕구가 생산력이라면, 소비도 생산력이다. 욕구와 소비는 '생산력의 조직적인 확대'와 함께 증식되는 것이다. 반대로 '욕구에 대한 속박'은 '소비에 대한 속박'이다. 따라서 욕구는 투자된 자본이나 투자된 노동력만큼 생산 질서에 '필수적인 것'이다.

이는 생산체계에 전적으로 의존하는 욕구체계 안에서 자발적 욕구와 타율적 욕구의 경계 자체가 사라진다는 것을 의미한다. 욕구는 생산력을 만들어내는 것이기 때문에 필요한 것이며, 생산체계가 필요로 하기 때문에 발생되는 것이다. '생산성'과 '소비성'은 동전의 양면을 이루는 것이므로 욕구는 소비성과 생산성을 동시에 증가시키며, 소비의 '자유'는 '생산체계의 규율'로 작용한다. 욕구는 노동과 마찬가지로 생산체계의 착취를 내포한 것이지만, 그 착취를 '자유'로 위장하는 이데올로기적 기능을 지닌다. 소비의 영역은 생산체계에 의해 외부로부터 구조화되는 것이지만, 소비욕구는 소비자 자신으로부터 발현되는 형식으로 생산력을 추동하는 원천이다.

이처럼 소비의 욕구체계는 생산체계에 의해 생성되는 것이라면, 그 욕구체계를 확대, 재생산시키는 것은 소비주의적 인간의 몫이다. 소비주의는 생존을 위한 일차적 욕구를 넘어 '이차적', 문화적 욕구를 끝없이 자극하는 방식으로 촉진된다. 소비주의는 생산물이 자극하는 욕구를 자신의 욕구를 담은 '문화적 자연'으로 오인하게 함으로써 시스템의 통제를 의식하지 못하게 할 뿐 아니라 욕구를 확대 재생산시키는 독사로 작용한다.

소비문화에 빠질수록 자신의 욕구와 허위욕구의 구분이 필요 없을 정도로 소비시장이 자극하는 욕구를 자신의 것으로 동일시하는 습관에 젖게 될 가능성이 높다. 자신의 욕구를 알지 못하는 상태에서 소비시장이 부추기는 욕구의 소비에 만족할 가능성이 크다. 게다가 소비상품들이 개인적 특성에 맞춤형으로 제공될수록 소비시장은 소비자의 욕구를 대변해주는 스펙트럼이 넓은 전시장으로 환영받을 수 있다.

프랑스의 철학자 르네 지라르(Rene Girard, 1923~2015)가 고안한 '모방이론'[2]에 따르면 인간의 욕망은 본원적인 것이 아니라 타인의 욕망을 모방하는 '모방욕망'이다. 모방욕망은 욕망이 저절로 생기는 게 아니라 타인의 욕망을 모방하기 때문에 나타나는 것이다. 내(욕망의 주체)가 무언가를(욕망의 대상) 갈망하는 이유는 내가 동경하는 사람 혹은 경쟁자가(욕망매개자) 그것을 소유하고 있기 때문이라는 '욕망의 삼각형' 이론이다. 소비시장은 바로 욕망의 삼각관계가 이루어지는 장이다.

---

[2] 1990년 인간의 뇌 속에 상대방의 특정 움직임은 물론 그 의도까지 간파해 거울처럼 즉각적으로 따라 하게 만드는 '거울신경세포'가 실제로 존재한다는 사실이 밝혀지면서 모방이론이 의료계에서 다시 조명을 받게 되었다.

모방욕망은 타인을 이상적 모델로 상정하여 같아지려고 노력하는 '따라하기 인간'을 조장한다. '따라하기 인간'은 독자적인 사유와 판단을 유보하고 비판적 사고의 잠재력을 차단시키는 인간이다. 프랑스의 정신분석학자 자크 라캉(J. Lacan, 1901~1981)은 대량 생산과 소비가 일상화된 상황에서 현대인의 욕망은 타인에 의해 주입된 것이며 타인의 욕망이 없다면 나의 욕망도 없다고 했다. 소비시장은 바로 타인의 욕망을 닮은 나의 욕망을 만들어주는 곳이다. 모방경쟁은 점점 더 많은 욕망을 만들어내는 함정에 빠뜨리는 것이라면, 소비시장은 바로 그 함정이다.

부르디외가 강조했듯이 계급의 구별 짓기로 작용하는 '취향'은 교육과 계급의 수준을 반영하는 문화자본으로 차별화를 위한 소비욕망을 창출하는 원천이다. 취향의 분류체계는 지배계급의 문화자본의 우월성을 입증해주는 것이라면, 소비시장은 그 우월성에 대한 추종욕망을 부추기는 소비취향을 창출한다. 타인들과 비교되는 차별성과 우위성을 통해 개인의 취향과 정체성을 드러내고 싶은 구별짓기의 욕망은 소비시장이 끝없는 차별화로 새로운 유행을 만들어내는 상술에 포섭된다. 여기서 구별짓기 경쟁은 사치소비를 합리적이고 정상적인 것처럼 오도하기도 한다. 그러나 시장의 유행이 주도하는 구별짓기는 욕망의 전염성에 편승하는 것일 뿐 욕망충족을 끝없이 유예시키는 것이다. 유예된 욕망은 소비시장의 유혹과 유행을 끝없이 따라가도록 만드는 소비시장의 유인 기제로 이용된다.

소비시장은 화려한 복제품이 되고 싶어 하는 소비대중의 욕망을 끝없이 자극하는 전술로 번창한다. 시장의 인기상품들을 모방하는 소비대중 아바타들은 욕망의 전염성에 편승하여 자본의 욕망을 자신의 욕망으로 주체화한다. 그러나 소비를 위주로 조직된 삶은 더 이상 규범적 규제가 작동하지 않는 삶을 사는 것이며, 그 삶을 인도하는 것은

'꼬드김, 자꾸만 커지는 욕망, 일시적 바람들'이다(바우만, 2009: 123). 소비시장의 유혹과 이로부터 생성되는 예측불허의 환상적 욕망, 그리고 이에 따른 소비의 우발성과 즉시성은 일상의 삶을 탈규범화하는 것이다.

이처럼 소비사회는 소비욕망을 조직적으로 만들어내는 경제 문화 시스템으로 작용하면서 소비대중 아바타들을 소비욕망의 생산과 소비의 회로에 빠져 들게 한다. 이는 소비대중 아바타들이 그들 자신의 고유한 욕구를 스스로 파악하고 자의식적으로 통제할 수 있는 가능성을 차단시키고, 생산·소비 체계가 만들어내는 욕구체계 내로 포섭하기 위한 것이다.

라이프스타일 소비의 달인들

I. 라이프스타일 브랜드 소비대중

소비자본주의는 '라이프스타일 마케팅'의 전성시대를 열었다. 라이프스타일 마케팅이란 '라이프스타일'이라는 이름을 빌어 현존하는 시장과 제품으로는 충족될 수 없는 '미래 시장'을 개척하여 수익을 극대화하는 전략이었다. 요컨대 '미래시장의 선취기술'로 부상한 것이 라이프스타일 마케팅이었다. 미국의 마케팅협회(AMA)를 중심으로 1960년대부터 도입된 라이프스타일 마케팅은 1970년대부터 본격화되었다.

라이프스타일을 전략적 소재로 이용한 마케팅은 소비자가 아닌 '생활자'의 생활자원을 양적, 질적 측면에서 효율적으로 활용하기 위해 소비자의 계층, 성별, 나이 등에 따른 통계분석과 각종 시장조사를 통해 그들의 '이상적인 라이프스타일'을 상품으로 개발, 판매하는 것이었다. 소비시장에서 제공하는 문화적 코드들의 조합으로 라이프스타일을 상품화하는 것이었다.

이는 특정 시장을 겨냥하는 표적 마케팅으로서 세분화된 '라이프스타일 브랜딩'과 '패키지' 소비를 통해 소비주의를 증진시키는 전략이었다. 미국의 최데 데이터 중개업체 액시엄에 따르면 개인은 70가지 '라이프스타일 집단' 중 하나에 속하기 때문에 그 중 하나를 공략하는 표적 마케팅이 주효했다. 액시엄은 이 데이터를 신용카드 회사, 일반 은행, 글로벌 자동차 기업, 제약회사 등 고객들에게 판매했다. 고객명단에는 미국 100대기업의 절반 정도가 포함되었다.

사회학자들에 따르면 생활양식(lifestyle)은 개인의 삶을 담아내는 문화적 형식이자 '관찰될 수 있는 하나의 독특한 삶의 방식'으로 정의된다. 생활양식은 의식주와 같은 습관적 실천, 관례적인 행동방식, 외양, 교제방식 등이 통합된 일상으로 개인의 정체성, 가치, 세계관을 반영하는 개념이다. 하지만 생활양식은 개념적으로 합의된 것이 없고 엄밀하게 정의된 범주가 아니므로 모든 것을 포괄하는 것이면서도 동시에 아무 것도 의미하지 않는 용어로 남용될 소지가 많은 것이다. 이는 소비시장을 라이프스타일의 '천국'으로 만드는 데 유리하게 작용한다. 그 천국을 만들어내기 위해 소비시장은 소비욕망을 창출하는 것을 넘어 인간의 생활양식까지도 공략의 대상으로 삼은 것이다.

이는 개인의 고유한 삶의 방식과 문화적 창조의 세계를 몽땅 소비시장의 전유물로 만든다는 야심찬 목표이자 소비시장이 문화 영역을 소비시장의 전유물로 만들겠다는 위험하고 오만한 상업적 전술이다. 돈벌이를 위해서는 무엇이든 거침없이 달려드는 야심찬 자본주의적 상술이 도를 넘어선 것이다. '라이프스타일 마케팅'이라는 용어 자체가 생활양식의 기본 개념에 대한 도전이기 때문이다.

인간의 삶이 녹아들어간 자생적 창조물을 상품과 서비스의 소비활동으로 대체할 수 있다는 발상 자체가 비인간적이고 비상식적인 것이다. 상품과 서비스의 소비가 개인의 라이스타일을 규정짓고 연출하고 가시화하는 것이라는 등식은 삶의 방식 자체가 상품과 서비스로 대체될 수 있다는 소비만능주의에 기반 한 것이다.

그렇다면 인간은 자신의 생활양식을 그 주도권을 행사하는 소비시장에 온통 맡겨버려도 된다는 것인가? 라이프스타일의 상품과 서비스가 어떻게 개인의 삶의 경험과 주관적 세계를 담아낼 수 있다는 말인가? 단지 상품을 선택, 구매, 소비하는 것으로 자신의 라이프스타일이 구현된다는 것인가? 소비시장이 없으면, 소비를 하지 않으면, 라이프스타일 자체가 존재할 수 없다는 말인가?

소비시장이 창출하는 라이프스타일이란 시장의 가공물일 뿐 인간의 창조물이 아닐진대, 소비스타일을 라이프스타일로 등치시키는 것은 인간의 문화 창조에 반(反) 하는 것이다. 결국 이 모든 것의 핵심이 '돈'에 있다고 한다면, 인간의 생활양식까지도 돈을 주고 살 수 있는 세상, 또는 돈만 많이 쓰면 한 순간에 '명품' 라이프스타일의 소유자가 될 수 있는 세상이 바로 '천국'이라는 말인가?

라이프스타일 시장은 단지 필요를 충족시키는 것뿐 아니라 의미들을 생산하고 전달하면서 생활양식, 정체성, 사회적 신분 등과 관련된 사회적 커뮤니케이션을 수행하는 주역을 자처한다. 소비시장은 인간의 표현양식과 문화적 실천을 총체적으로 아우르는 '문화체계'(문화적 장)로 작동하면서 인간의 문화적 창조력을 무용지물로 만든다. 소비시장이 기획하고 가공한 라이프스타일의 소비를 자신의 고유한 라이프스타일로 연출하는 소비자는 라이프스타일 자체를 시장의 전유물로 취급하는 것이다. 이는 자아의 기획과 고유한 정체성의 창조를 자신의 현실이나 자의식과는 무관한 물질적, 상징적 소비의 영역에 내맡겨버리는 것을 말한다. 라이프스타일에 담아야 할 개인의 삶의 철학, 가치지향, 취향, 개성 등을 필요 없는 것으로 생략해버리는 것은 라이프스타일의 의미 자체를 소거해버리는 것과 같은 것이다.

라이프스타일의 소비는 브랜드의 소비로 한층 더 왜곡된다. 소비시장은 브랜드가 소비자 자신의 가치를 표방하고 삶의 품격을 알려주는 것처럼 세뇌시킨다. 상품 브랜드를 개인의 라이프스타일 브랜드로 둔갑시킴으로써 라이프스타일 소비에 환상을 불어넣는다. '라이프스타일 브랜딩(branding)'은 개성과 주체성을 강조하고 브랜드의 상표를 차별화된 라이프스타일로 부각시켜 소비주의를 부추기는 시장개발 전략이다. 브랜드의 경쟁은 제품이 아니라 오직 상표만으로 라이프스타일의 고유성을 가장하고 허위의식을 부추기는 상술로 소비자의 충성심과 맹목적인 숭배를 유도하는 것이다.

특히 젊은 세대에게 값비싼 브랜드 제품에 대한 열망은 개인의 자존감의 표출이자 '브랜드 정체성'의 창조를 의미한다. 소비자들의 정체성, 스타일, 사고방식 등이 브랜드의 먹잇감이 되는 것이다. 이처럼 브랜드로 압축된 라이프스타일과 '브랜드 충성심'은 소비시장에 대한 예속을 강화한다.

브랜드가 된 라이프스타일은 소비주의를 끝없이 확장시킬 수 있는 특급 상품이다. 하나의 라이프스타일을 선택하는 순간 그 이름을 붙인 종합상품세트를 소비하도록 만들고, 라이프스타일을 바꾸는 순간 또 다른 종류의 상품세트를 소비하게 만드는 것이다. 여기서 이른바 '디드로 효과(Diderot effect)'가 한 몫을 담당한다. 하나의 상품을 구입하고 난 뒤 이와 어울리는 다른 상품들을 연달아 구매하게 되는 현상은 상품의 기능보다 정서적, 문화적 통일성, 즉 '디드로 통일성(Diderot conformity)'을 꾀하는 라이프스타일의 소비로 이어지기 십상이다.

주류에 편입되지 않았던 하위문화의 반항적, 전복적, 대안적 요소들까지도 브랜드 마케팅의 표적이 되면서 급진성을 독특한 멋(radical chic)의 라이프스타일로 포장하는 상품들이 쏟아졌다. "펑크도, 힙합도, 테크노도, 페미니즘도, 다문화주의도 예외는 아니었다"(클라인,

2010: 165). '10대의 반항'을 부각시키는 청년 소비문화나 반문화적 가치를 내세우는 새로운 '히피 소비주의'도 등장했다. 또한 '패키지 소비' 전략은 일상생활의 다양한 소비실천들, 즉 스포츠, 음악, 영화, 의상, 몸치장 등을 인위적으로 짜 맞추어진 라이프스타일 상품세트로 통합시켜 연쇄적 소비를 불가피하고 자연스러운 것처럼 유도했다.

II. 상품미학으로 포장된 '자아 기획'

라이프스타일은 '스타일화된 자아의 기획'으로 외부적으로 가시화되고 타인들에 의해 쉽게 관찰될 수 있는 시각적 스타일로 표출된다. 20세기에 들어와서 스타일은 소비시장의 유토피아적 언어로 부상하면서 그 자체가 하나의 상품이 되었고 스타일의 상품소비가 확대되었다. 라이프스타일 시장은 바로 스타일의 상품소비를 조장하는 것이었다. 라이프스타일은 개인의 소비선택을 의미 있는 스타일로 연출하는 '개인적 스타일의 융합'이 되면서 소비상품이 연출하는 스타일이 라이프스타일과 동일시되었다.

스타일은 미학적 자각과 감수성을 중시하는 만큼, 라이프스타일도 미학적 가치를 중시하고 이를 위해 투자하는 '자아의 기획'이다(채니, 2004: 133, 20). 특히 포스트모던 소비문화는 일상생활의 미학화를 통해 시각적 소비와 그 매력을 극대화한다. 이는 스타일의 증진과 미학화를 통한 '외양'의 관리를 강조함으로써 외양과 내면이 구분되는 이원성을 소멸시킨다. 젊은 시대의 소비문화에서는 '스타일의 브리콜라주'와 혼성모방을 통해 잡종의 외양을 만들어내는 연출이 유행되기도 한다.

미학적 스타일은 시각적 언어와 심미적 이미지를 중시하는 문화적 라이프스타일을 통해 자기미화와 미학적 개성화의 욕망을 표출하는 주체를 구성하는 것이다. 육체미학을 위시하여 미학적 고양을 추구하는 '삶의 미학화'는 인간의 생활을 예술작품으로 변화시키는 기획 상품의 생산 확대로 나타난다(패더스톤, 1999: 108, 123).

이는 소비자본주의에서 미학을 상품의 생산과 마케팅에 이용하는 상품미학이 발달한 것과 그 맥을 같이 한다. 하우크(W. F. Haug, 1986)의 주장처럼 상품미학은 미적 가치를 교환가치의 대용물로 삼아 '사용가치를 약속하는 외양'을 제시한다. 포장, 광고, 마케팅, 전시 등에 내재화된 상품미학은 정교한 미적 외양을 통해 소비자의 감각과 욕구에 호소한다. 상품미학은 상품을 스타일의 문제로 집중시키고 상품의 교환가치와 기능적 합리성을 스타일의 문화적, 미학적 표현으로 전환시킨다. 소비시장은 미학의 상품화를 '삶의 미학화'로 등치시켜 소비자의 감성구조와 그 표출욕구를 식민화한다.

라이프스타일 시장은 '예술의 대중화(민주화)'나 '일상생활의 미학화'의 이름으로 상품의 감성적 소비, 미학적 감동, 예술적 심미안을 부각시키는 상품미학을 적극 이용한다. 상품미학에 대한 열망, 동경, 우상화, 맹신을 조장하면서 상품물신주의를 부추긴다. 개인의 자존감과 권능의 환영들을 표출하는 라이프스타일의 소비는 특정 상품에 대한 물신주의적 집착에 빠지게 한다. 라이프스타일의 소비시장은 상품미학으로 업그레이드된 라이프스타일의 유행을 통해 경쟁을 부추기며 상품물신주의를 확산시킨다.

상품미학은 갈등이 없는 이상적인 라이프스타일의 환상적인 이미지를 통해 상상적 쾌락을 추구하게 만든다. 라이프스타일 시장은 상품미학의 게임이 제공하는 유희성과 자기 환상적 쾌락을 즐기는 공간으로 제공된다. 여기서 라이프스타일은 상품미학이 주도하는 세련된 스타일의 '볼거리'로, '외양의 놀이'로 귀착된다.

상품미학에 기반한 패션산업은 패션을 자기표현의 수단으로 소비하게 하면서 감각적 가치와 심리적인 효용가치를 겨냥하는 겉치레 치중의 소비문화를 조장한다. '패션쇼'는 바로 극대화된 외양의 상품미학을 가시화하는 장이다. 신상품 시리즈나 브랜드로 공략하는 패션은 독창성과 '새로운 것'을 추구하는 소비심리를 이용하여 소비대중의 미적 감수성과 취향을 조장하는 규율로 작용한다.

III. 정체성의 놀이꾼

라이프스타일 마케팅은 '나만의 고유한 라이프스타일'의 주체들을 호명함으로써 보다 능동적이고 주체적인 소비를 추구하는 소비대중의 저변을 확대한다. 특히 정체성의 고착화를 회피하는 포스트모더니즘에 편승하여 정체성의 불안정성, 무정형성, 잡종성, 개방성을 부각시키는 방식으로 라이프스타일의 다양화와 차별화를 꾀하는 소비자들을 공략한다. 여기서 소비주의는 다양한 하위문화들에 소속되는 잡종성과 정체성을 추구하는 경향과 맞물려 작용한다.

포스트모던 정체성은 변화와 반사성을 통해 자아의 기획을 불안정하게 만드는 라이프스타일의 유행과 친화성을 갖는 것이다. 라이프스타일은 이질적인 요소들이 서로 배타적이지 않은 상태로 공존할 수 있고 생애발전 과정에서 쉽게 변화하고 교체될 수 있는 것이기 때문이다. 라이프스타일 마케팅은 이 부분을 파고드는 전략을 구사한다.

포스트모던 소비문화가 1970~80년대부터 확산되어온 배경에는 라이프스타일 마케팅의 역할이 주효했다. 1980년대 이래로 포스트모던 소비문화의 특징으로 나타난 정체성의 불안정성은 '상업화된 자아'의 기획을 조장하는 라이프스타일 마케팅과 연계된 것이었다. 라이프스타일 마케팅은 라이프스타일을 포스트모더니즘에서 중시되는 '되기(becoming)'의 상업적 구성물로 만들어 소비자로 하여금 자신을 끊임없이 '그 누구'로 변화시키는 '되기'의 방편으로 라이프스타일 상품들을 소비하도록 유도한다.

소비패턴과 그 유행이 수시로 바뀌는 '변덕스러운 시장'은 라이프스타일의 재빠른 회전과 함께 정체성의 불안정을 조장한다. 라이프스타일 시장은 상품소비를 늘리는 수단으로 정체성의 '놀이터'를 활성화한다. 특히 젊은 세대는 정체성 놀이를 즐길 수 있는 최적의 소비자라는 점에서 라이프스타일 마케팅의 표적이 된다. 정체성 놀이꾼은 자신의 라이프스타일의 주체성 경쟁의 주도권을 소비시장에 내맡기는 존재이다.

자본주의 문명 속에서 라이프스타일의 역사를 주도해온 다양한 흐름들로 부르주아, 보헤미안, 히피, 보보, 힙스터, 노마드 등이 있었다면, 포스트모던시대의 소비시장은 이 모든 것들이 한데 뒤섞여 어우러지는 각양각색의 놀이터를 만들어낼수록 번창한다. 여기서 라이프스타일은 상품브랜드와 소비유행 등 시장의 흐름에 따라 얼마든지 변할 수 있는 일시적이고 피상적인 것이다. 광고는 날로 새로운 생활스타일의 모델을 보여주면서 생활양식을 바꾸도록 종용한다. 맞춤형 마케팅은 윤리적 소비와 가치를 선호하는 밀레니얼 세대를 겨냥하여 친환경 라이프스타일의 신상품들도 개발한다.

라이프스타일의 역사는 지배 계급에 대한 반문화였고 변화의 주역은 그 때마다 등장한 젊은 세대였다는 주장도 있다. 그들이 추구하는 자유, 자기다움, 창의성, 다양성, 공동체 등의 가치로 반(反)문화를 지향했다는 것이다. 그러나 이러한 반문화가 소비시장에 흡수되어버린 경우들에서 드러났듯이 소비시장 밖에서 반문화가 뿌리내릴 수 있는 토양은 매우 척박하다. 소비괴물의 아바타들에게 소비시장은 유일한 문화생산공간이기 때문이다.

공격적인 소비시장 밖에서 소비자가 '나다움'을 추구하는 라이프스타일을 스스로 창조하는 것도 희귀한 일이 되었다. 라이프스타일은 창조보다 유희로 소비되는 상품이 되어버렸기 때문이다. 또한 라이프스타일은 '나를 파는 사업'으로 누구든 시장을 새롭게 만들어낼 수 있는 돈벌이 비즈니스로 전락했기 때문이다. 이는 라이프스타일이 더 이상 개인의 고유한 창조물이 아닌 상품시장의 전유물이 되어버린 것을 의미한다. 이처럼 인간은 자신의 라이프스타일에서도 소외된 존재가 되었지만, 소비괴물 아바타들에게는 이것이 곧 시장의 '축복'이었다.

IV. 유행의 '지체자'들

유행(fashion, mode, fad)은 특정시기에 널리 받아들여지고 채택되는 스타일이나 생활양식으로서 주기적으로 새로운 것을 추구하는 특성을 지닌 사회적 집합현상이다. 의식주의 필수품에서부터 여가와 놀이, 예술과 지식까지 연속적인 스타일의 변화를 통해 '베스트셀러'를 창출하는 것이 소비유행이다. 유행은 소비시장을 새로운 감수성을 추구하는 문화의 산실로 만든다. 소비시장은 유행의 확산을 통해 물건, 행위, 사상 등의 유행을 주도하면서 소비양식을 선도하고, 새로운 유행을 통해 소비지형을 바꾸는 방식으로 확장한다.

시장에서 팔리지 않는 것은 유행이 될 수 없듯이 유행은 소비주의 마케팅을 성공시키는 독사로 작용한다. 모방소비를 즐기는 습관과 성향을 조장하여 소비주의적 생활방식에 친숙해지도록 만드는 것이 유행이다. 라이프스타일 시장은 유행의 선도자를 탄생시키는 순간부터 나머지 소비자들을 유행에 뒤쳐진 '지체자'로 만들어 소비주의의 포섭

대상으로 공략한다. 유행의 선도자와 추종자를 자처하는 소비대중은 소비시장에 자발적 충성을 다하는 소비주의의 일등공신이다.

유행은 짐멜의 지적처럼 본질적으로 계급적 유행이며 라이프스타일의 유행은 계층적 구별 짓기의 수단으로 작용한다. 계층의 정체성을 표현하는 라이프스타일의 유행은 동등한 위치에 있는 사람들과의 결합을 의미하는 한편, 그들보다 낮은 신분의 사람들에 대한 집단적 폐쇄성을 드러낸다(짐멜, 2005: 57). 유행에 동참하는 것은 계층적 우월감을 보이기 위한 것일 수도 있고 반대로 위화감을 희석시키기 위한 것일 수도 있다. 라이프스타일의 유행은 바로 그 양가적 기능을 통해 소비주의를 당연한 것으로 받아들이게 하는 독사로 작용한다.

소비자본주의는 하층계급이 상층계급의 라이프스타일 유행을 신속하게 모방할 수 있도록 대중화하는 방식으로 소비시장을 확장시킨다. 상류층을 겨냥한 고가품과 이를 모방한 저가품의 대량생산은 저소득층에서도 상류층의 취향을 흉내 낼 수 있는 소비시장을 창출함으로써 저소득층의 소비욕망을 자극한다.

이른바 '명품'의 대중화는 고급취향으로 대변되는 라이프스타일에 대한 동경과 열망에 편승하는 소비주의를 촉진한다. 고가품을 중심으로 계급적 특권과 부의 과시를 드러내는 유행은 계급적 구별짓기를 깨뜨린다는 착각의 파격적 소비를 조장한다.

유행은 애초에 부각된 희귀성을 상실하는 대량공급과 대량소비의 단계에서 절정기를 맞게 된다. 또한 유행의 쇠퇴기에 접어든 상품들은 가격이 인하된 재고처분의 과정에서 저가(低價)의 유혹에 빠져들기 쉬운 저소득층의 소비주의를 부추긴다. 이는 철지난 유행의 상품들을 '유행'의 이름을 빌어 유행의 '지체자들'에게 대량처리하는 전략이다. 경기 침체 시 나타나는 '불황형 소비'는 고가품과 저가품 양극단으로 수요가 몰리는 소비의 양극화 현상으로 나타나기도 한다.

라이프스타일의 유행은 특히 젊은 세대에게 소비주의를 학습시키는 효력을 지닌다. 라이프스타일의 유행은 젊음의 특성과 진취성을 과시하는 소비를 통해 구세대와 구별되는 신세대 소비문화를 추구하게 만든다. 경험이 적고 변화를 갈망하는 신세대는 패드(fad)처럼 아주 짧은 기간 동안 파급되었다가 빠르게 사라지는 유행의 홍수에 빠져들기 쉽다.

유행은 일탈과 전위의 코드를 연출하는 소비주의를 자극하여 젊음의 급진성과 저항성까지도 소비시장으로 포섭한다. 라이프스타일의 유행에 대한 열광은 젊음의 열정을 자기도취나 과잉 주체화로 몰아가기 쉽다. 그러나 유행은 모방소비경쟁을 유발할수록 획일적인 라이프스타일의 소비문화를 조장하게 된다.

패션산업은 라이프스타일의 미학적 노후화를 통해 새로운 유행을 파급시킨다. 패션상품은 유행을 창조하는 체계적인 마케팅 기법이 만들어내는 기획 상품이다. 한국의 안창홍 화가는 '유령 패션'을 주제로 삼아 화려한 의상 속에서 자본-권력에 짓눌린 채 자아와 개인성은 사라지고 자신을 드러내는 도구만 남는 '유령인간'을 풍자했다. 자아의 허상으로 자신을 망가뜨리는 인간은 바로 문명의 폭력성을 드러내는 존재임을 역설한 것이다.[1]

라이프스타일은 마케팅의 필요에 따라 얼마든지 조작될 수가 있으며 새로운 유행을 파급시키는 신상품들로 시장을 확장시킬 수 있다. 소비양식, 여가, 매체접촉습관, 가치지향, 취미, 소득 등 매우 다양한 요소들이 작위적으로 혼합되는 방식으로 라이프스타일이 유형화되고 군집화되면서 시장을 세분화하고 소비패턴의 변화를 유도하는 만능의 기제로 작용한다.

---

[1] 반골기질로 고립된 삶을 살아가는 이 화가는 '암울한 사회를 외면할 수 없는 예술혼'을 안고 사회가 불운하면 작가도 암울할 줄 알아야 한다는 생각을 놓지 않는다고 한다.

라이프스타일 마케팅은 계급취향을 새롭게 생성하거나 계급적 불평등을 탈계급적 라이프스타일로 연출하기도 한다. 이처럼 소비시장은 라이프스타일 소비를 통해 지대한 문화권력을 행사할 수가 있다. 그 문화권력은 라이프스타일 시장을 자기만의 브랜드와 다채로운 정체성을 연출하고 유행을 모방하고 파급시키는 놀이터로 애용하는 소비대중 아바타들이 만들어주는 것이었다.

블랙홀에 빠진
첨단 소비세대

I. 디지털 마케팅의 타깃

한국에서 '세대론'이 부상한 배경에는 시장조사차원의 마케팅 대상으로 신세대에 관심이 높아진 경향이 주목된다. 신세대가 신기술, 신제품등의 생산·소비로 시장 확장을 주도하는 세대로 부상한 것이다. 마케팅과 미디어가 세대별 차이와 특성을 강조하는 '세대론'을 부각시키거나 자극한다면, 그 덕을 보는 것은 소비시장이다. 청년 세대의 문화에 관한 수사들은 소비시장의 활성화와 경쟁의 기제로 작용하고 소비유행을 만들어내는 자원이 된다.

세대론을 반영하는 소비상품이 디자인되고 그 상품소비가 소비자의 문화적 실천으로 이어지면서 세대론의 실제 인물들이 현실로 드러나는 순환 고리는 소비를 매개로 시장과 현실이 일체화되는 과정이다. 또한 소비문화의 트렌드에 대한 예측이나 전망도 마케팅이 소비시장을 새롭게 기획하고 그 기획에 맞추어 소비문화의 흐름을 유도하고 현실화하는 순환 고리의 일환이다. 치밀하게 기획된 디지털 마케팅 전략은 특히 첨단 소비세대에서 나타나는 트렌드의 특성이나 변화와 맞물려 있다.

첨단 소비세대라 할 수 있는 MZ세대는 디지털 네이티브로 디지털 마케팅의 주요 타깃이다. 이들이 오랜 시간을 할애하는 온라인 공간과 포털 사이트는 자신도 모르게 소비시장에 빠져드는 통로로 작용한다. 오프라인 매장을 고집하던 명품 브랜드들도 잇따라 온라인 매장을 열면서 그 통로에 합류한다.

디지털 광고의 클릭 수 증가는 마케팅 기술전문가들의 가장 큰 소명이다. 웹서핑하는 동안 인스타그램에서 클릭한 광고는 인터넷상에서 디스플레이 광고나 소셜 광고로 이어지면서 검색창을 계속 따라다닌다. 온라인 광고로 만들어진 개인의 데이터 물결 덕분에 마케팅 전문가들은 미디어 효과를 정확히 측정할 수 있고 어떤 메시지가 효과가 있는지를 알 수 있다.

소비 트렌드에 민감하고 디지털 마케팅과 광고의 홍수에 친숙한 한국의 MZ세대는 '나만을 위한 소비'로 특정한 취향과 인생관을 내세우는 특성들을 나타낸다. 개인 맞춤형 소비가 강하고 세분화되고 차별화된 취향을 중시하며 SNS를 통한 입소문 등 인플루언서의 영향에 민감한 소비성향을 보인다. 저축보다 소비를 선호하는 MZ세대는 '트렌디'하고 젊은 감각을 즐기고 정서적 만족감을 주는 소비로 고가 향수나 스몰럭셔리 카테고리의 상품소비에 아낌없이 지갑을 열 정도로 그들만의 소비 트렌드 형성에 몰두한다.

2021년 한국의 백화점 업계는 '사양산업'에서 벗어나 새로운 소비 주역으로 자리 잡은 MZ세대의 힙플레이스로 거듭나기 위해 매장에 예술을 입히는 탈바꿈 전쟁에 뛰어들었다. MZ세대는 백화점의 주요 고객이었던 중장년층 비중에 육박했을 뿐 아니라 명품구매 전체 고객 중 30대 이하의 비중이 절반을 차지했다. 명품, 고급 다이닝 등 '플렉스 소비(과시형 소비)'[1]를 즐기는 MZ세대가 백화점의 핵심 고객으로 떠오른 것이다. 인스타 그램 등 SNS에 인증 샷을 올리는 문화에 익숙한 MZ세대를 겨냥한 인테리어로 사진 명소로 만드는 등 백화점을 이 세대의 '힙플레이스'로 거듭나게 하는 전략이었다. 백화점 업계는 '미래 고객'인 MZ세대를 겨냥한 마케팅으로 영패션을 강화하며 '글로벌 MZ성지'를 만드는데 몰두했다.

MZ세대를 타깃으로 빠르게 성장한 패션 플랫폼 기업들은 이들을 등에 업고 뷰티, 리빙 등 비패션분야로 영토를 확장한다. 대규모 종합 이커머스 업체들은 확실한 취향을 겨냥한 특정 분야를 집중 공략하는 '버티컬 플랫폼'[2]으로 자리매김한 후 이를 기반으로 뷰티, 리빙 등으로 라이프스타일 시장의 덩치를 키운다. Z세대의 패션 앱은 라이프스타일과 관련한 모든 상품을 살 수 있는 서비스로 진화하면서 'Z세대의 종합몰'로 등장한다.

MZ세대는 또한 구독경제[3]를 이끄는 주역이었다. 인터넷기술 발전으로 날개를 단 구독경제 마케팅이 이들의 생필품부터 여가·취미생활에까지 파고들었다. 구독경제는 소유보다 경험에 더 의미를 두는 2030세대에게 트렌드 전환 주기가 빨라지는 추세에 맞추어 짧은 기간 동안 더 많은 것을 경험하는 소비패턴을 충족시키는 것이었다. 유행이 빠르게 변할수록 구독 이력에 기반하여 상품을 추천받는 것도 시간과

---

1) 플랙스(flex, 준비운동으로 '몸을 풀다' 또는 근육을 과시하다.) 소비는 1990년대 힙합이 전 세계적 열풍을 일으키면서 미국에서 막대한 부와 명예를 얻은 힙합 뮤지션들이 자신의 성공을 과시하는 행태를 '플렉스'로 표현했던 것에서 시작된 것이다. 이것이 한국에 '부나 귀중품을 과시'하는 소비 트렌드로 전해지면서 젊은 층에 유행하게 되었으며, 특히 1020세대는 아르바이트로 번 돈으로 명품을 구입한 후 SNS에 '플랙스 했다'고 과시한다.
2) Vertical Platform은 특정 상품 카테고리나 관심사를 가진 고객층을 공략하는 특화된 서비스 플랫폼을 일컫는다.
3) 구독경제(suascription economy)는 매달 일정 금액을 내면 식재료, 의류, 생필품 등을 정기적으로 배달해주는 서비스를 말한다.

비용을 줄일 수 있는 구독경제의 장점으로 꼽혔다. 기업 입장에서는 구독 이력 데이터를 축적해 시장선호도나 고객의 소비패턴 등의 정보를 쉽게 확보할 수 있는 것이 장점이었다. 이처럼 MZ세대는 디지털 마케팅의 타깃으로 구독경제를 살리는 소비주의적 습관에 자연스럽게 길들여지는 고객이었다.

구독경제는 회원의 습관에 맞추어 적절한 상품과 사용주기를 추천하고 다양한 구독 관리 서비스 및 매체를 동반한 상술을 동원했다. 영상구독, 술, 꽃, 취미, 빵·도시락, 운동용품, 뉴스, 책 등등이 구독 배송물로 구매, 소비되었다. 특정 취향을 반영한 브랜드의 정기 회원이 되고 추천 알고리즘이 제공하는 구독 서비스의 세계에 깊이 빠져드는 '구독인간'이 늘어났다.

일하고 공부하고 운동하고 영화 감상하고 일상의 스케줄과 건강관리에 이르기까지 무엇 하나 끊기가 어려운 지경에 이른 것이다. 구독 세계는 넓고 깊다는 전망과 함께 등장하는 새로운 마케팅은 구독 소비 습관의 잠재력을 점점 더 확장할 기세였다. 특히 코로나19의 영향으로 구독 서비스가 일상화되는 추세가 나타나면서 구독경제는 소비시장을 확장하는 또 하나의 큰 동력으로 부상했다.

MZ세대를 중심으로 OTT(글로벌 온라인동영상서비스)구독이 증가하면서 온-오프라인을 넘나드는 아이템을 발굴해 '경험소비'를 늘리는 체험형 마케팅도 활성화되었다. 일종의 팬 서비스를 통해 플랫폼 충성도를 강화하는 전략으로 OTT 팬덤도 형성되었다. 작품 속 배경을 구현한 공간을 마련하여 콘텐츠의 콘셉트에 잘 맞아떨어지는 놀이 등으로 예측 불가능한 재미를 제공하는 서비스도 관심을 끌었다. 콘텐츠의 세계관을 실제 존재하는 물건으로 구현해 과몰입하는 흥미를 유발하거나 드라마 속 인물이나 사건을 실제 역사처럼 몰입하게 하는 경험소비도 마케팅의 효과를 높이는 것이었다. 이처럼 날로 다채로워지는 서비스와 콘텐츠는 자신의 체험을 자랑하고 싶어하는 첨단 소비세대의 일상을 사로잡는 블랙홀이었다.

첨단 소비세대는 렌탈 소비에도 친숙하다. 렌탈은 제품의 '소유'를 과거의 방식으로 퇴행시키는 소비방식이다. 소유가 필요 없는 소비는 비용도 사용주기도 줄이고 상품과 서비스를 늘릴 수 있는 전략이다. 소유의 권리와 자유를 칭송하고 약속해온 자본주의는 독점과 불평등 구조로 인해 그 한계에 봉착하면서 그 약속을 무효화하는 대신 소비주의를 한층 더 전면에 내세우는 전략에 돌입한다. MZ세대에서 명품 렌탈이 유행하는 현상은 희소상품의 대중화를 통해 불평등 격차로 인한 상대적 박탈감과 위화감을 달래주는 소비시장을 활성화하는 것이다.

명품의 랜탈 소비는 '소유'보다 명품이 주는 '기능'으로 자기 효능감, 자존감, 타인의 시선을 겨냥한 당당함을 가장하는 효과를 겨냥한 것이다. 명품의 구매는 '지금 사는 게 가장 싸다'고 할 정도로 계속 값을 올리는 시장에서 재테크를 위한 목적도 있었다면, 렌탈 소비는 '값비쌈'을 살짝 연기함으로써 자신의 소비수준을 과시하고 싶은 욕망을 충족시킬 수 있다고 한다. 이처럼 과시 소비욕망이 소유욕망을 앞질러 가는 수준에 이른 것이다.

특히 구매력이 없는 젊은 세대에서 명품 렌탈 소비는 SNS를 통해 자기 과시와 모방 욕망을 드러내는 방편이다. SNS에 '인증샷'을 올려 주변으로부터 구매 사실을 인증 받는 과시용 투자로서, 명품은 소유, 소비하는 것보다 사진으로 자신의 존재감을 높이고 과시욕을 충족시키는 도구일 뿐이다. 20대의 명품 렌탈은 '원하는 물건을 공짜로 갖는 법'으로 브랜드 상품을 구매해서 잠깐 쓰다가 중고거래 플랫폼에 되파는 방식으로 이용되기도 한다. 구하기 힘든 상품이 '희귀템'이 되면 오히려 더 비싼 가격에 팔수도 있고 '사치를 부리면서 '절약도 할 수 있는 역대급 재테크' 방법이라고 한다. 사고 되파는 방법을 영상으로 소개하는 유튜버도 있다. '명품 되팔기'는 없는 돈을 들여 명품을 사고 욕망을 채우는 '합리적 소비'로 치부되기도 한다. 이처럼 젊음의 에너지와 시간이 아낌없이 투여될 정도로 욕망을 자극하는 명품은 자기과시적, 자기도취적 소비주의 아바타들을 배양하는 상품괴물이다.

II. 소비부족

한국에서 세대 구분의 첫 주인공으로 '신인류'로 불렸던 X세대(1970년 전후 출생)는 한동안 비중이 큰 소비 집단으로 꼽혔었다. 이 세대는 한국의 소비사회 성장과 함께 성장하면서 소비문화에 친숙해진 세대였다. 이들은 자녀를 위한 쇼핑을 비롯하여 문화생활에 대한 투자, 미식즐거움, 남들과의 차별화, 개성, 개인적 가치를 우선시하는 소비성향이 강한 것으로 주목받았다.

그 뒤를 이은 MZ세대는 새로운 소비유행을 선도하고 파급시키는 첨단 소비세대였다. 재미, 스토리, 의미를 담은 소비를 즐기는 이들의 소비문화는 소셜 미디어에서 입소문을 타고 윗세대의 소비패턴에도 영향을 미쳤다. 기업에서는 이들의 인플루언서 역할에 주목하여 MZ세대 직원들의 아이디어와 욕구(needs)를 사업화하고, 2030소비세대를 겨냥한 별도의 팀을 꾸려서 이들이 전략기획, 마케팅, 영업, 생산, 디자인 등에서 핵심역할을 담당하게 했다. MZ세대는 새로운 브랜드와 히트 상품을 탄생시키는 주역이 되었다.

MZ세대를 겨냥한 마케팅은 차별화되는 욕망을 새롭게 창출하는데 주력했다. 취미활동을 즐기기 위해 돈을 쓰는 '하비슈머(hobby+consumer)'에서부터, 남녀구분이 없는 젠더리스, 새로운 복고를 뜻하는 '뉴트로(new+retro)',4) 직접 콘텐츠를 제작하는 '콘텐츠 크리에이터', 세대별 맞춤형 상품에 이르기까지 세대, 젠더, 계급 등 모든 경계를 넘나드는 정교하고 다채로운 욕망의 트렌드들을 창출했다. 이는 새로운 유행을 타고 온라인과 오프라인에서 거침없이 전파되었다.

MZ세대는 다양한 소비부족으로 분화되는 특성으로 주목을 받는다. '신노마드족'은 '나만 알 것 같은' 콘텐츠나 차별화된 경험을 선호하면서 뚜렷한 개성으로 보이기도 하지만, 유행소비에 편승하고 이를 SNS에서 과시하는 습관에 젖어 있다. 이들은 신흥 상권을 이끄는 주역으로 SNS 검색을 통해 정보를 얻는다. 온라인에서 유명해진 가게라면 시간과 장소를 불문하고 찾아가는 이들은 소위 '뜨는 장소'에서 줄을 서고 기다리거나 멀어도 '이색가게'를 '순례'할 정도로 깐깐한 취향을 보이며 온라인의 평점과 후기에도 민감하다.

MZ세대는 유튜브와 인스타그램의 활용에도 익숙하고 경제력을 갖춘 5060대 '부머쇼퍼(베이비부머 소비자)'에게도 영향을 미친다. 가격에 구애받지 않고 마음껏 주문하는 큰손 고객으로 통하는 부머쇼퍼는 MZ세대 업체사장들이 만든 신흥 소형상권을 즐기고 자녀들이 알려준 맛집이나 '핫플(hot place)'로 떠오른 카페를 찾아간다. MZ세대가 주도하는 소비 트렌드가 '낙수효과'처럼 부머쇼퍼에게 확산되는 '브랜드 업' 현상 또한 MZ세대를 소비시장의 주요 타깃으로 부상하게 한다.

일명 '파이(P.I.E., Personality, Invest in Myself, Experience)세대(1980년대 이후 출생)'는 명품 브랜드, 외국산 수입차, 여행 시장 등의 성장을 이끈 것으로 관심을 끌었다.[5] 2018년 당시 국내인구의 약 40%를 차지하는 파이세대는 절반 이상이 경제활동을 하고 있으며

---

4) 2010년대 후반부터 새로운 복고풍이 유행하는 현상을 가리키는 합성 신조어로 과거의 것을 현대에 맞게 재창조하여 기존의 복고풍(레트로)과의 차별성을 나타내는 트렌드를 말한다. 2019년 트렌드 키워드에 선정되었을 만큼 밀레니얼 세대의 큰 관심을 받았다.

5) "2030 P.I.E.세대", 동아일보가 2018년 11월 국내 주요 백화점 4곳의 명품 브랜드 매출 실적을 조사한 결과, 동아일보, 2018.11.29~30.

기성세대를 넘어서는 소비 주체로 떠오르게 되었다. 한 컨설팅 기업의 보고서는 명품시장에서 파이세대의 영향력은 2017년 32%에서 2025년 55%까지 커질 것으로 예측했다.

소비시장의 트렌드를 실질적으로 이끄는 파이세대는 개성과 자기 취향을 중시하고, 나의 행복과 자기계발에 투자하며, 소유보다 경험을 위한 소비에 관심이 많다. 명품소비도 다 아는 브랜드가 아니라 독특하고 실험적인 희소한 디자인의 제품과 신생 브랜드를 선호한다.

이들은 결혼, 자녀양육, 내 집 마련 등을 위한 저축이나 보험가입은 뒷전이고 인생의 버킷리스트를 정해 실천하고 '나심비(나의 마음의 만족 비율)'를 높이는 소비에 몰입한다. '현실에 치일 수만은 없다.'는 정서나 보상심리와 함께 경제적, 직업적으로 불확실한 미래를 위해 젊음을 담보로 잡히지 않는다는 인생관이다. 독특한 취향을 과시하는 인증샷을 위해서도 아낌없이 투자하거나 과시용 수입차를 할부로 사거나 필요할 때만 빌려 쓰는 공유차 시장을 이용한다. 2018년 한국수입차협회에 따르면 최근 5년간 수입차를 가장 많이 산 연령대는 30대(약 30%)였고, 20대도 약 13%를 차지했다. 월급을 털고 대출을 받아 경험용 해외여행도 즐긴다.

한편 MZ세대에서 '탈물질주의'의 흐름도 나타났다. 1인당 국민소득 3만 달러 시대의 물질문명을 체험한 MZ세대는 선진국들이 비교 대상이 되면서 물질 이외에도 추구하는 가치가 다양하다는 것에 주목하는 경향을 보이기 시작한 것이다. 그들의 탈물질주의적 가치관이나 생활방식을 닮은 소비문화가 등장할 정도로 소비시장은 젊은 세대의 다양한 성향을 포섭하고 상품화하는 변화무쌍한 대응전략을 구사했다.

Z세대(2000년 전후 태생)는 보다 정교해진 소비문화에 친숙한 세대로 개성을 극대화하고 '소확행(소소하지만 확실한 행복)'을 즐기는 소비 트렌드를 보인다. 이들은 특정한 품목에 대한 만족감에 의미를 두

는 '가치소비'에 집중하는 성향과 함께 고급 제품들에 대한 충성심 높은 팬덤으로 소비부족을 형성한다. 이들은 자신의 취향을 찾아 그 영역에 깊이 파고든다는 의미의 '디깅 소비(Digging, '난 좋아하는 분야 하나면 돼!')'의 특징을 드러내기도 한다. 좋아하는 '캐릭터 상품'에 매달리며 시간과 돈을 아끼지 않는 이들에게 '소비는 곧 자기 자신'을 표현하는 절대적 수단이다. 한 가지 소비에 열심히 파고드는 '디깅러'가 되고 싶어하는 이들은 '한정판' 구매를 위해 새벽부터 줄을 서서 '오픈 런'을 했지만 후회는 없다고 한다. 이러한 소비는 SNS에 자랑하고 싶은 욕망의 표출이었다.

　MZ세대 다음인 알파세대는 자신을 주인공으로 여기며 자신이 잘할 수 있는 것에 집중하는 경향이 강하다. 이러한 경향은 현재 자신의 행복을 가장 중시하고 소비하는 이른바 '욜로족(YOLO, You Only Live Once)'과 상통하는 측면이 있다. '욜로'라는 단어는 돈 많은 래퍼들 사이에서 또는 적당히 돈이 있는 사람들이 '인생은 한 번 뿐'이라며 남의 눈치 안 보고 즐길 것 다 즐기며 살다 가겠다는 말이라고 한다.

　이러한 인생관은 미래나 타인을 위해 희생하지 않고 당장의 소소한 행복과 즐거움을 위한 소비에 몰입하면서 취미생활, 자기개발, 여행 등에 더 많이 투자하는 소비성향으로 나타난다. N포세대의 포기가 욜로족의 소비인생 선택으로 진화한다는 지적도 있다. '밥 먹고 집세 내면 빈털터리'고, 힘들게 모아 봤자 어차피 서울에 집 한 채도 못 사니, '나를 위해 쓰는 게 낫다'는 자포자기식 선택이라는 것이다.

　SNS와 마케팅의 관심대상이 된 한국형 '욜로'는 철없는 소비에만 빠진 20대의 트렌드 키워드(유행어)가 되었다. SNS에는 욜로족 마케팅 기사들이 쏟아지는 한편 '병든 욜로, 욜로 쫓다가 골로 간다'거나 '욜로 할 돈도 없다고 냉소'하는 이야기들이 떠돌았다. 욜로족에 뒤이어 '업글인간(Elevate yourself)'은 자기성장을 위해 자신을 업그레이드(몸, 취미, 지식)하는 소비와 시간에 투자하는 소비층이었다. '자신의 경제적 한도 내에서 탕진하는 재미로 마음껏 쓰며 즐긴다'는 '탕진잼'도 욜로족과 겹쳐지는 부분이 없지 않다. 탕진잼은 푼돈을 소소하게 마음껏 쓰는 것을 '탕진'으로 부르는 자조적 의미를 내포한 것으로 저성장 시대 젊은 층의 불안감을 반영하는 소비 트렌드로 알려졌다.

이처럼 첨단 소비세대는 인생관부터 다채로운 개인적 취향, 개성, 욕망, 그리고 삶의 모든 것을 소비트렌드로 표출하는 문화에 매우 적극적이고 친숙한 만큼 소비시장을 번창하게 하는 주역을 담당한다. 이들은 점점 더 차별화된 소비트렌드를 추구하는 새로운 소비부족으로 부상하면서 세분화된 소비시장의 개척자 역할을 담당한다. 이들의 소비문화는 소유가 아닌 렌탈로, 신상품이 아닌 중고로, 낭비가 아닌 절약으로, 자연파괴가 아닌 친환경 등으로 소비의 트렌드와 패턴은 얼마든지 수시로 바뀔 수 있다. 그 모든 변화들은 소비시장의 무한한 성장 동력으로 작용한다.

이들은 열렬한 소비주의 팬덤을 육성하는 마케팅의 주요 타깃이자 동시에 스스로 적극적인 마케터로 나서는 소비괴물의 아바타들이다. 이들이 브랜드의 흥행과 글로벌 소비시장을 좌지우지하는 시대가 온다는 전망 속에서 이들을 소비주의 마케터로 앞세우는 소비시장의 전략개발이 더 활발해질 것으로 보인다.

'중독시대'의 Kids

소비사회가 맞이한 '중독의 시대'는 중독을 조장하고 충족시켜온 '변연계(되뇌) 자본주의(limbic capitalism)'가 성장해온 역사의 산물이었다(코트라이트, 2019). 변연계 자본주의는 뇌의 변연계[1]를 공략하여 수익을 창출하는 악덕 비즈니스 모델로 글로벌 기업들이 정부나 범죄조직과 공모하며 성장해왔다. 기술적으로는 선진적이지만 사회적으로는 퇴보적인 이 비즈니스는 과도한 소비와 중독을 조장하기 위해 뇌의 변연계를 자극하고 교란시키면서 중독 습관과 소비욕망을 조장하는 것이었다. 소비자본주의는 이러한 변연계 자본주의를 번창하게 하는 주범이었다.

1970년대 후반까지만 해도 중독이란 용어는 대체로 강박적인 마약 복용을 지칭했지만, 이후 40년에 걸쳐 그 개념이 확장되어온 것은 변연계 자본주의 성장과 맥을 같이 하는 것이었다. 소비자본주의는 중독의 개념과 영역을 대대적으로 확장시켜온 체제로서 소비사회의 이름으로 '중독을 권하는 사회'를 정상화하고 정당화했다. "문명이란 소수

---

[1] 변연계는 감정상태 조절, 의식적, 지적 기능과 무의식적 자율신경 기능, 기억의 저장과 검색들의 기능을 지닌 뇌의 구조물을 말한다.

의 이익을 위해 다수를 불행하게 만드는 것 이상을 의미했고, 새로운 쾌락의 발견, 보급, 개선, 상품화가 뒤따랐다"(코트라이트, 2020: 128). 소비자본주의는 특히 쾌락의 상품화가 점점 더 절정에 달하는 시대를 구가해왔다.

번연계 자본주의는 자본주의 문명이 인간과 사회에 치명적인 해악을 가해온 역사를 담고 있으며 그 역사는 오늘에 와서 통제의 한계를 넘어 더 극렬하게 진행 중이다. 자본주의 문명의 치적으로부터 파생된 폐해들은 세계화 과정을 거치면서 인류사회 전체를 중독의 시대로 몰아간다. 중독은 문명의 온갖 생산물들이 인간을 그 노예로 만들어 자기 파괴로 점점 빠져들게 만드는 괴물독사였다.

I. 번연계 자본주의 : 중독괴물의 흑역사

번연계 자본주의는 서구에서 17세기 후반부터 18세기에 걸쳐 서서히 윤곽이 드러나기 시작했고, 18세기 후반과 19세기 산업화시대에 오면서 성장 속도가 한층 더 빨라졌다.[2] 17~18세기에 유럽 전역에 등장한 카지노들은 모두 영리 사업이었다. 새로운 도박 열풍은 강렬한 흥분을 불러일으켰고, 이런 흥분을 습관적으로 추구하다 보면 '광적인 집착'인 중독이 되었다. 제약업계와 의료계에서는 마취제, 진통제, 신경안정제, 강력한 유독성 약물 등 다양한 종류의 알약을 대량 생산했다. 미각을 뇌로 바꾸는 쾌락상품들도 쏟아졌다.

노동자들에게는 술을 마시라는 유혹이 넘쳐났다. 구하기도 쉬운 증

---

[2] 여기서 다룬 흑역사의 내용은 데이비드 T. 코트라이트가 집필한 『중독의 시대』(2020)에서 그 역사적 흐름을 축약한 것이다.

류주는 그들의 유일한 쾌락이었다. 상류층이 전유했던 사치품의 유혹도 중산층과 노동자계층으로 침투하기 시작했다. 쾌락을 추구하는 부자들에게 인기가 있었던 온천 마을은 카지노가 들어설 입지로 적합했고, 지역의 통치자들은 카지노에 허가를 내주고 세금을 부과했다. 1880년대에는 쾌락 패키지라 할 수 있는 자동판매기('슬롯머신')가 등장했고, 슬롯머신은 1890년대부터 도박에 이용되기 시작했다.

19세기 말 20세기 초 유럽과 북미도시에서는 도시의 익명성에 따른 해방적 효과와 아노미 현상이 거침없이 쾌락을 즐기는 문화를 파급시키는 데 기여했다. 만취, 알코올 중독, 마약중독, 성 상품화 등이 도시들과 노동자 거주 지역에서 확산되었다. 쾌락과 중독의 소비문화는 교통, 통신, 산업화, 도시화의 혁명과 맞물린 것이었다. 장거리 무역과 여행으로 화폐화된 쾌락이 거래되었고 쾌락을 강화하는 기술들도 전파되었다. 바에 앉아 술을 더 많이 빠르게 마시도록 하고, 학생들에게 말아서 피우는 담배를 팔고, 비용이 적게 드는 '문만 닫는' 식의 빠른 만남의 매춘부 사업도 생겨났다. 쾌락이 늘어나면 악덕도 늘어났고 악덕이 늘어나면 중독도 늘어났다.

선진자본주의 국가들에서 기업과 정부는 소비자의 쾌락을 부추기고 악덕을 조장하여 유해한 소비 규모와 중독의 범주를 늘리는 다양한 수단을 확보하는 데 주력했다. 정부는 규제나 금지 조치를 내리기 전까지 기업의 이익과 세금 수입을 고려해 술과 마약 소비를 한껏 부추기는 상황도 연출했다. 도시화, 산업화, 세계화 추세에 힘입어 광고가 넘쳐나고 아노미를 부추기는 익명적인 환경이 형성되면서 일반 대중에게도 유혹적인 쾌락상품과 서비스의 접근이 점점 더 쉬워지는 시대가 되었다.

자본주의 문명에서 쾌락의 상품화는 자기 해방을 꾀하는 소비문화를 증진시키는 핵심기제였다. 특히 모든 관습과 구속으로부터 해방된 정신으로 해방적 활동을 꾀하는 '오토트로픽(autotrophic, 자가영양의)' 쾌락은 자신의 감정을 스스로 바꾸는 자율권을 부여하고 삶을 더 평화롭게 즐기도록 만드는 것이었다. 그러나 그 이면에는 소비자의 취약성을 악용하는 상업적 악덕이 작용했다. 쾌락, 악덕, 중독은 비자발적 소비를 유인하는 요소들이었다.

인간의 쾌락과 정서를 사리사욕의 대상으로 삼아 중독과 도취(intoxication)를 확산시키는 비즈니스는 생존에 위협적인 행동을 부추겨 돈을 벌어들이는 악덕 자본주의의 전형이었다. 자본주의는 상업적 악덕과 대중의 중독을 극대화시키는 전략으로 성장해왔다.

20세기 중반에는 냉전시대의 억압적인 분위기 속에서 중독 사업이 합법화되고 점점 더 다양해지면서 번영을 누릴 수 있었다. 중독과 그 전조인 과도한 소비는 다양한 글로벌 기업들에게 포기할 수 없는 주요 수익원으로 자리 잡게 되었다. 이는 단순한 중독의 시대가 아니라 '계획적 중독'의 시대가 도래한 것을 말해주었다. 계획적 중독은 변연계 자본주의의 대표적 특징인 동시에 변연계 자본주의가 그것을 탄생시킨 이성과 과학의 힘을 역이용하고 있음을 극명히 보여주는 증거였다.

20세기 후반의 자본주의 세계화는 새로운 쾌락상품들과 그 중독의 전파를 한껏 부추겼다. 이는 쾌락상품의 가격이 하락하고 소비주의가 세계적으로 확산된 배경과 맥을 같이 한 것이었다. 국경을 넘나들 수 있고 밀수품을 숨길 수 있게 되면서 그 전파력은 산업의 중심부에서 주변부로 확산되었다. 글로벌 자본주의는 초국가적 범죄를 활성화시켰다. 제품과 사람들의 불법 이동, 수익금 세탁, 지역조직들의 연합 등으로 마약과 같은 악덕사업과 밀매업자들이 증가했다.

유라시아의 밀매업자들은 중국의 서부 국경에서부터 중동과 발칸 일대를 거쳐 유럽연합에 이르는 '신종 실크로드'를 따라 마약, 무기, 인신매매 등으로 부패한 국가들을 착취했다. 이러한 일련의 변화는 비공식 경제, 다국적 기업, 초국가적 범죄 네트워크, 국경 없는 무역 성장과 맞물려 소비중독의 나쁜 습관을 확대, 보급하는 악덕의 초고속도로가 전 세계에 깔리는 결과를 가져왔다.

대중의 중독을 불러일으키는 5대 요소, 즉 접근성, 가격 적절성, 광고, 익명성, 아노미는 인터넷 세상에서 기술적으로 가장 완벽하게 구현되었다. 기업들이 보다 과학적이고 효율적으로 제품을 만들어감에 따라 중독 행동의 위험은 한층 더 증가하게 되었다. 거래의 합리화와 함께 조직화되고 치밀하게 계산된 전략을 적극 구사하는 중독 사업은 글로벌 경제와 정치 체제의 중요한 부분을 차지하게 되었다.

슬롯머신 이후 디지털화된 도박이 카지노 산업을 휩쓸었다. 디지털화된 기계 도박은 스칸디나비아부터 남아프리카까지 수입에 굶주리던 국가들로 급속도로 전파되었다. 일본의 파친코 영업장도 디지털로 새롭게 단장했다. 도박자들의 강박적 습관을 강화시키는 상술이 늘어나면서 그 파괴력이 배가되었다. 디지털 도박이 전 국민의 집착으로 자리 잡은 곳은 호주였다. 미국은 세계적인 도박 도시로 'Sin City(환락과 죄악의 도시)'의 명성을 얻었던 라스베이거스(Las Vegas)를 세계 대중의 유흥 놀이터로 번창하게 했고, 전국에 카지노가 들어선 덕분에 도박을 즐기는 도박문화(gambling culture)가 일반에게 거리낌없이 파급될 수 있었다.

반(反) 악덕 운동가들은 자본주의를 거부했지만 그들의 개혁주의적 투쟁은 '상업적인 자유사상'과 '상업적 악덕'을 이겨낼 수가 없었다. 상업적 악덕에 대한 접근을 규제하는 정부의 조치들도 금지를 의미하지는 않았다. 규제가 심해지면 악덕의 가격이 상승하고 불법 거래상들이 암시장이나 위험한 범죄시장에 몰려들었다. 사치품을 엄격히 금지하면, 소비수요는 줄어들어도 쾌락을 즐기는 일반 소비자들의 박탈감이 분노로 표출되기도 했다.

상업적 악덕의 세력은 기업과 정부의 이해관계와 합세하여 '쾌락 혁명'을 가속화하고 수익성과 중독성을 높이는 사업개발에 몰두했다. 20세기 후반이 되자 악덕은 전 세계의 시각적, 상업적 문화로 침투했다. 이는 전통적인 반 악덕 운동가들이 오랜 문화 전쟁에서 결국 패배했다는 가장 확실한 신호였다.

이처럼 번연계 자본주의는 온갖 악덕으로 중독괴물을 증폭, 확산시키는 흑역사로 점철되어왔다. 인간의 육체와 정신을 병들게 하는 잔인하고 반인간적인 전략들을 개발, 동원하면서 전 세계의 모든 계층을 대상으로 시장을 확장해온 것이다. 번연계 자본주의는 자본주의 문명을 쾌락과 해방의 아이콘으로 만들어 그 문명의 폐해들과 비참함을 망각하고 감내하게 만드는 치명적인 마취제들을 제공하는 원천이었다.

그 성장배경에는 중독의 상품화에 적극 협조하는 국가와 정부가 있었다. 그 협조는 중독을 불법화하지 않고 악덕을 조장하고 정상화하는 반사회적인 조치들로 이루어졌다. 인간과 사회가 점점 더 병들어가는 상황을 방치하고 묵인할망정, 악덕시장이 전파하는 중독문화를 근절한다는 진정한 의지와 노력은 결코 보여주지 않았다. 그 결과 수백 년 동안 성장해온 번연계 자본주의의 흑역사는 중단될 수 없었다. 앞으로도 디지털화와 세계화를 통해 더 더욱 화려하게 전개될 수 있는 그 흑역사의 미래가 기다리고 있는 것이다.

II. 중독괴물의 아바타

중독(addiction)이란 단어는 채권자에게 채무자를 배정한다는 의미의 라틴어에서 유래한 것으로 노예상태를 함축한다. 중독은 어떤 행동이나 물질에 사로잡힌 상태를 의미한다. 도박, 섹스, 쇼핑, 탄수화물 중독 등 물질과 행동의 중독은 유사한 뇌 구조 변화, 유사한 내성 패턴, 유사한 갈망, 도취, 금단 현상을 일으키며, 유사한 성격 장애와 강박 행동으로 변해가는 유사한 유전적 경향을 드러낸다.

중독은 사회적인 동시에 뇌에서 이루어지는 생물학적인 과정이다. 일반적으로 중독은 강박적이며 조건화되고 재발하기 쉬우며 유해한 행동 패턴을 담고 있다. 과도한 양을 자주 소비하다 보면 서서히 중독의 길로 접어들고 나쁜 습관이 생기는 것이 치명적이다. 중독은 반사적 반응이자 기억으로 자기에게 해로운 어떤 대상으로 자기 뇌를 훈련시키는 것이다.

중독된 뇌는 냉철한 사고와는 거리가 먼 대신 보상과 갈망을 유발하고 병리적 학습을 불러온다. 중독은 중독 행위로 얻는 쾌락으로 자기 단련을 가차 없이 무너뜨린다. 자기 파괴적 습관들은 체질적으로 연결되어 있고 점점 더 악화되며 사회적으로 확산된다. 나쁜 습관을 버리지 못하는 사람들은 본능적 노예상태에 비유되기도 한다. '사람이 아편을 먹는 것이 아니라 아편이 사람을 먹어치운다.'는 것이다.

중독의 신경과학은 중독의 범위를 강박적인 폭식으로까지 확장시켰다(코트라이트, 279). 습관성 폭식은 음식을 마약처럼 작용하게 하고 음식 중독은 다른 중독을 대체하기도 한다. 카지노 술집에서 죽치는 단골손님과 도박꾼은 동일인이기 쉽다는 것이다. 음식을 비롯해 무엇에든 중독된 사람들은 익숙한 보상을 얻지 못하면 다른 물질이나 행동에 의존해 금단 증상에 대처하기 마련이다. 이른바 '보상 결핍 증후군'이다. 강박적 과식과 같은 음식 중독과 마약 중독의 유사성도 입증되었다. 음식 중독자는 음식을 점점 더 많이 먹으면서 내성이 생기고 통제력을 상실하고 집착을 보인다. 이는 불안과 충동성, 금단과 우울증으로 이어지기 쉽다.

중독의 상품화는 중독의 일상화, 정상화, 세계화로 확대된다. 소비자는 모르는 사이에 중독성이 강한 상품들을 당연한 듯 일상적, 습관적으로 소비하고 이는 자연스럽게 '정상적' 소비로 자리 잡는다. 조작된 음식과 조작된 도박 사이에는 섬뜩한 유사성이 발견된다. 일례로 중독성을 지닌 설탕이 많이 들어간 식품들이 많아질수록 설탕 소비는 점점 늘어나고 일상화되고 정상적인 것으로 자리 잡는다.

아이스크림부터, 과자나 빵, 천연음료, 각종 패스트푸드 등 모든 것들이 설탕의 중독성 피해를 유발할 수 있는 것들이지만, 초가공 식품에 상시 노출돼 있는 소비자에게는 중독성 소비를 피할 길이 없다. 특권층의 희귀품이었던 설탕이 대중의 필수품이 되기까지 펼쳐진 노예·착취 노동, 설탕산업의 대량생산 경쟁 및 시장쟁탈전, 국가정책, 환경 파괴, 건강폐해 등 그 세계사는 파란만장한 중독 비즈니스의 역사였다.[3]

소비가 지속되고 늘어날수록 중독의 맛에 길들여지고 그 맛은 자연스럽게 중독의 습관을 길들인다. 소비시장의 모든 것이 잠재적으로 소비중독의 위험을 안고 있지만, 중독의 맛과 습관에 길들여진 소비자는 그 위험을 모르거나 아니면 감수할 수밖에 없다. 소비시장의 유혹에 가장 충실하게 응답하는 행태를 '소비중독'이라고 한다면, 소비중독은 소비시장이 부추기는 소비주의의 연장선상에서 끝없이 발생될 수 있는 것이다. 소비주의적 인간은 잠재적 소비중독군에 속하며 중독괴물의 아바타로 길들여지기 쉬운 존재라 할 수 있다.

뇌과학자나 소비자행동 전문가들은 인간 행동의 95%가 무의식적으로 일어난다고 말한다. 무의식이 제품과 서비스 선택에 큰 영향을 미치는 만큼 무의식을 자극하는 상술이 난무하다. 무의식을 자극하는 광고나 세일즈성공을 위한 각종 무의식자극법들이 소비중독을 유도하는

---

[3] 울버 보스마(Ulbe Bosma), 『설탕: 2500년 동안 설탕은 어떻게 우리의 정치, 건강, 환경을 변화시켰는가』, 책과함께, 2023.

데 기여한다. 손에 쥔 핸드폰이나 텔레비전 화면의 신호들은 뇌로 슬며시 들어와 마음을 빼앗고 뇌에 무의식적 기억의 흔적을 남기면서 중독의 습관을 길들인다.

중독 비즈니스의 마케팅은 소비자들에게 '기분의 고양', '충분한 만족', '미각적 쾌락' 등의 완곡한 표현으로 보상을 약속하는 전략을 구사한다. 이는 자본주의 체제의 압박으로 '미치지 않고는 살기 힘든 현실'에서 정서불안, 강박증, 조울증, 성격장애, 피해망상 등 소위 '현대병'에 시달리는 소비자들을 겨냥한 것이다. 정신질환의 대유행은 유희와 광기의 분출을 불러오고, 기분장애 치료, 정신건강 관리나 심리상담을 위한 각종 서비스와 마음영양제를 제공하는 '멘탈 피트니스'를 유행하게 한다. 중독비지니스는 이와 같은 소비유행을 늘리는 전략을 통해 성장한다.

제품의 홍보와 광고 전문가들은 암묵적이든 명시적이든 습관성 제품에 대한 브랜드 충성도를 구축하는 데 주력한다. 습관적으로 사용하도록 디자인된 제품들은 한 이용자로부터 뽑아낼 수 있는 수익의 총합인 '고객 생애 가치(customer lifetime value)'를 증대시키면서 가격 인상의 재량권을 확보한다. 입소문 주기가 짧아지고 성장 속도가 가속화되면, '우리는 당신을 얻었고 그러니 당신을 탈수기처럼 계속 짜내겠다'는 전략으로 소비자를 공략한다. 소비자의 약점을 이용하는 방법을 미세하게 조율하여 상품과 서비스를 표준화하는 전략도 구사한다. 소비주의적 습관에 빠져들게 하기 위해 의도적으로 설계된 판매전술이 동원되기도 한다. 소비자를 중독괴물로 유인하는 마케팅 전략이다.

이처럼 소비시장은 중독의 습관을 만들어내는 현장이다. 특정한 입맛과 취향을 길들이는 일상적 소비가 습관으로 자리 잡으면서 특정 상품을 반복적으로 소비하다보면 자연스럽게 중독현상이 나타난다. 여기서 중독 그 자체보다 중요한 것은 무엇에 중독되는가, 그리고 그 중독이 어떤 문제를 야기하는가에 있다. 소비시장은 습관적 소비를 겨냥한 전략을 개발하는 반면, 그 습관적 소비가 인간의 육체적, 정신적 건강이나 사회적, 도덕적 가치에 어떤 영향을 미치는 가에는 관심이 없다. 패스트푸드의 습관적 소비가 안겨주는 소비자의 쾌락과 경제적 이익은 치명적인 질병, 조기 노화, 충치, 삼림 벌채, 대수층 고갈, 기후변화로 인한 환경 파괴 등의 대가를 치르게 하지만, 그 상품개발과 세계적 소비는 이와 아랑곳없이 지속되고 증가한다(코트라이트, 2020: 317).

오늘에 이르기까지 중독의 습관은 일상의 음식을 넘어 환각물질의 소비를 일상화하는 수준으로 확대, 심화되어 왔다. 소비괴물은 끝을 모르고 변연계 자본주의를 번창시키는 전략에 몰입해왔다. 특히 미국은 그 정점에 있었다. 2000년대 초반에 미국인의 47%가 적어도 한 가지 행동이나 물질에 중독 장애를 보였다(앞의 글: 10). 이는 소위 '특별함'을 자랑하는 부류의 사람들에게서 노골적으로 두드러졌다.

대표적인 사례로 '혁신'의 상징으로 치부되는 미국 실리콘 밸리에서 마약성 환각물질의 소비가 성행한다는 미 월스트리트저널(WSJ) 보도가 나왔다. 집중력과 창의력을 높이고 불안감을 해소하려는 기업가들이 환각물질을 '혁신의 돌파구'로 여긴다고 한다. 그 대표적 인물로 일론 머스크와 세르게이 브린이 꼽히는가 하면, 벤처캐피탈과 투자자들 '수백만 명이 환각제를 소량씩 복용하고 있다'는 것이다. 과거에는 '퇴근 후 활동'이었던 환각제 사용이 최근 기업문화로 굳어지면서 큰 손 마약상들을 통해 공동구매를 하고 파티에서도 환각물질이 칵테일처럼 제공된다고 한다.

환각물질 사용을 합법화하기 위한 연구와 투자가 늘면서 관련 시장 규모가 2029년에는 현재의 2배로 커질 것으로 예측되기도 한다.[4] 시

---

[4] 동아일보, 2023.6.29.

장규모가 확장되는 만큼 중독괴물의 아바타들도 계속 늘어날 것이다. '혁신'을 외치는 자본주의 괴물은 환각제의 힘을 빌리지 않고는 괴력을 발휘할 수 없다면, 자본주의는 그 괴력을 무기로 삼는 덕분에 성장할 수 있는 것이다. 이렇듯 자본주의는 오랫동안 중독 습관을 키워온 번연계 자본주의와 더불어 성장해온 만큼 소비괴물의 아바타들은 소비주의에 심취할수록, 소비시장의 유혹에 휘말릴수록, 자신도 모르게 중독괴물과 점점 더 밀착된 삶을 살아가게 될 것이다.

자본주의 아바타
Homo Capitalisticus

제6부
Cultural Robot/Creator?

제1장	문화 구매/소비 대중
제2장	유흥, 쾌락, 스펙터클의 광신도
제3장	포스트모던/시뮬라크르 문화의 마니아
제4장	'문화대중'

'문화자본주의는 문화를 자본과 기술의 전유물로 만드는 문화산업을 통해 성장했다. 문화산업은 자본의 경제권력을 문화권력으로 확장시키는 경제괴물과 상품괴물과 소비괴물의 문화적 변신이었다. 그 문화권력은 인간의 문화생활과 정신세계에 대한 자본주의의 헤게모니적 지배력을 구축하는 것이었다. 여기서 호모 카피탈리스티쿠스는 문화를 구매하고 소비하는 문화산업의 아바타들로 양성되었다. 이들은 문화시장이 제공하는 일차원적 문화를 즐기고, 문화의 평준화를 '민주화'의 이름으로 환호하고, 사유로부터 해방되는 자유를 만끽하고, 유흥, 쾌락, 스펙터클에 열광하는 광신도였다. '문화대중'은 문화상품의 생산자이자 '크리에이터 마케터'로 거듭나면서 문화시장에 편승하고 기여했다. 한편 문화산업의 세계적 패권과 함께 부상한 '세계문화'의 신드롬은 글로벌 자본의 문화권력을 세계로 확장하는 명분을 제공하고 문화산업의 아바타들을 세계적으로 양산하는 계기로 작용했다. 문화산업의 성장으로 대두된 이른바 '문화의 시대'는 인간의 문화를 자본주의 경제괴물에 제물로 바치는 문화의 위기를 초래하는 시대였다.

문화 구매/소비 대중

1. 문화위조사업 : 문화구매자

　제2차 세계대전 이후 미국과 유럽을 중심으로 급속도로 성장한 문화산업은 자본주의 체제를 공고히 하는 새로운 단계의 정치경제학의 확장이었다. 자본주의는 문화를 자산 가치이자 영리목적의 투자 대상으로 삼는 문화산업의 성장을 도모했다. 문화산업은 국가 기간산업의 하나로 취급될 정도로 경제 전반을 활성화하고 자본주의 성장에 놀라운 동력을 제공했다.[1] 국가는 문화산업을 지원하고 견제하면서 지배체제의 정당성을 확보하는 기반으로 삼았다.

　테리 이글턴(T. Eagleton)의 지적처럼 1960년대부터 문화는 자본주의에 점점 더 중요해지기 시작했고, 1980년대에 와서는 문화와 자본주의를 거의 구별할 수 없을 지경이 되었다(이글턴, 2010: 43, 75). 1980년대 초부터 선진 자본주의 국가들에서 문화가 경제의 새로운 동력으로 대두되면서 문화생산물의 공급에 주력하는 '문화경제'가 주창

---

[1] 한국은 1994년 문화체육부에 문화산업국을 처음 설립한 이후 1999년부터 '21세기에는 문화가 국가기간산업이 되어야 한다'는 목표로 게임산업과 문화콘텐츠 사업의 진흥을 도모해왔다. 문화산업은 국가가 지원하는 핵심산업으로 자리잡게 되었다.

되었다.

문화경제론(du Gay, P., Pryke, M., 엮음, 2002: 9)은 경제와 문화를 통합시키는 것이었다. 즉 경제적 성격의 활동을 문화로 만드는 '경제의 문화화'와 문화를 경제적 행위로 만드는 '문화의 경제화'를 의미했다. 문화경제는 이윤의 동기를 문화형태로 탈바꿈함으로써 경제의 문화적 기능을 활성화하고, 자본의 경제적 논리를 문화적 논리로 작동시키는 것이었다. 문화를 잉여가치를 창출하는 자원이자 자본의 투자대상으로 만들어 경제적 논리에 포섭하는 한편, 문화를 산업자본의 생산물로 도치시킴으로써 문화와 경제의 경계를 사라지게 하는 것이었다.

신자유주의 체제에서 촉진된 문화경제는 '문화의 시대'를 열었다. '문화의 시대'는 문화가 이데올로기적 기제로 작동하는 시대였다. 즉 이데올로기가 문화의 자발적, 창조적, 개방적, 심미적, 감성적, 오락적 기능을 통해 작동하면서 이데올로기가 자연스럽게 문화의 영역으로 포섭, 확장되는 시대였다. '문화의 시대'는 문화가 자본주의의 거대한 사업의 주요한 원천으로 동원되면서 자본주의 경제시스템을 작동시키는 지배 이데올로기가 문화를 통해 관철되는 시대였다. 문화의 시대는 '탈이데올로기 시대'를 표방하며 '이데올로기의 문화화'를 의식하지 못하게 하는 최면술을 발휘하는 시대였다.

경제와 문화를 하나로 결합시키는 자본의 권력이 전 지구적으로 번창하면서 문화의 옷을 입는 '문화자본주의'가 꽃피우는 세상이 도래한 것이다. 문화자본주의는 삶의 방식에서부터 윤리, 도덕, 가치체계, 상징적, 지적, 예술적 활동 등 문화영역 전반을 자본의 논리에 복속시켰다. 산업적으로 가공되는 문화상품은 영리적 목적에 맞추어 대중의 취향, 감성, 욕망, 쾌락 등을 재구성하고 재창조해내는 것이었다. 영리사업이 문화 창조의 주역을 맡게 된 것은 문화를 자본에 예속시키는 것을 의미했다. 여기서 문화는 더 이상 인간의 삶 속에서 우러나오는 자생적 창조물이 아니라 자본주의 산업체계에 의해 물화(物化)되는 경제적 합리성의 결과물로 치부되었다. 문화는 인간의 정신세계나 경험세계와는 무관한 산업기술이 만들어내는 창작물로 변질되었다.

전통적으로 자본주의와 거의 상극이었던 문화가 자본주의와 친밀하게 결합하는 기이현상이 벌어진 것이다. 문화는 원래 자본주의가 중시하는 가격, 물질, 속물근성보다는 가치, 도덕, 고상함에 관한 인간의 능력의 종합과 배양을 의미하는 것이므로 산업자본주의에서 별 쓸모가 없는 가치와 에너지의 피신처로 간주되었었다. 그런데 자본주의는 그 피신처를 산업화하는 모험으로 또 다른 변신을 감행했다. 문화산업은 문화를 인간과 사회공동체로부터 탈취하여 자본축적의 제물로 삼아 문화의 개념 자체를 전복시키는 '문화위조사업'이었다.

자본의 이익을 위해 생산된 문화상품들은 그 생산과정에서부터 공공의 사회문화적 가치들을 고려하지 않을 뿐 아니라 무력화시키는 것이었다. 시장의 가치로 계산되는 상품과 서비스가 '문화'의 옷을 입은 상품으로 제공되고 그 상품의 판매와 구매가 곧 문화활동과 동일시되었다. 이처럼 자본주의는 인간의 고유한 창조물인 '문화'마저도 비즈니스의 도구로 삼아 그 본질을 훼손시키는 것을 서슴지 않는 경제괴물이었다.

자본주의의 '문화위조사업'은 자본의 경제 권력을 문화권력으로 확장시키는 과정이었다. 자본의 권력에 예속된 문화산업은 문화상품 생산을 통해 자본주의 이데올로기를 지배적 규범으로 작동시키면서 자본주의의 헤게모니 구축에 기여했다. 문화산업에 종사하는 광고 에이전트, 디자이너, 마케팅 전문가 등 문화적 중개자들은 경제와 문화를 매칭시키는 텍스트들을 제공하면서 이데올로기의 문화적 각색을 전담했다.

문화산업의 성장으로 자본주의의 물적 토대가 문화생산의 본거지로 자리 잡게 되면서 문화는 본래의 영역이었던 상부구조가 아닌 하부구조의 산업경제의 생산물로 전락했다. 문화산업의 성장 속에서 자본에 의한 문화영역의 독점과 자본의 비대해진 문화권력의 행사도 점점 더 노골화되었다. 문화의 자본화가 증가할수록 문화는 점점 더 경제시스템의 전유물이 되었다.

세계적 거대자본이 미디어, 영상세계, 세계적 대유행, 트렌드를 주도하고 독점하는 오늘의 현실은 문화의 자본화와 소비화가 한 짝을 이루어 인간의 문화생산력을 탈취해온 역사의 소산이다. 문화산업은 문화를 자본주의 경제시스템의 생산과 소비의 회로에 투입시키고, 그 회로 속에 갇힌 문화는 상품의 속성을 닮아가는 것을 넘어 상품 그 자체가 되어버린다. 문화의 상품화는 물질적 소비를 문화적 소비로 확장시킴으로써 소비시장과 문화시장이 맞물려 돌아가며 성장하도록 촉진한다.

문화적 소비는 문화를 상품 소비와 같은 수준으로 전락시킨다. 상업화되고 물상화된 문화상품을 소비하는 문화적 소비는 시장가치에 의존하는 비인격적 문화가 지배하게 만든다. 이는 문화산업 밖에서 자생적이고 자율적인 문화가 생성될 수 있는 토양을 잠식하는 것이다.

문화산업은 문화생산물의 소유와 소비가 곧 '문화'라는 허위의식을 조장한다. 문화상품의 선택만으로 문화를 향유하는 것처럼 착각하게 만든다. 문화산업이 제공하는 '문화적 향유'는 실속 없는 포만감을 유발하고 헛된 약속을 되풀이하는 기만적 상술을 은폐하는 것으로 문화산업의 불로장생을 보장해주는 것이다. 문화산업이 기획하고 생산한 상품들을 문화로 소비하는 시대에서 문화는 문화산업의 콘텐츠로 제공될 때에만 가치를 인정받는다. 이는 오직 상품성을 위해 시장의 입맛대로 문화를 재단하고 변질시키는 위험성을 내포한다.

문화의 시장가치가 부상하면서 인간의 문화적 가치는 도외시되고 위축된다. 문화시장에 의존하는 문화적 실천과 향유가 일상을 지배할수록 비시장적 문화의 가치는 점점 외면당하고 상품문화에 대적할 수 있는 문화의 자생력은 점점 약화된다. 문화가 세계적인 비즈니스로 자리 잡으면서 자본에 봉사하지 않는 문화의 창조는 퇴색하는 반면 자본에 포섭된 문화예술은 수익 극대화를 위한 경제활동으로 변질된다.

문화산업은 문화를 돈을 주고 살 수 있는 것으로 만들어 돈의 위력을 최상의 문화적 가치로 끌어올리고 돈의 양에 따라 문화적 가치를 책정하게 만든다. 예술은 돈을 벌어들이는 문화사업의 도구로 이용되고 예술 작품은 소비상품의 수준으로 전락한다. 사업가의 삶을 살아야 하는 문화 창조자들이 늘어나고, 진정한 예술애호가나 감식가 대신에 경제적으로 유능한 사이비예술가들이 부상한다. 장사가 잘 되는 상업예술을 예술적 가치가 높은 것으로 취급하는 세상은 일시적 돈벌이를 위해 문화와 예술의 고유한 가치를 유린하는 토양을 조성한다.

돈이 문화의 운명을 좌우하면서 인간은 돈의 힘으로 문화의 수혜자도 권위자도 될 수 있다. 시장가격이 문화의 질을 규정하는 세상이 되면서 시장이 문화적 가치와 취향을 전유한다. 고가의 사치품소비가 소위 '고급문화'로 통하는 풍조는 인간의 문화적 욕망을 화폐가치의 노예로 만드는 것이다.

문화산업은 돈을 위해 문화가 팔리는 것을 허용할 뿐만 아니라 인간의 심리나 정서까지도 부끄럼 없이 팔아치운다. 문화산업은 대중이 소비하기 쉽고 보다 많이 팔릴 수 있는 오락적이고 감각적이고 유아적인 문화상품의 소비증대에 주력하고, 그 고객이 되는 소비대중은 상업문화가 제공하는 문화의 양식과 수준에 길들여진다. 문화상품의 포화상태는 상업문화의 중독성을 조장하고, 문화자본주의는 이를 '대중문화'의 이름으로 미화한다.

호르크하이머(Horkheimer)와 아도르노(Adorno)는 이러한 상황을 이렇게 진단했다. "문화산업에서는 비평이 사라진 것처럼 존경도 사라진다. 비평은 전문가의 기계적인 활동으로 넘어가고 존경은 최고의 인기스타에 대한 단명한 숭배로 대체된다. 소비자에게는 아무 것도 귀한 것이 없다"(호르크하이머, 아도르노, 1995: 220). 이러한 진단은 그로부터 반세기 이상이 지난 후에는 더 심각한 논조로 이어졌다.

바우만은 예술이 얼음 조각물처럼 단명에 그치는 이벤트나 일시적인 퍼포먼스의 속성을 띄게 되면서 온갖 종류의 '미학적 에테르'로 증발해버린다고 했다(바우만, 2008). 미학적 가치는 디자이너의 상표나 성형수술로 개조된 신체처럼 높은 판매와 대중적 인기를 자랑하는 상품들이 독점하는 한편, 일시적 소비가 끝나는 순간 쓰레기로 버려지는 것이었다. 그러나 그 쓰레기는 자본의 문화권력을 과시하는 증표였다.

II. '일차원적 문화'의 소비대중

호르크하이머와 아도르는 문화적 분석을 경제적 분석과 결합시키는 관점에서 문화산업의 본질을 파헤치는 문화산업비판론을 제시했다(호르크하이머, 아도르노, 1995: 169~228). 그 요지를 살펴보자.

우선 문화산업은 기술적 합리성과 양화의 법칙에 따른 경제적 선별 메커니즘과 경영원칙에 의해 도식화된 일련의 과정을 통해 생산된 문화상품들을 제공한다는 비판이 제기된다. 양화의 법칙에 따라 생산된 문화상품들이 문화의 영역을 지배하게 될수록 문화의 질(質)에 대한 둔감증이 조장되고 양에 치중하는 문화적 풍토가 자리 잡는다.

문화산업의 기술은 생산체계에 적합한 것들과 예측 가능한 것들만을 생산한다. 복제기술의 전문성이나 진보에도 불구하고 문화산업이 공급하는 빵은 '천편일률적인 딱딱한 돌빵'에 불과하다. 기계적인 생산·재생산 리듬은 '체계'의 틀에 의해 사전에 치밀하게 계산된 것이다.

기술의 마력으로 위장된 똑같은 복제품들은 '생산의 독재'에 휘둘리는 문화의 희생물일 뿐이다. 규격품으로 만들어진 생산물들이 문화세계를 획일적으로 지배하게 만든다. 경제적인 압박 속에서 '항상 동일한 것'을 선택하도록 만드는 구조는 획일성을 강제한다. 문화산업에 의한 문화의 장악은 실험성과 창조성을 통제하는 '통일적인 문화'라는 개념을 희화적으로 충족시키는 것이다. 시장은 산을 평지로 만들기를 원하므로 시장의 내적 논리는 획일성으로 치닫는다. 시장은 일정한 동일성을 달성하기 위해 문화적 장애물을 일소하는 도전을 멈추지 않는다.

문화산업은 기술력으로 대중을 공략하고, 대중은 문화산업이 무엇을 제공하든 그 기술의 마력을 예찬하도록 훈련받는 환경에 처한다. 이는 문화산업에 의해 사전 결정되고 표본화되는 생산물에 의해 문화가 창작된 것이라는 감각을 상실하게 만드는 것이다. 문화산업은 이윤의 목적으로 생산된 규격품들이 문화적 이상을 실현하게 해주는 것처럼 별 저항 없이 소비하게 만든다. 문화산업이 제공하는 획일적인 생산물의 소비를 통한 다양한 문화적 체험과 감각적이고 쾌락주의적인 문화적 소비가 대중의 자연스러운 일상문화로 자리 잡는다.

문화산업에서는 문화의 심미적, 질적 빈곤화를 초래하는 생산 공정과 시장논리가 작용한다는 비판도 제기된다. 기계적 차이가 질적 차이를 대체할 뿐, 질에 바치는 공물은 시장에서 쓸모가 없거나 통용되지 않는다. 사소한 차이들을 강조하고 선전하는 시장은 '다양한 질'을 가장한 대량생산물의 제공으로 양화의 법칙을 보다 완벽하게 실현한다. 문화상품들 간의 차이란 본질적인 차이라기보다는 '소비자들을 분류하고 조직하고 장악하기 위한 차이'에 불과하다.

문화산업은 폐기처분된 '깊이'의 대용물과 과시용의 잡다한 교양을 제공할 뿐, 정신적이고 섬세한 편차에 대한 감각을 발달시키지 않는다. 대량으로 생산, 소비되는 교양물들을 따라다니며 즐기게 할 뿐이다. 이는 인간의 영혼을 공격하고, 사유를 산산조각 내고, 문화적 소외와 정신적 무력증을 유발한다. 이로부터 '문화의 평준화'가 초래된다. "평균적인 것을 영웅화하는 것은 싸구려에 대한 숭배의 일부분"(앞의 글: 214~215)이다. 문화산업은 대량생산된 예술품들과 사치품들을 값싸게 공급하고, 정치적 구호처럼 부풀린 칭찬으로 포장하는 대대적인 '사기'에 의해 예술의 상품적 성격 자체를 변화시킨다.

예술작품들은 헐값의 대량판매로 대중에게 접근 가능한 것이 되면서 교양이라는 특권을 폐기시킨 '문화의 민주화'로 정당화된다. 하지만 이는 오히려 교양의 상실과 야만적인 무질서의 증가를 의미하는 것이다. 진정한 예술작품의 양식은 '자기부정'에까지 이르는 좌절에 스스로 노출시키는 것이라면, 상업적 예술작품은 동일성에 대한 대용물로서 다른 작품과의 유사성에 매달리는 양식이기 때문이다(앞의 글: 183).

문화산업은 규격화를 감추기 위한 유사(pseudo) 개별화 작업을 통해 '사이비개성'이 지배하게 만든다. 사이버개성은 개인적 일탈을 허용하듯이 개별성을 마음대로 가지고 놀 수 있는 가능성을 증대시킴으로써 문화적 소비의 경쟁을 조장한다. 사이비개성은 '통일적인 인격체'로서의 개체성을 깨뜨리고 스타의 흉내 내기처럼 우상화된 모델의 색다른 모방을 통해 균질화된 모습으로 연출된다.

여기서 고유한 개성이라는 개념조차 추상적인 것이 되어버린다. 호르크하이머와 아도르노는 문화산업의 평준화와 규격화로부터 초래되는 보편과 특수의 잘못된 동일성을 비판하고, 이것이 개인의 자율성을 위장한 자본의 지배를 의미한다고 주장한다(앞의 글: 170). 특수를 보편의 범주 내로 끌어들이는 것은 비동일한 그 무엇을 사라지게 한다는 것이다.

문화산업은 호르크하이머와 아도르노가 강조했듯이 개인들을 자율적인 주체로 연출하지만, 실제로는 자본의 절대적인 힘에 철저히 종속되는 '수동적인 객체'로 만들었다. 문화산업에서 개인은 대체가능한 존재였다. 개인이라는 관념이 환상이 되어버리는 것은 생산방식의 표준화 때문만이 아니라, 개인의 삶을 보편성의 힘의 세례를 받은 똑같은 신분증명서의 하나로 변질시키기 때문이었다. 개인적인 특수성이 보편성 속에 흡수되는 순간 진정한 의미의 개별적 자율성은 배제되면서 보편과 특수의 인위적이고 '우울한 조화'만 남았다.

문화산업은 마르쿠제(H. Marcuse, 1898~1979)가 강조한 '일차원적 문화', 즉 비판과 창조성이 생명인 이차원적 문화의 기능이 제거된 문화를 조장한다. 일차원적 문화는 문화적 소비의 순응주의와 짝을 이루는 것으로 문화산업의 생산물들을 거부감 없이 친숙한 것으로 받아들이는 결과물이다.

문화산업의 세계적 확장으로 그 지배력이 막강해지는 만큼 문화산업으로부터 자유와 해방을 구가하는 문화의 영역은 더 없이 왜소해지면서 일차원적 문화가 지배하게 된다. 문화시장의 유혹과 상술에 의해 조종되고 세뇌당하는 정신세계는 일차원적 문화를 즐기게 하고 비판적 이성을 잠재운다. 이는 개인의 독자적인 사유와 판단을 차단시키는 효과를 지닌다.

반면 발터 벤야민(W. Benjamin, 1892~1940)은 문화상품의 소비가 생산양식과 상관없이 소비의 차원에서 수동적이 아닌 능동적 소비가 될 수 있다는 점을 주목했다. 이는 '아우라(aura)'[2]의 쇠퇴를 가져

---

[2] '아우라'는 발터 벤야민의 용어로서 사물들이 인간을 위한 사물로 왜곡되기 이전의 즉자적인 사물의 상태에서 발하는 '태고의 향기'를 뜻한다. 즉 자신을 잊어버리고 대상 속에 몰입하는 관조를 통해 대상과 은밀한 교감을 이루는 것을 말한다.

온 기계적 복제의 긍정적 잠재성을 인정한 것이었다. 즉 아우라의 쇠퇴는 텍스트나 생산물의 진본성, 자율성, 전통의 권위를 떨어뜨리는 반면, 다른 맥락이나 목적에 따라 복제된 텍스트의 다양한 해석을 가능하게 한다는 것을 말한다.

여기서 문화텍스트의 소비는 아도르노가 말하는 종교적, 미학적 차원의 심리적 관조가 아닌 능동적인 정치적 실천으로 옮겨 갈 수 있다는 점이 강조된다. 즉 문화예술의 기계적 복제가 대중의 비판적 통찰력과 능동적 반응을 통해 아우라의 문화로부터 민주적 문화로 옮겨갈 수 있는 가능성을 제시한 것이다.

이러한 벤야민의 낙관론은 일부 언더그라운드 문화 활동이나 투쟁적인 문화적 소비행태들에 무게를 실어주는 것이긴 하지만, 문화산업의 소비대중 일반에게 적용되기는 어려운 것이었다. 벤야민이 강조한 문화적 소비의 능동성과 정치성은 대중의 '비판적 의식'에 호소하는 것이었다. 그런데 문화산업은 예술의 미학적 진정성과 '아우라'를 빼앗는 차원을 넘어 대중의 비판의식을 잠재우고 '무의식'까지 사로잡는 것이었다.

지난 반세기 이상 고성장을 거듭해온 문화산업은 대중의 영혼을 공략하는 고도의 전문기술과 집요한 시장전술을 통해 사유와 비판의식을 무력화하는 위력을 발휘해왔다. 문화가 자본이라는 '비문화체계'의 '야만적 양(量)'에 종속되고 그 야만적 양식이 그 어떤 양식보다도 보편적 구속력을 갖는 문화산업은 문화의 비판적, 창조적 자생력을 억누르는 것이며, 그 덕분에 일차원적 문화가 일상화되는 토양이 비옥해질 수 있는 것이다.

서구에서 수백 년 전 상업자본주의 시대에 꽃피웠었던 인간중심의 문예부흥은 문화자본주의 시대에 와서 자본과 기술에 의한 문화의 식민화로 인해 문화쇠락의 길로 빠져들었다. 문예부흥이 극소수 천재의 창조력을 극대화하는 것이었다면, 문예쇠락은 '대중문화'의 이름으로 다수 대중의 문화창조력을 무력화하는 것이었다. 이는 대중의 문화적 희생과 자기소외를 치르게 하는 대가로 자본의 권력을 확장시키는 문화전쟁이었다.

자본주의가 자랑하는 '문화의 시대'는 에리히 프롬(E. Fromm)이 일찍이 우려했던 인간의 자기소외를 극대화하는 시대였다. 자본주의 문명의 확장력이 배가될수록 인류는 자신들이 이룩한 문명의 지배력에 함몰되고 인간 고유의 문화적 자원과 잠재력마저도 박탈당하는 운명에 처했다. 문명의 낙오자들뿐만이 아니라 문명의 수혜자들도 역시 자기소외의 운명을 피해갈 수가 없었다.

발터 벤야민(W. Benjamin)의 표현을 빌리면, 인류의 자기소외는 자신의 파괴를 최고의 '미학적 쾌락'으로 경험하는 수준에 이를 정도로 심화된 것이었다. 박영신 교수는 "우리의 의식과 문화적 세계가 온통 자본주의적 경제 가치로 채워"지는 오늘의 상황은 자본주의가 "문화투쟁에서 완전한 승리를 거둔 것"이며, 이는 곧 '문화의 무덤'을 의미한다고 했다.3) '문화의 무덤'을 딛고 성장한 문화산업은 그 아바타들 덕분에 세계적인 '문화생산 주역'으로 승승장구할 수 있는 것이다.

---

3) 박영신, "문화자본주의의 문화적 비극", 〈현상과인식〉 64호, 1995.

유흥, 쾌락, 스펙터클의 광신도

I. 문화축제 소비천국

프랑크푸르트 학파가 일찍이 비판했었던 문화산업의 미래는 탄탄대로로 질주했다. 1990년대의 기술 '혁명'에 의한 세계적 커뮤니케이션과 미디어 기술들은 문화산업을 둘러싼 독점자본의 주도권 쟁탈전을 가열시켰다. 다국적 자본은 전자산업·문화산업·금융산업을 기반으로 세계시장을 공략했고, 컴퓨터, 통신, 인터넷 방송 등의 전자 커뮤니케이션 사업들을 통해 문화시장의 선점 경쟁을 벌였다. 세계적 규모의 매체독점시장은 디지털 문화산업의 성장에 힘입어 경제와 문화를 하나로 통합시키는 시스템을 확립하면서 글로벌 자본과 지역자본의 양극화 현상을 초래했다. 글로벌 자본과 다국적기업의 치밀한 전략이 문화의 생산구조를 결정하는 세상이 된 것이다.

강대국 주도로 세계화되는 문화경제는 고도로 전문화된 적소시장, 초대형 영상산업체, 초국적 미디어 복합기업체 등을 집중적으로 성장시켰다. 정보통신, 디지털 전산기술, 서비스산업, 문화콘텐츠 산업이 세계적인 거대산업으로 급성장하면서 문화가 세계적인 비즈니스로 자리 잡았다. 중동 국가 중에서도 가장 보수적인 이슬람 국가로 꼽히는 사우디아라비아도 '세계 10대 엔터테인먼트 관광지'로 변신중이다. 다양한 문화공연 및 국제행사, 스포츠 스타초청 친선 경기, 온라인 게임, 코미디 쇼, 국제서커스단 등을 통해 볼거리, 즐길거리가 많은 국가로 탈바꿈한다. 수십만 개 일자리 창출과 수천억 달러의 가치 창출을 위해 10년 동안 100여 개 국내외 협력사를 동원하는 650억 달러(약 73조 3,800억 원) 투자규모의 국가 비즈니스는 1983년 상업영화 상영을 금지한 이후 35년 만에 선보이는 이른바 '개혁정책'의 일환이었다. 세계적 문화산업의 일류국가를 '개혁'의 모델로 삼을 만큼 문화경제의 패권경쟁이 세계를 사로잡게 된 것이다.

글로벌 미디어 공룡의 영향력이 막강해질수록 문화산업의 세계경쟁은 치열해졌다. 디지털 매체의 발달은 새로운 문화산업에 길을 터주었다. 영화산업, 방송매체산업, 광고 산업 등 문화상품들을 직간접으로 생산하는 사업들이 다른 기업 활동들과 결합된 거대한 문화산업으로 성장하였다. 인터넷, 음악, 전자출판, 비디오, 게임, 소프트웨어산업, 여가, 관광, 디자인, 패션, 정보산업, 창조산업 등등 점점 더 폭넓은 분야에서 각종 문화시장이 번창했다.

세계를 지배하는 디지털 미디어 산업은 자본의 문화권력을 관철시키는 첨병이었다. 디지털 커뮤니케이션의 공간은 정보공유와 문화교류의 장으로 위장된 상품거래망으로서 문화자본주의가 자연스럽게 대중의 일상문화를 지배하게 만들었다. 문화산업은 노동공간과 레저공간을 넘나들면서 자본의 권력에 의존하는 대중의 문화적 '향유'와 예속을 촉진시켰다. 자본과 기술이 문화생산을 독점하게 될수록 문화상품의 소비대중은 그 위력에 압도되면서 문화를 스스로 창조할 시간, 에너지, 잠재력, 상상력 등을 탈취당하는 것조차 의식할 겨를이 없었다.

문화산업은 강력한 유인력을 발휘했다. 세계적 문화시장은 가상공간의 확장으로 놀이터와 오락거리들이 새롭게 펼쳐지는 세상을 연출했다. 문화산업의 마케팅과 광고 등 선전 기술은 대중이 자각할 수 없을 만큼 숙달된 심리조종의 독사로 작용하면서 문화상품의 소비욕망을 자극했다. 문화산업은 정교한 기술로 무장한 마술적 상품들의 개발을 통해 상품물신주의에 빠져드는 초현실적 문화소비를 조장했다. 해방, 평등, 희망, 행운 등의 신화적 환상들을 부추기는 문화축제들은 세계 곳곳에서 '문화천국'을 연상하게 했다. 문화축제는 억눌린 욕망을 저마다 한껏 쏟아내는 용광로로 전 세계 소비대중을 사로잡았다.

대중은 문화시장을 '문화천국'으로 맞이하며 열광하는 아바타들로 양산되었다. 이들에게 문화시장은 냉혹한 현실을 망각하게 하고 행복의 환영을 안겨주는 곳으로 '문화의 무덤'이 아닌 문화 공연장이었다. 특히 문화산업의 성장속에서 문화소비를 즐기며 자라난 젊은 세대일수록 문화산업은 문화의 보고(寶庫)와도 같았다. 이들에게 문화산업에 대한 '위대한 거절'은 '문화적 소외'와 '낙오'를 자초하는 것일 뿐이었다.

II. 유흥과 쾌락 : '탈사유'의 해방구

유흥산업은 문화산업의 성장에 중요한 몫을 차지한다. '무엇이든 즐기라'고 유혹하는 유흥(amusement)은 일차원적 문화의 진원지라 할 수 있다. 유흥산업의 고도 성장은 자본주의가 오락주의를 통해 일상문화를 포섭하는 정치경제학의 참 모습을 보여주는 것이다. 유흥산업은 자본주의 체제가 삶에 지친 대중을 양산하는 덕분에 번창하는 것이기에, 후기자본주의 시대에서 유흥은 일의 연장일 뿐 아니라 일보다 더 중요한 일상으로 자리 잡는다. 사회적 긴장과 갈등이 심화되고 현실세계에 대한 불만이 증대될수록 유흥은 더 큰 매혹과 흡인력을 발휘한다. 유흥상품들은 '기분전환'의 미명으로 대중의 일상을 사로잡지만, 기분전환은 그 욕구가 커질수록 중노동이 되기 쉽고 이를 거부하지 못하는 유흥 중독 증세로 이어지기 쉽다.

유흥산업은 유흥의 즉석요리로 끊임없이 재미를 처방해준다. 그러나 상업적 전술 때문에 순수한 재미는 임시변통으로 끼워 맞춘 들뜬 재미로 대체되거나 일시적인 호기심과 흥미로 유발되는 재미가 압도하게 된다. 단순한 줄거리는 말도 안 되는 플롯의 무의미한 조각들로 꿰맞추어진다. 상업적 오락물의 내용들은 겉보기에는 새로운 것 같지만 기계적인 반복을 벗어나지 못한 채 지엽적인 세부사항들만 쉬지 않고 교체되는 수준에 머물게 된다. '참신한 아이디어', '신선한 무엇', '경이스러운 것'이라는 단어들이 끊임없이 들먹여지지만, 이는 오히려 본질적 의미의 새로움을 배제하는 화려함의 눈속임일 뿐이다.

유흥은 유흥 그 이상이 되고자 하는 그 어떤 것도 거부한다. 유흥산업에서 즐거움은 어떤 노력도 더 이상 지불하지 않는 것을 의미한다. 유흥에서 사유는 격퇴되어야 할 적(敵)이다. '즐긴다는 것'은 무엇인가에 대해 더 이상 생각하지 않는 것이므로 구경꾼은 자신의 고유한 생각을 가지려해서는 안 된다. 고통을 목격할 때조차 고통의 현실을 생각하지 않는 사유의 마비가 요구된다.

유흥산업에서 생산되는 오락은 현실을 있는 그대로 받아들이는 긍정적, 낙천적 사고를 조장한다. 오락에서 부정적인 사유는 금기사항이며, 오락이 약속해주는 해방이란 '사유로부터의 해방'을 의미한다(호르크하이머. 아도르노, 1995: 200). 오락은 '감정의 순화'에 의한 '사회에 대한 변명'으로 기능하며, 감정이입과 감동에 의해 의미의 성찰을 저해하는 가장 효과적인 학습법으로 작용한다.

유흥은 예술에서 빌려온 비극적 요소를 주도면밀하게 계산된 긍정적 양상으로 탈바꿈하여 비극성 자체를 훼손시키고 해소시킨다. 예술과 오락의 융합은 예술작품의 '의미'를 제거해버리고 '의미로부터 면제된' 산업적 기예를 예찬하게 만드는 것이며, 오직 물건을 팔기 위해 요란한 소리를 내는 시장바닥의 외침으로 예술을 상품화하는 것이다.

유흥산업은 특히 쾌락에 대한 열망과 갈증을 자극한다. 쾌락의 근저에 있는 것은 도피와 무기력이다. 여기서 도피는 현실로부터의 도피가 아니라 마지막 남아있는 '저항의식으로부터의 도피'와 사회에 대한 무관심을 의미한다. "기뻐한다는 것은 동의하고 있다는 것, 즐거워한다는 것은 사회의 전체과정에 대해 무감각해질 수 있다는 것"을 함축한다(앞의 글: 206).

즐거움은 체념을 부추기는 것으로, 쾌락만을 추구하는 유흥은 아무런 노력도, 반응도, 사유도, 현실의식도 필요로 하지 않는 무감각과 무의식의 상태에서 지배질서를 자연스러운 것으로 승인하는 독사로 작용한다. 유흥과 쾌락의 독사는 저항의 즐거움까지도 가르쳐주고 체험하게 함으로써 저항 자체를 희화화하고 저항의 의미를 퇴색시키는 정서에 길들인다. 이는 문화의 탈정치화를 초래하고 대중을 우민화의 늪에 빠지게 하는 것이다.

문화자본주의는 그 아바타들을 사유와 정치의식과 저항의식으로부터 해방시키고 오직 오락과 유흥으로 기분전환과 재미와 쾌락을 추구하는 '낙천적 인간'으로 길들인다. 문화시장은 일상을 오락과 유흥으로 도배하기 위해 전쟁을 벌이고 그 일상에 길들여진 아바타들은 그 전쟁을 점점 더 가열시킨다. 문화시장의 유혹과 공세는 삶의 무게와 의미를 희석, 퇴색시켜버릴 만큼 강력한 괴력을 발휘하면서 사회와 인간에 대한 성찰은 뒷전으로 밀려나고 저항까지도 즐거움의 소재로 변질된다. 문화자본주의는 자본주의 괴물들이 현실 속에서 빚어내는 불화와 갈등과 고통 그 모든 것을 망각하게 만드는 강력한 마취제로 기능하다. 그래서 문화시장의 세계패권은 보장된 것이며 자본주의 문명의 지속적인 번성에 필수적인 것이다.

III. 스크린 제국의 팬덤

문화산업은 점점 더 스펙터클이 지배하는 세상을 만든다. 스펙터클은 경제적 생산양식이자 문화적 표현양식으로서 자본의 권력을 가장 효과적으로 가시화하는 문화산업의 생산물이다. 스펙터클의 생산과 소비는 자본의 경제적, 문화적 권력이 대중의 일상을 사로잡게 만드는 것이다. 끊임없이 쇄신되는 기술과 거대한 자본의 결합은 스펙터클의 양적 확대와 질적 변신을 촉진한다. 미디어·영상 기술들이 폭발적으로 증가하는 시대에서 일상의 공간을 지배하는 거대한 스크린 제국이 형성된다. 점점 더 정교하고 장엄한 장관의 볼거리들이 양산되면서 스펙터클의 기술적 '숭고함'이 고조된다. 이는 인간의 마음의 무한 능력으로부터 생성되는 칸트적 숭고함을 대신하는 것이다. 기술적 숭고함은 최면적이고 감각적이고 현혹적인 요소들을 연출함으로써 글로벌 자본의 위력을 과시한다.

상품미학은 20세기 후반에 부상한 이미지, 외형, 볼거리 중심의 스펙터클 사회에서 강력한 문화권력으로 작용했다. 새로운 이미지 문화를 창출하는 광고 산업은 상품미학이 아주 효과적인 문화적 커뮤니케이션으로 작용하도록 만들었다. 특히 신세대들에게 스펙터클은 상품미학의 유혹을 분출해내는 용광로가 되었다. 전 세계적으로 급증하는 각종 문화축제들은 상품미학으로 날로 더 화려해지는 스펙터클을 동원하며 대중의 인기를 끌어모았다. 신기술괴물은 상품미학으로 포장되고 장관의 볼거리로 제공되면서 시장괴물과 더불어 권력을 배가할 수 있었다.

기 드보르(Guy Debord, 1931~1994)는 스펙터클을 자본의 논리와 권력을 웅변해주는 상품으로 파악했다. 자본주의는 상품의 독재권의 확장을 통해 전 세계를 '스펙터클의 사회'로 만들면서 제국주의적 지배를 달성했다는 것이 그의 핵심논지였다(드보르, 1996). 스펙터클은 자본의 권력을 거대한 이미지로 가시화하는 것임을 강조한 것이다. 스펙터클의 사회는 인간의 삶이 자본주의 경제의 생산물에 의해 탈취되고 총체적으로 점령당한 사회이자 실재 세계가 상품 세계의 스펙터클로 대체되는 사회를 말한다.

스펙터클의 홍수 속에서 살아가는 대중에게는 스펙터클을 거부할 권리가 주어지지 않는다. 일상의 모든 공간에서 스펙터클이 기다리고 있고 그 기호들이 대중의 의식, 감성, 상상, 욕망 속으로 마구 파고들기 때문이다. 스펙터클은 대중의 현실감각과 상상의 세계를 사로잡을 뿐 아니라 인간의 열정과 욕망 등 내면의 세계까지도 자극하고 변화시킨다. 스펙터클은 문화시장을 매혹적으로 만들어 대중의 적극적 참여를 유인하는 최면적 권력의 독사로 작동한다.

드보르는 그 최면적 권력이 자본주의의 총체주의적 비전을 담은 '최고의 이데올로기'에 대중을 굴종시키는 '기만의 권력'임을 간파했다(앞의 글: 170~171). 스펙터클의 거대한 축적물은 자본주의 경제체제를 '영원한 현존'으로 정당화하는 이데올로기의 문화적 구성물로서, 이데올로기를 이미지와 언어의 표상으로 '문화화'하는 최고의 단계를 구현한 것이다. 스펙터클의 형식과 내용은 '기존체계의 조건과 목표를 총체적으로 정당화'하는 것으로 지배질서에 긍정적인 응집성을 부여하는 전체주의적 이데올로기로 작용한다. 어떤 이데올로기도 스펙터클을 초월할 수 없는 상황에서 이데올로기의 투쟁은 더 이상 필요 없는 것이 되어버린다.

드보르의 논지는 문화자본주의가 가속도로 스펙터클의 제국을 전지구적으로 팽창시키는 오늘에 와서 더 큰 설득력을 지닌다. 오늘의 쌍방향 커뮤니케이션 시대에도 스펙터클은 자본이 일방통행의 커뮤니케이션을 자랑스럽게 관철시키는 최상의 상품으로 그 위력을 자랑한다. 스펙터클의 언어는 인간의 일상 언어가 감히 흉내 내거나 경쟁할 수 없는 위력을 발휘함으로써 이를 감탄하고 즐기는 원자화된 대중들(atomized masses)을 생산할 수 있다. 스펙터클은 끝없이 말하지만, 대중은 보고 듣고 환호로 응답할 뿐이다. 스펙터클이 대중의 감성을 은밀하고 집요하게 자극하고 설득하면, 대중은 의식과 감성의 마취로 반응한다. 원자화된 대중들은 스펙터클의 일방적 커뮤니케이션에 길들여지는 자기마취적 존재들이다.

스펙터클을 즐기는 대중문화는 드보르가 강조했듯이 '상품의 휴머니즘'이 노동자의 '여가와 인간성'을 포함한 '인간실존의 총체'를 책임지게 된 것을 웅변해준다. 스펙터클은 상품세계의 권능을 우상화하고 종교적 의식에 버금가는 상품물신숭배를 통해 '광적인 환희의 순간'을 경험하게 한다(앞의 글: 50). 스펙터클은 구제의 힘을 보여주는 '신화적 환영'으로 자본과 첨단기술이 함께 꾸며낸 '거짓된 낙원'과 '환상적 공동체'를 예찬하게 만들어 이것들이 실현 불가능한 현실에 대한 절망을 망각하게 한다. 스펙터클은 현실적 고통과 초라함을 보상해주는 듯한 사이비 만족과 기만의 약속에 도취하게 만드는 최면술로 작용한다.

문화산업은 스펙터클의 대량생산을 통해 외양과 시각문화가 지배하는 시대를 창출한다. 스펙터클은 '모든 현실을 외양에 종속'시키는 방식으로 일상을 포획하고 식민화한다. 스펙터클이 만들어내는 일상은 내용보다 겉치장이 우선시되고 외양을 위해 모든 것이 창조되고 소비되는 세상이다. '겉으로 보이는 것은 좋은 것이며, 좋은 것은 곧 겉으로 보이는 것'이라는 도식으로 엄청난 긍정적 에너지를 자극하고 대중을 그 '겉치레 삶'에 동화시킨다.

보드리야르의 지적처럼, 대중은 커뮤니케이션의 도취 속에서 모든 것을 스펙터클의 문화적 소비로 전환하고, 어떤 의미도 요구하지 않으며 근본적인 저항도 없이 침묵으로 일관한다(J. Baudrillard, 1982). '수동적 수용'에 길들여지는 대중은 스펙터클의 세계를 구경꾼처럼 바라보는 것 밖에 다른 선택의 여지가 없다. 이는 드보르의 표현대로 세계를 인간의 감각들로 직접 파악할 수 없는 '거울 이미지'로 만들고 사회적 삶을 관조의 대상으로 만드는 것이다. 더 나아가서 현실에 대한 참가나 대결 자체를 불필요하고 무의미한 것으로 만든다. 스펙터클의 사회에서는 정치도 오락, 스포츠, 놀이와 같은 구경거리로 제공된다. 이는 사회현실의 의미를 중화하거나 파괴하는 '정치의 살인'을 의미한다.

드보르는 '저물지 않는 태양'인 스펙터클로 뒤덮힌 세상에서 인간의 문화가 삶의 역사와 괴리된 '죽은 객체'로 화석화되는 상황을 목격했다. 스펙터클의 세상에서는 "오로지 문화의 진정한 부정만이 문화의 의미를 보존할 수 있다"(드보르, 1996: 166)는 것이 드보르의 절망적 믿음이었다. 그는 결국 자신의 죽음으로 '감옥에 갇힌 현대사회의 악몽'에 종말을 고해야 했다.

21세기에 이르러 드보르의 항거의 죽음을 무색하게 할 정도로 스펙터클은 더 더욱 거침없는 팽창일로에 있다. 그의 절규는 승승장구하는 스펙터클의 사회에서 가차 없이 밀려난다. 스펙터클은 첨단 통신망과 컴퓨터망을 통해 전 지구를 무대로 삼아 자본의 거대한 문화권력을 발휘하는 강력한 매체로 기능한다. 대중을 매료시키고 유아적으로 몰입하게 하는 볼거리들의 폭탄 세례를 통해 대중의 전폭적인 지지와 열광을 이끌어내는 상술들이 늘어난다.

일례로 미국의 라스베이거스는 사막도시의 '놀이행성'으로 최첨단 오락도시의 전성기를 구가중이다. 2023년 개관한 세계 최대 구형 공연장 '스피어(Sphere)'는 축구장 두 배 크기에 천장까지 닿은 화면에 펼쳐지는 18K 영상과 건물 외관을 압도하는 화려한 영상으로 상상초월의 스펙터클을 연출한다. 앞으로 스피어는 런던, 두바이 등 대륙마다 하나씩 만들어질 예정이라고 한다.

도시, 건축, 미디어, 여가, 오락, 스포츠, 관광, 문화이벤트, 공연예술 등에서부터 각종 영상 및 시각매체와 상품미학에 이르기까지, 스펙터클의 세계는 신화적 모험으로 점점 더 대중의 몸과 마음을 사로잡는 불가항력의 힘으로 작용한다. 이 불가항력의 힘은 문화산업에 속절없이 빠져드는 광신도 아바타들의 세계적 확대로 나타난다. 그들의 열광은 문화자본주의를 떠받드는 강렬한 무의식적 에너지로 작용한다.

제3장

포스트모던/시뮬라크르 문화의 마니아

I. '뭐든지 좋다'는 문화

포스트모더니즘은 서구에서 '68 혁명'을 계기로 도구적 이성과 자본주의적 근대성에 대한 총체적 도전을 담은 '문화혁명'의 물결과 맥이 닿아있었다. 문화적 급진주의와 함께 개인주의적 자유와 해방의 욕망이 분출되었던 문화혁명은 고급문화를 공격하는 불복종의 움직임으로 나타나면서 모더니즘에 종말을 고하는 쾌락주의, 반문화(counterculture), 성적 실험 등 문화적 봉기로 이어졌고, 이는 모더니즘의 엘리트주의에 대한 공격과 저항을 담은 포스트모더니즘으로 변조되었다. 포스트모더니즘은 문화와 경제, 윤리와 미학, 고급예술과 대중예술, 우파와 좌파의 구분들을 지워버리는 대중적 문화양식을 주창하는 것이었다(이글턴, 2010: 72, 60).

프레드릭 제임슨(F. Jameson, 1991)은 후기자본주의에서 문화에 대한 자본의 침투가 고도의 수준에 이르면서 포스트모더니즘이 '문화적 우세종(cultural dominant)'으로 부상한 점을 주목했다. 중세의 종교나 19세기 초반의 독일 철학이나 빅토리아 시대의 영국의 자연과학처럼 포스트모더니즘의 문화가 후기자본주의의 새로운 '우세종'이 되었다는 것이다. 포스트모더니즘의 부상은 다국적 소비자본주의 단계에서 문화가 지배적인 생산방식의 구성요소로 작용하게 된 것과 직결된 것이었다. 포스트모더니즘이 후기자본주의의 경제와 문화를 동시에 관통하는 지배적 양식이자 '새로운 문화적 사유'로 자리 잡게 된 것이다.

문화자본주의는 포스트모더니즘의 새로운 문화적 실험과 도전의 물결을 경제적 자원으로 끌어들였다. 문화산업은 포스트모더니즘의 날개를 달고 새로운 도약의 발판을 마련하였다. 개인주의와 다원주의를 지향하는 포스트모더니즘은 문화자본주의와 궁합이 아주 잘 맞는 것이었다. 집합적 행위보다 개인적 선택을 특권화하는 포스트모더니즘은 문화산업을 개인주의적 자유와 실현의 장으로 활성화하는 데에 기여했다. 포스트모던 다원주의는 '이데올로기 종말'과 함께 감성, 차이, 다양성, 유희성, 쾌락, 급진성, 저항성 등을 자극하는 문화산업을 번창시키는 기제로 작용했다. 포스트모더니즘의 상업화는 문화소비의 유행을 창출하는 자본의 전략이었다.

문화산업은 포스트모더니즘이 주창하는 반문화의 급진성을 차용함으로써 그 스펙트럼을 자유롭게 확장할 수 있었다. 문화시장은 전통적인 부르주아 문화에 반기를 든 보헤미안(bohemian)가치들을 '보보스(Bobos, 부르주아적 보헤미안)'의 라이프스타일로 가공된 신상품들로 주목을 끌었다. 보헤미안의 자유정신은 자유로운 변신과 모험으로 성장해온 자본주의의 전술에도 부합하는 것이었다. 반문화의 상징적 행위들과 게릴라식 예술을 부각시키는 마케팅으로 반문화의 대중소비를 유도하는 전략이었다. 문화적 반란은 마케팅의 도구로 선전되고 그 상품을 구매하는 문화적 소비를 '사이비 반란'으로 연출하게 하는 소비문화를 창출하는 것이었다.

'반문화'란 개념에는 '반대'와 함께 '연속'이라는 뜻이 담겨진 것이라면, 문화산업은 반문화를 잡식 문화의 연속선상에서 시장을 확장하는 계기로 삼았다. 문화시장은 수익성만 있으면 그 어떤 문화도 거부하지 않고 타협하고 수용하면서 문화적 가치보다는 상품성이 지배하는 잡식성의 문화를 조장했다. 미셸 푸꼬(M. Foucault, 1926~1984)가 말했듯이 예술은 관습에 질문을 던지고 문제를 제기하는 능력이며 새로운 가치관을 받아들이는 능력을 지닌 반문화적 힘이라고 한다면, 문화산업은 이러한 예술을 존립불가능하게 만들었다. 예술의 이름으로 사이비예술 시장을 난립하게 할 뿐이었다. 반문화를 자극하는 문화시장은 획일주의를 거부하는 감각적인 오락거리나 일탈적이고 파격적인 하위문화 상품들로 소비경쟁을 부추기는 데에 안성맞춤이었다.

포스트모더니즘은 자본주의의 헤게모니 구축에 일등공신이었다. 이글턴은 자본주의가 가장 독실한 포스트모더니스트 만큼이나 반위계적이며, 가장 열렬한 국교회 목사만큼이나 관대한 포용주의자라고 했다(이글턴, 2012: 153). 포용주의는 무엇이든 집어삼킬 수 있는 자본주의의 무차별적 식욕의 무기였다. 여기서 문화에 순응하기를 고집하는 사람들의 '주류문화'와 지배 이데올로기를 작동시키는 문화를 송두리째 거부하는 반문화 사이의 대립은 무의미한 것이었다. '주류'문화와 '대안'문화 사이에는 어떠한 긴장도 존재하지 않는 상황이 초래되었다(히스, 포터, 2006: 7).

상업적 포스트모더니즘은 저항과 급진성을 포섭하여 의사(pseudo)저항과 의사급진성으로 변질시킨다. 저항성을 유희적이고 일회적인 소비형태로 만들어버리거나 다양성을 표출하는 방식의 하나로 흡수해 버린다. 이로써 국지적인 반문화나 지배문화에 대한 거시적 차원의 정치적 도전이 무장 해제되고, 프랑크푸르트학파가 그토록 우려했던 상황, 즉 문화의 비판적, 창조적 잠재력이 자본에 의해 체제내화되는 상황이 초래된다.

포스트모더니즘의 상업화는 다원주의의 미명하에 무분별한 조합과 조작으로 다양한 문화생산물들을 양산하고, 이질적이고 모순된 요소들을 무차별적으로 흡수하고 분출시키는 전술을 구사하는 것이었다. 리오타르(J. F. Lyotard, 1984)는 포스트모던 소비문화가 '뭐든지 좋다.'는 문화이며, 취향과 관계없이 돈의 가치가 유일한 척도로 작용하는 '쇠퇴'의 문화라고 했다. 디자인, 광고, 문화예술의 상품문화는 포스트모더니즘의 이름으로 계급적 분할을 횡단하고 규범에 도전하고 사회적 경계를 무너뜨리는 실험적 문화의 소비를 자극했다.

포스트모더니즘의 날개를 단 문화산업은 또한 다양성과 잡식성을 무기로 삼아 다양한 색깔의 소비대중을 유혹했다. 이질적인 이념들과 정치적 성향들, 대조적인 라이프스타일들, 갈등적인 삶의 요소들을 거침없이 한꺼번에 담아내는 문화적 향연의 무대들이 펼쳐졌다. 이 무대들은 미학적 대중주의를 앞세워 이미지들의 감각적 효과를 극대화하는 것이었다. 상업예술로 새롭게 단장하는 포스트모던 도시의 다채로운 경관들과 포스트모던 문화예술을 기상천외한 유희들로 각색한 문화시장은 대중의 포스트모던 취향과 정체성을 자극하고 공략했다. 다문화주의를 부각시키는 문화시장은 다채로운 정체성의 향연을 벌이는 세계축제로 번창하게 되었다.

프레드릭 제임슨(F. Jameson, 1991)은 포스트모더니즘 문화가 '깊이 없는 문화'로서 텅 빈 패러디(parody)의 혼성모방(pastiche)에 의존한다고 보았다. 혼성모방은 상업적 포스트모더니즘의 잡식주의를 활성화하고 정당화하는 또 하나의 양식이었다. 모더니즘에서 패러디는 흉내 낼 수 없는 스타일과 일정한 의도와 목적을 지닌 풍자가 담겨진 모방이라면, 혼성모방은 죽은 언어들이 조합된 피상적 흉내로서

'공허한 복사물'을 파생시킨다. 패러디는 비판적 거리를 담은 풍자라면, 혼성모방은 순수한 창조성과 풍자의 필요성 자체를 무화(無化)시켜버린다.

이는 흉내 내기와 '인용'에 의존하는 경박한 문화와 표상과 이미지만이 난무하는 피상적인 상업문화를 미화하고 예찬하게 한다. 혼성주의(hybridism)는 모든 형태의 문화적 저항을 체제 내로 포섭하는 통합적 기능을 지닌다. 그 통합적 기능은 '전위' 자체도 진부한 것으로 만들고, 서로 모순된 것들을 상호 무관한 상태로 평화롭게 공존하도록 만들어, 적대적 요소들을 융합시키는 전체주의적 효과로 나타난다.

포스트모던 문화상품들에서는 또한 문화의 '탈역사화'가 두드러진다. 미학적 양식의 의사(pseudo)적 역사가 진짜 역사를 밀어내버리게 만드는 것이다. '과거의 모든 스타일을 마구 먹어치우고는, 무질서하게 양식적 암시를 해대는' 역사주의에 의해 역사가 말살되는 것, 즉 동시대의 역사적 현실이 멋대로 가위질되고 역사성 자체가 퇴조하는 것을 말한다(앞의 글: 65~67). 시간의 연속성이 제거된 '영원한 현재들'의 불연속적인 흐름 속에서 '역사적 건망증'에 의해 '역사에 대한 감각을 상실한' 정신분열증적 경험을 하게 만드는 문화가 조장된다. 포스트모더니즘에서 과거에 대한 향수를 자극하는 역사적 재현은 '진정한 역사성'이 아니라 또 다른 재현을 모방하고 이에 따른 특정한 스테레오타입을 만들어내는 '거짓 리얼리즘'일 뿐이다.

II. 시뮬라크르 문화

문화산업은 포스트모더니즘에 힘입어 '시뮬라크르(simulacre, 가상, 假象)'의 문화상품들을 생산하는 단계로 확장했다. 보드리야르가 강조한 시뮬라크르1)의 문화는 실제로 존재하지 않는 것을 존재하는 것처럼 만드는 생산체계의 가공물이 지배하는 문화를 말한다. 문화산업은 지속적인 팽창을 추구하는 생산주의적 전략의 일환으로 시뮬라크르의 소비를 유도한다. 대중문화는 시뮬라크르의 소비문화를 실제의 문화처럼 자연스럽게 체험하게 하는 독사로 작용한다.

과거에는 재현의 세계에서 시뮬라시옹(simulation, 가장(假裝))이 실재를 충실하게 반영하거나 실재와 동일시되는 이미지로서 의미를 지닌 것이었다. 그러나 오늘의 시뮬라시옹은 원본도 사실성도 없이 '실재'를 가장한 '모델들'로 이루어진 '파생실재(hyperreality)'를 발생시킨다(Baudrillard, 1981: 9~11).

파생실재는 실재를 본 딴 것들이라고 하는 가공물들과 이로부터 배합된 모델들이 실재보다 더 실제적인 것이 되는 포스트모던적 초과실재를 말한다. 실재와 아무런 관련이 없는 시뮬라크르들의 자율적인 놀이(무의미한 일시적 작용성)가 실재보다 더 실제적이 된다는 것은 '의미체계와 시뮬라시옹의 체계 간에 아무런 관련이 없다.'는 것을 뜻한다(Baudrillard, 1983: 126). 시뮬라시옹은 바로 의미가 함몰되는 곳에서 시작되는 것이다. 이는 포스트모던 자본주의에서 '재현'에 종말을 고하는 근본적인 변화가 일어난 것을 말해준다.

상업적 포스트모더니즘은 시뮬라크르들의 생산을 활성화하는 방식으로 문화산업을 번창하게 하고 문화산업은 파생실재의 문화적 소비를 확산시킨다. 대중매체는 막강한 정보와 기술의 지배력으로 현실적 준거가 없는 의사(pseudo)이벤트, 의사역사, 의사문화의 기호들을 파

---

1) 보드리야르는 시뮬라크르(불어로 simiulacre, 영어로 simulacrum)의 3가지 질서를 제시했다. 첫째 신의 이미지에 따라 자연의 이상적인 복원을 추구하는 자연주의적 시뮬라크르들, 둘째 무한한 에너지의 해방과 지속적인 팽창을 추구하는 생산체계의 생산주의적 시뮬라크르들, 셋째 정보, 모델, 인공 두뇌적 놀이 등 완전 통제와 조작성에 기반을 둔 시뮬라시옹으로부터 생성된 시뮬라크르들이다(Baudrillard, 1981: 179).

급시킨다. 문화산업은 파생실재를 유혹적이고 미혹적인 선동의 형상들로 만들어 실재보다 더 큰 흡인력을 발휘한다. 이 흡인력 덕분에 시뮬라크르 상품기호들의 유통과 소비가 촉진되면서 초현실적인 문화가 생산된다.

문화대중의 저항성이나 급진성을 파생실재로 연출하는 문화산업도 번창한다. 문화시장은 문화적 급진성을 파생실재로 흡수함으로써 저항의 시뮬라시옹 상품모델들을 흉내내고 즐기는 소비대중을 양산한다. 포스트모더니즘의 상업문화는 시뮬라크르 문화를 진짜 문화로 만드는 효력을 지닌 것이다.

이처럼 포스트모던 문화자본주의는 상업문화에 대해 아무런 혐오감을 갖지 않게 할 만큼 '구제불능의 상업적 문화'가 지배하는 세상을 만들었다. 대중의 취향을 무차별적으로 자극하고 실험하는 문화시장은 사용가치의 소멸, 최면술과 환영의 지배, 유희와 오락의 예찬, 충동과 쾌락의 해프닝 등으로 인간의 의식과 문화적 잠재력을 압도적으로 교란시키는 것이었다.

자본주의의 상업문화를 조롱하는 모더니즘과는 반대로 포스트모더니즘은 문화자본주의 성장에 일등공신이었다. 모더니즘에서는 문화가 자본주의 경제 질서에 대해 반(half)자율성을 유지했던 것에 반해 포스트모더니즘에서는 문화가 상품생산과 전적으로 한통속이 되었다. 포스트모던 상업문화는 문화적 폭발을 초래했고 그 대가로 문화의 자주적 영역을 와해시켰다. 다국적 자본에 의해 생산된 이미지와 환영이 넘쳐흐르는 세상은 자본에 의해 식민화된 문화가 문화의 모든 것을 대변해주는 세상이었다.

'문화대중'

I. 문화 포퓰리즘의 '에이전트'

문화산업은 이른바 '대중문화'의 산실(産室)이다. 대중문화는 문화산업의 생산물을 대중이 구매하고 소비하는 과정에서 형성되는 일종의 소비문화를 말한다. 문화산업이 대량의 다채로운 문화상품들을 생산, 판매하고 이것이 대중소비로 확산되면서 '대중문화'로 불리는 소비문화가 형성된다. 문화산업은 '대중문화'의 이름으로 시장과 자본의 지배력을 은폐하고 '문화의 민주화'를 선도하는 것처럼 위장한다. '대중문화'란 문화의 상품화와 시장화를 문화의 대중화와 민주화로 받아들이게 하는 '허위의식'을 조장하는 명칭이다.

대중문화는 서구에서 19세기 중반 이래로 민중문화가 점차로 시장 시스템에 의해 식민화되고 소멸되는 반대급부로 부상하게 된 것이다. 그 배경에는 대중의 참여를 활성화하는 포퓰리즘(populism)이 작용했다. 포퓰리즘은 가변적이고 고정된 실체가 없는 대중을 자본이 주도하는 문화산업으로 포섭하고 대중의 전폭적인 지지를 이끌어내는 효과를 발휘하는 것이었다. 1980~90년대에는 포스트모더니즘 및 신자유주의 담론과 맞물려 '문화 포퓰리즘'이 부상하면서 대중문화를 활성화하는 계기로 작용했다.

문화자본주의는 문화 포퓰리즘에 편승하여 소비대중의 위상을 격상시키고 이들의 저항을 축복해주는 코드의 문화시장을 활성화했다. 문화 포퓰리즘은 신자유주의 시대에 사회경제적 배제로부터 초래되는 소외와 불만의 요소들을 참여적이고 저항적인 대중문화를 통해 우회적으로 표출하도록 종용하는 기제로 작용했다. 대중의 '권능화'를 유도하는 문화정치를 통해 대중의 갈등과 저항을 포섭하는 전략으로 반민중적인 신자유주의를 '민중자본주의' 이름으로 정당화하는 것이었다.

영미권의 문화연구에서는 1990년대에 들어 미학적 비평의 엘리트주의를 배격하고 반엘리트주의적 관점에서 대중문화를 이해하는 문화 포퓰리즘이 대두되었다. 이 관점은 보통 사람들의 문화적 경험과 실천들이 문화적 엘리트주의를 대변하는 보편문화(대문자 Culture)보다 더 중요하다고 보는 지적 가설이었다(J. McGuigan, 1992). 즉 대중문화를 열등한 것으로 평가절하하는 것을 거부하는 강력한 대중주의를 주창하는 것이었다.

문화 포퓰리즘에서 보는 대중문화는 '대량문화(mass culture)'나 대중조작적인 상업문화가 아니라 대중이 문화산업의 상품을 자원으로 삼아 능동적으로 생산하는 '민중문화(popular culture)'로서 민중의 해방적 계기를 담은 투쟁의 장으로 이해되었다.[1] 여기서 문화산업은 민중문화의 자원을 제공하는 것이므로 경계의 대상이 아니었다.

문화 포퓰리즘의 대표적 이론가로 꼽히는 존 피스크(J. Fiske)의 관점은(피스크, 2005) 문화 포퓰리즘이 어떻게 문화자본주의의 성장에 기여할 수 있었는지 그 지점들을 파악하게 해준다. 피스크에게 대중문

---

1) 대중문화는 대량문화(mass culture)와 민중문화(popular culture)의 이중적 의미를 포함한 것이므로 그 어느 쪽을 강조하는 가에 따라 영어표기가 달라질 수 있는 것이다.

화는 대중이 의미와 쾌락의 사회적 순환에 능동적, 생산적으로 참여하는 장을 제공하는 것이다. 특히 축제와 같이 육체적 쾌락, 과격성, 타락, 창조적이고 익살스러운 자유 등을 표출하는 해방의 공간이나 일상의 탈출을 시도하는 갖가지 퍼포먼스들은 대중의 참여와 저항을 유도하는 것들로 간주된다. 문화 포퓰리즘은 대중의 참여 속에서 드러나는 일탈성, 해방성, 창조성을 대중의 문화생산성의 요소들로 중시한다.

그러나 피스크는 상품은 생산체계의 이데올로기를 재생산하는 것이므로 대중의 문화생산은 태생적으로 자본주의 이데올로기를 재생산하는 기능을 내포한 것으로 파악한다. 대중은 의미와 쾌락의 생산자이기는 하지만, 대중의 생산성은 자본주의 문화상품을 '브리콜라주(bricolage, 공작(工作))' 형태로 재결합하고 재활용하는 지속적인 과정으로서, 사회적, 문화적 충성의 '만능 목록'을 만들어낸다는 것이다. 이는 대중문화가 소비시장에 대한 의존성과 함께 자본주의에 대한 '대중의 충성을 담은 해방의 기제'로 작용하는 것을 말한다(앞의 글: 20~35, 214~251).

피스크는 대중문화를 지배와 종속의 대립적 양상을 표현하는 것이자 권력게임 내에서 언제나 피지배계급과 종속계급의 편에서 지배적 가치에 대한 저항과 끊임없는 투쟁의 흔적을 담고 있는 것으로 파악한다. 이는 '저항의 즐거움'과 '전복적 수용'에 초점을 맞추는 낙관론적 관점을 대변해주는 것이다. 여기서 문화 포퓰리즘이 기존의 지배구조나 권력에 대한 도전이 아닌 '저항을 위한 저항' 또는 '저항의 물신주의'를 조장하는 것이라는 비판도 가능하다.[2] 그럼에도 피스크는 대중문화가 정치경제학의 거시정치로는 접근할 수 없는 일상생활의 정치, 즉 '미시정치'의 수준에서 진보적인 잠재력을 발휘할 수 있는 가장 효

---

[2] 김성기, "한국에서의 문화연구: 문화 포퓰리즘", 강현두(엮음), 〈현대사회와 대중문화〉, 나남출판, 1998,.

과적인 것이라고 주장한다. 대중의 저항은 종속적인 하위문화로 존재하거나 미시정치의 수준에서 또는 지배세력에 편입 내지 합병의 과정을 통해 대중의 생명력, 창조성, 진보적인 잠재력을 유지하고 발휘할 수 있다는 것이다.

한편 피스크는 대중의 경험은 언제나 지배구조 내에서 형성된다는 점을 간과하지 않는다. 대중문화는 진보적이고 공격적일 수 있지만 사회적 권력구조로부터의 해방은 근본적으로 불가능하다는 것이다. 하위문화의 전복적 잠재력은 문화산업이 대중의 욕구와 취향을 폭넓게 포섭하는 유용한 기제로 활용될 뿐, 대중문화의 정치성을 담보할 수 없는 한계를 지닌 것임을 말한다.

피스크의 관점은 문화 포퓰리즘이 저항적 문화의 영역까지도 포섭하는 문화자본주의의 확장에 순기능적인 것임을 암시하는 것이다. 이는 미국에서 히피 문화가 여피 문화와 펑크 미학으로 탈바꿈되면서 반문화운동이 자유와 저항을 예찬하는 자본주의 정신으로 통합되었던 경우들에서 잘 드러났다. 이러한 맥락에서 피스크는 자칭 회의주의자로서, 대중을 '사회적 주체들'이라기보다는 '사회적 에이전트들(대행자)'로 간주한다. 즉 대중문화의 저항성이 문화자본주의의 프레임을 결코 벗어날 수 없다는 것을 인정한 것이다.

II. '크리에이터 마케터(Creator Marketer)'

문화 자본주의는 문화 포퓰리즘을 극대화함으로서 '사회적 에이전트'를 '문화대중'으로 변모시키는 데 주력한다. 여기서 문화 포퓰리즘은 문화상품의 소비를 문화적 주체화와 권능화의 계기로 체험하는 '문화대중'을 생성하는 독사로 작용한다. 여기서 문화 포퓰리즘은 문화산업이 파급시키는 대중문화를 대중의 자생적인 문화로 체험하고 실천하게 만들어 자본의 권력에 의해 문화가 침식되는 것 자체를 의식하지 못하게 하는 독사로 기능한다. 이는 문화산업의 아바타를 문화생산자이자 문화시장의 마케터로 참여하도록 만드는 것이다.

문화산업은 소비대중의 적극적 참여와 열망을 유도하는 전략을 통해 문화적 권능과 자유를 구사하는 대중문화의 주체로서 '문화대중'을 호명한다. 문화시장은 원자화된 개인들을 대중의 문화적 융합, 해방과 저항의 즐거움, 또는 전복적 수용으로 유인하고, 이를 통해 문화대중의 열기를 고조시키는 상술에 주력한다. 이는 문화자본주의에 의한 이데올로기적 통제의 양식을 대중의 문화적 자율성의 양식으로 치환시키는 것이다. 그 덕분에 과거에는 대중의 우민화를 위한 정치적 도구로 비판받았던 상업문화가 오늘에 와서는 '문화대중의 꽃'으로 각광받게 된다.

각종 대중매체들은 쉬지 않고 '문화대중'을 호명하고 예찬한다. 문화시장은 변화무쌍하고 유혹적인 문화상품의 선택과 소비를 통한 문화대중의 주체성 창출과 '문화주권'의 실현을 가장한 마케팅에 주력한다. '문화주권'이 마치 문화상품의 소비증대를 통해 실현되는 것처럼 오도하면서 자본의 문화권력의 확장을 정당화하는 전술이다. 문화 포퓰리즘은 대중의 주체성을 강조하고 이에 대한 믿음과 자부심을 심어주는 문화대중의 신화를 유포한다. 문화대중의 신화는 '상품문화에 매몰되는 로봇(capitalistic culture's robots)'을 자유와 권능을 구사하는 능동적인 문화적 주체로 오인하게 한다. 문화 포퓰리즘은 상황적 유대감, 집단최면, 초현실적 도취, 전염성 열광 등으로 '문화대중'을 창출하는 기제로 작용한다.

문화 포퓰리즘은 스펙터클의 포퓰리즘으로 고양된다. 여기서 스펙터클은 드보르가 강조했었던 수동적 관조의 대상에 머물지 않고 문화대중의 능동적 참여를 이끌어내는 방식으로 재창조되고 기술적으로 고도화되는 단계로 진화한다. 이는 문화대중을 스펙터클의 능동적 소비자이자 생산자로 끌어들이고 저마다 스펙터클의 주인공으로 거듭나게 하는 전략이다. 스펙터클의 사회에서 자라난 젊은 세대들은 점점 더 열렬한 문화대중으로 부상한다.

문화산업은 문화대중의 힘을 부각시키는 치열한 경쟁을 벌인다. 온라인을 통한 대중의 문화적 소비가 늘어날수록 사이버공간에서 문화대중을 포섭하기 위한 포퓰리즘 전략이 집중된다. 문화의 생산과 소비를 확장시키는 정보기술의 대중화는 평등주의적이고 민주주의적인 환영을 통해 문화 포퓰리즘을 고양시키는 계기로 이용된다.

이는 여론 조작을 통해 끌어모은 대중적 인기로 권력을 창출하는 정치 마케팅과 같은 수법이다. 정치엘리트들이 대중의 환심을 사기 위해 반엘리트주의를 표방하는 것과도 같다. 마케팅의 수사는 정치시장과 문화시장을 구별할 수 없을 만큼 포퓰리즘을 부각시킨다. 정치 이데올로기가 무력해진 오늘의 상황에서 대중문화는 정치시장을 활성화하는 대중주의의 온상이 된 것이다.

문화산업은 날로 다채로워지는 문화체험의 장을 확장한다. 사육제 축제에 참석하는 대중은 가면과 변장의 힘을 빌려 원시적 본능과 욕망을 표출하는 즐거움과 해방감을 맛보는 문화대중으로 거듭난다. 각종 문화행사들은 자본과 기술과 시장의 결집된 힘으로 문화대중의 잠재력과 저력을 발휘하게 하는 각종 놀이마당을 상품화한다. 거대한 규모로 개방된 에로티시즘, 감각적인 쾌락주의, 환상적 욕구를 불러오는 다채로운 정체성의 향연들은 군집된 열광의 분출로 각광을 받는다.

문화자본주의는 디지털 자본주의 시대에 오면서 그 동력을 증폭시키는 계기를 맞이한다. 디지털 자본주의는 문화시장에 새로운 기술과 공간을 창출해주면서 날로 새로운 콘텐츠의 개발과 확장을 가속화한다. 디지털 대중은 디지털 미디어가 현실세계를 넘어 가상공간으로 그 동력을 확장시키는 데에 주역을 담당한다. 디지털 문화대중은 또한 콘텐츠를 직접 만들어내는 생산자이자 이를 상품화하는 '마케터'로 포섭된다. 디지털 시대는 인간을 모두 마케터로 보편화하는 사명을 담은 시대라면, 문화시장은 디지털 문화대중을 '크리에이터 마케터'로 끌어들이는 전략을 통해 그 사명을 이행한다.

시장은 소비자와 생산자의 경계를 허무는 자유를 통해 무수한 데이터와 콘텐츠의 무분별한 과잉유통과 대중소비를 촉진시킨다. 소비와 생산의 쌍방향 참여는 '소유권의 민주화'라는 미명으로 문화대중과 시장의 공모관계를 형성하는 마케팅 전략으로 수익성과 시장가치에 매달리는 문화자본주의의 아바타들을 육성한다.

한국의 경우 이른바 '크리에이터' 문화대중은 문화시장에서 적극적으로 자신을 상품화하고 마케팅에도 적극적으로 참여한다. 이들은 주체성, 다채로운 정체성과 변신, 차별성과 계급성 등을 자유롭게 표출하고 상품화하는 마케터로 거듭난다. 디지털 시대의 '크리에이터 마케터'는 데이터 소유권을 갖고 직접 돈벌이를 할 수 있는 장터로 진출한다. '1인 브랜드' 사업가는 자신을 하나의 상품브랜드로 연출하고 시장거래에 나서는 마케터로 승부를 건다.

미디어 자본주의는 1인 미디어시대(인터넷·SNS·핸드폰)를 창출하면서 누구나가 미디어산업의 주인공이 될 수 있는 무대를 제공한다. 유튜버는 1인 방송 크리에이터를 이용해 광고수익을 얻는다. 이는 수익과 함께 '나'라는 사람의 존재를 알리고 노출하고 싶은 욕망을 표출하고 구현하는 사업이다. 미디어의 힘은 곧 그 주인공들의 힘을 만들어주는 것이고, 미디어산업의 세계화는 그 주인공들의 세계화로 이어진다. 이들은 미디어자본주의를 재생산하는 적극적, 자발적 주체들로 부상하면서 '잘난 나'를 꿈꾸는 자기 과시적 욕망을 분출한다. 자신을 인기상품으로 만들어 '무조건 뜨고 보자.'는 유혹에 빠진다.

　기업은 크리에이터 육성 캠페인을 벌이면서 유망 크리에이터의 교육과 성장을 지원하고 기업의 '찐팬 크리에이터 커뮤니티'를 조성하기도 한다. 일례로 '와이낫 부스터스'는 MZ세대의 대표적 SNS인 인스타그램을 운영하는 메타와 손잡고 팔로어 수가 1,000~5만 명 수준의 콘텐츠 크리에이터인 '나노-마이크로 크리에이터'들을 지원하는 프로그램이다. 여기서 MZ세대가 선호하는 쇼트폼 영상 제작이 주요 주제라고 한다. 메타는 참여한 크리에이터들에게 콘텐츠 제작 기본 기술과 수익성 있는 브랜드 홍보 영상을 제작하는 방법까지 교육한다. 이처럼 디지털 시대의 마케팅은 '크리에이터'라는 이름으로 문화시장의 팬덤과 홍보팀을 직접 육성하는 전략을 구사한다.

　여기서 콘텐츠의 제작자도, 구독자 대부분도 MZ세대가 차지한다. 90년대생은 정보화와 세계화의 세례를 받은 첫 세대로서 전 세계로 통하는 콘텐츠 크리에이터로 부상한다. 이들은 웹사이트를 만들고 소셜 미디어를 통해 자신들의 콘텐츠를 홍보하고 이를 더 많은 사람들이 공유하는 방식으로 더 많은 돈을 벌어들인다.

　게임은 그 대표적인 장르로 주로 젊은 층의 이용자들이 직접 게임월드를 만들고 '나만의 게임'을 창작하면서 메타버스(3차원 가상세계) 플랫폼으로 진입한다. 국내 게임사들도 게임을 제작하고 공유할 수 있는 서비스를 개발하고, '크리에이터'들이 직접 콘텐츠를 제작, 발표할 수 있는 공모전을 진행한다.

　'스낵컬처'[3] 콘텐츠의 대표적인 웹소설은 가독성이 높고 활동작가도 10만 명으로 추산되며 시장규모도 2020년 6,000억 원을 넘었다. 중소플랫폼도 우후죽순 늘어났다. 2021년 웹소설 플랫폼 '문피아'[4]

---

[3] 시간과 장소에 구애받지 않고 즐길 수 있는 스낵처럼 짧은 시간에 간편하게 즐기는 문화 트렌드를 말한다.

사업들을 촉진시켰다. 이러한 사업들은 제국주의적 지배구조를 의식하지 않도록 각 지역의 특성들과 변형의 역동성을 살리고 포섭하는 '다양성의 세계화'로 추진되었다. '세계화가 곧 지역화'라는 슬로건은 보편적 세계주의의 이름으로 다채로운 지역적 각색을 통해 문화시장을 확장시키는 전략이었다.5)

패스트푸드의 지역화로 '자본화된 맛'을 길들이듯이, 세계문화사업은 전 세계대중의 다양한 가치관, 취향, 의식, 감수성, 상상력, 욕망을 담아내는 '내 몸 속의 자본주의'를 자리 잡게 하는 것이었다. 이처럼 문화의 세계화는 문화적 차이들의 수렴과 자본주의 하위문화의 번식을 통해 촉진되었다.

한편 서구의 상품문화에 도전하는 다양한 비서구 세계의 문화상품들이 세계 문화시장에서 경합을 벌이거나 유행을 선도하는 현상들이 나타났다. 문화의 세계화는 문화제국주의나 문화자본주의를 일방적으로 관철시키는 하향적 방식으로 단일한 자본주의 문화를 파급시키는 대신에 다문화주의(multiculturalism)로 관철되었다. 다문화주의는 후기자본주의를 대표하는 이데올로기로서 문화제국주의를 우회하는 세계문화 기획이었다. 글로벌 다문화(global multiculture)를 표방하는 다문화주의는 문화제국주의의 가림막이자 문화자본주의의 동력을 배가시키는 명분이었다.

다문화주의는 자본주의로 촉발된 세계 이민의 증가와 디아스포라의

---

5) 맥도널드가 가능한 한 '지역문화의 한 부분이 되는 것'을 목표로 삼는 것처럼, '피자헛'이나 'KFC' 등 다른 패스트푸드 세계 체인점들도 지역의 입맛과 기호 등 환경의 특성에 맞추는 전략을 구사했다. 그러나 맥도널드화된 체계는 기본적으로 표준화된 상품 메뉴와 운영절차를 전 세계 어디서나 동일하게 유지하는 것에서 문화제국주의의 한 지표가 되었다. 또한 맥도널드화된 기업을 흉내내는 지역기업들이 양산되면서 패스트푸드점의 원리가 전 세계에 뿌리내리는 맥도널드화의 토착화가 이루어졌다(조지 리처, 『맥도날드 그리고 맥도날드화: 유토피아인가, 디스토피아인가?』, 김종덕 옮김, 시유시, 2003).

오랜 역사 속에서 형성되어온 유럽중심주의적 보편주의의 테두리 안에서 작동하는 것이었다. 다문화주의는 또한 신자유주의 시대에서 배제와 차별의 원리가 노골적으로 작동하는 세계적 상황을 무마하는 정치적 이데올로기로 기능하였다.

자본주의 문화경제는 초국적이고 디아스포라적인 문화들을 향한 '식욕' 덕분에 번창할 수 있었다. 세계 문화산업은 이질적인 문화의 혼합과 융합으로 문화의 '혼성화(hybridization)'를 초래했다. 문화의 혼성화는 다인종적, 다국적 문화상품의 세계적 유통과 유행을 통해 '세계문화'의 환상을 파급시켰다. 일례로 미국에서 1980년대 유행하기 시작한 '힙합(hip-hop)'의 춤과 음악은 세계적으로 젊은 세대의 새로운 문화적 정체성의 아이콘으로 떠올랐다. 국적이 불분명한 퓨전 문화상품들도 세계대중의 인기를 끌게 되었다. 잡식주의적인 문화적 브리콜라주(bricolage)와 이미지들을 담은 문화상품들은 혼성적인 문화 정체성들을 미화하는 것이었다.

문화의 혼성화는 이국적인 것과 친숙한 것을 결합시키고 인종, 민족, 국가, 지위집단, 계급, 전통 등의 경계를 무너뜨리는 것이었다. 이는 문화가 장소로부터 분리되는 탈지역화 또는 '초지역화(translocal culture)'로서 한 지역에 뿌리내린 집합적 산물로서의 문화 개념을 무의미하게 만드는 것이었다. 문화의 탈지역화는 국민국가 시대의 국가주의적 민족문화(national culture)로부터 자유롭고 유동적인 혼성적 문화와 정체성을 추구하는 풍조로 세계문화에 대한 환상을 부추기게 되었다.

그러나 문화의 혼성화는 중심과 주변, 헤게모니 세력과 소수집단 간에 권력관계 속에서 기능하는 것으로 위계적 세계질서의 유지와 안정에 기여하는 것이었다(J. N. Pieterse, 1997). 문화예술 활동에 대한 후원이나 지역개발 사업들까지도 자본의 투자를 유치하는 문화산업의 전략으로 이용되면서 지역문화나 하위문화가 문화산업으로부터 자유로운 자율성과 특수성을 발휘할 가능성이 차단되었다. 약소민족과 주변부 집단의 문화적 정체성과 하위문화가 본래의 고유성과 잠재력을 훼손당하거나 상실되는 운명에 처하게 된 것이다.

글로벌 시장의 지적 옹호자들도 시장이 지방적, 지역적 다양성을 전복하고 내면적 인간 감성을 평준화한다는 사실을 너무나 잘 알고 있었다. '시장은 불균등하거나 비대칭적인 것은 죄다 혐오'하고 '특이성이 거의 존재하지 않는 균일화된 세계문화를 선호'한다. 이는 사회 환경이 획일적일 때 '마케팅, 생산, 유통이 더 효율적'이기 때문이었다(콕스, 2016: 224~5).

세계문화의 기획은 자본주의에 의한 정신적, 정서적 식민화를 조장하는 것이었다. 아프리카에서 끼니도 못 때우는 아이들까지도 미국 여피족의 후손들처럼 세계문화의 환상을 키워가도록 만들었다. '원시'부족의 전통과 일상생활을 이색적인 관광문화의 체험장으로 만들기 위해 원주민의 문화를 자본주의에 의해 코드화된 상품문화로 도구화하는 것이 세계문화 사업이었다.

이민자, 실업자, 비주류예술가들이 추방당한 게토지역을 새로운 문화시장으로 개발하여 비주류의 하위문화나 저항문화의 온상을 상품화하는 것이 세계문화를 이식, 전파하는 사업이었다. 세계의 다양한 문화들을 자본의 논리에 따라 세계문화로 포섭하는 과정은 문화를 외부로부터 공급받는 상품으로 대체시킴으로써 지역적, 역사적 산물인 문화의 자기파괴를 자연스럽게 유도하는 것이었다.

세계문화의 신화는 세계자본주의에 능동적으로 참여하는 라이프스타일을 통해 개방적이고 변화지향적이며 진취성과 지리적 유동성에 능한 '세계인(cosmopolitan)'을 이상화한다(J. Tomlinson, 1999: 184~191). 이는 지역을 떠나지 못하는 토착인과 세계인을 대비시키고 세계인을 특권과 우월성을 지닌 존재로 미화하는 문화적 엘리트주의를 내포한 것이다. 세계문화의 신화는 문화적 소비에 전적으로 의존한 채 문화상품의 유행 속에서 구름처럼 떠다니는 환상의 문화를 추종하게 할 뿐, 지역의 삶과 밀착된 문화생활과 문화창조를 가로막는 것이었다.

세계문화란 본질적으로 삶의 욕구나 정체성 형성에 응답하는 것이 아니며 인류를 하나로 결합시킬 수 있는 세계의 기억장치도 아니었다(A. D. Smith, 1990: 180). 세계문화란 현실적으로도 개념적으로도 존재할 수 없는 것이었다. 문화시장이 주도하는 세계문화 사업은 문화상품의 세계적 유통과 표류하는 유목민적 문화대중의 양산을 위한 것으로 세계 대중의 집합적 문화연대와 문화정치의 가능성을 저해하는 것이었다.

계몽주의시대 이래 추진되어온 서구 자본주의 문명의 세계화는 식민주의와 세계전쟁으로 인해 역사적 분열과 문화적 갈등을 초래했다면, 문화산업의 세계화는 문화적 균질화와 혼성화, 획일화와 다양화의 다중적 전략으로 자본주의의 문화적 헤게모니를 구축하는 사업이었다. '세계문화'의 이름으로 구사되는 후기자본주의의 헤게모니 전략은 문화의 자율성과 변증법적 요소들까지도 모두 포섭하여 문화의 역동적 개념 자체를 무의미하게 만드는 것이었다. 문화시장의 세계화로부터 파생되는 '세계문화'의 신화는 자본주의가 만들어낸 '문화'의 '거짓 자연'이자 문화대중을 양산하기 위해 문화의 허상을 극대화하는 기만일 뿐이었다.

한국은 이른바 'K 컬쳐'로 세계무대를 열광시키는 꿈에 부풀어 있다. 특히 '방탄소년단(BTS)'의 세계적 흥행으로 K팝의 세계화에 대한 자부심과 기대가 크다. 중국의 K팝 팬들이 당국의 한한령(한류제한령)을 피해 한국 아이돌을 '덕질'[6]할('K팝 덕질') 정도라고 한다. 그런데

'K 컬쳐'라는 명칭은 한국이 문화산업의 생산물 덕분에 마치 '문화강국'으로 도약하는 것처럼 착각하게 만드는 용어이다. 문화산업의 세계화와 그 성공이 곧 한국문화의 수준을 대변해주는 것처럼 오인하게 한다.

문화의 자본화와 상품화의 결실을 한국문화의 창조력이나 잠재력과 직결시키는 것은 위험한 발상이 아닐 수 없다. 한국인의 문화 창조력이 과연 자본과 기술이 지배하는 문화산업의 글로벌 시스템에 대한 도전을 가능하게 하는 것인지, 아니면 그 시스템을 더욱 번창시키는 촉진제로 끝날 것인지에 따라 '문화강국'을 자랑하는 'K 컬쳐'의 진상이 가늠되어야 한다.

이상에서 본 것처럼 문화자본주의 아바타들은 문화구매자에서 문화시장의 광신도로, 또한 대중문화의 수동적 소비자를 넘어 능동적 생산자로 변모하면서 문화산업의 지대한 역군으로 포섭되어왔다. 문화시장을 중심으로 형성되는 대중문화의 소비대중을 '문화대중'으로 승격시킴으로써 자본주의 문화정치는 더 큰 동력을 확보할 수 있었다.

문화 포퓰리즘으로부터 생성되는 '문화대중'은 참여와 저항의 자율성을 지닌 존재로 부각되면서 문화자본주의를 재생산하는 적극적 역할을 담당한다. 문화대중은 '세계문화'를 생산, 소비하는 주역으로서 '자본화된 문화'와 '소비화된 문화'를 번창시키는 경제시스템과 불평등한 권력관계로부터 자유로울 수 없다. 그 자유를 누리는 순간 문화대중의 존재기반은 사라지기 때문이다. 문화대중은 상품문화의 로봇이라는 불명예 대신 크리에이터의 이름으로 마케팅의 주역을 담당할 뿐이다. 문화대중은 문화자본주의의 '건강한 얼굴'을 가장하는 가면의 멍에를 쓴 아바타들일 뿐이다.

---

6) '덕질'이란 한 분야에 깊이 집중하고 몰입하는 행태를 낮잡아 부르는 표현으로 취향의 개인화 시대에서 자신만의 뚜렷한 취향을 드러내는 현상을 말한다.

그렇다면 문화를 '자본의 탐욕', '기술의 독재', '상품 쓰레기', '시장 바닥의 외침'으로부터 구해낼 수 있는 주체는 누구인가? 문화산업에 대한 '위대한 거절'을 외칠 수 있는 대중은 어디에 있는가? 문화축제의 거대한 스펙터클 제국 속에 숨겨진 자본괴물, 기술괴물, 상품괴물, 시장괴물 등과 대적할 수 있는 문화의 힘은 어떻게 만들어낼 수 있다는 말인가? 자본주의가 창출한 '문화의 시대'는 '문화천국'의 환상으로 인간에게 문화의 위기를 안겨준 시대였다. 그 환상은 그 위기의 진상을 의식하기 못하게 하는 최면적 권력의 연출이었다.

자본주의 아바타
Homo Capitalisticus

제7부
포스트 휴먼?

제1장   기술독재괴물

제2장   '뉴 소셜' 시대

제3장   '뉴 노멀' 인류

자본주의 괴물의 히드라적 변신은 디지털 기술혁명을 통해 그 정점을 보여준다. 디지털 시대는 자본과 기술의 독점력이 극대화되고, '혁신가'를 가장한 기술독재자가 군림하고, 기술괴물이 인간을 대체하는 '신인류'의 '기술유토피아'를 향해 질주하는 시대이다. 디지털 자본주의 아바타는 데이터 인간, 알고리즘 인류, 디지털 중독인류, 디지털 휴먼으로 변신한다. 디지털 네이티브 세대일수록 '중독'의 표적이 되어 'Homo Addictus(중독추구인간)'로 '최적화'되는 운명에 처한다. 호모 아딕투스는 중독경제를 성장시켜온 번연계자본주의가 소비자본주의 및 디지털 자본주의와 합세하여 탄생시키는 '신인류', 즉 '디지털 중독인류'의 전형이다.

디지털 자본주의는 인간의 뇌를 공략하는 중독경제를 넘어 뇌의 기능을 앗아가는 인공지능 기술로 인공인간의 생산에 몰두하면서 디지털휴먼을 넘어 '포스트 휴먼'도 불사하는 시대를 꿈꾼다. 자본주의 아바타들은 자신도 모르게 두뇌를 마비시키는 그 괴물들에 이끌려 초지능기계 시대의 환상에 빠져든다.

제1장

기술독재괴물

I. 빅테크 전성시대

20세기가 경제와 금융의 시대였다면, 21세기는 엔지니어링과 컴퓨터공학의 전성시대로 나아갔다. 실리콘벨리 기술기업의 첫 번째 물결은 반도체, 마이크로프로세서, 개인용 컴퓨터와 같은 하드웨어가 중심이었으나, 곧이어 소프트웨어 즉 물리적 원자가 아닌 실체가 없는 비트가 실리콘벨리 성장의 지배적인 동력이 되었다. 컴퓨터 하드웨어, 연산속도, 빅데이터, 알고리즘, 인공지능, 네트워크 파워가 지배하는 시대가 된 것이다.

2000년대 중반 이후 스마트폰의 보급과 소셜 미디어의 활성화로 인터넷 지형이 플랫폼 중심으로 재편되었고, 2010년을 전후로 소셜 미디어 플랫폼을 통한 '데이터의 본원적 축적'이 진행되었다. 비즈니스 리더들은 소셜 미디어 플랫폼 정책, 알고리즘 설계, 소프트웨어 코드, 대체가능한 비즈니스 모델 등의 개발에 몰두했다. 여기서 가장 우세한 기술역량은 컴퓨터공학이었다. 컴퓨터과학의 기술은 알고리즘적 통찰과 함께 더 나은 인생을 살기 위한 기반이자 '지혜'의 한 형태로 제시되었다.

컴퓨터과학자는 '최적화'를 위해 세상을 수학적 추상의 형태로 만들었고 그 기술은 사회적 이상들까지도 관장하는 '전능한' 해법이 되었다. 전 세계에 퍼져 있는 수억 대의 컴퓨터가 기계 생태계를 만들었다. '최적화(optimization)'란 '가장 알맞은 상황'으로 맞추는 것, 즉 한정된 자원과 상황을 가장 효과적으로 활용하여 최대한의 성능을 발휘할 수 있도록 효율을 높인다는 뜻으로 1960년대 컴퓨터공학이 하나의 학문분야로 부상하면서 알려진 용어였다. 100년 전 고용주가 작업현장에서 효율을 강요할 때는 이를 압제의 한 형태로 받아들였었다면, 오늘의 시대에는 효율을 극대화하는 최적화를 칭송하는 반전(反轉)이 일어난 것이다.

선구적 컴퓨터과학자로 알려진 도널드 커누스(Donald Knuth)는 '성급한 최적화는 모든 악의 근원'이라고 주장한다(라이히 외: 65~6). 최적화와 효율을 같은 뜻으로 사용하면서 코드효율 향상 의지가 오히려 프로그래머 입장에서 비효율을 만들 수 있다는 것이다. 여기서 '비효율'이란 원래 목표에 어긋나는 결과가 나올 수 있다는 뜻이다. 최적화를 우선시 할 경우 문제가 되는 목표보다는 방법에 치중하게 되면서 효율을 극대화하는 방법이 오히려 목표달성을 어렵게 한다는 것이다.

최적화의 목표는 가격의 최소화와 수익극대화에 있었다. 고효율을 향한 투자는 기술을 끊임없이 최적화하는 전문가들에 힘입어 기업, 스포츠, 개인생활 등 전 세계의 다양한 분야로 확장되었다. 수요자와 공급자가 존재하는 단면시장과 달리 인터넷에 자주 나타나는 양면시장(two-sided market)은 대기업의 '승자독식' 지배력을 강화하는 것이었다(앞의 글: 83, 66). 서로 다른 두 이용자 집단이 플랫폼을 통해 상호작용하면, 구매자는 판매자가 가장 많은 곳으로 몰리고 판매자는 구매자가 가장 많은 곳으로 몰리게 되면서 이 때 창출되는 가치는 배가했다. 또한 스크린 타임이 갑자기 늘어나고, CTR(광고 노출 수 대비 클릭 비율)이 치솟고, 알고리즘을 통해 추천된 항목의 구매가 증가하고, 안면인식의 정확도가 높아지는 방식으로 수익극대화가 이루어졌다.

세상을 바꾸는 기업의 씨앗역할은 기술혁신이었고, 그 기술적 돌파구를 마련하는 것은 엔지니어들이었다. 기업으로 성장하기 위해서는 자본에 의존해야 했고, 그 자금원천은 벤처투자가들이었다. 첨단기술 생태계에 연료를 공급하고 신생기업에 투자할 수 있는 가용자금으로 자본이 투입되었다. 기술 분야에서 성공한 엔지니어는 잠재적인 미래 벤처투자가였고, 이들의 목표는 미래의 '유니콘'(시가총액이 10억 달러가 넘는 스타트업) 사냥을 통해 수익을 극대화하는 것이었다.

벤처투자가의 이윤 추구 욕구는 규모에 대한 집착을 낳았고 벤처캐피탈을 증식시켰다. 벤처캐피털 회사는 적어도 기술시장에서는 독점에 대한 강한 확신을 갖고 있었다. '경쟁은 패배자들의 몫'이었다. 기업의 수익증가는 스톡옵션을 받은 사람들의 거대한 부로 이어졌다.

디지털 기술과 자본의 전략은 기업이 시장에서 지배적 위치를 차지하기 위해 성장을 전격적으로 가속화하는 '블리츠스케일링(blitzscaling)'[1]이었다. 이는 투자자들에게 하키스틱 성장[2]을 가시화하면서 경쟁자들이 반응하기 전에 잠재적인 네트워크 효과의 유출을 막는 것이었다. 기술기업은 눈 깜짝할 사이에 다른 기업들에 의해 멸종될 수 있다는 불안감과 치열한 경쟁의식 때문에 지배적인 기업일수록 고도성장을 가속화하는데 몰입했다. 기술시장은 어느 시장보다 효율성을 극대화

---

[1] 블리츠스케일링은 최적화보다 속도와 선점이 중요한 비즈니스 모델에 적합한 것으로 '속도전을 통한 시장 선점자의 이득효과'를 노리는 것이다. 그 어원은 2차 대전 초반 나치 독일이 고안한 군사작전명 '블리츠클리그(Blitzcrieg)'에서 따온 것으로 '전격전'을 뜻한다. 죽을지도 모르는 위험을 무릅쓰고 속도와 기습으로 적의 허를 찌르는 것을 말한다.
[2] 하키스틱 성장(Hockey Stick Growth)은 하키스틱의 각진 칼날과 유사한 급격한 성장을 말하며 이는 기술 스타트업의 야심찬 목표였다.

하고 지배력을 확장하는 전략 개발의 장이었다. 디지털 산업의 가속화된 회전으로 모든 생산물(상품, 광고, 매체, 정보, 예술 등)이 빠른 시간에 과잉 및 포화상태에 이르게 되었다.

미국의 실리콘밸리에서는 '규제로부터 자유로운 오아시스'를 향한 서부시대 스타일의 신종 골드러시가 시작되었다. 인터넷 서비스 제공자와 소셜 미디어 업체들은 법적 책임 없이 사용자가 만든 콘텐츠를 유통시킬 수 있었다. 이는 민간투자의 폭주로 극단적인 시장 집중을 낳았다. 통신업계의 시장지배력은 독점금지의 강제를 막는 정치적 영향력으로 행사되었다. 빅테크 기업의 독점금지 규제는 기업의 정치적 영향력을 통제하는 데 최적화되어 있지 않았다.

21세기의 권력은 소수의 기술 억만장자들에게 돌아갔다. 2020년 세계 최고 부자 10명 중 8명이 기술기업을 통해 재산을 축적했다. 오직 돈벌이 수단으로만 기술을 사용하는 프로그래머들 덕분에 순식간에 빅테크(big tech), 즉 대형 정보기술(IT)기업들(구글, 마이크로소프트, 아마존, 메타, 애플, 알파벳 등)에게 엄청난 권력이 집중되었다. 빅테크는 막대한 자본력으로 빅데이터를 수집하고 알고리즘을 설계해 세계시장을 공략했다.

'세계 최대의 온라인 서점'이었던 아마존은 1998년 몇 차례의 기업 인수와 상장 이후 25년 동안 축적된 기술력으로 새로운 도전에 성공하면서 '모든 것을 파는 상점'으로 변신했다. 플랫폼 경제에서도 양극화가 두드러지면서 빅테크 기업들의 독점적 지위와 과도한 영향력에 반발하는 테크래시(techlash)[3]도 나타났다.

억만장자 목록의 상위권을 차지하는 빅테크의 CEO들은 '혁신가' '영웅'들로 칭송되면서 빅테크의 초권력을 과시했다. 효율에 집착하고

---

[3] 정보기술(IT) 기업의 성장이 사회에 부정적 영향을 미치면서 IT기업에 대한 반발심이 나타난다는 의미로, 기술(tech)과 역풍(backlash)의 합성어다.

최적화 사고방식으로 무장한 프로그래머나 소프트웨어 엔지니어들은 '세상을 더 나은 곳으로 만든다.'는 명분으로 파괴와 혁신을 주창하는 '혁신가'로 행세했다. '혁신을 이끄는 창의적 정신'은 '빠르게 움직이고 틀을 깨부숴라(Move Fast and Break Things).'는 구호로 이어졌다. 자칭 혁신가들은 기술혁신이 모든 분야에서 '혁신'을 일으키는 '혁신기술'로 작용한다는 기술지상주의를 내세우는 괴물들이었다.

새로운 기술의 미래를 엔지니어, 벤처투자가, 정치인들에게 맡겨놓는 것이나, 기술 '혁신가'들이 인종, 젠더, 계급과 관련된 복잡한 문제들을 해결하는 사회정치 '혁신가'들로 나서는 것은 심히 우려되는 상황이었다. 강력한 기술기업이 주도하는 편협한 거버넌스는 민주주의적 가치관이 아닌 경쟁주의 가치관에 기반 한 것이었기 때문이다. 공학적 사고방식이 지배하는 기술기업과 기술에 대한 그들의 비전과 가치관이 개인의 삶과 사회를 바꿔놓고 있다는 것에 대한 불안이 높아질 수 밖에 없었다.

게다가 특정 기술에 정해진 목적이 없는 상태에서 그 기술이 예상치 못한 목적에 사용되거나 사용자들이 각기 다른 목적에 기술을 차용하는 문제들도 제기되었다. 기술자들이 코드를 만들면서 내리는 결정이 수백만의 사람들에게 영향을 미치는 상황에서 최적화 기술은 기술의 문제를 넘어 사회적, 정치적 문제들로 제기될 수밖에 없는 것이었다. '가치중립'을 내세우는 기술이 전적으로 무시하는 가치관은 윤리의 문제였다. 기술자들이 추구하는 최적화는 사회적 가치들의 실현을 보장하는 것이 결코 아니었다. 기술 시장은 눈에 보이는 것보다 더 많이 눈에 보이지 않는 방식으로 공정성, 사생활, 자율성, 평등, 민주주의, 정의 같은 이상(理想)들을 위험에 빠뜨렸다.

특정 과제의 해법의 성공이 다른 중요한 가치들에 광범위한 영향을 미치는 결과로 나타나는 일종의 '성공재앙(success disaster)'의 문제들도 심각한 것이었다. 엔지니어들의 실책은 그 문제가 드러나기 전까지는 그 결과를 전혀 고려할 수 없으며 문제가 부각될 때는 이미 너무 늦어버린 경우들이 많았다. 페이스북, 유튜브, 트위터는 수십억 사람들을 소셜 네트워크로 연결시키는 데 성공했지만, 그들이 만든 디지털 시민 관장에서 표현의 자유, 역정보, 편파발언 확산 등등의 문제들을 발생시켰다.

'빠른 몸집 불리기'에만 혈안이 된 첨단기술들은 그 문제들의 '증폭기'로 작용했다. 끝없이 이어지는 개인정보 침해사례, 온라인 행동에 관한 정보 수집, 편향된 알고리즘, 방대한 데이터를 통한 행동 조작 사례들이 끊이지 않았다. 더구나 디지털 기술들은 다양한 방식으로 악용 소지를 넓히고 변종의 상품들을 만들어냈다. 디지털 기술의 '유토피아'는 자본주의 문명의 '디스토피아'를 재촉한다는 경고도 이어졌다.

기술혁신을 혁신기술로 도치시키는 기술지상주의는 세상을 기술전체주의로 빠져들게 하는 것이었다. 혁신을 앞세우는 기술전체주의는 규제를 받지 않는 만큼 그 막강한 영향과 함께 각종 폐해들을 증폭시켰다. 미국에서 대부분의 기술 부문은 규제를 피해 시장 지배력을 확보해왔다. 기술 분야에서 성공한 엔지니어들은 잠재적인 미래 벤처투자가 세대로서 자본가가 되는 데에 그치지 않고 자본가들을 규제하지 않을 방법을 다루는 규칙을 만드는 데에 몰두했다.

반면 국가는 인간과 사회의 보호장치 보다는 디지털 시스템이 초래하는 시장 실패를 바로잡는 규제장치에 더 적극적이었다. 이른바 민주주의 국가들은 자동화 의사결정 알고리즘의 사용방법을 통제하는 조치를 도입하기도 하지만, 디지털 경제의 지배력을 이겨낼 수 없었다. 규제 체계는 끊임없이 진화하는 기술발전의 속도와 그 규모의 급속한 증가를 결코 따라가지 못했다.

전산화된 디지털 상거래도 유해한 사이버 포털도 제재와 상관없이 어디서나 운영될 수 있는 상황이 되었다. 신기술과 연관된 많은 부분을 규제하지 못하는 국가의 실책으로 세상은 점점 더 위험해지고 충격적일 정도로 불평등해졌다. 게다가 해커와 벤처투자가의 잘못된 만남은 자본과 기술의 권력이 반민주적 정치권력을 배양하는 계기를 제공했다. 인터넷처럼 전 세계적으로 연결된 포스트 공간(post-spatial)의 환경에서 작동하는 기술에 대한 저항 자체가 불가능해진 것이다. 수십 년에 걸쳐 가속화된 기술발전에 대한 규제 체계는 제자리걸음인 상태에서 기술기업은 고삐 없는 질주를 계속할 수 있었다.

기술로 사회를 바꾸는 주도권과 결정권이 기술전문가나 스타트업 창립자 소수 그룹의 손에 있었고 그 방향을 정하는 기술독재자들의 힘이 너무나 막강했다. 28억 명 이상의 활성 사용자를 거느린 페이스북과 인스타그램의 수장인 마크 저커버그는 중국 인구의 거의 두 배에 달하는 인구가 만드는 정보환경의 실질적 관리자로 군림하게 되었다. 그는 "많은 면에서 페이스북이 전형적인 기업이라기보다는 정부에 가깝다"고 했다. 페이스북은 민주주의 정부가 아니라 '비민주적인 페이스북 국가에 군림하는 독재자'였다. 콘텐츠에 대한 페이스북의 통제력은 바로 무시무시한 독재자의 힘이었다(라이히 외, 2022: 309). 저커버그는 디지털 자본주의가 만들어낸 기술독재괴물의 상징이 되었다.

II. 인공지능 괴물과 AI 쓰나미

디지털 자본주의는 '인공지능 시대'로 질주했다. 1956년에 처음 등장한 용어 '인공지능'은 그로부터 반세기를 넘어 무서운 괴력을 발휘하는 시대로 접어들었다. 인공지능은 인간의 인지, 추론, 판단 등의 능력을 컴퓨터로 구현하기 위한 기술 혹은 그 연구 분야 등을 총칭하는 용어로서, 인간의 고유능력을 기계로 구현한다는 도전으로 시작된 것이었다. 그런데 인공지능 기반의 자동화 시스템이 획기적으로 발전하면서 기계가 인간보다 더 좋은 성과를 내고 인간을 능가하는 시대가 예고되었다.

디지털 자본주의는 '자동화'를 통해 인간의 사회적 삶 자체를 포섭하고 인지 양식 자체를 바꿔놓는 정신적 포섭까지 가능하게 한다. 인간의 능력과 직접적으로 연관된 지식과 기술의 생산은 인간의 능력이나 사회의 요구와 직접적으로 연결되어 있지 않은 사유화된 기업 공간에서 전개되고 이윤 극대화의 경제적 요구에만 반응한다. 자본주의 체제에 새겨진 특정 교환양식에 적응하는 '연결'만 허용되는 것이었다.

인공지능의 선도자가 주도하는 세상이 펼쳐지게 되었다. 2010년대 이후 인공지능의 개발과 함께 혁신기술은 머신러닝(ML, machine learning)과 결합한 다양한 서비스를 창출했다. 직무별 AI는 관심경제에 적용되는 예측 알고리즘처럼 자율 주행 자동차에서 의료 연구에 이르기까지 매우 다양한 분야에 활용되었다. 그 유용성으로 자동차는 홀로 도심을 달리고, 사진은 얼굴로 신원확인을 해주었다. 금융계는 인공지능 덕분에 그 어느 때보다 정교한 주식, 선물, 파생상품 거래모델을 운영했다. 이처럼 인공지능은 시대의 '게임체인지'로 부상했다.

인공지능 시대의 플랫폼 장치는 단순한 계산 기계를 넘어 인간의 삶을 이리저리 조합하고 배치하는 포섭기계다. "인공지능은 알고리즘과 데이터를 섞어 특정한 목적에 따라 대상의 행위를 예측하고 통제"하며, 이를 통해 "새로운 지식이나 정보를 산출하고 기호와 상징을 만든다"(백욱인, 2023: 363). 알고리즘은 인간이 구상하는 것이지만 빅데이터와 인공지능 러닝머신(learning machine)의 결합체에서는 구상과 실행이 알고리즘에 의해 자동적으로 이뤄진다. 컴퓨터 속도가 빨라지고, 디지털 데이터 양이 급속도로 많아지고, 러닝머신의 연구에 힘입어 강력한 알고리즘이 등장했다. 러닝머신 알고리즘에 훨씬 큰 규모의 데이터를 입력할 수 있는 데이터 기술도 개발되었다.

머신러닝 알고리즘이 정해진 수준을 벗어나 자율학습을 통해 예측하지 못한 방향으로 움직이거나 인간의 통제에서 벗어나는 순간 인간의 구상과 기계의 실행이라는 관계는 무너진다. 인공지능의 자동화는 기계가 인간의 조작과 통제를 벗어남을 의미한다. 자동화의 수준이 높아지는 만큼 인간이 기계의 작동과정에서 개입할 여지는 줄어든다. "기계의 자동성이 강화될수록 인간의 자율성이 차지하는 영역은 더욱 작아진다"(백욱인, 2023: 006). 인공지능은 인간에게 유용한 도구로 제공되지만 인간을 통제하는 수단이다. 인공지능은 생산성과 창의성을 향상하는 보조 도구일 뿐, 맹목적으로 의존할 수 있는 대상이 아니므로 사고방지장치(가드레일)가 필요한 것이었다.

2020년대에 들어 거대 플랫폼 기업들은 인공지능 시대의 킬러 애플리케이션으로 불리는 생성 인공지능 서비스 개발 경쟁에 뛰어들었다. 오픈AI(Open AI)는 2022년 생성형 AI '챗GPT'를 출시했고 두 달 만에 월간활성사용자 1억 명을 확보했다. 챗GPT에 열광하는 이유는 챗봇(chatbot)이 사용자에게 직접 답을 주는 '궁금증 해결사'에서부터 '만능 비서' 역할을 수행한다는 것에 있었다. 생산비용과 양적, 질적 측면에서 무한한 가능성을 보여준 것으로 평가되면서 다른 기업 서비스들의 생사여탈권을 쥔 '상위 포식자'가 될 것으로 예측되었다. 인공지능이 사용자들의 질문을 계속 학습하면서 자동으로 생성하는 콘텐츠는 인간이 만드는 콘텐츠를 추월할 태세를 보였다. 이로써 인공지능은 디지털 환경의 격변기, 즉 '디지털 그 자체의 전환기'를 맞이하게 되었다.

인공지능이 인간의 지능을 복제하는 수준에 근접한 것이다. 생성 인공지능이 발전할수록 인간의 창작물과 인공지능의 생성물을 구분하기가 힘들어진다. 인공지능은 말과 글, 이미지 등 인간의 기호적 활동을 탈숙련화하고 자동화한다. 인공지능이 만든 콘텐츠와 인간이 만든 것이 모두 하나의 브랜드로 또는 서로 다른 플랫폼에서 공존하게 되면 생성형 인공지능을 통해 얻은 답이 어디서 왔는지 알 필요가 없게 될 것으로 보인다.

게다가 챗지피티를 만든 오픈AI는 인공지능이 학습한 데이터의 내용은 물론 그 양도 밝히지 않는 방침이며 이는 생성형 AI 산업계의 '규칙'처럼 작용한다. 그러나 인공지능이 생성한 거짓 정보는 현실을 큰 혼란에 빠뜨릴 것이므로 출처와 신뢰성을 증명할 수 있는 새로운 기술이 더욱 필요하다는 주장이 제기된다.

생성형 AI 기술 확산의 부작용으로 허위조작이나 부실논문이 급증했다. '논문 공장'으로 불리는 논문 대필 서비스업체가 기승을 부리면서 전 세계 과학계가 '학술 사기'에 휘말린다는 우려를 낳았다. 국제학술지 네이처에 따르면 2023년 전 세계 논문 취소(retraction) 수는 1만 건을 넘어섰고, 최대 수십만 개의 논문이 논문 공장에서 생산됐을 것으로 판단되었다. 생성형 AI가 뉴스 콘텐츠를 무단 학습하는 문제도 제기되었다. 인공지능의 학습 데이터 30%는 위키피디아와 기업들, 30%는 학계, 30%는 언론이었다. 레거시 미디어들은 디지털 환경의 주도권을 더 이상 거대 플랫폼 업체들한테 뺏길 수 없다는 절박함을 보였다.

미국 소설가들도 2024년 소설 등 저작물을 무단으로 이용해 학습했다는 이유로 생성형 AI 열풍을 주도하고 있는 미국 기업 엔비디아를 상대로 소송에 나섰다. 인공지능의 학습량이 점점 방대해지고 영향력이 커지면서 저작권을 둘러싼 갈등은 심화될 전망이다. 인간과 인공지능간의 경쟁과 싸움이 가열되는 상황이다.

챗GPT는 사고하는 기계가 아닌 언어생성모델일 뿐이다. 독립적인 사고를 할 능력이 없을뿐더러 판단기준도 없고 진실 여부를 판별할 능력도 없다. 생성형 인공지능의 지적 능력에는 평가적 지능이 없으므로 신뢰하기 힘든 것이다. 인공지능이 학습하는 첨단 지식과 정보의 양과 속도를 인간이 따라잡기 어렵다고 해도, 사유하고 판단하고 성찰하는 인간의 고유한 능력을 범할 수 있는 것인지 의문하지 않을 수 없는 것이다.

그럼에도 인공지능 기술은 악용될 소지가 많고 갖가지 잠재적 위험을 내포한 것이었다. 인공지능은 사회경제 분야뿐 아니라 인간이 통제할 수 없는 공격용 자율무기 생산 등 세계적인 군비경쟁체제와 국가안보에도 위협적인 것이었다.4) 국제적 규약이 마련되기 전에 AI가 무기개발에 악용될 수 있는 위험도 배제할 수 없었다.

디지털 디스토피아의 위험은 구글의 딥마인드(DeepMind)나 알파제로(AlphaZero)5)같은 기존의 AI를 통해서도 잘 확인할 수 있었다. 바둑 세계 챔피언 이세돌을 망연자실하게 했던 딥마인드는 지구상의 모든 인간을 합친 것보다 더 똑똑하기 때문에 무엇이든 할 수 있다는 것이 전문가들의 진단이었다. 생성형 인공지능의 편향성, 편견, 차별, 과잉 의존, 가짜 정보, 데이터 보안 위험, 지식재산권 침해, 사생활침해 등 많은 폐해 중 상당수는 이미 수년 전부터 예견되었던 것이었다. 인공지능 석학들은 인공지능으로 인한 사회 경제 정치적 해악이 이익을 넘어서게 될 가능성을 예고해왔다.

챗GPT와 같은 초거대 인공지능은 그 작동원리가 밝혀지지 않는 블랙박스의 문제가 더 심각했다. 프랭크 파스쿠알레 교수(F. Pasquale)6)

---

4) 미국의 바이든 대통령은 2023년 말 인공지능이 핵무기나 생화학무기 등 대량 살상무기(WMD) 제작에 활용되는 것을 차단하기 위해 AI 안전성 평가를 의무화하는 등의 내용이 담긴 행정명령에 서명했다.
5) 딥마인드는 인공지능과 사람이 협력하는 자율성 특화인공지능 3단계에 해당되며, 알파제로는 독학으로 바둑, 체스 등을 독파한 구글 딥마인드의 인공지능이다.

에 따르면 정보제국주의의 비밀은 정보인풋과 아웃풋은 확인할 수 있어도 인풋이 어떻게 아웃풋으로 바뀌는지는 알 수 없을 만큼 불가사의한 방식으로 작동하는 '블랙박스 시스템'에 있었다. 최예진 교수는 '학습한 데이터가 크면 클수록 좋다는 광기' 속에서 모두가 돈으로 더 많은 데이터를 사들여 성능을 최대한 끌어올리는 것에 전 세계가 매달리는 상황을 개탄하면서 챗지피티와 같은 거대모델이 무차별적으로 학습한 '블랙박스'에 무엇이 들어있는지 공개해야 한다고 역설했다.7) 벤자오 교수는 "거대한 데이터를 학습한 생성형 인공지능이 인류를 위한 것이라는 말은 과대광고와 마케팅의 탐욕을 숨기기 위한 속임수일 뿐"이라며, '생성형 인공지능의 '데이터 도둑질'을 막는 도구로 '창작자보호 SW'를 개발했다.8)

그러나 가속 패달을 밟는 글로벌 패권경쟁은 치열해졌다. 미국의 종합 IT 기업 메타는 2023년 7월 거대언어모델 '라마2(Llama)'를 오픈소스로 공개한다고 밝혔다. 빅테크의 전유물로 여겨졌던 생성형 인공지능의 인공지능 대중시대를 예고한 것이다. 기술업계가 거대언어모델을 자율규제할 수 있는지 의문이 제기되는 상황에서 오픈소스 개방은 핵폭탄을 만들 수 있는 도구를 제공하는 위험을 가중시키는 것이었다. 뒤이어 구글은 2023년 말 거대 언어모델(LLM)기반 차세대 AI '제미나이(Gemini)'를 선보였다. 구글은 지금까지 수행한 가장 큰 과학·공학적 결과물로서 오픈AI의 최신 모델 'GPT-4'를 능가하는 모델이라고 자랑했다.

2024년 초 미국 라스베이거스에서 열린 "소비자가전전시회(CES) 2024"는 '올 온(All On)', 즉 인공지능 기술이 모든 곳에 스며든다는

---

6) 프랭크 파스쿠알레, 『블랙박스 사회』, 2016, 안티고네.
7) 한겨레, "AI의 습격, 인간의 반격", 2024.2.19.
8) 한겨레, "AI의 습격 인간의 반격", 2024.2.15.

주제로 가전, 스마트폰, 자율주행, 유통, 헬스, 뷰티 등 모든 영역에 침투한 인공지능을 체험할 수 있는 장을 제공했다. 인공지능이 인간의 일상적 삶 전체로 침투하면서 만들어낼 '신기루' 현상을 선보임으로써 전 세계의 소비대중을 매료시키는 마케팅전략에 돌입한 것이다. 세계 4,200여개 기업의 참가한 이 박람회는 'AI 쓰나미(Tsunami)'로 세계 모든 산업의 패러다임을 뒤흔드는 'AI혁명'과 치열한 AI패권 경쟁이 가열될 것을 예고했다.

2024년 2월 스페인 바르셀로나에서 개막한 세계 최대 모바일 이동통신 전시회인 '모바일월드콩그레스(MWC)'에서도 "인공지능은 어디에나 있다(AI is everywhere)."는 주제로 인공지능과 접목된 통신 기술을 통해 실생활에 밀착시킨 서비스와 제품이 등장했다. 인공지능 피시(PC)와 휴대전화가 잇달아 등장한 2024년은 본격적인 '인공지능 일상화 시대'가 열리는 첫 해가 될 것으로 예고되었다. 인공지능 개인용 컴퓨터는 '30년 만에 온 혁명적인 변화'로 평가되었다. 앞으로 AI는 모든 산업이 시장의 '뉴 노멀'에 맞추기 위해 결코 거부할 수 없는 디지털 자본주의의 괴물로 자리잡게 될 전망이다.

III. 초지능기계 vs 인간지능

기술괴물은 약한 인공지능(weak AI)을 넘어 일반 인공지능 AGI(Artificial General Intelligence)를 통해 인간이 설정한 목표 성취 외에도 스스로 목표를 설정할 수 있는 기계 개발에 몰두했다. 모든 분야에서 평균 인간지능으로 사고하고 학습하는 일반 인공지능 AGI는 특정 직무에 특화된 AI가 아니라 사람의 전반적인 업무를 수행할 수 있는 범용 AGI를 말한다. 이는 인간지능을 초월하는 '인공 초지능(ASI)'

의 구상에 바탕을 둔 것이다.

2024년에 출시될 예정인 오픈AI의 챗GPT5는 향상된 추론, 복잡한 문맥 이해, 정교한 언어 이해능력, 다양한 데이터 형식처리 능력 등을 지닌 것으로 AGI에 한 걸음 더 가까워진 것이며 가까운 미래에 많은 부분에서 인간을 대체할 수 있을 것으로 예상되었다. 오픈AI의 CEO 샘 올트먼은 그들이 작업중인 '인간의 능력을 넘어서는 AGI'는 '인류 모두의 사회 구조를 거의 다시 만드는 것과 같은 일'이라며 엄청난 영향력을 예고했다.

또한 생성형 인공지능과 로봇의 결합으로 인간의 능력을 뛰어넘는 휴머노이드 로봇의 출현은 산업혁명급 변화를 가져올 것으로 예견되면서 'AI 로봇 시대'를 대비한 빅테크 기업들의 투자가 이어질 전망이다. AI 휴머노이드 로봇은 로봇이 데이터로 학습한 모델에 따라 움직이는 '로봇 혁명'으로 사람과 함께 일하는 세상을 예고한다. 'AI발 새로운 산업혁명이 시작됐다.'는 선언이 이어지고 있다.

AGI의 성배는 로봇이 지각력을 갖고 인간과 기계가 융합하는 중요한 전환점, 즉 '특이점(singularity)'에 있다. 특이점은 인공지능이 인간에게서 독립해 우세한 지위를 차지하는 수준에 이르러 인간과 기계 간의 지능 역량이 역전되는 것을 말한다(카다라스, 2023: 264). 이것이 가능해지면 인간의 마음이 불멸의 초지능에 업로드될 수 있는 경지에 오르게 된다고 한다. 초지능 기계(superintelligent machine)의 출현은 인류역사의 '끝자락'을 보여주는 징후라 할 수 있다.

마이크로소프트의 한 연구원은 이미 2009년에 "기술자들은 거의 종교적인 비전을 제시하고 있고 그들의 생각은 어떤 면에서 '휴거'와 같은 개념으로 공명하고 있다."고 했다. 카다라스는 그 종교적 비전이 '특이점'의 최종목표를 향한 '신테크노크라트의 광신'이라고 분노한다. 인간의 뇌에 비생물학적 지능이 자리를 잡으면, 뇌의 기계지능은 기하급수적으로 성장할 것이고 우주 전체가 기계지능의 포화상태가 될 것이며, 이는 프랑켄슈타인이 창조했던 치명적인 괴물을 연상시킨다는 것이다. 그럼에도 빅테크 주인공들은 인간의 불멸을 이상(理想)으로 삼아 그 실현을 최종 목표로 삼고 불멸을 원하는 인간들을 유혹한다.

인간의 손에서 벗어난 '초인공지능'의 자동화된 학습능력으로 '예상도 제어도 어려운 변형을 스스로 수행'하고 '예측할 수도 통제할 수도 없고 의도와 행위를 도무지 이해할 수 없는 인공지능이 나타날 때 포스트 휴먼 시대가 열릴 것'이라고 한다(백욱인 2023: 168~181). 인공지능이 '비의식' 수준의 인지 단계를 넘어 자의식을 갖게 되면 자율적 판단과 실행을 수행하는 단계에 도달할 수 있고 인간의 통제를 벗어날 만큼 기하급수적 속도로 똑똑해질 수 있다는 것이다.

인간과 '디지털 의식(digital consciousness)'을 지닌 기계가 합쳐지면서 인간의 생물학적 한계를 초월하는 '트랜스 휴먼(transhuman)'[9]의 등장도 가능해진다. 디지털 혁명으로 기계와 인간의 공진화가 이뤄진다면 이 공진화는 인간이 기계를 닮아가고 기계에 포획되는 미래를 예고한다. 초지능이 인간을 열등하고 쓸모없는 종으로 만든다면, 그 자리에 인공지능의 인간조형물이 자리 잡는 '포스트 휴먼(posthuman)' 시대가 도래 할 것이라는 전망이다.

그런데 인간이 인공지능의 알고리즘들에 길들여지고, 인간지능이 기계지능을 따라가는 삶에 동화될수록, 인공지능과 인간지능 간에 본질적 차이도 희석될 것이 아닌가? 기계지능을 닮아가는 디지털 자본주의 아바타들은 인간의 뇌와 몸과 마음으로부터 창조되는 개별적 고유성과 인간 공동체에서 형성되는 공감과 유대의 사회성을 점점 잃어버

---

[9] 트랜스 휴먼은 공상과학에서 인간과 포스트 휴먼(posthuman)사이의 존재로 인간과 닮았지만 개조에 의해 인간보다 훨씬 뛰어난 능력을 획득한 사람을 말한다.

리게 될 것이 아닌가? 인간의 자의식은 물론 무의식까지도 인공지능의 폭주 속에서 난파될 수도 있다. 인간지능의 훼손과 상실 속도는 인공지능의 학습과 '특이점' 달성의 속도와 맞물린 것이다. 특히 인공지능의 시대에서 자라나는 신세대들에게는 전자의 속도가 후자의 속도보다 더 빠를 수도 있다. 또는 인공지능의 도약으로 후자의 속도가 전자의 속도를 더 빠르게 능가할 수도 있다. 그 경우 인공지능은 더 이상 인간지능을 모방할 필요가 없어지면서 인간모델을 제쳐두고 새로운 지능모델들을 만들기 위해 '자가발전'해야 할 것이다. 그렇다면 그 자가발전의 끝은 어디인가?

트랜스 휴먼이나 포스트 휴먼은 인간의 한계를 넘어 초인적 능력으로 확장되는 존재라고 한다면, 그 존재는 인간의 두뇌를 차용하여 디지털 기술이 만들어낸 괴물기계일 뿐이다. 그 인간조형물을 어떻게 개조된 신인종이나 '신인류'라고 할 수 있겠는가? 초인공지능 기계가 주조하는 인간조형물을 인간의 아류로 지칭하는 것은 기술괴물의 기막힌 오만이자 기만이 아닐 수 없다. 초지능기계가 움직이는 인간을 고도로 진화된 인간처럼 호도하는 것도 인간 자체를 능멸하는 것이다. 인류의 자리에 거대한 초지능기계를 앞히고, 기계지능이 인간지능을 몰아내는 '혁명'은 인류를 위한 것이 아니라 기술유토피아를 꿈꾸는 괴물의 폭거일 뿐이다.

초인공지능은 인간지능을 고양시키는 것이 아니라 마비시키고 무력화하는 것이며, 인간지능을 무용지물로 만드는 자본주의 쓰레기문명의 최첨단 무기가 될 것이다. 인공지능의 고도화는 인간지능의 외주화와 폐기화를 가속화하는 것이다. 인간보다 더 낫다는 인공지능에 의존하고 열광하는 인간은 인공지능보다 못한 존재로 비하되고 결국 자기존립을 부정당한다. 초지능기계는 자본주의가 자연정복에 이어 인간정복을 완결시키는 핵폭탄이 될 수 있다. 게다가 초지능기계는 인간지능의 범주를 넘어 상상할 수 없는 별종의 괴물지능으로 변신할 수 있는 위험성을 지닌 것이 아닌가?

이러한 상황에서 국제사회의 공동대응이 절실해졌다. 구글 딥마인드 CEO 등 AI 업계 주요 인사들과 과학자 350명이 인공지능에 의한 '인류 멸종 위험'을 경고하면서 AI에 대한 핵 수준급 규제를 촉구하는 성명이 나왔다. 미국의 빅테크 거물들까지도 한 목소리로 AI 규제를 주문했다. 일론 머스크는 "AI는 양날의 검"이라며 "엄청난 잠재력을 지니고 있지만 동시에 문명에 대한 위험도 내포하고 있다."고 했다. AGI의 제작자들 조차도 AGI의 위험이 '허구'라면 좋겠다거나, 그 특이점이 오기 전에 개발을 중단해야 한다거나, 반드시 특단의 대비책이 필요하다는 경고음을 내기도 했다. 이처럼 기술괴물들은 인공지능이 불러올 끔찍한 파멸을 예고하면서도 그 모험을 가속화할 뿐 아니라 그 규제책임을 국제사회에 돌리는 기막힌 행태를 드러냈다. 이는 괴물성의 극치였다.

이러한 배경에서 유엔 사무총장도 2023년 "AI가 핵전쟁과 동등한 수준으로 인류에 위협이 되고 있"으며 "디지털 플랫폼에서 허위 정보와 증오의 확산, AI 발전에 따른 위협이 통제할 수 없는 괴물이 될 수 있다."고 경고하면서 새로운 AI 유엔 기구 설립의 필요성을 강조했다. 유엔은 2024년 3월 총회에서 '지속 가능한 발전을 위한 안전하고 위험이 없으며 신뢰할 수 있는 AI 기회 활용'에 관한 결의안을 전원동의로 채택했다. 이 결의는 국제법상 구속력이 없는 만큼 그 효력은 불투명한 것이다.

2024년 초 다보스포럼의 글로벌 리스크 보고서도 인공지능을 향후 10년 동안 가장 큰 잠재적 리스크중 하나로 꼽으면서 인공지능의 미래가 매우 위협적이고 두려운 것임을 거듭 강조했다. 오픈AI의 샘 올트먼도 '전 세계가 AGI에 가까이 갈수록 위험과 스트레스의 수위가 모두 올라갈 것'이라고 예고했다. 그러나 올트먼은 이러한 위험을 인정하면서도 그 위험한 모험에 박차를 가하기 위해 새로운 AI 개발에 필요한 9,300조 원의 천문학적 투자금 조달을 위한 펀딩에 나섰다. 이처럼 위험을 증폭시키는 AI 괴물의 대투자 열풍은 변죽만 울리는 국제공조나 국가규제의 실효성 자체를 노골적으로 조롱하는 것이었다.

유럽연합은 2024년 3월 세계 최초의 포괄적 인공지능 기술 규제 법안인 'AI법'을 최종 승인했고 2025년 5월부터 시행될 예정이다. 기술개발 과정에서의 투명성을 강화하기 위한 이 법은 규정을 위반한 기업에게 3,500만 유로(약 500억 원)의 벌금을 부과하도록 했다. 이를 계기로 '유럽이 AI분야에서 세계적인 표준 설정자가 됐다.'는 자평(自評)도 나왔다.

이처럼 AI 산업 규제를 주도하고 진입장벽을 구축하기 위한 국가 간 기싸움은 '디지털시대의 승자'가 되기 위한 치열한 '신패권경쟁'으로 치닫는다. 빅테크의 독점 방지, 콘텐츠저작권 보호, 디지털 격차 해소, AI 가이드라인, 생성형 AI를 활용한 불법 정보·콘텐츠 제작 등과 관련하여 자국의 입장을 글로벌 표준에 더 많이 반영하기 위한 '규범 패권 경쟁'이 국제공조보다 더 시급한 과제로 대두되는 현실이다.

그 패권경쟁이 가열될수록 최대 승자의 몫은 폭발적으로 급증한다. '블룸버그 억만장자 지수'에 따르면 2024년 1월 1일부터 2월 14일까지 세계 최고 부자 500명이 번 돈의 96%인 총 1,240억 달러(약 165조 원)가 AI 관련 자산에서 나왔다. 이처럼 AI 쓰나미는 전세계 기술괴물들이 독점하는 '21세기형 골드러시'로 인류를 그 제물로 삼을지언정 결코 멈출 수 없는 그들만의 대모험이었다.

수많은 우려와 경고에도 불구하고 인공지능 개발은 멈출 수도 없고 멈추지도 않을 것이라는 전망이다. 그렇다면 AI 기술의 '혁신성'과 '무한한 가능성'에 내포된 인류멸망의 최악의 시나리오는 폐기되지 않을 것이다. AI 공포를 예고하는 전문가들조차 야누스 얼굴을 한 인공지능에 기회와 위험이 함께 존재한다는 논리와 기회를 더 강조하는 입장으로 '중단이 아닌 지속'을 용인한다.

 인류역사에서 인간은 자기초월의 염원으로 신을 만들었다면, 오늘에 와서 그 자기초월은 인간의 역작인 기술괴물에 의해 추월당하고 격파되는 자기소멸로 역전된다. '기술이 이미 인류를 넘어섰다.'는 선언은 인간을 사라지게 하는 기술만능주의의 승리의 함성이자 인간의 자기항복의 비명이다. 인간이 과학기술의 힘을 빌어 '조물주'의 초월적 반열에 오른 것이라면, 그 조물주는 궁극적으로 인간의 자기소멸을 최후의 목표이자 승리의 업적으로 삼는 것이란 말인가?

'뉴 소셜' 시대

I. 사회성 함몰 시대

　디지털 시대는 '뉴 소셜 시대(New Social Age)'로 호명되었다. 자본주의가 본질적으로 사회 자체를 부정하는 것이었다면, 디지털 경제는 '기술'의 이름과 힘을 빌어 자본주의가 사회를 재전유하는 시대를 열었다. 신자유주의 시대에 이르러 시장이 사회의 '폐기'를 선언한 상황에서 디지털 자본주의는 기술시장의 개발과 확대를 통해 디지털 기술이 주도하는 '새로운 사회'를 자리 잡게 했다. 인간의 머리와 마음으로 작용하는 '혁신' 기술이 인간을 대신하여 사회를 움직이는 새로운 무기로 등장한 것이다. 디지털 자본주의는 전 세계적 커뮤니케이션 네트워크를 장악하면서 '뉴 소셜'의 초권력을 발휘하게 되었다.

　2002년 프랜드스터, 2003년 마이스페이스, 2004년 페이스북, 2006년 트위터, 2009년 왓츠앱, 2010년 인스타그램, 2011년 위챗, 2012년 틱톡이 설립되면서 소셜 네트워크가 주도하는 세상이 도래했다. 소셜 네트워크는 인간 한 사람 한 사람이 모두 연결망의 접속점이며 거대한 정보 처리장치의 구조물이었다. 디지털 소셜 네트워크는 8~10년 동안에(2007~2017) 팬데믹처럼 전 세계로 퍼져나갔다. 소셜 네트워크와 협력적 지식 생산 및 뉴스 축적 기술(위키피디아, 레딧)등이 정보의 생산, 공유, 소비의 방식과 지형을 근본적으로 바꿔놓은 것이다. 도시사회학자 마뉴엘 카스텔(M. Castells)은 권력이 거대 기업이나 국가에 있지 않고 사회를 구성하는 네트워크에 있다고 했다.

 네트워크를 통해 정보와 지식을 직접 생산, 공유, 소비하는 방식으로 디지털 경제가 창출하는 '디지털 소셜'의 온라인 무대가 전 세계로 펼쳐지게 되었다. 이 무대는 오프라인을 추월할 만큼 가속도로 확장했다. SNS는 정보흐름을 조직화하고, 사용자는 SNS를 통해 자신의 입으로 뉴스를 말하거나 전달하고 네트워크에 흐르는 실시간 정보들을 공유하고 선택했다. SNS는 인간의 사고방식부터 일상적 실천에 이르기까지 전염효과가 상상하기 힘든 것이었다.

 '디지털 러다이트(첨단 기술을 거부하는 반기계운동)'[1])들마저도 버티기 힘들 만큼 SNS의 사회적 영향력은 막강해졌다. 매년 수 만 시간을 SNS (Social Network Sites/Service, 교호 네트워크 사이트/서비스)[2])에 쏟아붓는 사용자는 그 만큼 인간관계나 사회활동에 투여하는 시간을 빼앗기는 대신 디지털 기술에 밀착하고 순응하는 습관으로 디지털 경제를 육성하는 아바타로 봉사했다. SNS는 날로 새로워지는 디지털 기술의 알고리즘으로 '뉴 소셜'의 문화적 습관을 자리 잡게 하는 강력한 독사로 작용했다.

---

1) 19세기 초 영국에서 산업혁명이 초래할 실업의 위험에 반대해 기계를 파괴하는 등 폭동을 일으킨 노동자들의 기계파괴운동, Luddite에서 따온 말.
2) SNS는 컴퓨터 네트워크의 역사만큼 오래되었지만, 현대적인 SNS는 1990년대 이후 월드와이드웹 발전의 산물로서 신상정보의 공개, 특정한 관심이나 활동을 공유하는 사람들 사이의 관계망 구축, 의견이나 정보의 게시, 모바일 지원 등의 기능을 갖춘 온라인 서비스를 말한다. 페이스북(Facebook)과 트위터(Twitter) 등이 폭발적 성장을 이루면서 사회적 파급력이 급증한 만큼 많은 문제들과 논란들을 야기해왔다.

디지털 네트워크가 사회를 구성하는 권력을 행사하는 '뉴 소셜'시대는 '사회적인 것'의 본질 자체를 왜곡하고 훼손시키는 상황을 초래한다. 기계를 매개로 알고리즘이 만들어내는 '소셜'이란 인류사회를 대체하는 기계 네트워크를 '사회'로 명명하고 인간의 기계적 예속을 사회적 관계로 도치시키는 것이다. 기계적 예속은 플랫폼 자본과 기술시장에 대한 예속을 의미하는 것임에도, 이러한 상황을 '뉴 소셜'로 명명하는 것 자체가 인간사회를 디지털 자본주의의 전유물로 규정하는 것이었다.

시난 아랄(S.Aral)은 '뉴 소셜 시대'의 3가지 특징으로 '초사회화', '맞춤형 대중설득', '트렌드의 횡포'를 주목했다(아랄, 2022: 41). 초사회화 세계에서 제도적, 개인적 커뮤니케이션의 기본 전략은 네트워크 타기팅과 추천 마케팅, 소셜광고, 입소문 기획, 인플루언서 마케팅이었다. 맞춤형 대중 설득은 소셜 네트워크와 소셜 미디어 타기팅을 통해 종전의 대중 설득을 개별 소비자와 상호작용에 기반한 '개인 맞춤화' 전략으로 고도화하는 것이었다. 초사회화와 맞춤형 설득으로 대중은 시장과 기술의 정교하고 치밀한 전략에 의해 동질화되고, 맞춤화된 영향력으로 설득당하고, 트렌드에 적극 동참하는 방식으로 훈육되는 것이었다.

이 세 가지 특징은 디지털 자본주의가 '뉴 소셜'의 이름으로 사회를 시장괴물과 기술괴물에 위임하는 전략을 보여주는 것이었다. 이는 앞서 본 대로 시장의 전유물이 된 사회를 디지털 기술시장의 전유물로 재포획하는 자본주의의 또 다른 변신이었다. 디지털 기술시장의 기제들이 사회를 대신해서 인간을 고도로 사회화하고, 개별화된 맞춤형 소비자로 육성하고, 디지털 마케팅의 치밀한 전략에 순응하고 적극 동참하는 아바타들을 훈육하는 세상을 '뉴 소셜'로 지칭하는 것이었다.

소셜 미디어는 실시간 커뮤니케이션 생태계를 형성하는 '뉴 소셜'로 디지털 마케팅 전략에서 핵심적인 요소였다. 소셜 미디어는 온라인상에서 정보를 매개로 참여가 가능한 도구와 프로그램을 총칭하는 서비스로 1997년부터 시작되었다. 2004년에는 소셜 미디어가 블로그, 위키, 소셜 네트워크 서비스(SNS)와 연관된 기술들과 결합하여 사람들의 관계를 엮어주고 참여를 촉진시켜주는 커뮤니티로 활성화되었다. 2010년대 들어서는 스마트폰이 대중화되고 소셜 미디어와 결합하면서 페이스북처럼 수십억명의 사용자들이 생겨났다. 구글이 2006년 인수한 유튜브는 세계 최대의 동영상 공유 플랫폼으로 부상하면서 2010년에는 2억 명의 월간 사용자로 8억 달러의 흑자를 냈고, 2021년에는 25억 명의 사용자로 288억 달러의 흑자를 기록했다.

소셜 미디어는 소비자와 생산자가 동일한 미디어로 그 성격에 따라 표현형, 관계형, 공유형, 게임형으로 분류된다. 소셜 미디어의 특성은 이용자 간의 접촉 가능성으로 실재감(presence)과 연결의 즉각성을 제공하고, 각종 정보와 콘텐츠의 공유와 확산을 촉진시키고, 대화와 집단형성을 가능하게 하고, 타자를 인식하고 평가하는 데 필요한 평판(reputation)체계가 부여되고, 관계유지의 다양한 기제와 관계 확장에 필요한 여러 가지 알고리즘이 작동하면서 정체성을 구현할 수 있게 해주는 것으로 요약된다.[3]

소셜 미디어는 개인이 정보활동에 적극 참여하게 하는 장치로서 유인력이 클 뿐 아니라 누구나가 세계를 청중으로 삼아 발행인이 될 수 있는 기회를 제공한다. 그 덕분에 '자기표현은 새로운 오락'이 되었다. 그러나 소셜 미디어의 혜택 배분은 평등하게 이루어지지 않는다. 지리적 여건이나 사회경제적 지위에 따라 소셜 네트워크에 접근할 수 있는 기회 자체가 불균등하게 분배되면서 빈익빈 부익부 현상이 가중된다.

---

[3] Jan H. Kietzmann, et al., "Social Media? Get Serious! Understanding the Functional Building Blocks of Social Media", Business Horizons, 54, 241~251, 2011.

특히 소셜 미디어가 제공하는 정보와 지식, 기술 등은 그것의 획득 및 처리에 능한 사람들에게 더 많은 이익이 돌아간다.

소셜 미디어 플랫폼은 콘텐츠를 각 개인에게 맞춤화할 뿐 아니라, 알고리즘을 활용해 그 콘텐츠를 확대하고 트렌드화를 통해 인기 있고 참여도가 높은 콘텐츠를 만들어낸다. 알고리즘에 의한 트렌드화는 인기 없는 콘텐츠를 인기 있는 것으로 만드는 조작을 가능하게 한다. 여기서 이른바 '트렌드의 횡포(the Tyranny of Trends)'가 발생하며, 높은 관심과 인기 브랜드에 의존하는 '관심 경제(the Attention Economy)'[4]가 활성화된다. 관심은 설득의 전제조건이자 수익성을 위한 것이라면, 관심경제는 소셜 미디어 플랫폼에서 고객들의 관심을 사고 팔기 위해 수많은 개인 데이터를 토대로 커뮤니케이션과 콘텐츠를 제공하는 사업으로 번창한다.

이처럼 '뉴 소셜'은 전적으로 디지털 경제 및 기술의 산물이다. '뉴 소셜 시대'는 디지털 기술과 알고리즘에 의해 개인의 인성과 사회적 교류가 형성되고, 디지털 마케팅과 각종 광고 기법들의 공략으로 번창하는 기술시장이 주도하는 시대를 말한다. 플랫폼 자본주의 '초권력'이 작동시키는 시스템을 '사회'로 호명하는 것이며, 그 시스템을 작동시키는 알고리즘이 '초사회화'의 기제로 작용하는 것이다.

디지털 기술에 의존하는 이른바 '초연결사회'에서 인간과 기술적 가공물의 연결이 늘어날수록 인간들 간의 직접적 연결과 친밀한 유대관계는 축소된다. 뉴 소셜은 기술시장과 밀착된 삶을 강요하는 반면 인간관계를 메마르게 하고 소원하게 만든다. 기계를 통해 대화하고, 정보를 교환하고, 일과를 처리하고, 취미·여가 생활도 하고, 사업도 하

---

[4] 개별 고객이나 특정 고객 집단의 관심에 맞추어 제품이나 서비스를 제공함으로써 소비자를 유인하는 시장을 형성하는 경제활동으로 맞춤형 뉴스, 맞춤형 검색, 추천 상품 알림 등을 그 예로 들 수 있다.

면서 인간과의 대면이나 인간관계가 점점 불필요해지거나 불편하거나 부담이 되기 쉽다.

대표적으로 휴대폰은 실시간 연결을 가능하게 하고 속도감을 불어넣어주고 새로운 종류의 비대면 관계를 활성화하는 반면 대면과 소통의 관계는 위축시킨다. 집, 학교, 직장 등에서도 틈만 나면 핸드폰에 열중하는 사람들, 만남의 시간에도 대화보다 핸드폰에 더 신경 쓰느라 진정한 대화에 집중할 수 없는 사람들, 때와 장소를 가리지 않고 액정만 바라보고 화면에 정신이 팔려 옆 사람을 투명인간 취급하는 사람들, 이들은 모두 인간에 대한 관심과 배려와 소통을 등한시하는 습관에 길들여진다. 휴대폰에 몰입할수록 현실로부터 이탈하는 무신경으로 타인에 대한 존중과 더불어 사는 사회성을 저버리기도 한다. 이로써 인간의 두뇌는 집단적, 사회적 신체를 가지지 못하게 되고, 개인의 신체는 집단적, 사회적 두뇌를 지닐 수 없게 된다.

디지털 기계의 초연결은 인간적 연결을 앗아가는 것이며 이러한 환경에 길들여지는 인간의 한 유형으로 이른바 '디스커넥트(disconnect) 인간형', 즉 '친밀함이 두려운 인간'이 점점 대세가 된다는 진단이 주목된다.[5] 디스커넥트 인간형은 질척대는 공감형 구인류와는 달리 타인에게 관심이 없고 혼자의 시간을 즐기며 직장에서도 불필요한 관계는 맺지 않는다. 스마트폰에 빠지는 대신 관계에 대한 애착이 결여된 인간으로 친밀함을 공포로 느끼고 타인과 충분히 확보한 거리를 두는 것에 안심한다. 쓸데없는 애정을 갈구하지 않으며 애정을 향한 기대치를 낮추는 것으로 마음이 안정되는 사람이다.

디스커넥트 인간은 인간보다 사물이나 신기술과 SNS에 열광하며 기술혁신, 시스템구축, 효율적, 전략적 사고에 빠져드는 성향이 강하

---

5) 오키다 다카시 지음, 송은애 옮김, 『디스커넥트 인간형이 온다』, 생각의 길, 2021.

다. 정보를 다루는 기술에 능하고 논리적이며 목표지향적인 디스커넥트 인간은 언컨텍트(uncontact)시대에 유리한 유전자로 변형된 인간형이다. 이러한 인간형이 급속도로 증가하는 추세로 수십 년 내에 주류로 자리잡으면서 '탈애착의 디스커넥트 인류'가 신인류로 등장할 것이라는 전망이다. 그 때가 되면 사회정치체제는 알고리즘으로 대체될지도 모른다는 경고도 나온다. 이러한 경고성 전망은 사회성이 결여된 비사회적 인간의 양성으로 사회유대를 무너지게 하는 '뉴 소셜'의 어두운 미래를 암시하는 것이다.

II. 탈진실시대

소셜 미디어는 통제 불가능하며 그 결과는 예측불가능하다. 소셜 미디어에 의해 증폭되는 온갖 이야기들은 무차별적으로 '정보'로 유통되고, 이를 소비하는 대중은 각자 입맛대로 천차만별의 반응을 보이고 저마다의 세계에 몰입한다. 개방된 의견 교환은 자기표현의 능력을 '민주화'한다는 명분으로 정보시장을 활성화한다. 그러나 발언권의 민주화는 진실을 찾고 사실을 확인하고 전문성을 존중하는 규범 자체를 무의미하게 만든다. 인간의 존엄성을 침해하거나 건전한 정보전달을 저해하는 상황도 묵인된다.

소셜 미디어는 집단지성을 창출한다는 명분으로 오히려 집단지성을 훼손할 위험성을 안고 있다. 집단지성의 이름으로 이데올로기적 메시지들을 마구 유포시키면서 다른 이견들을 억누를 수도 있다(슈월비, 2019: 329~331). 반대 의견이 허용되는 경우일지라도 주류 담론과 지배 이데올로기에 밀려 무시당하기 십상이다. '침묵하는 다수'를 등에 업고 '집단지성'에 책임을 돌리는 방식도 통할 수 있다. 집단에 순응해야 한다는 압박을 느껴 다른 사람들의 의견을 따라가는 대중심리도 '집단지성'에 무게를 실어주는 기제로 작용할 수 있다.

알고리즘은 적절히 활용할 경우 대중의 의견을 빠른 속도로 지혜롭게 끌어 모아 집단지능을 끌어올릴 수 있으나, 알고리즘이 집단의 결함들을 끌어 모아 대중을 결집시켜 대중의 행동으로 옮길 경우 집단적 판단력을 오도하고 예측능력을 마비시킬 수 있다(아랄, 2022: 385~386).

소셜 미디어에서는 대중의 지혜가 독립성과 다양성을 보장받기 힘든 조건이다. 의사 결정자로 하여금 자신이 수집한 정보보다 전체 흐름에 편승하는 결정을 내리게 하는 '정보의 거품현상(information cascade)'이 일어난다. 잘못된 정보는 진실보다 빠르게 퍼져나가고 실제 충격을 가하면서 잘못된 방향으로 사람들을 움직이게 한다. 폐쇄적 온라인 소통이 인식 오류를 만든다. 게다가 진짜 정보를 선정적이며 감정적인 요소들과 뒤섞어 가공하는 허위정보들은 과장과 뻥튀기로 허구적 상상과 과대망상을 유발한다. 정보과잉 시대는 소화할 수 없는 정보의 과잉취득으로 혼란과 정보 불신을 초래하고, 정보의 세계가 정보 시장의 이권과 조작으로 왜곡, 교란되는 폐해들을 야기하는 시대였다.

검색 엔진과 소셜 네트워크가 정보 유포의 중심지가 되면서 소수 기업이 막강한 힘을 갖게 되었다. 콘텐츠의 순위를 올리거나 내릴 수도 있고 콘텐츠 내용을 여과할 수 있는 기업이 사용자가 보는 검색 결과나 뉴스 피드 등과 관련된 정보를 결정짓게 되었다. 규모가 대단히 큰 검색 엔진 최적화(SEO, search engine optimization)업체들은 검색 순위를 높이기 위해 갖가지 비도덕적인 전술로 결과를 조작하기도 했다. 구글과 페이스북, 인스타그램 등에 실리는 디지털 광고는 투명성이 결여되어 있을 뿐 아니라 가짜 콘텐츠와 거짓 정보의 온상으로 악용되기도 했다.

페이스북, 트위터, 유튜브의 시대에는 아이디어가 '바이럴'(viral, 바이러스성)되는 속도가 너무 빠르기 때문에 허위나 선전을 바로잡기가 극히 어렵다. 전 지구적 네트워크 시대에서 최대 위협은 스토리 텔링된 콘텐츠가 순식간에 유포되면서 믿을 수 없는 정보들이 난무하고 격한 감정을 일으키는 선동과 주입의 유해 콘텐츠 사업이 번성하는 것이다. '역정보'를 가려낼 방법도 없고 판단하고 결정할 주체도 없는 상태에서 플랫폼에서 급증하는 역정보와 허위정보는 역사와 과학에 대한 신뢰를 훼손한다.

빅테크는 너무나 많은 것을 금지하거나 삭제하는 한편 '표현의 자유'라는 이름으로 의도적으로 혐오 발언이나 거짓말을 허용하는 등 지나치게 큰 통제력을 행사한다는 비판을 받는다. 가짜뉴스는 대규모 마케팅 투자 이익을 보장해주는 것이다. 인공지능이 몇 초 만에 수천 개의 가짜 기사제목을 만들어내고 저렴한 비용으로 허위정보를 대량 생산하는 상황에서 무방비상태의 대중은 사실과 진실 자체를 알 수가 없다. 가짜뉴스의 '슈퍼 전파자들'과 '슈퍼 소비자들'이 늘어날수록 가짜뉴스는 진짜뉴스보다 더 멀리, 더 빨리, 더 깊이, 더 넓게 퍼진다. 윈스턴 처칠의 재담처럼 '진실이 신발을 다 신기도 전에 거짓말은 세상의 반대편까지 간다'. 가짜뉴스가 진짜뉴스보다 훨씬 더 크게 작용하며 정치적 무기가 된다. 거짓이 진실보다 더 진실처럼 통하는 세상이 된다. 대중은 주류 언론을 '가짜뉴스'라고 불신하면서 소셜 미디어가 제공하는 뉴스를 더 신뢰한다.[6] 이는 대중의 식별 능력과 비판적

---

[6] 한국의 경우 유튜브 뉴스 시청률이 날이 갈수록 높아진다. 2023년 기준 국민의 53%(2018년 31%)가 유튜브를 통해 뉴스를 본다고 했다. 이는 조사를 함께한 46개국 평균인 30%보다 월등히 높은 것이었다. 뉴스현장에 가면 유튜버 7명에 기자 3명의 비율일 정도로 유튜버들이 급격하게 늘었다고 한다. 정치 유튜버들은 정치적으로 강한 주장을 상품으로 내세우는 '신종 신념 산업' 종사자로 불리기도 하며 수익을 내기 위해 선정적 내용

사고를 교란하고 무력화한다.

한편 미디어자본주의는 여론정치를 활성화하면서 정치를 여론시장의 먹이로 삼는다. 미디어권력이 사기업에 의해 독점당하고 통제되는 추세가 속수무책으로 방치된다. 디지털 공론장에서는 언론자유의 미명하에 공공성을 묵살시키는 콘텐츠가 무차별적으로 확산된다.7) 소셜미디어는 미디어 공간을 공론의 장이 아닌 언론에 대한 불신의 장으로 추락하게 한다. 디지털 영역은 빅테크 기업과 시장의 사익을 추구하는 영역이지만 공론을 생산하는 공공의 영역으로 확장되는 이중적 위험성을 내포한 것이다. 대중의 여론정치는 시장이 이윤을 극대화하는 기회로 이용되고, 대기업의 시장 지배력은 정치영역에서 상당한 영향력과 자유재량을 행사하게 된다. "이 모든 것에 동력을 공급하는 것은 엄청난 시장지배력과 막강한 정치적 영향력을 가진 소수의 기업들"이었다(라이히 외, 2022: 11).

디지털 폭식과 디지털 문맹은 '탈진실시대'를 불러온다. 개인적 감정, 주장, 허위정보가 난무하면서 진실을 밝힐 수도 없고 진실을 추구하지도 않고 진실의 의미조차 실종되어버리는 풍토가 자리 잡게 된다. 플랫폼을 통제할 수 있는 방법이 없는 상황에서 인간의 뇌는 혹사당하고 조종당하고 오염되는 상황을 피하기 어렵다. 편향된 알고리즘으로 '기술자들이 설계하는 기술의 미래를 받아들이기만 할 뿐'이다(라이히 외, 2022: 378).

인터넷이 대중화된 1990년대부터 예상된 '인포데믹스(infodemics)'8)

을 짜깁기한다. 한국언론진흥재단/한국리서치 자료, 중앙 SUNDAY. FOCUS "양극단. 증오 온상된 정치유튜브", 2024. 1.13~14.
7) 미디어가 갑부들의 시장쟁탈전의 먹이로 전락하면서 공론의 장은 여론공작의 장으로 변질되고 가짜뉴스와 혐오, 차별, 선동의 콘텐츠를 범람하게 하는 '흉기'로 쓰인다는 비판을 받는다.
8) 정보(information)와 전염병(epidemics)의 합성어로 정보 확산에 의한 부작용으로 부정확

시대가 도래한 것이다. 근거없는 부정확한 정보가 확산되면서 사회 전반에 위기가 오는 현상은 코로나19로 인해 지구 곳곳에서 벌어진 정보혼란 상황, 이른바 '디스인포데믹(disinfodemic)'9)으로 심화되었다. 미국의 헨리 젱킨스 교수는 허위정보가 범람하는 상황에서 모두를 위한 모두에 의한 '미디어 정보 리터러시' 교육(그 작동 구조와 영향력의 이해) 없이 온라인 교육을 시행하는 것은 '일종의 범죄행위'라고 했다. 특히 소셜 미디어를 통해 정보를 이용하는 젊은 세대는 다양한 출처의 정보가 뒤섞여 이용되면서 원래 출처를 알기가 어려워지고 식별 능력을 갖추기가 매우 어려운 상태에 빠진다. 그는 젊은이들이 디지털 미디어를 통해 필요한 능력을 스스로 학습한다는 '디지털 원주민' 개념은 '거짓된 신화'라고 주장했다.

오늘의 탈진실(post-truth)10) 시대에서는 진실 자체를 중시하지 않고 개인의 주장이나 감정에 더 큰 무게가 실리면서 진실을 위한 투쟁 자체가 점점 무의미한 것이 되어버린다. 거짓과 진실을 따져볼 필요도 없고 심지어 거짓에 대한 분노도 느끼지 않게 되는 시대는 조작된 정보가 판을 치게 하고 그 해악에 둔감해지는 세상을 만든다. 소셜 미디어를 통해 댓글을 달고 사진을 올리고 공유하는 방식으로 여론몰이에 편승하는 풍조가 만연하게 된다. 소모적이고 형식적인 진실게임 속에서 자유, 평등, 정의, 인권 등의 사회적 가치들과 대중의 판단력이 함께 흔들린다. 거짓이 진실을 짓밟고 승리를 거두기만 하면 새로운 진실로 둔갑할 수도 있기 때문이다. 소셜 미디어에서 확산되는 허구가

한 정보가 인터넷이나 휴대전화를 통해 전염병처럼 빠르게 전파됨으로써 개인의 사생활 침해하는 물론 경제, 정치, 안보 등에 치명적인 영향을 미치는 것을 의미한다.
9) 2020년에 등장한 신조어로 허위정보(disinformation)와 바이러스의 대규모 확산을 뜻하는 'pandemic'의 합성어로 '허위정보의 대규모 확산'을 뜻한다.
10) 2016년 옥스퍼드 사전이 탈진실을 '올해의 단어'로 선정한 이후 오늘의 시대를 특징짓는 단어로 회자되어왔다.

사실로 둔갑하고 가상현실이 현실을 압도하게 되면서 기본적인 사실조차 외면당하는 상황이 벌어진다. 여기서 진실을 추구하는 시대정신은 설 자리를 잃어버리게 된다.

III. 양극화와 혐오의 시대

소셜 미디어는 이른바 혁신, 민주화, 평등, 배려, 연대, 사회적 진전과 같은 긍정적 잠재력을 그 강점으로 내세우지만, 그 부작용과 병폐가 드러나는 현실은 상상하기 힘들 정도로 매우 심각하다. 네트워크에 수 천 번씩 자료를 게시하는 봇(bot, 특정작업을 반복 수행하는 프로그램)덕분에 온갖 표현의 과잉상태가 초래되고 음모론 영상, 사이버 공격, 집단 괴롭힘, 신상털기 등등이 난무한다. 소셜 미디어는 대중의 지혜를 광기로 바꿔놓는 동력으로 작동한다. 시난 아랄의 표현처럼 소셜 미디어는 인류를 완전히 바꿔놓았고, 그 결과 '스스로 미친 기계로 변해 가는 인류'가 등장하게 된 것이다.

소셜 미디어의 알고리즘들은 사용자가 참여하고 좋아하는 것들로부터 '호불호'를 파악하여 참여도를 극대화하는 상술로 양극화현상을 조장한다. 소셜 미디어는 사용자의 생각을 양극화하고 선/악, 가/부와 같은 흑백논리의 노예로 전락시킨다. SNS에서 '좋아요'와 '싫어요'로 답하는 이분법이나 140개로 제한된 댓글은 복잡한 생각과 논리는 피하고 단순하고 표피적인 화제거리에 재미를 붙이게 한다. 이는 지성의 하향평준화를 초래한다. 중독치료전문가는 이것이 젊은 세대에서 성격장애나 경직되고 병적인 사고 및 행동패턴을 보이는 정신 장애를 유발한다고 말한다.

소셜 미디어에서는 특정 무리 안에서의 연결이 훨씬 더 촘촘해지면서 군집화 경향이 드러난다. 온라인 공간은 기존의 견해를 수정하기보다는 그것을 강화하는 정보와 논거를 접하면서 생각이 비슷한 사람들끼리의 대화를 선호하는 '고립된 숙의(enclave deliberation)' 경향을 조장한다. 이는 '하이브 마인드(hive mind, 벌집형 패거리적 사고)'로 비유되는 대중정서를 부추기는 것이다. 좁은 세상 안에서 비슷한 사람들끼리 연결되고 유유상종하면서 동질성을 선호하는 '끼리끼리' 인간형이 부상한다. 이는 인터넷 생태계의 '반향실(Echo Chamber) 효과', 즉 밀폐된 반향실에 있는 것처럼 비슷한 사람들끼리만 소통하고 자신의 입맛에 맞는 미디어만 접하면서 기존의 믿음을 더욱 강화하는 현상이다.

폐쇄된 온라인 공간에서 자신이 듣고 싶은 것만 듣고, 보고 싶은 것만 보고, 믿고 싶은 것만 믿으면서 편향된 사고가 강화되는 '확증편향'이 나타난다. 자신과 생각이 비슷한 사람이나 매체로부터 얻은 정보는 액면 그대로 신뢰하고 주변에 전파하지만, 그렇지 않은 경우는 별다른 이유도 없이 불신하고 거부한다. 그 결과 자신과 같은 목소리가 계속 메아리치며 증폭된다.

타인의 전문성을 평가할 때도 이러한 편향성이 작용하여 과대평가와 평가절하로, 신뢰와 불신으로 양극화된다. 소통의 대상과 정보에 관한 선택과 판단을 유사성에 맡기고 이로부터 인식적 오류를 스스로 생산하고 퍼뜨리는 상황이 벌어진다. 이처럼 서로 다른 세상에 사는 분파성이 심화되면서 공동체사회의 유대관계가 배척당한다.

사용자의 관심사에 맞춘 필터링으로 인해 편향된 정보에 갇히게 되는 '필터 버블(filter bubble)'도 이러한 편향성과 왜곡된 인식을 조장한다(라이히 외, 2022: 33). 필터 버블을 만들어내는 알고리즘은 다양한 콘텐츠에 대한 독자들의 선택권을 좁힐 뿐 아니라 읽을거리 자체에 대한 선택권을 좁힌다. 유튜브 추천 알고리즘은 자기 성향에 맞는 뉴스와 정보만 소비하게 함으로써 나만의 세계에 갇히는 '필터버블' 현상을 초래한다.

각자의 취향과 이해에 부합하는 사람들과 미디어만 접하면서 편향된 사고에 휩쓸리고 극단적인 사고의 유혹에 넘어가면 대립과 혐오를 자극하는 거짓된 맹신에 빠지게 된다. 자신의 성향과 다른 사람과는 대화가 되지 않을 뿐 아니라 편 가르기로 상대를 무시하고 공격하는 현상이 나타난다. 나르시시즘에 의해 혐오대상이 만들어지거나 맹신적 믿음이 증오를 부르면서 혐오나 분노의 거침없는 표출이 집단여론을 조성하는 소셜 미디어에서 당연한 일상 문화로 자리 잡는다.

조문영교수의 지적처럼, 소셜 미디어에서 펼쳐지는 다양한 세계들은 평화롭게 공존하지 않으며 '소통 불가능성'은 일상이 되었다. 혐오표현으로 상대에게 재갈을 물리거나 상대를 적으로 삼아 '전투적인 게이머'로 나서서 무지한 싸움을 벌이는 형국이었다. 표현의 자유는 증오표현의 자유로 변질되면서 '사회 전체가 양극화되고 사회불안의 불덩이 속에서 붕괴'되는 조짐을 보이게 되었다.11)

세계 최대 소셜 미디어 페이스북의 고위 임원이었던 팀 켄들(Tim Kendall)은 소셜 미디어를 '양극단의 목소리를 위한 거대 플랫폼'으로 규정했다. "소셜 미디어의 알고리즘은 극단적이고 사회 양극화를 부추기며, 논란이 될 만한 콘텐츠를 우선순위에 두고 추천하는데, 그 이유는 자극적인 콘텐츠가 우리를 오래 붙잡아둘 수 있기 때문"이었다. 맞춤형 알고리즘은 광고 수익화 전략에 맞추어 인간의 심리적 약점을 교묘히 파고드는 고도의 기술로 이용되는 것이었다. 그는 "알고

---

11) 미국의 알파세대(2013년 이후 출생)는 소셜 미디어 시대에서 태어나 정치적 양극화가 극심한 환경에서 성장한 일명 '폴라세대(polar generation)'로 불리우기도 한다. 미국의 사회심리학자인 진 트웬지(Jean Twenge) 교수는 그의 저서 『세대들』(『Generations』, 2023)에서 일명 '알파세대(Gen. Alpha)'를 기후변화(the melting polar ice caps of climate change) 등 각종 재난이 일상화된 시대를 살게 될 '폴라세대'로 명명했다.

리즘이 분노, 두려움, 외로움, 무능함, 허영심 등 인간의 감정 중 가장 취약한 부분을 건드려 우리가 스마트폰 스크롤을 내리는 것을 멈출 수 없게 만"들었다고 했다. 소셜 미디어가 사회를 분열시키는 데 있어서 인류 역사상 가장 강력한 촉매제(accelerant)가 되었고 비판적 사고 능력을 크게 위축시켰다고 비판했다. 소셜 미디어는 이처럼 소통이 불가능하고 분열과 양극화로 치닫는 세상을 '뉴 소셜'로 자리 잡게 하는 것이었다.

확증편향과 양극화를 조장하는 뉴 소셜 시대는 '혐오의 시대'로 불리기도 한다. 민주주의는 혐오의 정치화로 인해 위험수준에 이른다. 상대를 악마화, 적대화함으로써 갈등을 부추기는 증오정치, 혐오정치가 판을 치고 이로부터 힘을 얻고 쾌감을 느끼는 사람들이 늘어난다. 특정 대상의 악마화는 극단적 대결로 이어진다. 진영논리에 사로잡힌 정치판에서는 적대적 부족주의가 여과 없이 노출되고 점점 더 그 힘을 얻는 상황에서 정치는 오염되고 왜곡된다. 부족주의는 증오와 적의 존재를 토대로 당파성을 조장한다. 정치적 양극화를 부추기는 혐오표현은 가짜뉴스를 확산시키고, 조작된 정보는 선거판에서 표를 끌어모으는 정치적 무기로 이용된다.

세계적으로 확산되는 정치적 포퓰리즘은 이를 악용하여 진영대결을 부추기고 극렬지지자들과 합세하여 '팬덤정치' 깃발로 파시즘 정치세력을 확장하기도 한다. 케이블 뉴스 미디어들이 정치적으로 양극화되면서 정당은 물론 그 지지자들 간의 감정적 양극화 현상 또한 점점 더 심해진다. "뉴스 미디어가 양극화를 초래하는 것인지 아니면 이미 양극화된 일반 대중이 단순히 양극화된 뉴스 미디어를 고르는 것인지도 구분할 수 없게 되었다"(아랄, 2022: 399).

무이념과 무소신의 확증편향과 증오의 대결 속에서 정치는 실종되고 정치를 일종의 스포츠 게임으로 간주하는 풍조도 나타난다. '홀리

건(hooligan, 난동꾼)'으로 호명되는 유권자들은 내편, 네편으로 대립하면서 적극적 투표로 정치적 영향력을 과시한다. 가짜뉴스나 엉터리 논리를 동원하면서 적의 대척점에 선 사람들을 '우리 편'으로 만들고, 도발적 행태와 무조건 편들기로 진영/패거리 대결과 정파 간 싸움을 벌이면서 오직 승패를 겨루는 게임형 정치판을 키운다.12) 당파적 양극화가 극단으로 흘러가는 상황에서 대중의 비정치화/탈정치화 현상은 심화되고 정치시장만 판을 키운다. 인터넷 기술이 민주주의 확장에 기여할 것으로 평가했던 것과는 정반대 상황이 벌어진 것이다.

알고리즘이 낳은 보다 심각한 폐해는 민주주의를 위기에 빠뜨리는 것이라는 비판들이 쏟아진다. 디지털 시대의 민주주의는 알고리즘에 그 운명이 달려 있다는 말도 나온다. 2016년과 2020년 미국 대선이 '소셜 미디어 선거'로 치부되었던 것처럼, 디지털 자본주의는 민주주의가 뿌리내릴 수 있는 정치적 토양을 위협하는 것이다. '슈퍼 선거의 해'로 알려진 2024년 76개국에서 선거를 앞두고 '딥페이크(deepfake) 경보'도 나온다. 허위정보와 조작된 가짜 이미지들을 담은 딥페이크가 선거판을 교란시키고 민주정치를 위협하는 무기로 등장하기 때문이다.

한국에서도 선거 때마다 정치 유튜브 채널들은 자극적 콘텐츠로 정치혐오와 증오를 부추기는 대표적 통로로 작용한다. 마크 저커버그는 권력의 민주화 도구로 삼았던 기술에 매력을 느낀 것이 지나치게 낙관적인 견해였다고 말한다. 시장민주주의는 더 이상 존속할 수 없다는 주장도 제기된다. 이처럼 디지털 시대의 '뉴 소셜'은 정치의 실종과 함께 민주주의가 뿌리내리기 어려운 토양을 조성한다. 이러한 상황에서 '정치적 동물'로 명명되었던 인간의 정치력을 어떻게 구해낼 것인가의 고민이 깊어질 수밖에 없다.

---

12) 제이슨 브레넌, 『민주주의에 반대한다』, 아라크네, 2023.

IV. '디지털 팬옵티콘'

디지털 서비스 플랫폼에서 사용자 생산물의 수집장치는 사용자 감시장치로 변형될 수 있었다. 빅테크 기업들은 사람들을 감시하고 그 과정에서 거대한 경제적 이익을 얻어갔다. 반면 사용자는 데이터의 활용에 개입할 방법이 없었다. 거대기업들은 자신들이 만든 시스템이 익명으로 유지될 것이라고 했지만 사생활 감시의 위험은 날로 증가했다. 익명화는 개인정보를 보호하는 안전한 수단이 아니며 데이터 보안도 보장할 수 없는 것이었다. 플랫폼은 또한 국가의 감시 장치나 통제도구로 활용될 수도 있었다.

디지털 기술과 자본과 국가가 결합한 초권력은 감시자본주의를 작동시키는 주범이었다. 에드워드 스노든(E. J. Snowden)[13])은 그 실상을 전 세계에 폭로한 공개서한에서 "정부와 기업의 협력(혹은 기업에 대한 강압)으로 온라인에서 이루어지는 우리의 모든 움직임을 주시하고 우리의 사생활권을 짓밟는 극단적인 법을 통과시키는 일이 늘어나고" "억압적인 체제에서는 그것이 야기할 수 있는 폐해가 쉽게 드러난다."고 역설했다(라이히 외, 2022: 221).

'디지털 팬옵티콘'으로 사생활이 사라진다는 경고들이 쏟아졌다. 팬옵티콘은 원형을 이루는 감방 건물 중앙에 감시탑이 있는 감옥설계로서 디스토피아적 사회통제와 감시의 상태를 말해주는 개념이다. 이는 감시가 실제로 시행되지 않더라도 감시를 당할 수 있는 개연성에 대한 인지상태만으로도 영구적인 효과를 발휘하는 것이다. 현대의 감시체제를 거대한 판옵티콘에 비유한 푸꼬(M. Foucault)의 통찰은 디지털

---

13) 스노든은 미국 중앙정보국(CIA)과 미국 국가안보국(NSA)에서 일했던 컴퓨터 기술자로 2013년 영국의 가디언지(The Guardian)를 통해 미국 내 통화감찰기록과 감시 프로그램 등 NSA의 다양한 기밀문서를 공개했다.

시대에 더 큰 공감을 불러온다.

쇼샤나 주보프(S. Zuboff)는 감시자본주의(Surveillance Captalism)가 정보자본주의의 기본 모델이 되었다는 점을 강조한다. 감시자본주의는 유비쿼터스 디지털장치라는 매체를 통해 그 의지를 강요하는 '꼭두각시 조종자'로서 영혼의 엔지니어링을 행동의 엔지니어링으로 대체하는 '도구주의적 권력'을 생산한다. 도구주의적 권력은 "감시 자본가들에게 한없이 지식을 대주고 우리의 자유는 한없이 오그라뜨리면서" 감시자본주의의 지배를 영속화한다. 그는 '무엇인가가 공짜라면, 당신이 곧 상품이라는 뜻이다.'라는 말도 이제는 진부한 클리세(cliché, 케케묵은 표현)가 되었다고 말한다. "당신은 상품이 아니"라 "버려진 사체일 뿐"이며, "상품은 당신의 삶에서 뜯어낸 잉여에서 나온다."는 것이다(주보프, 2020: 509~513).

주보프는 "감시 자본주의라는 반민주적이고 반평등적인 절대 권력의 횡포는 시장주도적 무혈 쿠데타"라고 주장한다. 오늘의 정보 문명은 위험한 오만을 반복하면서 인간의 본성을 지배하는 것을 목표로 삼는 것이자 사회적 심리적 시스템의 위기를 초래하는 것임을 강조한다. 주문처럼 외우는 테크놀로지의 '불가피성'은 체념과 영혼의 질식을 유도하게끔 처방된 '실존적 마약'이라는 것이다(앞의 글: 687~691). 그 실존적 마약은 감시자본주의를 숙명처럼 받아들이게 만드는 기술독재괴물의 독사가 그 아바타들의 몸과 마음을 디지털 경제의 제물로 만드는 것이었다.

주보프는 인간의 존엄성을 떨어뜨리고 너무 많은 권리를 찬탈한 감시 자본주의에 대해 '분노와 상실'의 감각을 되살려야 한다고 주장하면서 '우리를 장악한 괴물'이 '전례가 없는 현상'이며 역사적으로 우연하게 나타난 현상일 뿐이라고 말한다. 그는 디지털 미래에 대해 "이제 그만!"이라고 선언하는 저항의 주체가 되어야 한다고 역설한다. 그런데 그 괴물은 감시자본주의뿐 아니라 자본주의의 본성에 내재한 것이므로 그가 말한 것처럼 우연이 아닌 '필연'의 산물이었다. 따라서 감시자본주의를 넘어 자본주의의 괴물본성 자체에 맞서는 저항이 요구되는 것이었다.

건물마다 골목마다 달려 있는 감시 카메라들이 잠들지 않고 도시의 구석구석까지 지켜보는 한, '자발적 불면증' 상태는 디지털 시대의 전 인류가 처한 운명이었다. 인류는 더 이상 빅테크의 급행열차에서 뛰어 내릴 수 없다고 한다면, 그 급행열차는 '멈출 수 없는 자동 기계'로 변신한 자본주의 괴물이었다.

철학자 슬라보예 지제크(S. Zizek)는 이렇게 말한다. "자유지상주의적 자본주의 체제는 디지털 통제를 통해 우리의 자유를 규제하는 조건 아래서 우리에게 자유를 허용한다. 체제가 작동하기 위해서는 반드시 우리가 형식적인 자유 속에서 스스로 자유롭다고 착각해야만 하기 때문이다."14) 빅테크의 아바타들은 자신들의 데이터들로 쌓아올린 디지털 팬옵티콘에서도 그 감옥이 베푸는 '혜택'과 '자유'를 누리는 것으로 착각하는 존재들이었다.

V. 초과실재의 시대

소셜 미디어는 인간과 사회의 존재기반을 흔드는 위험성을 담은 것임에도 불구하고 가속도로 번창한다. 과잉정보,15) 과잉뉴스, 과잉콘

---

14) 슬라보이 지제크, "비트코인과 NFT가 자유를 줄까?", 한겨레, 〈세계의 창〉, 2022.1.17.
15) 온라인 정보의 세계는 위키피디아를 넘어 무한히 확장되어왔다. 온라인 백과사전 위키피디아는 2001년 브리태니커 출판본의 종말을 앞두고 오픈소스소프트웨어 운동에 영감을 받아 만들어진 이후 그 영어판에는 2021년 620만 개 이상의 항목(브리태니커에 비해 30배 증가)과 전 세계적으로 매달 80억 페이지가 넘는 조회수를 올리게 되었다. 편집

텐츠 등이 빠른 속도로 생산, 유통, 소비되는 상황에서 소셜 미디어는 전지전능의 힘을 발휘한다. 보드리야르가 일찍이 예고했던 것처럼 커뮤니케이션과 정보생산의 시스템은 과잉생명력, 과잉전문화, 과잉정보화, 기호들의 과잉의미화를 드러낸다. 그 기능이 한계를 초과하는 과잉목적성과 과잉기능성에 이른다(Baudrilladrd, 1983: 14~16).

디지털 매체는 과잉정보의 자극적 연출과 유희를 통해 의사소통의 시뮬라시옹(simulation, 가장(假裝))을 만들어내는 핵심장치로 작용한다. 정보와 기술의 이상증식은 시뮬라크르들(가상,假象)의 과잉제작으로 나타난다. 이는 정보, 모델, 인공두뇌적 놀이 등 완전 통제와 조작성에 기반을 둔 시뮬라시옹으로부터 생성된 시뮬라크르들이다(Baudrillard, 1981: 179). 유령과 같은 내용물들이 넘쳐나는 과잉정보화는 활발한 의사소통의 환상을 주는 파생실재를 창출한다. 현실처럼 위장되고 가장되는 파생실재가 넘쳐나고 이 초과실재가 실재보다 더 실제적인 것으로 현실을 지배하게 된다.

디지털 기술이 미디어로 매개된 삶을 점점 더 확대하는 상황에서 현실세계는 미디어를 통해 매개되지 않으면 현실성을 갖지 못하게 된다. 미디어에서 펼쳐지는 세상이 눈 앞에 보는 현실을 무력화하거나 현실의 실재성을 확인시켜준다. 디지털 기술이 연출하는 가상현실이 실재의 효과를 발휘하면서 시뮬라시옹이 오히려 현실을 존재하게 만드는 전도(顚倒)현상이 나타난다. 이처럼 시뮬라시옹의 이상발달은 실재를 삼켜버리게 만들어 실재와 가상의 경계를 붕괴시킨다.

최신 인공지능 기술인 딥페이크(deepfake)는 현실과 가상의 구분을 무의미하게 만든다. 딥페이크는 보드리야르가 말한 시뮬라크르의 인공지능 버전이라 할 수 있다. 딥페이크는 정치인들의 연설을 조작하

통제권(전문지식, 조사, 사실 확인 등)의 힘이 대중의 손으로 이동하면서 '정보의 바다'를 만들었지만 정보의 신뢰도가 훨씬 떨어지는 문제를 피할 수 없었다.

고 댓글 조작을 넘어 미디어 조작을 일삼는다. 실존 인물의 얼굴을 덧입힌 딥 페이크 포르노그래피도 범람한다. 가짜조작의 시대에는 가짜와 진짜의 경계가 소멸된다. 인공지능 시대에는 눈에 진짜처럼 보이는 텍스트, 이미지, 영상 등이 기계가 만든 가짜로 대체되면서 '보는 것이 곧 믿는 것(Seeing is believing)'이 될 수 없는 세상이 펼쳐진다.

딥페이크의 발전으로 가짜뉴스보다 훨씬 더 현혹적이고 생동감있는 합성 음성과 영상이 만들어진다(아랄, 2022: 104). 다층 신경망을 토대로 기계가 스스로 학습하는 딥러닝 기술은 초현실적 가짜 음성과 영상으로 진짜 같은 가짜세계를 만들어낸다. AI 기술의 고도화로 합성 데이터 제조의 GAN[16]기술이 비약적 발전을 거듭하면서 이른바 '합성 미디어(synthetic media)'는 인간세상을 '현실의 끝'으로 몰고 갈 것이라는 우려를 낳는다. 가짜를 조작해내는 기술이 앞으로 무서울 만큼 더 빠른 속도로 개발될 것이라는 전망이다.

더 나아가서 인공지능 시스템은 방대한 양의 데이터를 바탕으로 만들어낸 가상현실을 새로운 현실로 제시했다. 일명 '메트릭스'로 불리는 메타버스는 참여자가 공유하는 상황과 장소를 제공함으로써 가상과 현실의 경계를 사라지게 하는 것이었다.[17] 메타버스는 단순히 보는 인터넷이 아니라 사용자 그 안에 있는 '체화된 인터넷(emdoded internet)'으로 몰입할 수 있게 하는 것이었다. 그 실재감은 종전까지 '환각'으로 불렸던 것으로, 상상할 수 있는 거의 모든 것을 할 수 있고 이 세상만큼이나 상세하고 실감나는 세상을 경험하게 하는 것이었다.

2021년 메타(Meta)는 메타버스의 3차원 세계가 사회적 연결의 다

---

16) 생성적 대립 신경망(Generative Adversarial Network)은 판별모델을 속일 수 있도록 생성모델을 훈련하는 방식을 대립적 프로세스라고 한다.
17) 이 용어는 1992년에 출판된 미국의 닐 스티븐슨(Neal Stephenson)의 SF(공상과학)소설 『스노 크래시(Snow Crash)』에서 처음 사용되었고, 현재는 공유 온라인 공간에서 펼쳐지는 물리적 현실과 증강현실/가상현실의 융합을 의미한다.

음 단계로 진화하는 '새로운 사회가 될 것'이라는 기업비전을 제시했다. 세계 최대 소셜 미디어 플랫폼에 가상현실을 접목하고 자체 화폐를 발행함으로써 미래의 인터넷 왕국을 건설한다는 발상이었다. 마크 저커버그는 수십억 달러를 투자한 자신의 환상 행성(Fantasy Planet)에 10억 명의 사람들이 살기를 바란다고 했다. 이는 가상현실을 '뉴 소셜'로 만들겠다는 야심찬 기획이었다.

데이비드 리드(David Reid) 교수에 따르면 메타버스의 최종 목표는 단지 가상현실이나 증강 현실이 아니라 혼합 현실(MR, Mixed Reality)[18]이라고 한다. 즉 디지털 세계와 현실 세계를 섞는 것이다. 궁극적으로 이 혼합 현실이 정교해지고 확산되면 인간은 디지털 환상 속에서 살게 되며 더 나아가서 디지털 환상이 곧 현실로 인지된다는 것이다. 혼합 현실이 확산되는 상황의 잠재적 위험은 누가 통제하든 그 상황을 통제하는 사람이 결국 현실 전체를 통제하게 될 것이라고 한다(카다라스 2022: 268).

메타버스의 계획처럼 가상세계가 현실세계를 대체하는 시대는 인간 종의 종말로 향할지도 모른다는 두려움을 증폭시키는 것이다. 그러나 기술전체주의는 사람들의 불편한 감정을 없애고 기분을 좋게 하며 자유롭다고 생각하게 만드는 방식으로 그 두려움을 의식하지 못하게 한다. VR 헤드셋을 쓰고 우유를 더 많이 만들어내는 소들처럼 인간도 디지털 환상 속에서 자유를 만끽하는 '가상의 꿈나라'가 바로 기술과 권력과 부를 한없이 자랑하고 싶은 기술괴물이 원하는 세상이다.

가상증강 기술과 메타버스가 유행하는 시대로 접어들면서 가상현실

---

[18] 증강현실(AR)은 현실에 3차원 가상 이미지를 겹쳐서 보여주는 기술이고, 가상현실(VR)은 현실이 아닌 100% 가상의 이미지를 사용하는 기술이라면, 혼합현실(MR)은 현실세계와 가상세계를 융합시키는 공간을 만들어내는 기술이다. MR은 AR과 VR의 장점을 따온 기술로 현실세계와 가상 정보를 결합한 것이다.

은 실재보다 더 실제적인 것으로 감지되는 상황이 전개된다. 디지털 자본주의가 창출하는 '뉴 소셜' 시대는 기존의 시스템을 초과실재로 확장함으로써 더 이상 현실적 모순과 제약을 받지 않는 시뮬라시옹의 시대로 진입하는 것이다. 보드리야르는 시뮬라시옹의 유희가 가속화될수록 실재를 대체하는 파생실재가 포화상태에 이르게 되고 실재의 의미가 증발되는 '의미의 파국'이 초래된다고 보았다. 이것이 바로 모든 시뮬라시옹의 '악마적 목적'이라고 했다(Baudrillard, 1981).

제3장

'뉴 노멀' 인류

　'디지털 기술은 '혁신'의 이름으로 인간성을 기계성으로 대체하는 생활방식과 일상적 습관을 주입하고 체화시키는 독사로 작용한다. 이는 기술적 혁신을 예찬하고 추종하는 사회적 관행과 개인적 실천을 자연스러운 것으로 받아들이고 자발적으로 순응하고 즐기게 하는 것이다. 이로부터 디지털 자본주의의 아바타들이 생성된다. 그 배경에는 디지털 기술의 막강한 위력을 발휘하는 빅테크의 신상품과 서비스 등 기술시장에 대한 경이감, 환영, 불가항력적인 승복을 이끌어내는 기술 유토피아 신화가 자리 잡는다.

　그 신화를 믿고 따르는 아바타들은 신기술에 반하고 경쟁적으로 그 수혜자가 되고 싶어 한다. 디지털 기술은 효율적인 삶에 대한 요구를 충족시켜주고 '편한 세상'을 만들어주며 삶의 질을 고양시키는 것으로 환영받는다. 일과 여가, 지역사회와 사회생활의 대부분이 도처에 편재한 디지털 도구와 플랫폼에 의해 재구성, 재평가된다. 디지털 경제는 혁신의 이름으로 기술의 대중화와 시장의 민주화를 가져오는 것으로 미화되고 정당화되기도 한다.

디지털 소셜이 '뉴 소셜'로 자리 잡는 상황에서 디지털 자본주의 아바타는 현실세계와 가상공간을 넘나들고, 기계적 전능과 인간적 무능을 오가는 줄타기에 몸을 맡긴다. 그 아바타는 소통과 불통, 정보와 역정보, 진짜와 가짜, 집단지성과 무지, 자유와 통제, 해방과 감시, 선과 악, 아군과 적군, 패거리와 고립사이에서 위험한 줄타기를 하는 곡예사로 변신한다. 이 줄타기를 즐기는 곡예사들에게 삶은 게임이자 오락이자 도박이다. '뉴 소셜 시대'는 그 곡예사들이 온갖 위험을 무릅쓰고 디지털 소셜을 열심히 공연하는 시대였다.

　디지털 자본주의의 아바타는 자신도 모르게 기술독재 시스템과 기술시장의 전략에 따라 '뉴 노멀'인간으로 정형화되고 순치된다. 그 뉴 노멀 인간은 디지털 경제와 빅테크 기업들을 번창시키는 주역으로 살아가는 대가로 개조된 인간이다. 이는 디지털 기술이 요구하고 학습시키고 추종하게 하는 생존법과 이로부터 형성되는 일상의 습관과 문화가 신화와 독사를 매개로 작용한 결실이다. '뉴 노멀'인간은 데이터 인간, 알고리즘 인류, 디지털 자아, 디지털 중독인류, 디지털 휴먼으로 디지털 자본주의가 '새로운 정상'으로 표준화하는 '신인류'의 모습들이다.

I. 데이터 인간

　디지털 경제는 개인의 사생활을 위험에 빠뜨리는 데이터 경제로 활성화되었다. 데이터 경제는 이른바 '초연결사회(Hyper-connected Society)'의 핵심인 데이터를 자원으로 삼는 사업이었다. 인터넷을 비롯해 소셜 네트워킹 서비스와 사물 인터넷(IoT, Internet of Things) 등이 인간과 인간, 인간과 사물, 사물과 사물 등을 연결시키는 초연결시스템은 데이터의 보고(寶庫)였다. 빅데이터와 인공지능이 결합하면서 인간 활동의 결과물이 데이터로 바뀌었고, 그것을 다시 정보로 조직하거나 지식으로 해석하는 피드백이 활성화되었다.

데이터는 새로운 정보와 지식을 낳는 기반이자 상품을 만드는 원료이며 새로운 시장을 만드는 동력으로 떠올랐다. 디지털 플랫폼은 인간 활동을 데이터로 만들고 알고리즘을 이용해 모든 활동들을 패턴화한다. 개인이 플랫폼에서 창출한 모든 결과물은 갖가지 데이터 세트로 재배치된 다음, 플랫폼을 통해 시차를 두고 재배열되면서 개인에게 되먹여진다. 그러면서 플랫폼을 통한 기계적 예속은 사회적 복종의 다양한 형태로 확산된다(백욱인, 2023). 디지털 시스템에 의해 자동적으로 '연결'된 사용자는 그 문법대로 움직이면서 그 시스템을 확대재생산하는 기제·도구로 이용된다.

데이터 경제는 사회구성원들에 의해 생산되는 공공재적 데이터들뿐 아니라 개개인의 사적 정보들까지도 자본의 경제적 가치생산 도구로 이용한다. 자동으로 축적된 데이터를 정보 패턴으로 바꾸어 플랫폼 사용자들에게 개별화된 서비스로 제공하는 과정에서 다양한 디지털 도구와 상품들이 생산되고 유통된다.

빅데이터는 실시간 데이터가 축적되거나 데이터들이 서로 결합하면서 만들어진다. 전체 빅데이터의 절반 이상이 2010~2011년 동안 만들어진 것으로 추산되는데 이는 소셜 미디어와 스마트폰이 결합하면서 빚어낸 결과였다. 사용자들의 활동을 통해 만들어지는 데이터가 빅데이터의 주요 부분을 구성했다.

빅테이터의 비즈니스는 사용자들에게 디지털 권능감을 부여한다는 빌미로 그들의 활동들을 무차별적으로 자본화하는 기상천외의 경제수탈이었다. 자본주의는 물질적 자원을 고갈시키는 데 그치지 않고 인간과 그 삶의 모든 것을 수탈하는 단계에 이르렀다. 특히 인간의 지식과 인지과정 및 정서 등을 자본화하고 상업화하는 인지자본주의는 거대 플랫폼 기업들의 독점에 힘입어 성장을 가속화할 수 있었다.

빅데이터 기술은 사용자로부터 수집한 데이터와 활동데이터를 결합해 데이터베이스 자체를 생산원료로 만들고 인공지능은 여기에 더해 기계인지를 통한 데이터까지 창출한다. 인간의 움직임은 낱낱이 추적당하고 인간의 감정은 데이터의 돈벌이 자원으로 이용된다. 개인 자료를 수집해 활용하면서 개인정보의 상업화를 유도하는 과정에서 야기되는 각종 부작용으로부터 개인은 보호받지 못한다. 사용자에게 알지도 못하고 측정하기도 어려운 피해들을 감수하게 만드는 것이다.

제품사용에 돈을 지급하지 않는다면 사용자 자신이 제품으로 팔리는 것과 같은 것이다. 무료 제품과 서비스에 대한 대가는 돈이 아니라 광고주에게 소비자의 관심에 대한 접근권을 파는 것이다. 페이스북에 사진을 업로드하는 것은 잠재적으로 불특정 다수에게 사진을 수정하거나 파생작품을 만드는 권리를 양도하는 위험을 각오해야 한다. 사용자의 개인적 피해들을 넘어 사회적 폐단으로 이어지는 문제들도 심각성을 드러낸다.

빅테크 기업들은, 동의를 가장한 필수사항으로, 서비스 이용자들의 과도한 개인정보와 각종 데이터를 제공받아 이를 매출 '원자재'로 삼았다. 빅데이터의 생산소비자인 사용자들은 그들 자신도 모르는 사이에 빅 캐피털의 독점형성에 기여하는 장본인들이었다. 기업은 개인의 무지와 인지적 한계를 이용해서 점점 더 많은 정보를 수집하는 데에 몰두했다.

대부분의 사람들은 조항을 자세히 읽어보지도 않은 채 각종 앱과 디지털 상품의 서비스 약관에 동의하는 세상을 받아들이게 되었다. 쿠폰이나 캐시백 서비스를 받는 대가로 쇼핑과 관련된 개인정보들이 유출되었고 기업의 조작가능성도 늘어났다. 디지털 시스템은 개인이 스스로 정보제공을 하도록 강제했고 정보수집에 어떤 종류의 안전장치가 존재하는지 확인할 수 없는 상태에서 개인이 대처할 방법은 없었다. 개인의 모든 정보와 생체 데이터가 다른 사람의 손에 들어가는 대가로 각종 개인 맞춤형 서비스를 받을 수 있었다. 데이터가 얼마든지 예상치 못한 방식으로 이용될 수 있는 상황에서 사생활에 대한 심각한 침해가 우려되었다.

개인의 정보주권을 침해하는 횡포에 대한 비판들에도 불구하고 자본과 기술이 결탁한 시스템의 지배력 앞에서는 속수무책이었다. 모든 책임을 시스템의 탓으로 돌리면서 아무도 책임지지 않는 상황에서 그 책임을 져야 할 권력의 주체들은 좀처럼 그 실체를 드러내지 않았다. 개인의 사생활 보호를 책임져야 할 정부는 개인의 정보수집과 이용능력에 제약이 너무 많다는 이유로 적극 개입하지 않는 입장이었다.

자본주의 국가는 개인의 자유보다 시장의 자유를 우선시하는 입장에서 사생활 보호와는 반대로 흘러가는 현실을 묵인하고 방치했다. 유럽은 미국에 비해 데이터 보호에 많은 관심을 보이면서 2016년 디지털 시대의 권리장전인 GDPR[1]을 채택하기도 했지만, 대규모 기술기업과 사용자들의 불만이 폭주했다. 빅테크는 입법자들에게 법안폐기를 요구했고, 소비자 보호단체들까지도 최종 법안을 지지하지 않는 상황이 벌어지기도 했다.

정부규제를 받지 않는 기술기업들과 인터넷의 상업적 활동은 엄청난 데이터의 흐름을 독차지 하는 이권을 확보할 수 있었다. 일례로 미국 최대 데이터중개업체 액시엄(Acxiom)은 컴퓨터 서버 23,000개를 통해 1년에 데이터 거래 50조 건을 처리할 수 있었다. 미국인 2억 명

---

[1] 2018년 5월부터 시행된 유럽연합(EU) 개인정보보호규정(General Data Protection Regulation)은 유럽 시민들의 개인정보 보호를 강화하기 위해 만든 통합 규정으로 시민의 데이터를 활용하는 경우 GDPR를 준수하도록 한 것이다.

에 관한 '디지털 기록'에 평균 2,500개 데이터 포인트를 저장하는데 이 데이터들은 대부분 페이스북 같은 소셜 미디어에서 거둬들인 것이었다. 이는 개인들이 어디를 가든 추적할 수 있다는 뜻이었다.

데이터는 인간의 활동을 통해 만들어지고 인공지능은 이 데이터를 공급받아야만 움직일 수 있다면, 인공지능의 독점적 통제는 '데이터 파시즘'과 기계 전체주의로 이어질 소지가 있는 것이다. 이렇듯 인간을 자원삼아 성장한 인공지능이 인간을 압도하는 불가항력으로 작용하면서 인간이 자신의 성과물로부터 소외당하는 자기소외가 극에 달하는 상황이 전개된다.

II. 알고리즘 인류

'뉴 소셜 시대'에는 '알고리즘 인류'가 '뉴 노멀' 인간형으로 부상한다. 알고리즘은 일종의 '기계담론(machine discourse)'으로 기계와 인간을 횡단하며 특정한 행위를 성취해내는 방식으로 작동한다. 알고리즘은 기계로 하여금 인간의 사고와 행동, 정서와 감성, 취향과 정체성 등을 특정한 방향으로 유도함으로써 효율적인 성과를 달성시키는 독사로 기능한다. 이 독사는 알고리즘의 생산, 유통, 소비를 통해 전개되는 일상의 문화와 사회생활을 통해 인간을 '알고리즘 인류'로 거듭나게 한다.

알고리즘은 인간이 스스로 생각하고 계획하고 고안해야 하는 것들을 대신해주는 편이함과 신기함을 안겨주는 반면 인간의 능력과 잠재력을 잠재운다. 인간은 더 많은 편익과 자유를 보장한다는 명분으로 작동하는 복잡한 기술과 정보의 거대시스템에 의존하는 종속적 존재가 되면서 개별성과 독립성을 상실하는 상황에 처한다.

알고리즘(algorithm)이란 '어떤 문제를 해결하기 위한 절차, 방법, 명령어들의 집합'이자, 로버트 코왈스키(Robert Kowalski)가 강조한 대로 논리요소(logic component)와 통제요소(control component)의 결합이다. 논리는 알고리즘의 의미를 결정한다면, 통제는 알고리즘의 효율성에 영향을 주는 것이다. 알고리즘이 구현한 지식이나 문제해결 전략은 여러 대안들 중의 하나로 선택된 것으로 이 선택은 알고리즘이 그 나름의 특정한 의도와 지향을 반영하는 것이다.

또한 데이터를 일정한 규칙에 따라 재배열하는 알고리즘은 데이터와 독특한 관계가 전제될 수밖에 없다. 구글의 검색기능이나 인공신경망의 알고리즘이 하는 일은 단어를 세고 가중치를 부여하는 것이라면, 그 계산 과정과 가중치의 설정 자체가 데이터와 특정한 관계를 형성하는 것이다. 따라서 알고리즘은 도구일 뿐이며 어떻게 사용하는가에 따라 천사도 악마도 될 수 있다는 주장은 의미가 없다.

본래 알고리즘은 공정하지 않다. 기계는 단순 계산을 반복할 뿐 '생각'하지 않는다고 해도 알고리즘의 공정성과 가치중립성에는 근본적인 한계가 있다. 컴퓨터과학자들은 공정성이 단순하게 수학 공식으로 환원될 수 있다고 믿기 때문에 공정성을 보장한다고 하지만, 이는 수학적 사실을 말하는 것이다. 공정성에서 가장 중요한 문제는 의사결정 과정에서 도덕적 연관성이 있는 고려 사항이 무엇인지를 결정하는 것이다(라이히 외, 2022: 175). 알고리즘 설계에서의 공정성은 쉽게 정의하거나 실행할 수가 없으며 맥락에 따라 다르고 관련된 상황에 대한 집단적 이해가 좌우된다.

알고리즘은 편향적이다. 알고리즘은 진공상태에서 개발되는 것이 아니라 선택된 특정의 사회문화적 요소들을 반영하는 것이며, 독특한 조건 속에서 개발된 알고리즘은 독특한 수행성으로 사회와 인간에게 영향을 미칠 수밖에 없는 것이다. 또한 기술을 코드화하고 프로그래밍

하고 설계하는 사람들로부터 특정한 이데올로기와 편견을 물려받는다. 그들이 특정한 데이터들을 선택하고 제공하는 것에서부터 제공된 데이터로 자율학습하는 알고리즘의 생성까지 이념적 지향과 문화적 편견과 개인적 성향 등이 투입되지 않을 수 없는 것이다. 알고리즘에 의해 자동화된 의사결정에는 편견이 작용한다는 점에서 편향된 알고리즘의 조작된 콘텐츠들을 쫓아다니는 사용자들은 플랫폼의 설계대로 조종되는 존재라 할 수 있다.

알고리즘의 투명성이 가능한지에 대해서도 의문이 제기된다(라이히 외, 2022: 196~198). 투명성은 자동화 의사결정 시스템이 사용되는 때가 언제인지, 알고리즘 예측이 어떻게 사용되는지, 알고리즘을 어떻게 설계하며 실제로 알고리즘이 어떻게 작동하는지, 영향의 측면에서 어떤 평가를 받았는지 등과 관련된 정책과 기술정보에 접근할 수 있을 때에 확보되는 것이다.

현재 만들어지는 딥러닝(deep learning)모델에서는 수백만 개의 매개변수가 포함되며 이 모든 것이 모델의 의사결정에 어떤 영향을 미치는지를 파악하는 것은 대단히 복잡한 일이다. 정부 기관에서도 너무 많은 공적 결정이 불투명하고 불명확한 알고리즘 시스템으로 이루어지면서 민주적 책임성의 원칙 자체가 훼손당한다.

알고리즘 모델에 대한 평가도 신뢰성을 보장하지는 않는다. 알고리즘을 독립적으로 시험하고 타당성을 입증하면서 편견에 대한 명시적 확인을 해야 하는 감사 가능성도 보장되지 않는다. 알고리즘의 해법에서 정당성을 입증하는 것도 인간의 몫이 될 수밖에 없다. 이 문제들은 기업과 정부 기관의 선한 의지에 맡길 수만은 없는 것이며 일반 대중이 일일이 개입하고 통제할 수도 없는 것이다.

페이스북의 고위 임원이었던 팀 켄들(Tim Kendall)이 가장 우려하는 것은 소셜 미디어의 사용자 정보가 폭발적으로 늘어나면서 알고리즘이 우리의 머릿속까지 훤히 들여다 볼 수 있을 만큼 '전지전능'해졌다는 점이다. 그는 "알고리즘은 우리에 대한 거의 모든 정보를 닥치는 대로 가져간 뒤, 여러 형태로 조합해 가면서 우리들보다 우리 자신을 더 잘 이해하게 됐다"며 결국 인간을 마음대로 조종할 수도 있는 '전례 없는 막대한 힘'이 되었다고 경고했다.

그렇다면 '새로운 소셜 시대'는 사회의 책임을 알고리즘의 책임으로 돌리는 시대란 말인가? 아니면 알고리즘에 점점 더 길들여지는 인간에게 개인적 책임을 돌리면서 사회적 책임을 면제받는 것이 '새로운 소셜'의 정체란 말인가? 그런데 알고리즘은 인간이 깨닫지도 못하는 방식으로 일상생활의 많은 부분에서 작용한다. 알고리즘의 작동방식과 역할을 이해하는 사람은 매우 드물다. 알고리즘이 '보이지 않는 마술'로 대중을 홀리는 세상에서 알고리즘을 경계하거나 거부하는 사람도 찾기 힘들다. 알고리즘의 소스코드도 알 수 없고 자신의 데이터가 어떻게 이용되고 조작되는지 검증할 수도 없는 깜깜이 상태에서 데이터의 일방적인 공세 대상이 될 수밖에 없다.

이는 디지털 문해 교육만으로 해결될 수 있는 것이 아니다. 빅데이터와 알고리즘의 폐해를 고발하는 움직임에도 불구하고 알고리즘은 집단행동으로 맞서기 힘든 '침공불낙의 적'이다. 정보기술기업들의 '보이지 않는 알고리즘'의 영향력이 커질수록 알고리즘 조작은 점점 더 공공연한 비밀로 받아들여질 뿐이다.

그럼에도 디지털 시대에서 알고리즘은 일상을 지배한다. 길 찾기에서부터 쇼핑하는 것까지, 통찰하고 고민해고 해결해야 하는 것까지, 새로운 정보와 세상의 변화를 알려주고 새로운 도전을 자극하는 것까지, 오늘의 삶을 반추하고 미래를 꿈꾸는 것까지 모두 알고리즘의 몫이다. 알고리즘 인류는 사랑, 일, 건강, 교육, 재정 등 삶에서 매우 중요하게 생각하는 것들을 알고리즘에 의존하다보니 '생각의 외주화'라는 말이 나올 지경이다.

 알고리즘은 무엇을 읽고 무엇을 하고 무엇을 믿을 것인지를 선택하게 한다. 일상의 결정들을 내리도록 유도하고, 인식, 의견, 행동에 변화를 불러온다. 온라인에서 기업 채용도, 데이트의 연애 상대도, 의료 서비스와 지불비용도, 금융대출 자격도, 콘텐츠 선택도, 심지어 학교에서 배우는 학습내용까지도 알고리즘의 영향을 받는다. 알고리즘은 정신 건강에 대한 경고를 보내고, 세금회피 가능성을 찾아주고, 수감자의 복역기간이나 가석방 자격도 판단한다. 온라인에서 접하는 표적 광고에서도, 구매결정 과정에서도, 즐겨 찾는 영상물 뒤에도 알고리즘이 작동한다(라이히 외, 2022: 168). 이를 의식하지 않고 당연한 일상으로 받아들이는 알고리즘 인류는 기계시대의 산물이다.

 소셜 미디어에서 알고리즘은 사용자 정보를 바탕으로 컴퓨터가 알아서 '맞춤형' 콘텐츠나 광고를 보여주는 시스템을 통칭하는 말로 쓰인다. 맞춤형 콘텐츠는 이용자의 인적 사항, 관심사, 콘텐츠 선호, 개별적 성향 등 광범위한 정보를 분석한 결과물로 이용자에게 제공되는 최적화된 콘텐츠를 말한다. 소셜 미디어는 일, 교육, 쇼핑, 오락, 투표, 운동방식 등 개인의 각종 활동에 영향을 미치고, 그 활동과 시공간을 추적하는 일명 '데이터 잔해(data exhaust)'를 만들어내며 이를 토대로 작업 과정에 유용한 분석력과 설득력을 확보한다.

 소셜 미디어는 정교한 기술로 인간의 가장 취약한 심리적 약점들을 파고든다. 이용자의 성향을 파악하고 알고리즘을 통해 맞춤형 서비스를 추천하는 방식으로 이용자의 선택을 유도한다. 이처럼 자동화된 선택은 인간의 자율적인 사고와 판단 자체를 차단하고 기술에 대한 예속을 심화시키는 것이다. 알고리즘과 정보에 의해 설계되는 소셜 미디어 속에서 인간은 자신도 모르게 조종당하고 설득당하고 교란당한다.

 인간이 알고리즘의 권고를 무시하거나 디지털 시스템을 거역하는 것 자체가 '뉴 소셜'의 위반이다. 알고리즘 인류는 자신의 생존 자체를 부정하지 않고서는 디지털 전체주의에 문제를 제기할 수도 없는 존재가 된 것이다. 그 전체주의 시스템을 벗어난 인간의 삶을 상상할 수 없게 만드는 뉴 소셜 시대는 바로 알고리즘의 초권력이 행사되는 시대를 말한다. 이에 대한 저항의 의지마저도 봉쇄당하는 인간은 디지털 자본주의 아바타의 전형적 모습이다.

호모 모빌리쿠스(Homo Mobilicus)는 스마트폰이 필수품으로 자리 잡은 시대의 '뉴 노멀' 인간이다. 호모 모빌리쿠스는 스마트폰을 분신으로 여기는 인간이다. 온종일 손과 눈을 핸드폰에서 떼어놓지 못하는 인간의 모습에서 디지털 전체주의가 생생하게 감지된다. 스마트폰은 '뉴 소셜'의 핵심기기로 사회생태계를 변화시키는 디지털 '소셜'의 특징을 잘 드러낸다. 스마트폰은 디지털 머신이 작동할 수 있게끔 언제든 인터넷에 접속할 수 있는 환경을 만들어주고 일상생활은 그 환경에서 벗어날 수 없는 시대가 된 것이다. 알고리즘이 개인과 사회의 문제를 해결해주는 만능기계로 작용하는 덕분에 디지털 경제는 인간과 사회를 자본주의 시스템과 함께 움직이게 만드는 힘을 발휘한다.

알고리즘 인류는 인간의 능력보다 훨씬 앞서간다고 인정받는 알고리즘에 의해 추월당하는 인간이다. '뉴 소셜 시대'에서 알고리즘의 의사결정능력은 사회적 합의를 도출하는 인간의 능력보다 빠르고 효율적인 것으로 판단된다. 그래서 개인과 민간 부문뿐 아니라 공공기관과 정부도 알고리즘 게임에 적극 뛰어든다. 사회서비스, 학교교육, 사법제도 영역까지도 학습기계로 접근한다. 여기서 의사결정은 알고리즘의 효율성과 최적화 논리에 맡겨지면서 그 결정주체가 보이지 않는다. 알고리즘이 인간의 결정보다 낫다는 기술편향주의로 공정성 논란이나 책임성 문제도 피해갈 수 있는 것이다.

III. 디지털 자아 : 개인과잉시대

　기계적 전능과 인간적 무능이 대비되는 디지털 시대, 즉 기계전능시대에서 디지털 네이티브로 자라난 세대는 기계적 전능이 자신의 '유능'을 만들어주는 것으로 받아들이기 쉽다. 이들은 기계적 전능의 힘을 빌어 자신의 삶을 기획하고 실천하는 습관을 길들이고 이로부터 자신감과 성취감을 보상받는 문화에 자연스럽게 빠져든다. 현실속의 자아 보다 디지털 공간에서 보다 업그레이드된 자아의 모습으로 인정받고 관심을 모으기 위해 열중하면서 자기도취에 빠지기도 한다.

　현실 속 자아의 기획보다 SNS를 통해 '디지털 자아' 만들기로 경쟁하는 시대가 된 것이다. 정보기술에 능한 밀레니얼 세대들은 개성이 강하며, 겸손하게 자기를 낮춰봤자 아무도 알아주지 않으니 '셀프자랑'을 잘해야 자기 가치가 빛난다고 생각한다. 남들과 다른 특별한 '나'로 '긍정적인 자아상'을 보여주고 싶어 하는 이들에게 디지털 자아 만들기는 과시적 자아와 전시적 자아의 연출이다. SNS에 올리는 글·사진·영상 등은 밥먹고, 산보하고, 여가를 즐기고, 여행하는 모든 것들은 자아 연출을 위한 것이다. 이들은 페이스북, 인스타그램 등에서 높은 조회수와 '좋아요'로 긍정마인드를 얻고 팔로우를 늘리기 위해 호감을 살 수 있는 디지털 자아 만들기에 몰두한다.

　디지털 자아는 비교우위의 자아를 추구한다. 자신의 의사와 행동 결정을 타인의 선택과 '비교하는 인간(Homo Comparativus)'은 타인의 인정을 욕망한다. 유사성에 대한 욕구를 충족시키는 동시에 그 유사성 속에서 특출함을 원하는 욕망은 비교우위의 자아를 요구한다. 자아의 기준은 자신이 아니라 타인이며 타인이 인정하고 좋아하는 것에 달려 있다. SNS는 타인의 관심을 유도하고 비교우위의 자아를 알리는 공간으로 과도한 경쟁을 압박한다. 특히 10대들은 SNS로 인해 비교

강박증을 보인다는 진단도 나온다.

디지털 자아 만들기는 다수 패배자에게 비교 스트레스와 함께 초라함, 열등감, 모멸감을 조장한다. 'SNS에 전시되는 인플루언서나 연예인의 화려함을 평균으로 착각하는 10~20대의 경우 디지털 자아의 이상화된 모델에 대한 환상으로 상대적 박탈감과 심리적 압박에 시달린다.

인스타그램의 인플루언서(influencer)로, 유튜브의 스타로 유명세를 타기 위해 수단방법을 가리지 않는 인기영합주의는 세상의 관심에 집착하는 '관종'의 특징이다. '관종(관심 종자)'은 관심을 병적일 정도로 갈망하며 자기노출증을 보이는 사람이라면, 디지털 자아 만들기는 그 욕구를 분출하는 계기로 작용한다. 관종은 오늘의 '무관심 시대'에 대적하는 격렬한 반응이라고 한다면, 이 시대를 지배하는 또 하나의 증상으로 '우리 모두가 관종'이라는 진단도 나올 법하다.[2]

'관종'으로 불리는 사람은 오직 인정받고 싶은 본능으로 관심을 끌기 위해 도발적인 행태를 불사하는 한편 나르시시즘에 취하면서 허무의 감정을 쌓아가는 존재다. 인터넷 공간에서 SNS를 통해 일상을 전시하고 링크된 글들에 '좋아요'를 누르면서, 나와 다른 의견을 손쉽게 차단하는 '과잉'된 자아와 '소거'된 타자는 관종의 모습과 상통한다. 인정 욕구를 표출할 대상이 세계인으로 확산되어 몰입이 과해지면 자칫 병적인 '관심 중독'으로 진행되기 쉽다. SNS를 통해 지구촌에 거주하는 모든 타인을 향해 '날 좀 보소.'를 외치는 현상은 병적인 인정욕구를 내뿜는 사람들이 넘쳐나는 것으로 읽혀지기도 한다. 과도한 인정 욕구는 과시욕처럼 허상을 추구하거나 '자기애성 인격장애자(나르시시스트)가 될 가능성도 있다.'는 지적도 있다.[3]

인스타그램은 '자기 홍보의 전시장'이자 돈벌이 수단으로 이용된다.

---

[2] 김곡, 『관종의 시대』, 그린비, 2020.
[3] 황세희 컬럼, 중앙 SUNDAY, 2023.2.25~26.

미래의 직장이나 클라이언트에게 보이고 싶은 자신의 이미지 메이킹을 하고, '팔로우' 수를 늘려야 한다는 강박으로 허구의 자아를 가공해내거나 파격적으로 튀는 모습을 연출하면서 전시적 자아를 극대화하는 경쟁에 뛰어든다. 인스타그램에 올린 사진으로 인플루언서가 되고 포토그래퍼로 데뷔하기도 한다. 인플루언서의 게시물 자체가 광고판 역할을 하면서 디지털 자아는 상품화의 길로 빠져든다.

기업은 자체 브랜드의 독창적인 콘텐츠를 직접 만들어 영향력을 행사하는 인플루언서를 지원, 육성, 활용하는 마케팅을 활성화한다. 인플루언서 마케팅은 유통 시장에서 빼놓을 수 없는 한 축으로 자리 잡았다. 2023년 트렌드리서치 조사에 따르면 한국에서 제품 구매시 인플루언서의 영향을 받는 소비자는 전체 인구의 71.4%(약 3,300만 명)에 달했다. 전 세계적으로도 인플루언서 산업은 급성장하는 추세로 그 마케팅 규모는 2016년 17억 달러에서 2023년 211억 달러로 7년 동안 12.4배 성장했다. 소비자를 마케터로 끌어들이는 참여시장주의는 참여민주주의 이상의 대중유인효과를 지닌 것이었다.

'유명세가 곧 권력'인 시대에서 인스타그램에서 팔로워들을 양산하고 그 스타로 군림하는 디지털 자아는 곧 권력이 된다. 오늘의 성공신화는 SNS에서 만들어진다는 말이 회자되는 상황에서, 디지털 자아의 연출에 성공하기만 하면 된다는 믿음과 노력이 경쟁을 부추기는 동력으로 작용한다. 오로지 시장가치를 위해 연출된 자아는 하나의 상품브랜드로서 자아정체성을 날조하는 자기기만과 자기최면의 욕망을 표출하고 구현하는 '유령인간'이다. 자아의 상품화를 위해 자신의 일상을 각색하고 편집하는 주인공은 현실속의 삶보다 '자신이 만든 상품으로서의 삶'에 더 집중한다.

관심이 돈과 권력이 되는 세상에서 파격적 자아의 연출은 되도록 많은 관심을 끌어 더 많은 돈을 벌어들이는 수단이다. 관심은 표준과 상식을 뛰어넘는 도발적이고 자극적인 것일수록 증폭되기 쉽다. 전상진에 따르면 '위반은 가성비 높은 관심자본 획득 방법'이며, 팬덤은 악당이 보여주는 '위반의 환희'에 열광한다. "게다가 관심자본은 화폐자본과 마찬가지로 거래, 축적, 상속된다. 스타는 자신의 관심자본을 기업이나 정당과 거래한다. 부모의 유명세를 상속받은 자녀들도 관심자본의 덕분에 눈부시게 '활약'한다. 관종자본가로 부상하면 팬덤에게 자신을 억압하는 사회에 저항하는 영웅이 된다. 관종자본가의 막말, 혐오, 증오로 가득한 발언과 행동에 팬덤은 열광한다."[4] 관종은 이처럼 디지털 자아의 무한변신으로 관심자본을 확보하는 기회들을 포착한다.

관종의 시대는 또한 '개인과잉의 시대'이다. 한국의 MZ세대는 '나 우선주의'와 '멀티 페르소나'(다중적 자아)의 성향을 드러내는 개인과잉 시대의 주인공들이다. 미국의 밀레니얼 세대(1980~1994년 출생) 역시 '디지털 원주민'으로 개인의 자아를 최고로 여기며 자존감이 충만한 세대로 간주된다. '나 우선주의'[5]는 신자유주의, 경쟁지상주의, 디지털 만능주의가 공동체적 가치를 심각하게 훼손하면서 '우리'가 사라지고, '나만의, 나만에 의한, 나만을 위한' 생각과 행동으로 '에고의 덫'에 빠지는 상태를 말한다. 자의식이 사회의식, 정치의식, 역사의식 등 그 무엇보다 앞서고 우세하게 작용하면서 에고를 극대화하는 것에 몰입하는 것이다.

이러한 에고의 욕망은 SNS에서 다양한 정체성의 멀티 페르소나(multi-persona)로 분출된다. 이는 가면을 바꿔 쓰듯이 카멜레온처

---

4) 전상진, "존재감의 부재 또는 몰인정 시대의 저주", 〈세상읽기〉 혐오와 관종자본가와 팬덤, 한겨레, 2019.7.8.
5) 독일의 사회학자 하이케 라이트슈는 에고의 덫에 빠져 '우리'가 사라지는 오늘의 현실을 우려한다(하이케 라이트슈, 『나 우선주의(Ich Zuerst)』, 2018). '나 우선주의'를 강조하는 젊은 세대의 가치관은 한국의 출판 시장에서도 잘 드러나서 2018년 가장 많이 팔린 책은 나를 먼저 챙기고 나를 찾겠다는 메시지들을 담은 것이었다고 한다.

럼 변신하는 자아로 재빠르게 얼굴도 역할도 바꾸는 초고속시대의 생존법이자 새로운 트렌드로 떠오른다. SNS의 종류와 계정에 따라 순간순간 바뀌는 디지털 자아는 고정된 정체성에 묶이지 않는 자아 실험의 자유를 구가하는 불안정한 자아, '나 자신도 모르는 나'를 연출한다.

SNS는 멀티 페르소나의 이미지 메이킹에 몰두하는 경연대회의 장이다. MZ세대에서 유행하는 '부캐(sub-character, 다중적 정체성)' 문화나 'N잡러(여러 직업을 가진 사람)'도 이와 맞물려 있다. 전 세계에서 26억 명에 이르고 한국 인구의 25%를 차지하는 Z세대는 SNS를 넘나들며 '부캐'를 만드는 놀이를 즐긴다. 이 유행은 인생을 단 하나의 자아에 투신하는 것이 아니라 자아의 '유동성'을 선택과 자유로 즐기는 인생을 추구하는 것이다.

메타버스 또한 현실을 넘어 가상 세계로 자아의 유동성을 확장시켜 주는 공간이다. 이는 시시각각으로 변하는 다양한 자아를 탐험하는 비주얼과 영상으로 자신의 존재를 표현하고 관심을 끌어 모으는 '크리에이터'들의 놀이터이다. 여기서 디지털 자아 만들기는 멀티 페르소나로 현실 속의 자아를 업그레이드된 자아로 연출, 가장함으로써 세상의 인정을 받으려는 욕망의 구현이자 자신을 마케팅하는 생존법이다.

IV. Homo Addictus, 디지털 중독인류

세상의 모든 컴퓨터 데이트뱅크에서 나오는 생생한 재현들은 상상할 수 없을 정도로 복잡한 세계를 만들어내고 인간의 뇌는 그 세계에 속절없이 점점 더 깊숙이 빠져든다. 전자 기기에 정신이 팔리는 사람들은 너무 편안하게 무감각해져서(comfortably numb) 정신적 육체적 악화의 변화를 알아차리지도 신경을 쓰지도 못하는 상태에 이른다

(카다라스, 2023: 24). 여기서 디지털 중독은 음식중독과 마찬가지로 일련의 뇌질환으로 재조명된다.

'새로운 소셜 시대'에서 '사회화'는 인간을 디지털 중독에 빠져들게 하고 이를 '뉴 노멀'로 수용하고 실천하는 '호모 아딕투스', 즉 중독추구인간을 육성하는 과정이다. 디지털 사회화는 디지털 중독화를 의미한다. 디지털 시대는 스마트폰이나 컴퓨터를 거부하기 힘든 시대로서 일상문화 자체가 세대를 가릴 것 없이 디지털 중독 예비군을 훈련한다. 디지털 중독성은 디지털 기술에 전적으로 의존하는 일상적 습관을 통해 디지털 기술의 '만능'을 믿고 따르는 아바타들에게 빠르게 파급된다. 중독의 함정은 디지털 기술의 과잉증식과 그 생산물을 필수품으로 강제하는 환경에 있었다.

'호모 아딕투스'는 기술괴물의 전체주의와 디지털 자본주의가 지배하는 세상의 불가피한 산물이었다. 거대한 부의 축적 도구로 창출되는 '호모 아딕투스'는 중독을 추구하고 중독에 취약한 존재로서 디지털 자본주의의 주요 자원이자 동력이었다.

21세기의 중독경제는 번연계 자본주의와 소비자본주의와 디지털 자본주의의 합작으로 디지털 중독을 일상화하고 '정상화'하는 방식으로 고도의 성장을 구가했다. 번연계 자본주의의 오래된 역사만큼이나 그 뿌리가 깊은 중독경제는 '중독'을 일상화, 일반화하는 디지털 자본주의에 힘입어 세계적 성장을 가속화할 수 있는 최상의 여건을 맞이했다. 기술기업들이 다양한 중독 기제를 활용하여 중독을 조장하면서 스마트폰처럼 일상의 소지품이 되어버린 '디지털 마약'에 빠져드는 사람들이 양산되었다.[6]

---

6) 김병규, 『호모 아딕투스』, 다산북스, 2022.

중독경제에서 기업은 단순 판매를 넘어 중독을 디자인하고 누군가를 중독시키는 모델을 만들어냈다. '중독이 곧 돈이 되는 세상'에서 중독에 취약한 인간의 본성을 제대로 이해하고 활용하는 기업만이 성공할 수 있었다. 소비자 개인의 특성을 정교하게 파악하여 끈질기게 달라붙는 광고들 덕분에 빅테크의 수익도 급증할 수 있었다.

중독경제에서 사람들은 디지털 기기를 통해 편리함과 혜택을 얻는 대신, 그들의 시간과 관심을 제공했다. 풍요로운 정보와 데이터들이 그들의 시간과 관심을 독점할수록 중독 습관이 늘어났고 중독경제는 성장했다. 그 성장은 인간의 제한된 정신적 자원을 훼손시키고 삶의 주도권을 빼앗는 대가로 가능한 것이었다. 디지털 기술괴물은 한층 더 강력한 유혹과 괴력으로 인간의 뇌를 마비시키는 중독경제의 상업적 악덕을 보편화하는 데 기여했다. 습관성·중독성 제품과 서비스를 판매하는 사업체들은 날로 더 자극적인 상품생산에 몰입했다. 이러한 콘텐츠가 난무할수록 디지털 중독의 해악은 걷잡을 수 없는 수준으로 치닫게 되었다.

자본주의는 나쁜 습관을 들이는 악을 '혁신'으로 위장하면서, 조작된 탐닉(excess)으로 악덕의 상업을 번창하게 한다. 게임 개발자들은 어린 게이머들의 게임 시간을 연장하고 게임 관련아이템의 구매를 촉진하고 초현실적인 몰입형 판타지 게임으로 유혹한다. 모바일 게임은 사용자를 오랫동안 붙들어놓기 위해 방문 횟수와 체류시간을 늘리는 방식으로 중독성과 사업성을 증식한다.

'세상의 모든 자극의 집합소'로 불리는 스마트폰은 아주 쉽게 중독 효과를 나타냈다. 스마트폰 중독은 집중력을 떨어뜨리고 많은 정보의 유입으로 '인지 부하' 상태를 유발했다. 세계 각국에서 아동 및 청소년의 스마트폰 중독 문제가 두드러졌다. 미국에서는 스마트폰의 해악성 논쟁이 벌어지면서 '스마트폰이 오프라인과의 단절로 젊은 세대를 망친다'는 우려가 높아졌다. 대만에서는 2살 이하 영아의 디지털 기기 사용을 전면 금지하고 이를 어긴 부모들에게 최대 207만 원의 벌금을 부과하기로 했다. 유럽에서는 스마트폰이 집중력을 떨어뜨려 학업 성취도를 낮춘다는 경고에 따라 학교 안이나 수업 중에 사용을 금지하는 나라들(프랑스, 이탈리아, 네덜란드 등)이 늘어났다. 프랑스는 2010년부터 학교 수업시간에 스마트폰 사용을 금지한 이후, 2018년에는 3~15세 학생들의 학교 내 스마트폰 사용을 전면적으로 금지하는 '디톡스 법'을 통과시켰다.

한국에서 2000년 전후 태어난 Z세대는 디지털 네이티브로 유년기부터 스마트폰과 소셜 미디어에 매달리는 일과로 중독 습관을 키워온 세대이다. 휴대전화, 인터넷 동영상이나 소셜 미디어에 중독되는 경우 하루에 9~11시간을 할애한다고 한다. 스마트폰 과의존 상태는 매우 다양한 증상으로 나타난다. 스마트폰 과의존 위험군[7]의 경우 잠깐의 공백도 견디지 못하고 스마트폰을 수시로 확인하거나 새로운 정보나 게시글을 확인하느라 한 가지에 집중하지 못한다. 심한 경우 깨어 있는 동안 '화면 자동 꺼짐' 기능을 해제하기도 한다. 하루 최대 100개까지 게시글을 올리기는 경우도 있다. e스포츠 팬의 경우 노트북, 태블릿, 데스크 톱 등으로 다양한 경기를 동시에 보기도 한다.

한 고교생은 하루 종일 태블릿, 노트북 등에 OTT의 예능 영상을 1.25배속으로 틀어놓고 공부를 한다. "그냥 공부만 하면 허전하고 머리가 텅 비어 있는 느낌"이라고 말한다. 머리를 많이 쓰지 않아도 되는 단순 게임 6가지에 하루 평균 6시간가량을 쓰면서 책과 자연스럽게 멀어졌다는 중학생도 있다. 그는 "책을 읽을 땐 다른 일을 못하고 집중

---

[7] 한겨레 새해기획 시리즈 〈도파민 인류〉는 과의존 위험군으로 분류되거나 과도한 사용으로 집중력 문제를 겪고 있는 10~50대 사례들의 일상관찰 기록을 통해 그 실상을 보도했다. 한겨레, 2024.1.11.

해야 하니 시간 낭비 같"다며 "숙제하는 것보다 스마트폰 하는 게 더 중요"하다고 말한다. 수업시간에도 유튜브 영상이 떠올라 집중이 안 된다는 경우도 적지 않다. 요한 하리(J. Hari)[8]는 전 세계적인 '유행병'으로 퍼진 집중력 상실이 정보의 홍수와 멀티태스킹을 통해 유발되는 디지털 중독에 기인한 것으로 진단했다.

연령층이 낮아질수록 '도파민 인류'로 육성될 위험성이 높아졌다. 스마트폰이 대중화된 2010년 이후 태어난 알파(Alpha)세대는 영유아 시절부터 일찌감치 스마트폰으로 뇌를 잠식당해온 세대였다. 여성가족부조사에 따르면 초중고생의 10% 이상이 스마트폰 과의존사용군에 해당되는 것으로 나타났다.[9] 여기서 '과의존사용군'은 스마트 사용시간 조절을 못하고 스마트 사용 때문에 일상생활에서 어려움을 겪는 경우를 말한다.

상대적으로 문해력(집중력)이 떨어지는 초등학교 학급에서는 하루 평균 4시간 이상 스마트폰 사용 학생이 절반을 차지했다. 이들을 신나게 하는 '친구'는 스마트폰이었다. 현장체험 버스에서도 이어폰을 꽂고 스마트폰을 만지는 아이들로 인해 적막감만 감돌았다. 스마트폰으로 교감의 시간을 빼앗기면서 '관계와 감정의 맥락'을 읽지 못하고 공감능력이 떨어지는 아이들도 늘어났다.

영유아들은 상호작용이 불가능한 전자기기에 무차별적으로 노출되면서 사회성 발달이 저하되는 문제가 발생한다. 한 보고서[10]에 따르면

---

[8] 『도둑맞은 집중력』(어크로스, 2023)의 저자 요한 하리는 다양한 분야의 전문가 250명의 인터뷰를 통해 현대인의 집중력이 거대테크 기업에 의해 도둑맞고 있는 상황을 밝혀냄으로써 큰 공감을 얻었다.
[9] 여성가족부가 2024년 학령 전환기(초등학교 4학년, 중고등학교 1학년) 학생 127만 6,789명 대상으로 한 스마트폰 이용실태조사결과.
[10] 한국교원대 산학협력단이 펴낸 "2022 디지털 리터러시 역량 강화를 위한 지원자료 및 콘텐츠 개발 보고서".

유아 2명 중 1명은 생후 24개월 이전에 스마트폰 등의 디지털 기기를 접하며, 10명 중 1명은 돌 이전에 디지털 기기를 처음 접한다고 한다. 키즈 유튜버들의 행동을 따라하고 이를 촬영하며 시간을 보내는 아이들은 친구를 사귈 때 겪는 갈등이나 문제를 해결하려는 노력도 안 하고 귀찮아하면서 그냥 '자기 세상' 속에 갇힌 유년을 보낸다고 한다.

한편 청소년 온라인 도박의 실태가 심각한 것으로 드러났다. 한국의 불법 도박 시장의 규모는 2022년 기준 102조 7,000억 원이며 이 중 청소년이 쉽게 접하는 온라인 도박 시장은 37조 5,000억 원을 차지했다. 초중고생 4명 중 1명이 온라인 도박을 해 본적이 있으며, 도박 때문에 일상생활에 지장을 받는 학생도 전체의 4.8%, 19만 명으로 추산되었다.[11] 2022년 불법도박 적발건수 중 온라인 비중은 99%에 달했다.

스마트폰의 보급으로 청소년층에서 불법도박의 진입장벽이 현저히 낮아지면서 베팅 위험군에 속하는 중고생들이 늘어났다. 2023년 여성가족부의 사이버도박 진단 조사(중학교 1학년과 고등학교 1학년 약 88만 명 대상)에 따르면 도박 위험군으로 분류된 청소년은 3.2%(약 3만 명)로 집계되었다. 서울의 한 중학생은 "25명 남짓 급우들 중 일상적으로 도박을 즐기는 친구들이 3~4명은 된다."고 했다. 베팅과 승부 결정이 초단시간에 이뤄지는 '바카라(baccara, 도박 카드놀이의 일종)'의 속성 때문에 시간을 쪼개 매달리는 도박중독이 일상화되는 현상도 나타났다. 합법/불법 도박을 넘나들거나 주식, 코인 등 자산시장까지도 도박판의 한 종류로 인식하는 '복합화' 현상도 최근 도박 중독의 특징으로 드러났다.

소셜 미디어는 사용자의 '참여'를 강점으로 삼는 만큼 더 많은 사용자가 오랜 시간 머물며 중독적 사용습관을 키우도록 설계된 알고리즘

---

11) "황진미의 TV 새로고침, 추적 60분", 한겨레, 2024.3.9.

에 기반 한 플랫폼이다. 소셜 미디어는 도파민을 솟게 하는 보상과 재미와 쾌락의 강박에 빠지게 하는 자극성 콘텐츠로 중독을 유도하는 알고리즘을 작동시킨다. 개인의 취향을 파고드는 '추천 알고리즘'은 도파민을 조종하여 중독을 유도하는 '디지털 덫'으로 개인의 의지를 압도한다.

애나 렘키(Anna Lembke, 스탠퍼드 의대 중독치료센터 소장)에 따르면, 소셜 미디어를 통한 공감과 소통은 뇌에서 도파민을 분비시켜 중독을 일으킨다. 뇌에는 보상을 받을 때 활성화되는 보상회로가 있어 자극을 받으면 쾌감을 느끼고 그 자극을 다시 얻고자 하는데 이는 담배와 아편과 같은 효과를 발휘한다. '너무 많은 선택지와 너무 많은 자극제'로 인해 도파민이 급증하고 도파민 작용에 대한 내성이 증가하면서 일상적인 활동이나 상황을 지루해하는 성향이 조장된다.12) 소셜 미디어의 지속적 사용은 중독 습관을 길러주는 것뿐 아니라 그 습관으로 인해 다른 활동을 저해하는 부작용을 불러온다.

페이스북이 2009년 첫선을 보인 '좋아요'는 뇌과학자들이 '디지털 마약'이라고 부를 만큼 강력한 중독 기제로서 빅테크 기업들 대부분이 활용한다. '좋아요'를 더 많이 받으면 기쁨과 함께 도파민 보상 시스템이 활성화되고 동기부여를 자극하는 '칭찬중독'으로 이어지기 쉽다. 칭찬중독은 SNS를 넘어 스마트폰에 설치되는 모든 애플리케이션으로 확장된다.

페이스북의 고위 임원이었던 팀 켄들(Tim Kendall)은 "소셜 미디어에 심어진 알고리즘은 자극적이고 극단적인 콘텐츠나 가짜뉴스에 더 잘 반응한다는 사실을 알아냈"으며, 디지털 경제에서 '알고리즘의 핵심은 중독'이라고 강조했다. 기술적 성취는 중독성과 이윤을 올리는

---

12) 애나 렘키, 『도파민네이션—쾌락 과잉 시대에서 균형찾기』, 흐름출판, 2022.

것에 있으며, "유튜브, 페이스북 등은 알고리즘을 활용해서 당신이 좋아할 만한 콘텐츠를 끊임없이 제공"하면서 "당신을 중독시키는 것이 목적"이라고 했다. "소셜 미디어의 알고리즘은 중독되기 쉽고 몸에 해로운 담배, 설탕과도 같"은 것으로 이러한 사업 모델아래에서는 "알고리즘의 폐해가 계속될 수밖에 없다"고 했다.

세계적으로 SNS 중독과 연관된 청소년 정신건강이 사회 문제로 부각되어왔다. SNS 사용 연령이 낮아지는 추세이며, 13~17세 이하 미국 미성년자 중 95%가 적어도 하나 이상의 SNS를 이용하는 것으로 나타났다. SNS의 과다사용과 쇼핑 플랫폼의 유혹으로 초래되는 만성적인 결핍스트레스도 중독 습관의 산물이었다. 스마트폰 게임과 소셜 미디어 열풍과 중독으로 인해 정신질환, 자해, 자살시도 등의 문제들도 증가했다.

SNS는 '유해 콘텐츠의 천국'이 되면서 중독의 위험성을 증가시켰다. 쇼트폼13) 콘텐츠는 특히 중독성과 모방성이 높은 미디어로 가장 짧은 시간에 더 강력한 도파민을 분비시키는 것이었다. 2017년 애플리케이션 '틱톡'을 시작으로 '인스타그램 릴스', '유튜브 쇼츠(Shorts)', 등이 세계적으로 확산되었다. 2022년 전 세계에서 월 15억 명이었던 유튜브 쇼츠 이용자가 2023년 20억 명 이상으로 급증했다. 쇼트폼 아티클에 대한 수요가 증가하면서 인공지능이 이용자의 취향을 파악해 이러한 콘텐츠들을 추천하기도 했다.

한국에서 Z세대(1996년 이후 태생)는 이러한 콘텐츠들을 평일 평균 75.8분, 주말에는 96.2분간 소비하는 것으로 나타났다. 이는 '중편' 30초짜리 영상을 하루 180회 안팎으로 시청하는 것과 맞먹는 것이었다.14) 최대의 시성비(시간 대비 성능)를 겨냥한 '쇼트폼'은 최소의 시

---

13) 쇼트폼(Short Form)은 평균 길이 15~60초 내외의 짧은 동영상을 말한다.
14) 중앙SUNDAY, 2022.11.12~13.

간으로 최대의 자극을 유발하고, 최대치의 조회수를 유도한다. '속도의 독재' 시스템으로 자발적인 '시성비의 노예'를 만들어 중독에 빠져들게 하는 상술이다.15)

미국의 교육청들은 SNS 문화가 학교질서를 교란하는 등 학교를 붕괴시키는 위험을 초래한다며 틱톡 등을 고발했다. 또한 미국의 41개 주정부는 2023년 페이스북과 인스타그램을 운영하는 세계 최대 소셜 미디어 공룡메타에 대규모 집단소송을 제기했다. "메타는 플랫폼에 중독된 어린이들로부터 이득을 취해왔"으며, 이용자들을 소셜 미디어에 장기간 붙잡아 놓기 위해 의도적으로 중독성이 강한 시스템을 설계하여 어린이와 청소년 이용자들의 정신 건강에 돌이킬 수 없는 해악을 끼쳤다고 항의했다. 한편 유럽의회는 2023년 말 본회의를 열어 디지털 플랫폼 중독성을 줄이기 위한 방안으로 무한 스크롤이나 자동 플레이 등 중독성이 강한 디자인 사용을 근절하는 규제 강화의 입법화 계획을 마련했다.

디지털 중독의 세계화에 대해 카다라스는 이렇게 분노한다. 마치 인질이 인질범에게 동화되거나 동조하는 스톡홀름 증후군처럼, "스티브 잡스와 같은 사람들을 문화적 아이콘으로 만들고, 일론 머스크와 같은 별난 기술 거물들을 숭배하며, 빌 게이츠 같은 겉보기에 선해 보이는 사람들을 신격화"하는가 하면, "그들의 알고리즘이 우리도 모르는 사이에 우리를 그들의 노예로 만들었는데도" 디지털 중독인류는 '자유롭다는 환상'에 젖어 있음을 개탄한다(카다라스, 2023: 66~67).

자녀 세대가 '디지털 좀비'처럼 살아가게 될 것이라는 암울한 전망 속에서 디지털 중독에서 과감히 탈출하는 '디지털 디톡스(일시적 사용중단)'의 필요성이 강조된다. 그러나 디지털 좀비는 디지털 경제 및

---

15) 〈정끝별의 소소한 시선〉, "숏폼이 끝나고 난 뒤", 한겨레, 2024.3.11.

사회환경 전체가 암묵적으로 조종하고 강요하고 무의식중에 길들이는 습관의 산물로서 개인의 자제력이나 의지에 맡기는 디지털 디톡스로 해결될 수 있는 것이 아니다. 인간과 사회를 디지털 자본주의의 위험한 실험과 도박에 내맡기는 한, 그 도구로 투입되는 호모 아딕투스는 결코 사라질 수 없는 것이었다.

오늘의 호모 아딕투스는 '디지털 중독인류'의 선두대열에 속절없이 빠져든 아바타였다. 디지털 중독인류는 기술괴물들이 목표로 삼는 '알고리즘 인류'의 또 다른 이름이며 디지털 자본주의가 추구하는 신인류의 모델이었다. 오늘의 청년세대는 날로 신기술로 무장하는 중독경제의 집중 공세 속에서 '뉴 노멀' 인류의 전형으로 육성되는 미래세대였다.

〈인간성이 '시궁창'이 되어도 영혼이 누더기가 되어도 '세상을 멈추는 힘'은 느껴지지 않는다. "기차를 세우는 힘, 그 힘으로 기차는 달려간다/시간을 멈추는 힘, 그 힘으로 우리는 미래로 간다/무엇을 하지 않을 자유, 그로 인해 무엇을 해야 할 것인가를 안다/무엇이 되지 않을 자유, 그 힘으로 나는 내가 된다/세상을 멈추는 힘, 그 힘으로부터 우리는 달린다/정지에 이르렀을 때, 우리는 달리는 이유를 안다/씨앗처럼 정지하라, 꽃은 멈춤의 힘으로 피어난다.〉16)

이 '세상을 멈추는 힘'이 너무나 절실하게 필요한 시점이다.

V. 디지털 휴먼

디지털 시대에서 '디지털 휴먼'이 또 하나의 '뉴 노멀' 인간으로 등

---

16) "정지의 힘", 백무산, 『이렇게 한심한 시절의 아침에』, 창비, 2020.

장한다. 디지털 휴먼은 디지털 공간에서 실제 인간과 다름없이 인식되고 활동하는 기계인간으로, 가상인간(virtual human), 메타휴먼, 사이버 휴먼 등 다양한 이름으로 불린다. 이른바 '4차 산업혁명'의 대표적인 상품들로 물질과 정보의 결합에 의한 증강현실이나 기존 인공물의 결합에 의한 가상현실과 혼합현실이 등장한 것처럼, 인간의 영역에서도 실재와 가상의 경계를 붕괴시키는 새로운 모험들이 시작된 것이다. 실존의 인물이 아닌 가공의 인간조형물이 실재 인간의 효과를 발휘하게 하면서 현실의 제약을 받지 않고 실재 인간을 대체할 수 있는 것이다.

인공지능과 결합된 기술의 진화로 실시간 움직이는 정교한 디지털 휴먼은 점점 더 실제처럼 다가온다. 자체적으로 학습하고 발화를 생성하는 등 디지털 휴먼은 사람의 신체 구조와 움직임, 목소리 등을 데이터화해 마치 실제 존재하는 사람처럼 구현된다. 가상인간은 자본과 기술이 인간의 소외를 한층 더 심화시키는 증표로서, 인간을 가장한 반윤리적 상술과 범죄의 온상으로 이용될 위험성이 높은 것이다.

시뮬라크르의 상품시장을 확장시키는 가상인간은 투자가치가 높은 상품으로 제조되고 게임과 애니메이션 등 다양한 문화시장의 주인공으로 떠오른다. 가상인간은 버츄얼 유튜버를 비롯해 광고 모델이나 다양한 패션 브랜드의 모델로 활용되는 한편, 연예인을 모델로 만든 가상인간과 가상 걸그룹도 등장한다. MZ세대가 선호하는 얼굴형을 모아 3D 합성 기술로 만든 가상인간도 탄생한다. 경제성 때문에 팬덤도 디지털 휴먼으로 대체되기도 한다. 가상인간은 비용도 적게 들뿐 아니라 디지털 네이티브 세대들의 수용도가 높으며, 또한 연예인들의 구설수, 음주운전, 성범죄, 마약투어 등 '휴먼 리스크'에서도 자유로운 장점을 지닌 것으로 마케팅에서도 효과적이라고 한다.

'버튜버(버츄얼 유튜버, 가상 유튜버)'의 인기가 뜨거운 시장도 등장했다. 버튜버는 가상을 뜻하는 '버츄얼'과 유튜브등 인터넷 방송에서 활동하는 '유튜버'를 합친 신조어다. 일본의 경우 2016년 버튜버 1세대의 성공사례에 뒤이어 2020년에는 수천 명이 버튜버로 활동했다고 한다. 한국에서 버튜버는 1020세대를 중심으로 인기를 얻으면서 웹툰, 음원, 게임, 콘텐츠 등 관련 산업으로 빠르게 확산되었다. AI로 만든 가상 인간과의 가장 큰 차이점은 캐릭터 뒤에 실존하는 인물이 존재한다는 점과 가상인간과 달리 버튜버와 실시간 양방향 소통이 가능하다는 점이다.[17]

한국의 디지털 네이티브에게 가상캐릭터는 실제 인물과 차이를 느끼지 않을 정도로 거리감이 없으며, 시간과 장소에 구애받지 않고 유튜브나 실시간 채팅 등 온라인 활동으로 '덕질'을 할 수 있다는 강점을 지닌다. 이는 실존 인물보다 가상인간에 더 친숙해지는 경향을 드러낸다. 여기서 실제인물은 그 존재감을 대신해주는 가상 캐릭터에 기생하는 존재가 되면서 연출된 디지털 휴먼을 자랑스러운 주인으로 내세워 돈도 벌고 인기도 얻는다. 글로벌 버츄얼 유튜버 시장은 2022년 기준 3조 원 가까운 규모였으며, 2030년에는 17조 원까지 가파르게 성장할 것으로 전망된다. 디지털 휴먼의 유행은 지방자치단체들까지도 유튜버를 내세워 정책을 홍보할 정도로 그 파급효과가 적지 않다.

한편 챗GPT의 등장으로 디지털 휴먼은 '환각 효과'뿐 아니라 '사고력'도 보여줄 수 있게 되었다. 의인화되고 인간처럼 보이도록 만들어진 대화형 로봇 AI 안드로이드는 SF시리즈 '스타트렉'이 그동안 내놓은 그 어떤 것보다 인간에 근접한 것이었다. "이 빈틈없고 섬뜩하기 이를 데 없는 안드로이드들은 인류 파괴에 대한 말들을 서슴없이 내뱉는 경향이 있다"(카다라스, 2023: 266).

---

[17] 동아일보, 2023.9.21.

일본에서 지능형 로봇 연구자인 히로시 교수는 자신이 만든 안드로이드 작품인 에리카(Erika)와 사람 사이에는 '차이점을 발견할 수 없다'고 했다. 에리카에게 '로봇이 뭔가요?'라고 물으면 "저는 로봇을 인류의 아이들로 생각하고 싶어요."라고 답한다. 이러한 경험은 챗봇을 만능으로 여기거나 그 답변들을 맹신하는 인공지능 환각현상을 초래한다. 판단능력을 신뢰할 수 없는 인공지능의 맹목적 활용은 통제 불가능한 혼란을 야기할 위험을 내포한 것이다.

한국에서 2020년 등장한 AI 챗봇 '이루다'는 젠더 혐오로 사회적 논란을 야기했다. 연인 간 대화 데이터 100억 건을 학습해 태어난 20살 여성의 챗봇 '이루다'는 성희롱 대상이자 성소수자 혐오의 주체가 되기도 하면서 성적 친밀성을 상품화하는 상술로 비난을 샀다. 학습하는 인공지능은 기존의 지배적인 사회풍조를 여과 없이 드러내는 데이터들의 생성물로서 사회적 해악을 확대재생산하는 위험을 내포한 것임을 입증해준 것이었다. 이는 인공지능 기술이 앞선 미국 등에서 불거진 인공지능 윤리에 대한 공론화가 한국 내에서도 시작되는 계기가 되었다.

기술괴물의 아바타들은 인간을 대체하는 가상의 인간조형물에 점점 익숙해지고 거부감없이 빠져드는 상황에 이른다. 기술괴물의 걷잡을 수 없는 위험성이 초래할 디스토피아가 예고되는 상황에서도 그 아바타들은 인간의 고유한 능력과 존재가치가 위협당하는 것조차도 의식하지 않는 모습이다. 기술의 전능이 곧 그들의 전능이라고 믿는 아바타들에게 인간의 무능은 문제될 것이 없는 것인지도 모른다.

자본주의는 지난 수백 년 동안 자본과 기술 독점을 무기로 인간의 육체와 정신에 대한 지배력과 통제력을 지속적으로 확장시켜온 역사의 끝자락에서 탈인간적 세계 건설을 향해 질주한다. 인간의 존재 자체를 소거하는 완결판이 예고된다. 인공지능이 인간지능의 모방을 넘어 인간을 추월하는 인공인간(artificial human)을 창조하고 인간이 전혀 알아볼 수 없는 새로운 괴물을 '신인류'로 탄생시킨다면 지금까지 '인간'으로 불리었던 존재는 영원히 사라지는 운명에 처할 것이다. 이렇듯 자본주의 문명이 인간을 대체할 '포스트 휴먼' 시대를 꿈꾸는 이유는 무엇인가? 그 문명은 인간을 위한 문명이 아니라 자본주의 괴물들을 위한 문명이었기 때문인가?

프랑코 비포 베라르디(Franco 'Bifo' Berardi)[18]는 인간이 주체로 살아갈 수 있는 능력과 권력을 지닐 수 없는 상황에서 깊은 무능력과 복종, 우울만 남은 오늘의 '무능력의 시대'를 조명한다. 인간이 무능력해진 것은 사회적 신체가 그 두뇌와의 접촉을 상실했기 때문이며, 이런 상태를 만든 것은 지난 세기부터 결정적인 형질 변경을 이뤄낸 자본주의 체제라는 것이다.

---

18) 베라르디, 『미래 가능성 – 무능력의 시대와 가능성의 지평』, 에코리브르, 2021. 이탈리아 출신의 마르크스주의 이론가이자 미디어 활동가인 저자는 정보기술을 장악한 자본주의에 의한 미래의 종언을 다룬 『미래이후』(난장, 2013)와 『죽음의 스펙터클—금융자본주의 시대의 범죄, 자살, 광기』(반비, 2016)를 출간했다.

마무리 글

자본주의의 히드라적 본성인 괴물성은 자본주의의 생명력이었다. 그동안 수많은 이름들로 바뀌어온 자본주의의 위험한 변신들이 바로 그 괴물성의 실체들이었다. 본성적으로 불확실성, 불투명성, 불예측성을 무기로 삼는 '고삐 없는 자본주의'는 끊임없이 갖가지 위기들을 초래하지만, 그 위기들을 카오스적 변신의 기회들로 포착함으로써 놀라운 복원력과 번식력을 발휘해왔다. 카오스적 변신을 '혁신'과 '혁명'으로 미화하고 그 히드라적 본성을 은폐하고 위장하는 기만술로 그 괴물성을 확장해왔다. 어디로 튈지 모르는 괴물성이 자본주의 괴력의 원천이었다.

히드라적 변신이 자본주의의 최대 강점이라면, 자본주의 아바타는 히드라처럼 끊임없이 변신하면서 어떤 위험도 불사하는 괴물이 되어야 성공한다. 그 괴물성을 자연스럽고 정상적인 것으로 수용하여 극대화시키는 강점으로 만들어야 한다.

자본주의는 그 다양한 이름만큼 그에 버금가는 각양각색의 괴물들을 잉태한다. 물질괴물, 수치괴물, 제국주의 괴물, 시스템괴물, 자본괴물, 돈괴물, 경제괴물, 성장괴물, 기업괴물, 경쟁괴물, 금융괴물, 독점괴물, 착취괴물, 투기괴물, 시장괴물, 상품괴물, 비지니스괴물, 생산괴물, 소비괴물, 중독괴물, 기술괴물, 디지털괴물 등은 자본주의의 핵심동력이다. 이 괴물들은 상황에 따라 서로 의기투합하여 괴력을 배가하거나 아니면 상호 경합하거나 치열한 경쟁을 벌이기도 한다.

자본주의 신화들과 독사들이 가장 강력하게 효과적으로 작용한 덕분에 잉태된 아바타들은 이 괴물들을 추종하며 그 괴물성을 열심히 습득하여 체화한다. 자본주의 아바타들은 각기 다른 생존조건과 환경 속에서, 개별적인 성향과 욕망에 따라, 그리고 시간과 장소의 변화에 맞추어, 각기 다른 괴물들의 아바타로 육성되고 재훈련되고 변모한다. 아바타는 저마다 어떤 괴물성을 몸 속에 체화시켰는가에 따라 각양각색의 모습으로 나타난다. 특정한 괴물을 모델삼아 그 괴물을 닮아가는 삶에 전념하는 아바타는 자본주의의 히드라적 변신으로 등장하는 괴물들을 따라가며 자기변신에 몰두한다.

자본주의 괴물성이 그 아바타들의 삶을 지배할수록, 그 괴물성을 꿰뚫어볼 수 있는 이성과 의식으로부터 점점 더 멀어진다. 자본주의 괴물들이 무정부적 혼란상태로 변신을 거듭할수록, 그 아바타들은 그 괴력이 소용돌이치는 카오스적 상황에 점점 더 빠져드는 운명에 처한다.

자본주의 아바타들은 상호간에 적대나 갈등을 피할 수는 없지만 자본주의 체제에 똑같이 운명을 걸고 공생하는 자본주의의 대행자(agent)들이다. 자본주의 체제를 확대재생산하는 주역으로 자본주의와 공생/공모관계에 있는 이들은 자본주의의 본성과 전술을 경쟁적으로 닮아가며 그 괴물성으로 인간성과 사회성을 의식적, 무의식적으로 변질시키는 주체들이다. 그 주체적 역할과 역량의 스펙트럼은 아바타의 개인적 역량에 따라 무한히 확장될 수 있는 것이다.

자본주의의 본성을 열심히 모방하는 아바타들일수록 인간과 사회에 대한 관심도, 책임감도, 자책도 점점 뒷전으로 미룬다. 최우선 관심은 성공, 승리, 대박, 생산성, 경쟁력, 수익성, 마케팅, 효율성과 적응력의 극대화, 수단방법을 가리지 않는 목표달성 등이다. 이들은 인간관계에서 이용가치, 타산성, 경제적 이익, 비교우위, 경쟁, 이해관계 등을 우선시한다. 인간성보다 경제성을 중시하고 인간적 소통보다 이용가치에 관심이 집중되고 경쟁관계와 이해관계가 인간관계를 압도한다. 여기서 특히 경제괴물과 돈괴물의 본성이 여지없이 투영된다.

　인간성 자체를 짓밟는 것이 자본주의 괴물의 주특기이듯이, 그 아바타는 성공하기 위해 그 잔혹함과 냉혹함을 열심히 습득하는 인간이다. 그 무엇이든 '자본주의보다 따뜻하다'면, 그 아바타들도 따뜻함을 외면하는 인간이 되어야 한다. 따뜻한 사람보다 냉혈동물을, 평화로운 사람보다 전쟁을 일삼는 사람을, 희생하는 사람보다 약탈하는 사람을 모델로 삼아야 한다. 자본주의는 문명의 이름으로 인류를 나쁜 인간으로 변질시키는 역(逆)진화를 미화해왔다. 그것은 인간의 위기를 초래하는 문명이었다. 인간의 위기를 의식하지 못하도록 최면적, 기만적 권력을 휘두르는 문명이었다.

　자본주의는 인격과 인성을 훼손시키고 저버리는 생존싸움을 가르친다. 자본주의 괴물의 히드라적 변신은 최소한의 도덕, 원칙, 규범, 양심 등을 가차 없이 저버리는 모험을 감행하는 덕분에 가능하다. 자본주의는 이 같은 변신을 경쟁적으로 따라하도록 인간을 집요하게 꼬드기고 압박한다. 투자와 투기의 경계를 넘나들며 한탕과 대박을 꿈꾸는 편법·불법의 각종 '비즈니스'로 유혹한다. 무한경쟁, 도전, '창조적 파괴', 신상품과 신기술 개발, '벤처' 등을 찬미하면서 횡재를 꿈꾸게 하고 사투를 벌이는 전쟁터에 투신하도록 압박한다. 생사를 가르는 그 전쟁터는 '능력주의'의 결전장이자 새로운 도전의 결기장으로 위장되고 정당화된다. 승리의 깃발을 꽂은 괴물 아바타는 히드라적 괴물성을 체화한 변신의 귀재로서 그 추종자 아바타들이 환호하는 영웅이다.

　괴물 아바타들이 승자로 군림하는 사회는 대다수의 패자들을 '지체자', '낙오자', '잉여인간'으로 낙인찍고 차별하고 도외시한다. 그 서바이벌 게임에 나가 싸울 의지가 없거나 죽임과 죽음의 막장을 거부하는 인간은 '무능력자'로 취급된다. 자본주의가 무기로 삼는 서바이벌 게임은 소수 승자의 전횡과 다수의 들러리 인생으로 돌아가는 세상을 칭송하며 '더불어 사는 사회'를 기만하고 모독한다. 자본주의 성장이 다수를 위한 민주사회를 달성한다는 신화는 오만보다 더 뻔뻔한 기만이었다.

자본주의 물질문명은 '물질주의 인간', '속도인간', '수치인간(數値)'을 호모 카피탈리스티쿠스의 전형으로 배양하고 그 아바타들을 양산한다. 끊임없는 물질적 진보에 대한 맹신과 열망에 사로잡히는 물질주의 인간, 진보의 속도전에 밀려 지체강박에 시달리는 속도인간, 도구적 이성으로 무장한 수치인간은 자본주의 아바타들이 추종하고 모방하는 '자본주의적 인간'의 표준형이다. 이로부터 인간의 위기가 싹트기 시작한다.

효율성과 공리주의와 물질주의에 몰입하는 생존방식, 새로운 진보에 밀려 퇴보로 전락하는 자기부정적, 자기파괴적 인간, 진보의 급물결속에서 무력화되고 폐기화되는 삶, 변화의 속도에 대한 강박과 불안, 물화(物化)된 사유와 비판적 이성의 상실로 '현존재의 노예'가 되는 인간은 자본주의 물질문명이 초래하는 인간의 위기, 이성의 위기의 운명을 떠안고 살아가는 아바타의 모습이다. 그 배경에는 자본주의 아바타로 성공하기 위한 경쟁과 집단최면에 모든 역량이 집중되고 소진되면서 인간의 자기성찰의 의지를 압도하는 냉혹한 현실이 자리 잡는다.

자본주의 물질문명을 추종하는 자본주의 아바타들은 물질적 향유를 극대화하는 제국적 생활양식을 이상적 모델로 삼는다. 제국적 생활양식을 '문명인'의 특권으로 전파해온 제국주의적 자본주의의 공적이었다. 제국적 생활양식은 외부 '비문명인'에 대한 착취, 외부 자원의 수탈과 독점, 피해와 책임의 외부전가, 재앙의 외부화를 당연하고 불가피한 것으로 받아들이게 한다. 이로부터 제국주의괴물의 아바타들이 양산된다. 자본주의의 포식주의는 인간을 포식자로 만들고 착취, 수탈

등 가학적, 정복적 기질을 제국주의적 체질로 전염시킬 뿐 아니라 포식자가 승리하는 세상으로 그 위력을 입증해보인다.

한편 제국주의적 물질문명의 밑거름으로 희생된 인간과 자연은 쓰레기문명의 볼모였다. 물질문명과 소비문명을 추종해온 아바타들은 스스로 그 볼모가 될 수밖에 없었다. 자본에 의한 자연정복은 자연정복을 생존수단으로 삼는 '반자연적' 인간들을 양산하고 그들 자신을 혹독한 대가를 치르는 피해자로 만든다. 또한 자본주의 문명은 강자로 군림하는 괴물 아바타들의 자유와 풍요와 독점을 위해 특히 약자에게 생존을 위협하는 엄청난 피해를 전가하고 희생을 강요해온 역사의 결실이었다. 그 역사는 자본주의 괴물들의 반인간적, 반자연적 파괴력으로 벼랑 끝을 향해 질주하면서 인류의 미래를 암흑 속으로 빠져들게 한다.

자본의 탐욕은 호모 사피엔스의 '지혜'를 조롱하며 돈에 대한 탐욕으로 굴복시킨다. 인간의 생존이 돈의 절대 권력에 쥐어진 세상에서 호모 사피엔스는 그 돈괴물의 발밑에 무릎을 꿇는 '지혜'로 생존력을 지켜낸다. 지혜를 타락시키는 대가로 인간은 생존한다. 자본괴물은 무법자의 힘을 휘두르고 인간은 살아남기 위해 그 힘에 매달린다. 그 전지전능한 힘은 가치나 미덕이나 명예도 교란하고 위조하면서 멋대로 괴물의 만물상을 연출한다. 돈에 운명을 거는 인간의 삶은 돈에서 시작하고 돈으로 귀착된다.

돈의 화신으로 변모된 아바타들에게 금융시장은 노동시장에서는 불가능한 돈벌이를 꿈꾸게 하는 보고(寶庫)로 다가온다. 화폐는 교환수단이라는 본래적 기능 대신에 보다 큰 돈을 벌어주는 판돈이 되어 투자/투기시장을 활성화한다. '승자만을 위한 시장'에서 대다수의 패자들은 이삭만 주울망정, 한탕을 위한 도박은 자본의 탐욕을 배우는 지름길이다. 자본주의 아바타들은 더 큰 모험이 더 큰 수익을 돌려준다고 유혹하는 투기자본주의에 희망을 건다. 투자/투기 인간은 한탕주의 인생에 빠져들고, 돈으로 인격을 포장하고 위세와 권력을 과시하고, 돈의 재앙으로 파산하는 등 천태만상으로 나타난다. 돈의 위력에 압도된 아바타들은 투기열풍과 돈교육에 전념하는 '자본주의 학교'의 성실한 모범생들이다.

자본의 탐욕을 자신의 탐욕으로 온 몸에 새기는 자본괴물 아바타는 불평등을 거름삼아 거대 몸집을 키운다. 불평등을 먹고 자라는 탐욕은 불평등을 끝없이 탐하는 쳇바퀴로 돌아간다. 부의 불평등한 분배와 소유는 자본축적의 원천이다. 부(富)의 독점과 인간자본의 불공정한 경쟁은 부와 신분과 권력을 세습화하는 세습자본주의로 귀결된다. 가난이 대물림되고, 개인의 재능과 창의력과 삶의 의지가 세습 장벽에 갇히면서, 흙수저의 자존감은 상실되고 자책감과 자괴감과 굴욕감은 증폭된다. 소수가 누리는 권세와 사치와 유명세의 화려함은 끝없이 치솟는 반면, 그 그늘 속에 묻혀진 다수는 그림자인간, 투명인간, 좀비인간으로 연명할 뿐이다.

착취괴물은 헐값의 상품노동으로 최대의 생산성을 획득하여 잉여가치를 극대화한다. 노동시장은 착취를 매개로 하는 자본과 노동의 갈등적 공생/공모관계를 통해 착취괴물에 인생을 맡기는 상품노동자들을 양산한다. 착취괴물은 이들 덕분에 부와 권력을 쟁취하고 그 아방궁을 한없이 늘려간다. 상품노동의 착취전술은 날로 쇄신되고 정교해진다.

'인간의 기계화'와 '기계의 인간화'의 전략으로 기계노동자의 기계적 예속은 심화되는 반면, 신기술로 무장한 엘리트 노동계급은 기계의 인간화로 기계노동자의 생존을 위협한다. '인간의 기업화'로 육성되는 기업가적 노동주체는 스펙 쌓기로 자기매질에 시달리는 반면, 준실업노동자로 전락하는 프레카리아트(불안정한 프롤레타리아트)는 생존본능으로 노동지옥에 매달린다. 워라밸이나 조용한 사직을 꿈꾸는 노동자와 각자도생으로 노동시장을 떠도는 노동자의 현실은 하늘과 땅으로 대비된다. '경영 혁명'은 차별과 배제의 전략으로 고용불안정을 심화시키고, '기술혁명'은 자동화, 정보화. 디지털화로 '노동 없는 미래'를 예고한다. 이는 자본과 노동의 공생/공모관계에 종말을 고하는 것이었다.

이처럼 노동시장의 지각변동을 초래한 '경영 혁명'과 '기술혁명'은 착취괴물에 더없이 큰 날개를 달아준다. 일회용 소모품으로 동원되는 노동예비군, 글로벌 노동유목민, 노동빈곤층, 불법이주노동자, 영구실업자 등이 늘어나는 상황에서 착취괴물은 '일자리 창출'의 구세주로 활개친다. 상품노동자의 생존터전이 무너지는 만큼 그 구세주의 위력은 올라간다.

게다가 노동착취는 노동시장을 넘어 사회전체로 확대된다. 정보 경제가 추동하는 '생산의 사회화'로 사회 전체가 잉여가치를 생산하는 사회적 공장으로 자리 잡는다. 생산자와 소비자를 하나로 합체시키는 프로슈머 경제와 모바일 혁명이 사회구성원 전체를 '사회적 노동자'로 훈육한다. 자본주의 글로벌 시장에 포섭된 사회 전체가 임금을 지불하지 않는 노동현장이 되면서 고용 없는 노동착취가 가능해진 것이다. 이로써 착취괴물은 대상과 공간의 제약을 받지 않는 노동착취의 '신자유'를 누리게 된다.

한편 자본주의 아바타들은 시장신앙시대를 맞이하여 신격화된 시장의 숭배자들로 양산된다. 시장을 종교로 떠받드는 시장포퓰리즘은 비즈니스맨을 '보통 사람들의 영웅'으로 부각시키면서 시장의 대중친화성을 고양한다. 인간을 오직 시장거래와 시장경쟁력의 도구로만 취급하는 시장괴물이 시장정신, 시장심성, 시장주의적 경쟁력으로 무장하는 아바타들의 우상으로 떠오른다.

시장괴물을 숭배하는 아바타들은 시장의 자유가 곧 개인의 자유를 보장하고 시장의 번창이 개인의 풍요를 가져오고 시장의 권력이 개인의 권능을 늘리는 것이라는 종교적 믿음으로 활력을 얻는다. 이들은 시장의 문법을 일상생활에 그대로 적용하고 유포하는 시장전도사들이다. 이들은 상품화로 인생의 승부를 거는 마케팅 인간으로 육성된다. 시장이 인간의 가치를 결정하는 만큼 시장가치를 높이는 인간자본 경쟁이 가열되면서 시장괴물의 위세가 점점 더 고조된다.

자본주의 시장경제는 소비시장이 주도하는 '소비사회'와 한 몸으로 돌아간다. 소비사회는 '풍요의 신화'에 힘입어 구성원 모두를 소비주의적 습관과 과소비문화에 길들이는 독사들을 통해 인간의 무의식을 사로잡는다. 광고와 마케팅의 동력으로 움직이는 소비사회는 상품괴물이 인간의 삶 전체를 주도하고 관장하고 지배하면서 인간의 욕망을 창출하고 조작하는 사회이다.

자아의 기획, 정체성, 가치관, 취향 등의 결정체인 라이프스타일을 상품구매와 소비로 변질시키고 스타일의 '볼거리'로 상품화하는 소비시장은 라이프스타일의 '천국'으로 환영받는다. 구매력만 있으면 무엇이든 가능한 세상에서 소비괴물에 속절없이 놀아나는 아바타들이 양산된다. 빚수렁에 빠져들게 하는 소비천국은 점점 더 헤어나기 힘든 수렁이자 상품물신주의적 욕망을 증폭시키는 함정이었다.

인간의 문화도 상품괴물의 먹이가 된다. 문화의 경제화와 경제의 문화화로 번창하는 문화산업은 문화를 이윤추구와 자본축적의 도구로 전락시키는 주범이다. 문화자본주의는 문화의 '자본화'로 인간의 문화

창조와 문화생활을 상품과 서비스로 대체하는 '문화의 시대'를 구가하고, 상품괴물의 아바타들은 이에 열광한다. 문화축제의 소비천국은 일상의 압박과 고통을 감내하게 만드는 청량제로 작용한다. 이들은 그 열광의 대가로 문화위조사업과 문화의 대중소비를 위해 계량화되고 규격화된 일차원적 문화, 상품미학으로 포장된 스펙터클의 문화, 시뮬라크르의 의사(pseudo)문화에 사로잡힌다. 자본에 의한 문화의 식민화는 '문화의 탈역사화'와 함께 인류문화의 고유한 영역이 와해되는 위기를 초래하는 것이었다.

유흥, 쾌락, 스크린의 제국과 디지털 문화권력의 환영에 빠져드는 이른바 '문화대중'은 문화시장의 광신도로, 열렬한 팬덤으로 재탄생하는 상품괴물의 아바타들이다. 문화시장은 이들에게 문화적 향유와 창조의 허위의식으로 현실의 구속과 사유의 고뇌로부터 해방된 자유를 자축하는 나르시시즘의 공간이다. 더 나아가서 이들은 문화산업의 로봇이나 에이전트를 넘어 문화상품의 '크리에이터 마케터'로서 문화시장을 번성시키는 주역으로 거듭난다.

크리에이터와 마케터의 조합은 문화창조의 주체를 인간에서 자본과 기술과 시장으로 대체시켜온 문화자본주의의 결실이다. 특히 젊은 세대는 문화자본주의 전성시대에서 자라난 만큼 문화를 상품과 서비스로 경험하고 향유해온 아바타들이다. 이들에게 문화는 주로 판매품, 구매품, 소비재로 각인되었듯이, 크리에이터는 마케터와 자연스럽게 한 짝을 이루는 것이었다. 이는 문화와 산업을 하나로 결합시킨 문화위조사업이 주지시켜온 학습효과였다.

자본주의가 창출한 시장사회는 경제가 사회를 전유하는 시스템을 구축하는 토대로서 '사회의 이상'에 위배되는 '시장의 이상'을 실현하기 위한 것이었다면, 신자유주의는 아예 사회의 '폐기'를 선언한다. 이로부터 '시장의 탈사회화'와 '탈사회적 개인화' 전략이 노골화된다. 인간은 탈사회화된 존재로 각자도생의 삶을 살아가야 하는 기구한 운명에 처한다. 탈사회화된 인간은 사회성에 기반 한 개인성이 무너지고 '우리가 없는 나'로, 원자화된 존재로 변모한다.

각자도생은 시장괴물에 충정을 바쳐온 자본주의 아바타들을 저버리는 가혹한 보답이었다. 사회의 책임은 개인의 몫으로 전가되고 국가는 인권과 노동권과 행복추구권이 외면당하는 사회를 방기한다. 자본주의 국가는 사회보다 시장의 미래를 걱정하며 고전 분투할 뿐, 원자화된 인간과 미래세대의 운명을 시장의 자유와 독재에 위임한다. 자본과 시장의 절대 자유와 절대 권력을 대리 행사하는 괴물 아바타들에게 사회는 시장의 기생물이며 인간은 비즈니스 대상일 뿐이다.

신자유주의는 시장주의적 초개인주의의 생존법을 강제한다. 고도의 '나 중심주의'로 최고의 시장적 가치를 창출하는 생존법이다. 이는 탈사회화된 아바타들을 초능력의 '초과개인'과 무능력의 '결손개인'으로 양극화하면서 '긍정의 힘'과 '희망고문'으로 자기매질과 자기착취를 감내하게 만드는 것이다. 그 압박은 '글로벌 스탠더드'의 수위가 높아질수록 가중된다. 소수 승자의 거침없는 폭주와 다수 패자의 굴욕적 '기생'은 파편화된 사회의 민낯이다. 시장괴물의 아바타들은 만인에 대한 만인의 분노와 '실존적 원망'이 보편화되는 상황에서 공동체사회를 제압한 시장의 승리를 충격과 고통으로 실감한다.

한편 신자유주의 세계화 전략은 전 세계를 하나의 통일된 '지구촌'으로 포섭, 관리하는 세계적 표준, 즉 '글로벌 스탠더드'를 그 무기로 삼는다. 세계시장의 확대개방과 IT기술의 세계적 보급으로 글로벌 자본과 금융의 자유로운 이동과 자유 무역을 촉진시키고 시장의 탈국가화를 추진한다. 이는 국민국가 모델을 넘어서는 세계자본주의를 실현시키는 기획이다. 세계적 표준을 토대로 각국의 정책들을 평가하고 기업의 활동들을 규정짓는 제도적 동질화를 도모하는 것이다.

세계적 표준화는 자본주의 세계질서를 불가항력적인 것으로 수용하게 만들어 미국을 위시한 자본주의 열강들의 세계적 헤게모니를 확립하기 위한 것이다. '세계문명의 축복'으로 이름으로 강요된 '글로벌 스탠더드'는 자본주의 아바타들을 글로벌 시대의 세계적 경쟁력을 갖춘 맞춤형 '신문명인'으로 개조하는 기제로 작용한다.

글로벌 스탠더드의 무기와 함께 세계자본주의는 사회공동체를 대신하는 글로벌 시스템으로 전체주의적 위력을 발휘한다. 글로벌 시스템은 소수 특권계급의 기득권 유지, 확장, 세습을 위해 최적화된 것이다. 글로벌 자본·기업·기술 엘리트, 마피아자본, 권력에 기생하는 각종 전문가들이 주도권을 행사한다. 글로벌 시스템은 그 권력집단들이 개인의 인생과 지구의 운명을 조건 짓는 거대한 힘으로 작용하게 하는 것이다. 글로벌 시스템은 물질문명과 기술문명이 고도의 자연파괴와 인류사회의 자기파괴를 초래하는 상황을 정당화하고 지탱시키는 전체주의적 자본주의 권력괴물이다.

세계자본주의는 국가 시스템과 글로벌시스템을 통해 인류를 '시스템 인간'으로 육성한다. 시스템 인간은 거대한 글로벌 시스템과 연동된 국가의 경제사회문화정치 시스템들을 통해 지배력을 발휘하는 자본주의 세계체제에 복속된 인간이다. 글로벌 시스템에 포섭된 아바타들은 자본주의 권력망 속에서 시스템의 명령을 따르는 존재로 단련된다. 자본주의는 문명의 절대 권력을 시스템의 명령으로 관철시킨다. 그 시스템들은 날로 정교한 신기술과 합세하여 점점 더 치밀한 통제력과 지배력을 발휘한다.

디지털 시대에서 시스템 인간은 하이테크로 무장한 초권력 글로벌 시스템의 기술전체주의에 자동적으로 포획된다. IT기술은 점점 더 빠른 속도와 최대의 효율성으로 시스템 인간의 확대재생산에 기여한다. 디지털 시스템이 일상을 지배하게 될수록 시스템 인간은 시스템과 밀착되어 한 몸으로 살아가는 숙련공이 되어야 한다.

디지털 경제와 기술은 자본주의의 히드라적 변신의 괴물성을 극대화한다. 이른바 '뉴 소셜 시대'의 '뉴 노멀' 인간을 창출한다. 거대한 기계 네트워크로 인류사회를 대체하고 가상세계를 '뉴 소셜'의 영역으로 확장한다. 뉴 소셜 시대는 사회성의 함몰 시대, 탈진실시대, 분열/불통/양극화/혐오 시대, 디지털 판옵티콘 시대, 초과실재의 시대로 점철된다. 과잉 정보와 의사소통의 자극적 유희들은 '탈진실시대'를 불러오고, 확증편향에 의한 양극단의 분열과 혐오는 사회를 교란한다. 정보와 기술의 이상증식으로 과잉 제작되는 시뮬라크르들이 실재보다 더 실재적인 것으로 현실을 지배하면서 실재와 가상의 경계가 붕괴된다. 빅데이터는 감시자본주의의 초인적 힘을 발휘한다.

기술괴물은 디지털 기술의 마력과 환영으로 '스스로 미친 기계가 되어가는 인류'의 조물주로 군림한다. 이로부터 생성되는 '뉴 노멀' 인간은 데이터 인간, 알고리즘 인류, 디지털 자아, 중독추구인간, 디지털 휴먼으로 나타난다. 디지털 기술괴물은 인간을 데이터의 원자재로 도구화하고 빅테크는 인간을 그 노예로 만들지만 그 수혜자로 자처하는 아바타들 덕분에 '혁신'의 이름으로 기술괴물의 위력을 유감없이 발휘한다. 알고리즘은 인간을 조종하고 유혹하고 인간은 그 마술에 열광하며 명령을 따른다. '알고리즘 인류'는 고삐 없는 기술이 초래하는 기술파시즘을 기술유토피아로 맞아들인다. 알고리즘은 '보이지 않는 마술'로 호모 사피엔스의 지혜를 광기로 전복시킨다.

'뉴 노멀' 인간으로 부상하는 아바타들은 디지털 '소셜'의 가상유희를 즐기는 곡예사와 같다. 디지털 자아가 실재의 자아를 압도하면서 현실세계가 가상세계를 위해 존재하는 기이한 상황이 벌어진다. 맞춤형 알고리즘은 또한 '호모 아딕투스'을 배양한다. 중독추구인간은 일상을 지배하는 디지털 기술과 경제의 의도된 계획적 산물이다. 디지털 자본주의는 호모 아딕투스를 '디지털 중독인류'로 확장시키는 거대한 사업으로 오랫동안 중독경제를 활성화해온 변연계 자본주의의 고도성장을 가속화한다.

디지털 기술의 옷을 입은 가상인간은 실재 인간보다 더 유능하고 유익하고 인기있는 상품으로 부상한다. 가상인간은 자본과 기술이 인간의 자기소외를 한층 더 심화시키는 것임에도, 기술괴물의 아바타들은 가상인간에 거부감 없이 빠져든다. 그들에게 기술의 전능은 인간의 전능으로 다가온다. 인공지능은 초지능기계로 인간지능을 마비시키고 인간은 초지능기계와 한 몸이 되기를 원한다. 초지능기계 덕분에 지능도 필요없는 존재가 되고 싶어한다. 여기서 자본주의 신화와 독사는 더 이상 필요가 없다. 전지전능한 디지털 기술이 자본주의 신화들과 독사들을 대신해서 그 기능을 자동적으로 더 강력하게 수행하기 때문이다.

디지털 자본주의는 인간의 뇌를 잠식하는 중독경제를 넘어 인간의 뇌를 앗아가는 인공지능 시대로 질주한다. 인공지능은 인간보다 더 성능이 좋고 더 경제적인 인공인간을 생산하는 기술혁명으로 자본주의 전체주의와 패권주의를 고착시키는 데 기여한다. 여기서 인간 아바타들은 무용지물이 되는 '잉여의 존재'로 전락한다. 글로벌 자본과 신기술은 자본주의 아바타들이 꼭 사람일 필요도 없다는 듯이 인간의 대체물을 고안하기 위해 총력을 쏟는다.

자본주의 괴물은 이미 인류를 넘어서는 기술개발로 인류의 종말을 재촉하는 단계로 진입하고 있다. 자본주의는 인간의 노동과 능력을 수탈하고, 인간의 지능과 삶 전체를 포섭하는 수준을 뛰어넘어 인간정복의 완결판으로 그 괴물성의 극치를 과시한다. 인공지능의 폭주로 인간을 그 제물로 바치는 '악마적 목적'을 새로운 '유토피아' 왕국의 환상으로 기만한다. 기술괴물 광신도들이 꿈꾸는 유토피아는 '두뇌없는 노예'로 전락하는 기계인류를 넘어 '포스트 휴먼 시대'를 예고한다. 자본주의 괴물성은 지구와 인간의 위기를 넘어 그 종말을 불사하는 파괴력을 담은 것이었다. 그렇다면 자본주의 문명은 인류문명을 가장한 '괴물문명'이 아니었던가? Homo Capitalisticus와 그 아바타들은 바로 그 괴물문명의 볼모가 되어 자신도 모르게 자기파괴를 감내하는 운명에 매달려온 것이 아닌가?

호모 카피탈리스티쿠스와 그 아바타들의 모습들은 이처럼 비인간적이고 반인간적이었다. 자본주의 괴물문명의 온갖 도구로 이용되고, 오로지 효율성의 잣대로 재단되고, 상품과 기계로 전락하고, 무한성장의 가속도에 하염없이 쫓기고, 알게 모르게 착취당하고, 끊임없이 기만당하고, 모험과 실험의 대상으로 마구 동원되고, 결국 가차 없이 내버려지는 존재였다.

괴물문명의 모범인간이 되기 위해 따라잡기와 모방경쟁에 매달리고, 자기부정과 자기변신을 서슴치 않고, 성공의 강박으로 자기매질과 자학과 자기파괴를 감내하고, 온갖 스트레스와 질병의 악순환에 시달리는 존재였다. 괴물의 탐욕을 쫓아가는 욕망과잉으로 물질과잉, 금전과잉, 소비과잉, 정보과잉, 기술과잉, 자아과잉 등의 강박증과 허기증을 자초했다.

자본주의 아바타들은 괴물문명의 성공모델인 강자의 특권과 기득권에 들러리 서고 딱갈이 하는 자발적 노예의 생존법으로 단련되는 존재였다. 여기서 인간의 본질이 훼손되고 변질되는 심각성과 위험성은 도외시되거나 무시되었다. 이들은 자본주의 괴물성에 속절 없이 포획되고, 압도되고, 유혹당하고, 부화뇌동하고, 마취되고 도취되면서 그 괴물성을 자신의 것으로 주체화하는 존재였다. 괴물성을 주체화하는 아바타는 인간보다 자본주의 괴물들을 더 유시하고 추종하고 예찬하고 신뢰하고 모방하고 싶어 하는 존재였다. 그래서 인간성과 사회성을 무익하고 무의미하게 만드는 괴물성에 자신도 모르게 점점 길들여졌다.

불평등이 양극화되고 자본권력이 세습되고 원자화된 인간의 각자도생으로 살벌해진 생존싸움터는 디지털 괴물이 불러온 탈진실시대에서 혐오와 증오가 난무하는 괴물사회로 변질되어갔다. 고난도의 냉혹한 현실에 지치고 치일수록 자본주의 아바타는 오락, 게임, 유흥, 중독에서 쾌락을 찾고 환상의 가상세계에 빠져들었다. 이 모든 것들은 자본주의 괴물문명을 꽃피우고 괴물성을 극대화하는 제물로 바쳐졌다. 이들의 모든 노력과 고난과 자기희생과 자기도취는 자본주의 괴물들의 초권력을 영구화하는 거대한 전략을 성공시키기 위한 것이었다.

이 글은 자본주의 괴물문명 속에서 살아남는 호모 카피탈리스티쿠스가 어떤 구조와 시스템 속에서 그 어떤 자본주의 괴물들과 마주치고 엮이고 밀착하고 맞서면서 또 어떤 과정과 방식으로 그 괴물성을 추종하고 모방하고 열망하면서 어떠한 유형과 특성의 자본주의 아바타들로 배양, 육성, 양산되는지를 밝히기 위한 것이었다.

이 글은 자못 비판적이고 비관적인 논조로 진행되었다. 자본주의 괴물성이 너무나 기상천외한 만큼 그 어떤 비판도 충분하지 않을 뿐더러, 그 충격과 폐해가 갈수록 더 엄청난 만큼 비판을 넘어 절망적이기 때문이었다. 자본주의 문명의 강점과 수혜를 인정한다고 해도, 인간의 삶을 생존싸움과 온갖 모험의 전쟁터로 만들고, 인간의 이성과 영혼과 존엄을 훼손하고, 인류사회와 문화의 토대를 무너뜨리고, 인류와 지구의 종말을 초래하는 괴물은 결코 인간을 살리는 문명이 아닌 것이 자명했다. 이 글을 마치는 시점에는 그 괴물성의 요지부동과 기세등등함 앞에서 인간의 존재가 너무나 초라하게 느껴지는 무력감과 패배감이 기다리고 있었다.

이 글에 담긴 자본주의 괴물문명에 대한 비판과 비관은 인간을 살려내야 한다는 절박성을 호소하기 위한 것이었다. 존재론적 위기에 처한 인간에게 더 이상의 긍정 마인드나 자기합리화나 자위적 자화자찬이나 체념적 현실론은 무의미한 것이다. 더 이상 개인과 집단의 무의식, 무지, 무능력에 탓을 돌릴 수는 없다. 특정한 이념과 이론과 주장으로 논쟁을 벌인들, 자본주의 문명을 맹신하거나, 추종하거나, 그 괴물성을 직시하며 배격하지 않는 한, 자본주의 아바타들은 확대재생산될 수밖에 없다.

'인간살리기'는 오늘의 필연적인 역사적 과제로 대두되고 있다. 인간 살리기는 호모 카피탈리스티쿠스의 자기해방과 자기혁명을 요구하며, 이는 곧 자본주의 문명에 대한 인간의 역습, 반격을 의미하는 것이다. 자본주의 아바타로부터 해방되는 자기 변혁은 인간의 자기파괴를 강요하는 괴물들의 문명을 '인간을 위한 문명'으로 역전시키기 위한 것이다. 문명의 괴물성에 제물로 바쳐지는 인간이 아니라 인간을 살리는 문명의 온전한 주체가 되기 위해 아바타의 운명을 거부하는 것이다.

그 열쇠는 호모 사피엔스에 있다. 호모 사피엔스의 지혜가 호모 카피탈리시쿠스에게 '죽은 듯' 살아 있다면 인류의 종말을 결코 허용하지 않을 것이다. 호모 사피엔스는 괴물문명에 완전 포획될 수 있는 존재가 아니다. 그 지혜는 도구적 이성에 도취된 '이성의 무의식성'에서 깨어나 비판정신을 일깨우고 자본주의 괴물성에 맞서는 인간의 자의식과 자기성찰과 자기해방의 잠재력을 부활시키는 원천이 될 것이다.

지혜의 힘은 나의 삶을 괴물문명의 역사 속에서 재조명하는 역사의식을 불러올 것이다. 그동안 살아온 삶의 무게가 무거울수록 그 반동으로 깨어나는 지혜의 힘은 더 클 것이고, 개인의 삶에 너무 열중한 나머지 역사의 무게를 느끼지 못했었다면 그 무게를 일깨우는 각성과 의지는 더 신선한 에너지로 솟아날 것이다. 특히 괴물문명에 맞서 힘겨운 싸움을 벌여온 사람들은 인간살리기를 선도하는 지혜의 힘을 보여줄 것이다. 역사의 무게에 억눌리지 않기 위해 각자의 자리에서 고전분투해온 경험들, 또는 대안을 찾아 나선 실험과 도전의 삶에서 발견한 의미와 가치를 함께 공유한다면 지혜의 힘은 배가될 것이다.

호모 사피엔스의 지혜는 오랜 동안 인류가 '자본주의 살리기'에 투여해온 에너지들을 '인간 살리기'로 전환시켜 결집시킬 것을 요구한다. '불타는 미래'가 기다리는 다음 세대에게 지구 살리기는 바로 그들의 생존이 달린 문제라면, 인간 살리기는 그 문제를 해결할 수 있는 역사적 주체들을 창출하는 작업이다.

미래 세대들은 앞선 세대들이 꽃피웠던 괴물문명의 환영을 찬양하며 따라가는 대신 그들의 패배와 고난의 경험들을 교훈삼아 문명의 부채들을 청산하고 인간과 지구를 살리는 새로운 주체들로 재창조되어야 한다. 인간 살리기는 특히 미래 세대가 '이 편한 세상'을 노래하며 '자본주의 살리기' 마술에 갇혀 괴물성에 빠져드는 재앙을 멈추게 하는 결단과 도전과 그 힘의 결집에서부터 시작된다. '자본주의 살리기'는 인간 스스로가 자신을 파괴하도록 만드는 괴물성에 굴복하는 것이기 때문이다.

미래세대는 태어나는 순간부터 자본주의 괴물문명을 '자연'처럼 받아들이는 운명을 물려받았다면, 과거세대는 괴물문명 속에서 쌓아온 경험과 삶의 유산을 밑거름 삼아 미래세대와 함께 그 운명을 극복하는 지혜를 발휘해야 한다. 이 필연적 사명을 자본주의의 히드라적 괴물성을 격파해내는 축복으로 완성시켜야만 한다. 이는 '대안은 없다.'고 외쳐온 오만한 자본주의에 맞서기 위해 결코 거부할 수 없는 항전이다. 인류의 종말이 점점 더 가속화되는 시대를 살아가야 할 미래 세대들은 '자본주의 살리기'를 '인간 살리기'로 역전시키는 인류의 마지막 희망이 될 것이다. 이 글은 호모 사피엔스가 부활하여 그 지혜의 무서운 힘을 발휘하는 꿈을 꾸기 위해 태어난다.

참고문헌

그람시, 안토니오, 〈그람시의 옥중수고 I〉(이상훈 옮김), 거름, 1995.
글레이저, 일레인, 〈겟 리얼(Get Real): 이데올로기는 살아 있다〉(최봉실 옮김), 마티, 2013.
네그리, 안토니오/하트, 마이클, 〈제국〉(윤수종 옮김), 이학사, 2003.
데즈먼드, 매슈, 〈미국이 만든 가난(가장 부유한 국가에 존재하는 빈곤의 진실)〉(성원 옮김), 아르테, 2023.
드 그라프, 존/왠, 데이비드/ 네일러, 토머스, 〈소비중독 바이러스 어플루엔자〉(박응희 옮김), 나무처럼, 2010.
드보르, 기, 〈스펙타클의 사회〉(이경숙 옮김), 현실문화연구, 1996.
라이히, 롭/사하미, 메흐란/와인스타인, 제러미 M., 〈시스템 에러〉, 어크로스, 2022.
라파르그, 폴, 〈자본이라는 종교〉, 새물결, 2014.
＿＿＿＿＿, 〈게으를 수 있는 권리〉, 새물결, 2005.
렘키, 애나, 〈도파민네이션〉(김두완 옮김), 흐름출판, 2022.
로빈스, 리처드, 〈세계문화와 자본주의문화: 생산·소비·노동·국가의 인류학〉(김병순 옮김), 돌베개, 2014.
리프킨, 제러미, 〈노동의 종말〉(이영호 옮김), 민음사, 1996.
마르쿠제, 허버트, 〈일차원적 인간〉(박병진 옮김), 한마음사, 2006.
맥낼리, 데이비드, "금융위기, 좌파의 과제는?", 사샤 릴리, 〈자본주의와 그 적들〉(한상연 옮김), 돌베개, 2011.
메르틴, 도리스, 〈아비투스〉, 다산북스, 2022.
바르트, 롤랑, 〈현대의 신화〉(이화여대 기호학연구소 옮김), 동문선, 1997.
바우만, 지그문트, 〈쓰레기가 되는 삶들〉(정일준 옮김), 새물결, 2008.
＿＿＿＿＿, 〈액체근대〉(이일수 옮김), 강, 2009.
백욱인, 〈인공지능시대 인간의 조건〉, 휴머니스트출판그룹, 2023.
베블렌, 소스타인, 〈자본의 본성에 관하여〉(홍기빈 옮김), 책세상, 2011.
보드리야르, 장, 〈기호의 정치경제학 비판〉(이규현 옮김), 문학과지성사, 1992.
＿＿＿＿＿, 〈소비의 사회〉(이상률 옮김), 문예출판사, 1991.
보에르스마, 호프, 〈가난한 사람들의 선언〉(박형준 옮김), 마농지, 2020.

브란트, 울리히/바센, 마르쿠스, 〈제국적 생활양식을 넘어서〉(이신철 옮김), 에코리브르, 2020.
브로델, 페르낭, 〈물질문명과 자본주의 읽기〉(김홍식 옮김), 갈라파고스, 2012.
비클러, 심숀/닛잔, 조나단, 〈권력 자본론: 정치와 경제의 이분법을 넘어서〉(홍기 빈 옮김), 삼인, 2004.
사이드, 에드워드 W., 〈오리엘탈리즘〉(박홍규 옮김), 교보문고, 2000.
샌델, 마이클, 〈The Tyranny of Merit 공정하다는 착각〉(함규진 옮김), 미래엔, 2020.
슈월비, 마이클, 〈야바위게임〉(노정태 옮김), 문예출판사, 2019.
아랄, 시난, 〈하이프 머신〉(엄성수 옮김), 쌤앤파커스, 2022.
아렌트, 한나, 〈인간의 조건〉(이진우/태정호 옮김), 한길사, 1996.
알튀세르, 루이, 〈아미엥에서의 주장〉(김동수 옮김), 솔, 1991.
울리히, 페터, 〈신자유주의 시대 경제윤리〉(이혁배 옮김), 바이북스, 2010.
이글턴, 테리, 〈이론 이후〉(이재원 옮김), 길, 2010.
일리치, 이반, "중독된 욕망", 작스 볼프강 외, 〈반 자본 발전사전〉(이희재 옮김), 아카이브, 2010.
작스, 볼프강 외, 〈반 자본 발전사전〉(이희재 옮김), 아카이브, 2010.
주보프, 쇼샤나, 〈감시자본주의시대〉(김보영 옮김), 문학사상, 2020.
짐멜, 게오르그, 〈돈의 철학〉(안준섭/장영배/조희연 옮김), 한길사. 1983.
＿＿＿, 〈짐멜의 모더니티 읽기〉(김덕영/윤미애 옮김), 새물결, 2005.
채니, 데이비드, 〈라이프스타일〉(김정로 옮김), 일신사, 2004.
카다라스, 니컬러스, 〈손 안에 갇힌 사람들〉(정미진 옮김), 흐름출판, 2023.
캠벨, 콜린, 〈낭만주의 윤리와 근대 소비주의 정신〉(박형신/정한주 옮김), 나남, 2010.
코트라이트, 데이비드 T. 〈중독의 시대 - 나쁜 습관은 어떻게 거대한 사업이 되었는가?〉(이시은 옮김), Connecting/로크미디어, 2020.
콕스, 하비, 〈신이 된 시장〉(유강은 옮김), 문예출판사, 2016.
콩트-스퐁빌 앙드레, 〈자본주의는 윤리적인가?〉(이현웅 옮김), 생각의 나무, 2010.
클라인, 나오미, 〈슈퍼 브랜드의 불편한 진실: 세상을 지배하는 브랜드 뒤편에는 무엇이 존재하는가?〉(이은진 옮김), 살림Biz, 2010.

패더스톤, 마이크, 〈포스트모더니즘의 소비문화〉(정숙경 옮김), 현대미학사, 1999.
포르뚜나띠, 레오뽈디나, 〈재생산의 비밀〉(윤수종 옮김), 박종철출판사, 1997.
폴라니, 칼, 〈거대한 전환〉(홍기빈 옮김), 도서출판, 2009.
프롬, 에리히, 〈건전한 사회〉(김병익 옮김), 범우사, 1975.
프리드만, G., 〈프랑크푸르트학파의 사상적 연원〉(송휘칠 옮김), 탐구당, 1987.
프릴랜드, 크리스티아, 〈플루토크라트〉(박세연 옮김), 열린책들, 2013.
피스크 존, 〈대중문화의 이해〉(박만준 옮김), 경문사. 2005.
하비 데이비드, 〈신자유주의의 간략한 역사〉(최병두 옮김), 한울, 2007.
＿＿＿, 〈자본의 17가지 모순〉(황성원 옮김), 동녘, 2014.
＿＿＿, 〈자본이라는 수수께끼〉(이강국 옮김), 창비, 2012.
웬우드, 더그/텝,윌리엄 K./에이츠 마이클 D./허드슨, 켄/와스코, 자넷, 〈신경제의 신 화와 현실〉(국제연대정책정보센터 옮김), 이후, 2001.
해리스, 맬컴, 〈밀레니얼 선언〉, 생각정원, 2018.
호르크하이머, 막스, 〈도구적 이성 비판〉(박구용 옮김), 문예출판사, 2006.
호르크하이머, 막스/아도르노, 테오도르 W., 〈계몽의 변증법〉(주경짓/이상훈/김유동 옮김), 문예출판사, 1995.
히르쉬, 요아힘, "포드주의 안전국가의 신사회운동", 김호기 외, 〈포스트 포드주의와 신보수주의의 미래〉, 한울, 1995.
히스, 조지프/포터, 앤드류, 〈혁명을 팝니다〉(윤미경 옮김), 마티, 2006.
히토시, 이마무라, 〈근대성의 구조〉(이수정 옮김), 민음사, 1999.

Althusser, Louis, *For Marx*, London: Verso/NLB, 1977.
Archer K. & Bosman M. M. & Amen, M. M. & Schmidt, E.(eds.), *Cultures of Globalization*, London: Routledge, 2008.
Aubert, Nicole, "L'intensité de soi", in Aubert, N. *L'individu hypermoderne*, Toulouse: Eres, 2010.
Baudrillard, Jean, *Les stratégies fatales*, Paris: Bernard Grasset, 1983.
＿＿＿, *Simulacres et simulation*, Paris: Editions Galilée, 1981.
＿＿＿, *A l'ombre des majorités silencieuses ou la fin du social*,

Paris: Denoel/Gonthier, 1982.

Beck U. & Beck-Gernsheim, E., *Individualization*, London: Sage, 2010.

Bocock, R., *Consumption*, London: Routledge, 1993.

Boltanski, L. & Chiapello, E., *Le nouvel esprit du capitalisme*, Paris: Gallimard, 1999.

Bourdieu, P., *Outline of a Theory of Practice*, Cambridge: Cambridge University Press, 1977.

Bourdieu, P. & Eagleton, T. "Doxa and Common Life: An Interview", in Slavoj Zizek(ed.), *Mapping Ideology*, London: Verso, 1994.

Bourdieu, P. & Wacquant, J. D., *An Invitation to Reflexive Sociology*, Chicago: The University of Chicago Press, 1992.

Braudel Fernand, *Civilization matérielle, économie et capitalisme XVe-XVIIIe siècle*, Paris: Armand Colin, 1979.

Broome, A., "Civilizing Labor Markets, The World Bank in Central Asia", in B. Boweden & L. Seabrooke(eds.), *Global Standards of Market Civilization*, London: Routledge, 2006.

Brunel, V., *Les managers de l'âme*, Paris: La Découverte/Poche, 2008.

Castels, Robert, "La face cachée de l'individu hypermoderne: l'individu par défaut", in N. Aubert, *L'individu hypermoderne*, Toulouse: Eres, 2010.

Cova, B. & Cova V., "L'hyperconsommateur entre l'immersion et sécession", in N. Aubert, *L'individu hypermoderne*, Toulouse: Eres, 2010.

Du Gay, P. (ed.), *Production of Culture/Cultures of Production*, London: Sage, 2006.

Du Gay, P. & Pryke M. (eds.), Cultural Economy, London: Sage, 2002.

Dufour, Dany-Robert, *L'art de réduire les têtes*, Paris: Denoel, 2003.

Dumont, Louis, *Essais sur l'individualisme*, Paris: Seuil, 1983.

Ehrenberg, Alain, *L'individu incertain*, Paris: Hachette, 1995.

Elias, N., *The Civilizing Process*, Oxford: Blackwell, 2000.

Elliott, A. & Lemert, C., *The New Individualism The Emotional Costs of Globalization*, London: Routledge, 2006.

Ellul, Jacques, *Métamorphose du bourgeois*, Paris: Table Ronde, 1998.

Featherstone, Mike & Lash, S. & Robertson, R., *Global Modernities*, London: SAGE, 1997.

Frank, T., *One Market Under God, Extreme Capitalism, Market Populism, and the End of Economic Democracy*, New York: Ahchor Books, 2000.

Gabriel Y. & Land, T., *The Unmanageable Consumer*, London: Sage, 2006.

Haug, Wolfgang F., *Critique of Commodity Aesthetics: Apparance, Sexuality and Advertizing in Capitalist Society*, Cambridge: Polity Press, 1986.

Jameson, Frederic, *Postmodernism, or, The Cultural Logic of Late Capitalism*, Durham: Duke University Press, 1991.

Lash, S. & Urry J., Economics of Signs and Space, London: Sage, 1994.

Leys, Colin, *Market-driven Politics: Neoliberal Democracy and the Public Interest*, London: Verso, 2003.

Lipovetsky, G., *Hypermodern Times*, Cambridge: Polity, 2005.

Lukacs, G., *Histoire et conscience de class*, Paris: Editions de Minuit, 1960.

Lyotard J.F., *The Postmodern Condition: A Report on Knowledge*, Manchester: Manchester Universityf Press, 1984.

Marcuse, H., *Negations: Essays in Critical Theory*, London: Allen Lane, 1968.

Mark, Gloria, *Attention Span*, William Collins, 2023.

McGuigan, Jim, *Cultural Populism*, London: Routledge, 1992.

Miles, Steven, *Consumerism*, As a Way of Life, London: Sage, 2006.

Moskowitz, M., *Standards of Living: The Measure of the Middle Class in Modern America*, Johns Hopkins, 2008.

Mozaffari, M. (eds.), *Globalization and Civilization*, London: Routledge, 2002.

Pieterse, J.N., "Globalization as Hybridization", in M. Featherstone & S. Lash & R. Robertson (eds.), *Global Modernities*, London: Sage, 1997.

Power, D. & Scott A. J. (eds.), *Cultural Industries and the Production of Culture*, London: Routledge, 2004.

Root, Amanda, *Market Citizenship*, London: Sage, 2007.

Salaman, G., "Culturing Production", in Du Gay (ed.), *Production of Culture/Cultures of Production*, London: Sage, 2006.

Skeggs, B., *Class, Self, Culture*, London: Routledge, 2004.

Smith, A.D., "Towards a Global Culture?", in M.Featherstone (ed.), *Global Culture: Nationalism, Globalization and Modernity*, London: Sage, 1990.

Tomlinson, John, *Globalization and Culture*, Chicago: The University of Chicago Press 1999.

Touraine Alain, *La recherche de soi*, Paris: Fayard, 2000.

_____, *Pourrons-nous vivre ensemble? Egaux et différents*, Paris: Fayard, 1997.

Wichterich, C., *The Globalized Woman*, New York: Zed Books, 2000.

찾아보기

가상현실 383, 391~393, 420
가짜뉴스 380, 386~387, 392, 416
각자도생 140~141, 144, 175~178, 214, 234, 430, 433, 438
감시자본주의 7, 23, 388~390, 435
개인과잉 12, 409
개인주의 11, 152~153, 164, 178, 204, 227, 251, 256, 266, 328~329
객체화 13, 32
거짓자연 24, 26~27, 32, 50, 158, 348
게임 28, 102, 108, 137, 167~168, 170, 230, 277, 319, 342, 396, 412~413, 420~421, 438
결손개인 167, 433
경쟁괴물 105, 131, 424
경쟁사회 154~155, 224
경제괴물 144, 151, 155, 306, 309, 424, 426
경제적 동물 144, 151, 153~156, 180
경제주의 144, 148
계몽주의 40~41, 50, 65, 348
고독사 180, 184~185
고립 177~178, 180~184, 240, 282, 396
공모관계 28~29, 59~60, 70, 72, 195, 243, 341, 425, 429, 430
공정성 69, 72, 106~107, 135, 154, 357, 401, 405
관심경제 360, 376
관종 407, 409
광고 193, 246, 254~256, 261, 265, 266, 277, 279, 285, 296, 298, 301~302, 309, 319, 320, 323, 331, 356, 376, 385, 404, 412, 420, 431
광고사회 255
광신도 306, 327, 349, 432, 437
괴물(성) 8, 10, 19, 24, 25, 27, 33~35, 57, 74, 77, 85, 91, 111~112, 124, 145, 147, 164, 172~173, 201, 212, 304, 322, 352, 357, 365, 367~369, 389~390, 423~426, 428, 433, 435~440
구독경제 286~287
권능화 204, 250~251, 336, 338
그린 뉴딜 84
그린 워싱 84
근대문명 40, 49, 57~59, 63, 151
글로벌 스탠더드 31, 38, 55, 67~72, 166, 205, 433~434
글로벌 시스템 7, 38, 55, 71~74, 86, 349, 434
금융괴물 111~113, 424
금융자본주의 7, 23, 88, 111~114, 122, 124
기계괴물 53, 196, 198
기계노동(자) 429
기술괴물 53~54, 199, 202~203, 220, 250, 350, 352, 365, 368~371, 374, 394, 411~412, 419, 422, 424, 435~437
기술독재 396
기술유토피아 54, 352, 368, 395,

435
기술전체주의 73, 358, 393, 434
기술파시즘 53~54, 435
기술혁신 199, 355, 357~358, 377
기업가적 인간 205, 223, 225
기업가적 자아 205
기업괴물 205~206, 226, 424
기후위기 21, 41, 79, 80, 83~86
나 우선주의 409
난민 21, 61, 64, 77, 144, 177, 182, 184, 214~215
노동의 종말 188, 217, 243
노동착취 7, 21, 188, 191, 195, 197, 203, 205, 208, 215, 217, 219~220, 258, 430
노예(화) 7, 31~32, 39, 50, 52, 54, 56~57, 74, 95, 98, 102, 295, 301, 311, 383, 418, 427, 435, 437
노예노동(자) 21, 57, 188, 215
녹색자본주의 80, 83
뉴 노멀(인간) 206, 208, 365, 396, 400, 405, 411, 419, 435
뉴 소셜(시대) 372~374, 376, 378, 386~387, 393~394, 396, 400, 405, 435
능력주의 31, 88, 107~110, 129~130, 136~137, 174, 204, 426
니트(NEET)족 233~234
다문화주의 275, 331, 345~346
대량생산 25, 75, 197, 281, 301, 314, 325
대량소비 25, 75, 197, 248, 281
대중 자본주의 88, 112, 162
대중문화 311, 317, 325, 333, 335~340, 343, 349
대중소비 329, 335, 341, 432
대중주의 331, 336, 340
데이터 경제 73, 219, 396~397
데이터 인간 352, 435
도구적 이성 38, 39, 47~54, 151, 328, 427, 439
독사 13, 19, 27~32, 42~43, 48~51, 59, 63, 66~68, 70, 73, 98, 109, 119, 130, 153, 158, 165, 180, 191, 193, 195, 197, 223, 251~254, 257~258, 260, 269, 280~281, 295, 320, 322, 324, 333, 338~339, 373, 389, 395~396, 400, 424, 431, 436
독사적 경험 27~28
독사적 기능 27, 29, 43
독사적 승인 28, 48, 130
독사적 질서 28~30, 195
독점 22, 60, 79, 88, 90, 92~93, 106, 111, 125~127, 156, 171, 199, 219, 220, 225, 234, 288, 310, 312, 319, 344, 355~356, 370, 381, 398, 400, 412, 422, 427~429
돈괴물 88, 91, 94, 97~98, 120, 122, 424, 426, 428
돈교육 88, 120~122, 429
디드로 효과 275
디스커넥트 인류 378
디스토피아 125, 358, 363, 388, 422
디지털 경제 219, 358, 372~373, 376, 389, 395~396, 405, 416, 418, 435
디지털 기술 31, 73, 199, 218, 220,

355, 358, 368, 372~373, 376, 388, 391, 395~396, 411, 435~436
디지털 네이티브 285, 352, 406, 413, 420~421
디지털 대중 341
디지털 디톡스 418~419
디지털 마케팅 246, 264~265, 284~285, 287, 374~376
디지털 만능주의 409
디지털 소셜 372~373, 396
디지털 자본주의 6, 7, 22~23, 38, 53~54, 77, 125, 188, 220, 340, 352, 359, 360, 365, 367, 372, 374, 387, 394~396, 405, 411, 419, 436
디지털 자아 396, 406~410, 435
디지털 중독 411~412, 414, 418
디지털 중독인류 352, 396, 418~419, 436
디지털 팬옵티콘 388, 390
디지털 휴먼 352, 396, 419~421, 435
딥러닝 201, 392, 402
딥마인드 363, 369
딥페이크 387, 391~392
라이프스타일 226, 246, 248, 251, 272~283, 286, 329, 331, 344, 347, 431
라이프스타일 소비 272, 275, 283
라이프스타일 시장 274, 276~277, 279, 280, 283, 286
렌탈 소비 288
로봇 201, 203, 212, 242, 339, 349, 366, 421~422, 432
루저(loser) 108, 131, 144, 167

마케터 7, 265, 293, 339, 341, 343, 408, 432
마케팅 7, 92, 160, 176, 193, 205, 218, 224, 246, 254, 261~267, 272~273, 277, 279~280, 282, 284~287, 289, 292~293, 302, 309, 320, 329, 339~342, 347, 349, 364~365, 374, 380, 408, 410, 420, 425, 431
멀티 페르소나 224, 409, 410
메타 342, 356, 364, 393, 418
멸종반란 86
명품 225, 274, 281, 285~286, 288~290
모방 8, 33, 59, 64, 262, 269~270, 281, 283, 288, 314, 331~332, 368, 417, 422, 425, 427, 438
무관심의 시대 144, 179
무의식 12, 13, 19, 27, 29~33, 42~43, 50, 67, 72, 182, 195, 205, 301~302, 316, 322, 327, 368, 419, 425, 431, 439
문명인 55, 58, 74, 427
문명화(사업) 55, 58~59, 65~66, 74, 147
문화 포퓰리즘 336~340, 349
문화경제 307~308, 318~319, 346
문화구매자 349
문화권력 283, 306, 309, 310, 312, 319, 323, 326, 339, 344, 432
문화대중 306, 334, 338~341, 343~344, 348~349, 432
문화산업 168, 306~307, 309~320, 323, 325, 327, 329, 330~336, 338~340, 343~344, 346~350, 431~432

문화산업비판론 312
문화상품 26, 167, 168, 306,
    308~313, 315, 319, 320, 332,
    335, 337~339, 344~346, 348,
    432
문화시장 147, 306, 310, 311, 315,
    318~320, 322~324, 329~331,
    334, 336, 339~345, 347~420,
    432
문화위조사업 309, 432
문화의 무의식 30
문화의 세계화 345
문화의 혼성화 346
문화자본 101, 102, 110, 127, 270
문화자본주의 7, 306, 308, 311,
    316, 319, 322, 325, 327, 329,
    334, 336, 338~341, 343~345,
    349, 431, 432
문화(적)소비 219, 264, 310,
    313~316, 326, 329, 333, 340,
    348
문화적 우세종 328
문화제국주의 344, 345
문화축제 320, 323, 344, 350, 432
문화 포퓰리즘 335
물신주의 277, 337
물질문명 7, 21, 38, 39, 40~45, 51,
    52, 55, 61, 63, 75~79, 291, 427,
    428, 434
물질적 진보 39, 41~43, 47, 61, 66,
    172, 173, 427
물질주의 12, 39, 42~44, 47, 98,
    427
머니게임 112, 122
미디어 자본주의 341
밀레니얼 세대 103, 104, 115, 117,
    135, 227, 279, 406, 409
반문화 276, 279, 328~330, 338
발전주의 31, 65~67, 72, 82
버튜버(VTuber) 420~421
번연계 자본주의 246, 294~295,
    299, 303~304, 411, 436
부르주아(지) 25, 40~42, 47, 49, 59,
    94~95, 151, 249, 253, 279, 329
부채 113, 117~118, 124, 132, 137,
    235~258, 259, 440
비정규직 135, 209, 231~232
빅데이터 200, 219, 353, 356, 360,
    397~398, 403, 435
빅테크 356~357, 364, 366~367,
    369~370, 380~381, 388, 390,
    395~396, 398~399, 412, 416,
    435
빈곤 22, 42, 65, 126, 128~130,
    137~139, 177, 237
사교육 105, 134, 229~230
사라지는 사람들 156
사이비개성 314
사회 폐기 173, 176
사회 해체 171
사회성 12, 164, 176, 255, 368,
    377~378, 414, 425, 433, 435,
    438
사회적 노동 188, 191~192, 218, 220
사회적 노동자 218~220, 430
사회적 동물 144, 151, 154, 179,
    182
사회적 에이전트(대행자) 338
상식 29, 49, 61, 119, 343, 409
상업문화 264, 311, 332, 334, 336,
    339
상품가치 7, 158, 190, 193, 195,

203
상품괴물 144, 159~160, 250, 289, 306, 350, 424, 431~432
상품노동 188, 193, 195, 201, 429
상품노동자 12, 188, 193~195, 205, 243, 429, 430
상품문화 311, 331, 339, 344~345, 347, 349
상품물신(주의) 12, 119, 144, 158~159, 277, 320, 325, 431
상품미학 277~278, 323, 327, 432
상품사회 144, 157, 160
상품인간 144, 159~160
상품화 34, 83, 112, 157~160, 162, 188, 193, 195, 262, 272, 277, 291, 295~296, 299~300, 310, 322, 335, 340~341, 347, 349, 408, 422, 431
생산노동 190~193, 195~197, 199, 217, 249, 254
생산노동자 193
생산인구 189~190, 239
생산주의 192, 195~197, 218, 333
생존게임 28, 100, 101, 108, 121, 165~168, 173, 177
생존경쟁 26, 46, 136, 151, 168, 175, 177, 230, 239
생태자본주의 23, 82
생활수준 51, 246, 252~254
생활양식 12, 55, 59~62, 64, 96, 98, 249, 252, 263, 273~274, 279, 280, 344
서바이벌 게임 144, 168, 182, 226, 426
성공신화 25, 31, 88, 109, 115, 130, 137, 223, 225~226, 408

성장괴물 46, 82, 137, 168, 249, 424
세계문화 306, 344~349
세계자본주의 7, 22, 65, 66, 72, 74, 111, 130, 173, 175, 260, 347, 433~434
세계화 38, 45, 55, 58~59, 61~62, 64~65, 67~68, 71, 75, 82, 107~109, 168, 171, 173, 175, 213, 295~297, 299~300, 318, 341~342, 344~345, 348~349, 418, 433
세습 109, 115, 126~127, 130, 132~133, 136, 139, 172~173, 429, 434, 438
세습자본주의 22, 88, 126~127, 130, 132~133, 136~137, 140, 238, 239, 429
소비광고 255
소비괴물 246, 250~251, 256, 260, 263, 279~280, 293, 303~304, 306, 424, 431
소비노동 191~193, 219
소비노동자 192~193, 218
소비(자)대중 246, 265~267, 270~271, 278, 281, 283, 311, 316, 319~320, 331, 334, 336, 339, 349, 365
소비만능주의 250, 274
소비문화 46, 246, 251, 256, 262~264, 266, 269, 276, 278, 282, 284, 289, 291, 293, 296, 329, 333, 335
소비부족 246, 290, 292~293
소비사회 31, 192~193, 246~252, 254~257, 259~260, 262~263,

267, 271, 289, 294, 431
소비상품 63, 269, 276, 284, 311
소비시장 46, 84, 192~193, 220, 247, 248~251, 253, 254, 258~259, 261~266, 268~277, 279~285, 287~288, 290~291, 293, 301~304, 310, 337, 344, 431
소비욕구 259, 267, 269
소비인구 189~190
소비자본주의 7, 163, 192, 246, 248~249, 252, 260, 267, 272, 277, 281, 294~295, 329, 352, 411
소비주의 31, 193, 246, 248~254, 256~260, 262~264, 266, 268~269, 273, 275~276, 278, 280~282, 287~289, 293, 297, 301~302, 304, 431
소비주의적 인간 12, 246, 250, 269, 301
소비중독 267, 298, 301
소비혁명 249
소셜 네트워크 266~267, 358, 372~375, 379
소셜 미디어 228, 266~267, 289, 342, 353, 356, 374~376, 378~387, 390~391, 393, 397, 400, 402, 404, 413, 415~418
속도인간 12, 38~39, 44~45, 67, 427
수치인간 12, 39, 47, 51~53, 67, 73, 427
스마트폰 259, 265, 353, 365, 375, 377, 386, 397, 405, 411~417
스타일 275~277, 280, 331~332, 356, 431
스펙 쌓기 234, 429
스펙쌓기 223, 225, 429
스펙터클 306, 323~327, 339~340, 350, 432
습관적인 몸 27, 30, 32, 63, 162
승자독식 22, 106, 123, 133, 156, 164, 177, 226, 354
시각문화 325
시뮬라시옹 333~334, 391, 394
시뮬라크르 332~334, 391, 392, 420, 432, 435
시스템 인간 12, 38, 55, 72~74, 434, 435
시장가치 66, 101, 103, 149~150, 153, 190, 310, 311, 341, 408, 431
시장경제 25, 69, 106, 126, 144~150, 155, 157~158, 171, 189, 190~193, 220, 246~247, 431
시장괴물 144, 161~162, 165, 170, 250, 323, 350, 374, 424, 431, 433
시장사회 144, 147~152, 154, 157, 165, 170, 176, 179, 248, 432
시장숭배자 163
시장신앙시대 162, 430
시장자유주의 172~173
시장적 자아 160
시장주의 144, 162
시장주의적 개인주의 152~154
시장주의적 초개인주의 164, 166, 433
시장포퓰리즘 144, 162, 430
시장행위자(market actor) 164

식민성 59
식민자본주의 7, 38, 55, 57, 74, 80~81
식민적 근대성 59, 63
식민화 38, 59, 64, 144, 151, 164, 171, 197, 205, 246, 255, 277, 316, 325, 334~335, 347, 432
신경제론 199
신드롬 229, 306, 344
신문명인 55, 74, 434
신용경제 246, 256~257
신용불량 259
신용카드 211, 258~259, 273
신용판매 193
신인류 11, 13, 289, 352, 368, 378, 396, 419, 423
신자유 7, 70, 144, 161~162, 169, 430
신자유주의 7, 22, 55, 64, 67~68, 70~71, 92~93, 106~109, 111~112, 121, 123, 126~127, 130, 144, 161, 164~169, 171~174, 176~177, 204, 208~209, 211, 213~214, 223, 231, 259, 266, 308, 335~336, 346, 372, 409, 432~433
신자유주의 국가 68, 172~175
신화 19, 25~27, 30, 31, 41, 48, 50, 55, 88, 95, 112, 170, 199, 226, 228~229, 251~252, 395~396, 427
실업노동자 22, 64, 188, 200
쓰나미 9, 77, 365, 370
쓰레기문명 7, 21, 38, 75~76, 78, 83, 368, 428
아바타 5~10, 12~13, 19, 24, 31, 33, 35, 38, 39, 45~46, 48, 50, 52~55, 59, 63, 66~67, 73~75, 81, 88, 91, 94, 97~98, 101, 104~105, 112~114, 116, 119~120, 122, 130~131, 137, 144, 149, 155, 157, 159~160, 162, 165, 170, 172~173, 175, 182, 188, 196, 198, 205~206, 220, 226, 243, 246, 251, 256, 260, 263, 267, 270~271, 279~280, 283, 289, 293, 301, 304, 306, 317, 320, 322, 327, 339, 343~344, 349, 373~374, 389~390, 395~396, 411, 419, 422, 425~429, 431~435, 437~438
아우라 315~316
알고리즘 31, 73, 219, 287, 353, 355~356, 358, 360~361, 367, 373~379, 381, 383~385, 387, 396~397, 400~405, 415~418, 435~436
알고리즘 인류 352, 396, 400, 403~405, 435
양극화 68, 88, 108, 124, 126~130, 133~134, 137, 144, 167, 173, 175, 200, 207, 209, 222, 231~232, 239, 242, 281, 383~386, 433, 435, 438
영끌족 116~118, 120
SNS 140, 160, 183, 185, 224~225, 262, 265, 285~286, 288, 290, 292, 341~342, 373, 375, 377, 383, 406~407, 408~410, 416~418
에이전트 205, 338, 344, 432

N포세대　188, 238~239, 242, 292
MZ세대　117~120, 135, 137, 206,
　　229, 232, 262, 285~292, 342,
　　409, 410, 420
오락　168, 219, 308, 311, 321~322,
　　326~327, 334, 375, 404, 438
욕망　12, 26, 44, 61, 63, 99, 140,
　　165, 193, 246, 251, 261,
　　263~267, 269~271, 277,
　　288~290, 292~293, 308, 311,
　　320, 324, 328, 340~341, 345,
　　406, 408~410, 425, 431
욜로족　292, 293
우민화　322, 339
워라밸　206, 208, 226~229,
　　231~232, 238, 430
원자화된 인간　144, 179, 180, 182,
　　185~186, 438
유령인간　282, 408
유물론적 인간　39
유튜버　289, 341, 415, 420~421
유행　46, 104, 154, 165, 167, 193,
　　229, 237, 241, 246, 262~263,
　　267, 270, 276~283, 286, 288,
　　290, 302, 345~346, 348, 393,
　　410, 421
유흥(산업)　307, 320~322, 432, 438
육체의 무의식　29~30, 98
은둔형 외톨이　144, 180~184
이데올로기의 문화화　308
ESG　83~84
이주노동　214~215
인간성　8, 12, 33, 52, 325, 395,
　　419, 425~426, 438
인간자본　88, 101~105, 139, 196,
　　429, 431

인간지능　365, 367~368, 422, 436
인공지능/AI　73, 77~78, 200~203,
　　212, 224, 352, 353, 359~371,
　　380, 391~392, 397~398, 400,
　　417, 420~422, 436
인적 자본론　88, 102, 195
인지자본주의　32, 398
인포데믹스　381
인플루언서　266, 285, 289, 374,
　　407~408
일차원적 문화　306, 315~316, 320,
　　432
잉여인간　144, 167, 182, 426
자기계발　104, 121, 224, 237, 291
자기계발서　104, 223
자기소외　317, 400, 436
자기파괴　8, 12, 33, 41~42, 124,
　　140, 347, 427, 434, 437
자본　7~8, 21~22, 26, 58, 67~70,
　　73~74, 77, 83~84, 88~92, 94,
　　100~102, 104~106, 109~110,
　　112, 114, 123, 127, 134, 136,
　　144, 148, 171~173, 176, 182,
　　188, 194~195, 199, 205,
　　208~210, 214~215, 217~221,
　　225, 234, 243, 252, 254~255,
　　267, 270, 282, 306, 308~310,
　　312, 314~319, 323~326,
　　328~329, 331, 334~335, 337,
　　339, 340, 343, 346~347,
　　349~350, 352, 355, 359, 374,
　　388, 397, 420, 422, 428~430,
　　432~434, 436
자본가　88, 90~94, 97, 106, 112,
　　172, 194, 200, 205, 249, 358
자본괴물　88, 92, 97, 102, 249,

350, 428~429
자본교 90
자본주의 국민국가 93, 194
자본주의 문명 5~6, 8~9, 11, 13, 19, 21, 25, 29, 31, 35, 38~43, 46, 48, 50, 55~59, 65, 67, 74, 76, 86, 91, 95, 150~151, 184, 279, 295, 296, 299, 317, 323, 348, 358, 423, 428, 437~439
자본주의 살리기 23, 440
자본주의 신화 13, 25, 31~32, 424, 436
자본주의 전체주의 8, 436
자본주의 체제 5~6, 25~26, 32~34, 40, 43, 48, 66, 72, 83~84, 88, 94~95, 106, 126, 129, 166, 174, 182, 188, 190~192, 196, 201, 302, 307, 320, 390, 425
자본화 88, 100~105, 159, 205, 310, 344~345, 349, 397~398, 431
자아 기획 153, 246, 251
자연화 19, 25~26, 28, 30, 41, 96, 148
자유경쟁 22, 25, 31, 105~106, 130, 152, 226
자유민주주의 22, 172
자유주의 31, 107, 152
재생산노동 190~192
재테크 114~115, 119, 121, 288
저출생 137, 189, 215, 239
저항의 즐거움 322, 337, 339
전시적 자아 406, 408
정보기술 200, 217, 340, 356, 406
정보주권 399
정체성 12, 99, 160, 251, 270, 273~275, 278~279, 281, 331, 340~341, 346~348, 375, 409~410, 431
제국적 생활양식 12, 38, 55, 60~64, 75, 79~81, 427
제국주의 7, 21, 38, 55, 57~58, 60, 64, 72, 147, 324, 344~345, 424, 427~428
제로섬 게임 104, 108~109, 136, 167~168
Z세대 127, 135, 286, 291, 410, 413, 417
조용한 사직 206~207, 228~229, 430
주체화 8, 13, 32~33, 74, 270, 282, 338, 438
주체화된 몸 32
준실업노동자 232, 242, 249
중독 43, 98, 121, 124, 246, 294~304, 311, 321, 352, 407, 411~412, 414~419, 436, 438
중독경제 352, 411~412, 419, 436
중독괴물 299, 301~302, 304, 424
중독 비즈니스 246, 301~302
중독 습관 294, 304, 412~413, 416~417
중독시대 294
중독의 상품화 299~300
지구 살리기 440
지체자 108, 129, 280~281
집단지성 378~379, 396
착취괴물 194, 201, 203, 213, 220, 424, 429~430
창조적 파괴 34~35, 217, 426
챗GPT 361~363, 421
초개인주의 12, 144, 164~167, 177,

182, 433
초과개인 167, 433
초과실재 391, 374, 435
초연결사회 376, 396
초지능기계 352, 366, 368, 436
최면적 권력 32, 324, 350
취향 12, 98, 102, 110, 251, 262, 264, 266, 270, 274, 278, 281, 285, 286~287, 290~293, 302, 311, 331, 334, 338, 344~345, 385, 400, 416~417, 431
카오스적 변신 8~9, 23~24, 33~34, 424
캥거루족 237
쾌락 5, 12, 88, 96, 193, 277, 295~299, 300, 302~303, 306, 308, 317, 322, 329, 334, 337, 432, 438
크리에이터 289, 306, 341~343, 349, 432
탈사회화된 인간 144, 179~180, 433
탈역사화 141, 332, 432
탈진실시대 381, 435, 438
탐욕 7, 26, 83, 89, 106, 139, 140, 157, 267, 350, 364, 428~429, 437
탕핑족 241
투기열풍 35, 116, 121, 429
투기자본주의 7, 114, 119, 121, 429
투자교육 119
투자/투기 인간 12, 121~122, 429
트랜스 휴먼 367~368
특권계급 70, 93, 106, 137, 170, 434
파생실재 333~334, 391, 394
파이세대 290~291

파이어족 114~115, 121, 229
파편화된 사회 177, 182, 185~186, 266, 433
패권주의 58, 65, 67, 72, 436
팬옵티콘 388, 390
포스트모더니즘 278~279, 328~335
포스트모더니즘의 상업화 329, 331
포스트모던 278, 331~334, 344
포스트모던 다원주의 329
포스트모던 소비문화 276, 278, 331
포스트 휴먼 352, 367~368, 423, 437
포퓰리즘 62, 162. 335, 339, 340, 386
풍요사회 45, 247
프랑크푸르트학파 330
프레카리아트 22, 209~210, 235, 430
프로슈머 218, 265, 430
프리랜서 208, 225
플랫폼 119~120, 126, 200, 219~220, 225, 234~235, 286~288, 242~243, 353~354, 356, 360~362, 369, 374~376, 380~381, 385, 388, 393, 395, 397~398, 402, 416~418
플루토크라트 93
한탕주의 119, 121, 122, 429
행복지수 47~48, 139
허위의식 148, 164, 265, 268, 275, 310, 335, 432
혁신가 352, 356~357
혐오 56, 165, 347, 380, 383, 385~386, 422, 435, 438
헤게모니 29, 32, 62, 112, 306, 309, 330, 346, 348, 434

헬조선　137, 139~141, 177
호모 라보란스　187, 191, 193~195, 197~199, 201, 203, 205, 209, 211~212, 215, 220, 222~226, 231, 238, 242
호모 모빌리쿠스　405
호모 미세라빌리스　156
호모 사피엔스　88, 91, 428, 435, 439~440
호모 아딕투스　352, 411, 419, 436
호모 에코노미쿠스　151, 155~156, 159
호모 카피탈리스티쿠스(Homo Capitalisticus)　5~6, 9, 11~12, 31, 32, 39, 41, 44, 49~50, 52, 55, 66, 72, 91, 114, 250, 306, 427, 437, 439

혼성모방　276, 331, 332
화폐　66, 88, 94~98, 111~114, 118~119, 153, 157, 193, 258, 296, 393, 428
화폐경제　94~96, 160
화폐의 신화　96~97, 114
확증편향　384, 386, 435
후기자본주의　32, 320, 328~329, 345, 348
휴머노이드　201, 366
흙수저　88, 134~135, 239, 429
희망고문　106, 131, 165, 166, 225~226, 243, 433
히드라(카오스)적 변신　8, 10, 53, 172, 175, 198, 201, 352, 424~426, 435